jetzt lerne ich **Delphi**

jetzt lerne ich

Delphi

Der einfache Einstieg in Object Pascal –
Für alle Versionen bis einschließlich Delphi 2006

THOMAS BINZINGER

Markt+Technik

Bibliografische Information Der Deutschen Bibliothek
Die Deutsche Bibliothek verzeichnet diese Publikation in der Deutschen Nationalbibliografie; detaillierte bibliografische Daten sind im Internet über <http://dnb.ddb.de> abrufbar.

Umwelthinweis:
Dieses Buch wurde auf chlorfrei gebleichtem Papier gedruckt.

10 9 8 7 6 5 4 3 2 1

08 07 06

ISBN-13: 978-3-8272-4108-5
ISBN-10: 3-8272-4108-1

Lektorat: Sylvia Hasselbach, shasselbach@pearson.de
Herstellung: Andreas Fleck, afleck@pearson.de
Coverkonzept: independent Medien-Design, Widenmayerstraße 16, 80538 München
Coverlayout: adesso 21, Thomas Arlt
Titelillustration: Karin Drexler
Satz: text&form GbR, Fürstenfeldbruck
Druck und Verarbeitung: Bosch-Druck, Ergolding
Printed in Germany

Übersicht

jetzt lerne ich

Inhaltsverzeichnis

jetzt lerne ich

Vorwort

Mit Delphi kann man schnell und einfach Windows-Applikationen erstellen, sogar 32-Bit-Programme für Windows 95/98 und NT, sowie für Windows 2000 und XP. Durch das komponentenbasierte Konzept von Delphi arbeitet der Programmierer größtenteils mit vorgefertigten Bauteilen, die er aus einer Art »Werkzeugkasten« nimmt, um damit seine Anwendung zusammenzusetzen.

Was aber, wenn man hinter die Kulissen von Delphi blicken möchte? Wenn man wissen will, wie Komponenten arbeiten, oder vielleicht sogar eigene Komponenten entwickeln möchte? Dann muss man Object-Pascal beherrschen, die Sprache von Delphi.

Und Object-Pascal ist genau das, was wir uns in diesem Buch näher ansehen werden! Nach einer generellen Einführung in das Programmieren mit Delphi – wobei wir natürlich auch auf die Grundlagen der Programmierung *mit* Komponenten eingehen – beschäftigen wir uns intensiv mit Object-Pascal; auch die Erstellung *von* eigenen Komponenten und der integrierte Assembler bleiben dabei nicht außen vor.

In diesem Buch geht es primär um Object-Pascal – also: Was steckt »hinter« den Komponenten? Dabei werden auch die Unterschiede zwischen der 16- und den 32-Bit-Versionen von Delphi berücksichtigt bzw. die Möglichkeiten, die sich mit den neuen Versionen ergeben, wie zum Beispiel die Programmierung von *Threads*.

Und was bringt Ihnen dieses Buch? Wenn Sie ein Delphi-Anfänger sind, so lernen Sie hier nicht nur den Einstieg in die visuelle Programmierung, sondern erhalten auch fundiertes Wissen über die zugrunde liegende Programmiersprache. Wenn Sie schon Delphi-Erfahrung haben, können Sie Object-

Pascal detailliert kennen lernen und auch in komplexere Themen wie die Programmierung von eigenen Komponenten, den integrierten Assembler oder die Programmierung von Threads einsteigen.

Und mit den vielen Beispielen wird Ihnen der Zugang zu diesem Wissen leicht gemacht. Mit den Übungsaufgaben am Ende vieler Kapitel können Sie Ihren Lernfortschritt kontrollieren. Also: Viel Spaß!

Kapitel 1

jetzt lerne ich

Was ist Delphi?

Delphi hat eine lange Geschichte – seine Wurzeln liegen in den Pascal-Compilern der Firma Borland, die es schon seit 1983 gibt.

1.1 Die Wurzeln von Delphi

Damals zog ein Herr namens Phillip Kahn nach Amerika und gründete die Firma Borland. Kahn schaltete eine Anzeige in der Computerzeitschrift Byte für das erste Produkt der Firma: den Turbo-Pascal-Compiler. Mit sensationellem Erfolg: Der Compiler wurde ein Verkaufsrenner. Kein Wunder: Er war nicht nur schnell, sondern ließ sich über ein Menü bedienen (damals alles andere als eine Selbstverständlichkeit) und vor allem: Er erzeugte in nur einem Lauf fertige Programme – Linken oder die Eingabe einer Vielzahl von Kommandos, um ein fertiges Programm zu erzeugen, war nicht notwendig.

Schon einige Zeit später hatte die Firma so viele Angestellte, dass Kahn auch seine Green-Card, die Arbeits- und Aufenthaltserlaubnis für Nicht-Amerikaner, bekam. Die Sicherung von Arbeitsplätzen ist eben auch im Land der unbegrenzten Möglichkeiten ein gewichtiges Argument.

Im Laufe der Zeit wurde Turbo-Pascal immer weiter entwickelt – auch wurden weitere Compiler entwickelt. C und Prolog waren neben anderen Programmierwerkzeugen im Angebot.

Zu dem Zeitpunkt, als die ersten Windows-Compiler erschienen, hatte Borland bereits einige Stürme hinter sich – die Firma hatte ihre Produktpalette zwischenzeitlich auf Applikationssoftware aller Couleur ausgedehnt und war damit ins Schlingern geraten. Letztendlich musste Phillip Kahn die von ihm gegründete Firma verlassen. Im Zuge einer stärkeren Konzentrierung auf Geschäftskunden benannte sich Borland 1998 in *Inprise* um, doch diese Entscheidung erwies sich als nicht glücklich. Denn das Kapital der Firma sind die vielen loyalen Entwickler, und die identifizierten die Produkte nach wie vor mit dem ursprünglichen Firmennamen. Heute heißt Borland wieder – Borland.

1.2 Der Konkurrent – Visual Basic

Die Idee für Delphi dürfte bei Borland durch den ärgsten Konkurrenten im Markt für Entwicklungswerkzeuge inspiriert worden sein: Microsoft brachte Visual Basic auf den Markt. Das Revolutionäre daran: Die Oberfläche des Programms musste nicht mehr mühsam programmiert werden, sondern konnte auf dem Bildschirm grafisch zusammengesetzt werden. Vor allem aber führte Visual Basic das komponentenbasierte Programmieren ein: Für bestimmte Teilaufgaben gibt es vorgefertigte Komponenten, die der Programmierer einfach in sein Projekt einfügt – dies erleichtert und beschleunigt die Erstellung von vielen Programmen enorm.

Dadurch, dass das Erstellen von Windows-Applikationen so einfach wurde, hatte Visual Basic einen riesigen Erfolg. Dies dürfte den Ausschlag für Borlands Entscheidung gegeben haben, auch die Turbo-Pascal-Compiler mit einer komponentenbasierten Entwicklungsumgebung auszustatten. So entstand Delphi.

1.3 Die komponentenbasierte Entwicklung

Bei »normalen« Programmen verwenden Programmierer von jeher auch schon »Komponenten« – nämlich in Form von Funktionen und Prozeduren. Die »Komponenten« von VB und Delphi gehen jedoch ein ganzes Stück weiter.

Ihre Anwendung ist einfacher, weil »visuell«. Statt mittels einer vorgefertigten Prozedur eine Eingabemaske aufzubauen, schiebt der Programmierer einfach ein Eingabefeld auf das bereits auf dem Bildschirm dargestellte Formular. Dies ist eine intuitive Vorgehensweise. Zudem bietet jede Komponente eine Reihe von Eigenschaften, anhand deren ihr Verhalten bestimmt werden kann, und Ereignissen, auf die sie reagieren kann. Diese einheitliche Benutzerschnittstelle vereinfacht den Umgang mit Komponenten. Jede Komponente ist eine Black-Box: Der Anwender kennt oftmals den dazugehörigen Quelltext-Aufbau nicht – und muss es auch nicht.

Komponenten sind stabil – d.h., sie verzeihen auch fehlerhafte Eingaben und führen nicht durch falsche Argumente zu einem Programmabsturz. (OK, sagen wir: Die meisten sind stabil.)

Delphi ist ein Pascal-Compiler mit einer visuellen Entwicklungsumgebung. Wie auch mit Visual Basic, so können Anwendungen damit quasi »grafisch« entwickelt werden, indem der Programmierer vorgefertigte Komponenten in einem Formular plaziert. Diese Komponenten können dabei im fertigen Programm sichtbar oder unsichtbar sein: Zum Beispiel ist ein Schalter (natürlich) sichtbar, aber eine »Zeitgeber«-Komponente ist es nicht; eine solche Komponente ist nur zur Entwicklungszeit sichtbar.

Bis hierhin hat Borland die Visual-Basic-Idee übernommen. Aber es gibt zwei wichtige Unterschiede zwischen Delphi und Visual Basic: Zum einen ist Delphi ein Compiler, nämlich auf dem guten alten Turbo-Pascal basierend, während Visual Basic ein Interpreter ist. Das heißt, der Basic-Code muss zur Laufzeit noch interpretiert werden, im Gegensatz zu einem Delphi-Programm. Das besteht nach der Kompilierung aus echtem Maschinen-Code (dass das eine ein Basic- und das andere ein Pascal-Dialekt ist, ist bei einer grafischen Entwicklungsumgebung eher unwichtig). Das bedeutet natürlich, dass der Delphi-Code einerseits wesentlich schneller ausgeführt wird und andererseits auch keine Laufzeit-Bibliothek benötigt. Dies ist für die Weitergabe von fertigen Applikationen nicht unerheblich.

Der zweite wesentliche Unterschied zwischen Delphi und Visual Basic ist der, dass in Delphi die Komponenten ohne Zusatzprogramme selbst entwickelt werden können. Die Visual-Basic-Komponenten sind in C entwickelt, was es für die meisten VB-Anwender unmöglich macht, selber Komponenten zu schreiben.

Delphi-Komponenten werden in Object-Pascal geschrieben; jeder Delphi-Anwender kann eigene Komponenten entwickeln und weitergeben. Allerdings ist natürlich klar, dass es eine komplexere Aufgabe ist, Komponenten zu entwickeln, als welche zu verwenden.

Wieso ist es in Delphi möglich, selber Komponenten zu entwickeln? Delphis Komponenten sind – im Gegensatz zu denen von Visual Basic – in Object-Pascal geschrieben; in einigen Delphi-Versionen bekommt man sogar den Quelltext der Komponenten mitgeliefert. In VB wäre dies gar nicht möglich – denn VB ist ein Interpreter, die Anwenderprogramme werden lediglich in einen Pseudo-Code (P-Code) übersetzt, der dann zur Laufzeit interpretiert wird. Komponenten in P-Code würden keine Geschwindigkeitsrekorde aufstellen.

Apropos: Der Compiler von Delphi ist ein wahrer Geschwindigkeitsweltmeister. Wenn Sie mit Delphi arbeiten, werden Sie feststellen, dass bei kleineren Projekten oftmals die einzige Reaktion auf das Menükommando »Projekt neu kompilieren« ein kurzes »Zucken« des Mauszeigers ist – wenn er auf »Sanduhr«

und zurückgesetzt wird. Dabei wird äußerst kompakter und schneller Code erzeugt. Fairerweise muss man jedoch sagen, dass ein C-Compiler, der oftmals minutenlang über das Programm »nachdenkt«, manchmal doch noch etwas ausgereifteren Maschinencode erzeugen kann. Doch was sagt das schon – Algorithmen entscheiden über die Programmgeschwindigkeit!

Von Delphi gibt es verschiedene Versionen: zum einen die 16-Bit-Versionen für Windows 3.x, zum anderen die 32-Bit-Versionen. Die 16-Bit-Version (Delphi 1) wurde zuerst entwickelt, die 32-Bit-Version ist die Weiterentwicklung für Windows 95 und NT. Im Gegensatz zu früheren Compilern von Borland ist die Codererzeugung von Delphi 2 (bis 6) nicht abwärtskompatibel zu Delphi 1 – Delphi 2 und seine Nachfolger erzeugen 32-Bit-Code und sonst gar nichts. Aber natürlich kann man mit Delphi 1 erzeugte Projekte öffnen und neu kompilieren.

Alle Delphi-Versionen gibt es wiederum in verschiedenen Ausführungen. Delphi 1 bekommt man als Desktop- und als Client/Server-Variante, Versionen ab 2.0 sind in den Ausführungen Standard, Desktop und Client/Server bzw. Standard, Professional und Enterprise erhältlich.

1.4 Object-Pascal

Delphi ist ein Pascal-Compiler mit einer visuellen Entwicklungsumgebung. Pascal ist eine »höhere« Computersprache (mehr dazu im folgenden Kapitel), genauso wie zum Beispiel Cobol oder Basic. *Object-Pascal* ist die Borland-eigene Version dieser Sprache. Ein Pascal-Programm muss übersetzt werden, bevor der Computer es abarbeiten kann – eine Arbeit, die durch den in Delphi integrierten *Compiler* erfolgt.

Kapitel 2

jetzt lerne ich

Programmieren mit Delphi

Beim Arbeiten mit Delphi kommt man mit zwei grundsätzlichen Programmierkonzepten in Berührung.

Das erste (ursprünglich einzige) Konzept ist die Formulierung der Problemlösungen mit Hilfe einer Computersprache. Diese besteht aus einzelnen Anweisungen und muss speziellen Regeln folgen, damit sie in eine für den Computer verständliche Form übersetzt werden kann.

Das andere Konzept ist das Programmieren mit Komponenten. Dies sind vorgefertigte Bausteine, aus denen man ein Programm zusammensetzt. Man kann diese Komponenten (zumindest bei Delphi) einfach mit der Maus auswählen und »in« das Programm einsetzen. Dies ist, wie wir gleich sehen werden (oder wie Sie aus Ihren eigenen Versuchen schon wissen) extrem einfach.

Das Problem dabei: Bis heute ist es nicht gelungen, die konventionelle Programmiermethode, in der Algorithmen in einer speziellen Sprache beschrieben werden, vollständig durch das zweite oder ein anderes Konzept zu ersetzen.

Daher arbeitet Delphi auch mit einer Kombination beider Konzepte. Während man mit Komponenten in minutenschnelle umgehen und kleine Programme erstellen kann, kann das Erlernen der ebenfalls notwendigen Programmiersprache dem Anwender ohne eine fundierte Einführung Probleme bereiten.

Die in Delphi verwendete Programmiersprache nennt sich *Object-Pascal*. Nur eine gute Kenntnis dieser Sprache macht es möglich, Delphi voll auszuschöpfen.

2.1 Das »visuelle« Erstellen eines Programms

Was sind denn nun diese geheimnisvollen Komponenten? Im Falle von Delphi, und auch bei Visual Basic, das Delphi von der Grundkonzeption her stark ähnelt, handelt es sich um vorgefertigte Software-Bausteine, die man in ein Projekt integrieren kann.

Woher kommen Komponenten? Nun, die bei Delphi mitgelieferten Komponenten wurden von den Entwicklern von Delphi erstellt. Das ist aber keine gottgegebene Notwendigkeit – Komponenten können auch aus anderen Quellen stammen, und wenn Sie dieses Buch durchgearbeitet haben, werden auch Sie selbst in der Lage sein, Komponenten zu entwickeln.

Jeder Komponententyp ist zur Lösung einer bestimmten Aufgabe vorgesehen und man kann mehrere (sogar beliebig viele) Komponenten eines Typs in das Projekt einsetzen. Beispielsweise gibt es einen Komponententyp *Label*, der nichts anderes tut, als einen Text anzuzeigen. Man kann beliebig viele solcher Textkomponenten in ein Formular (in Delphi *Form* genannt) hineinsetzen, um so andere Komponenten zu beschriften oder Hinweise für den Benutzer anzuzeigen.

HINWEIS

Der Typ von Komponenten wird durch ein dem Namen vorangestelltes »T« gekennzeichnet. Die einzelnen Komponenten des Typs *TLabel* würden dann zum Beispiel mit *Label1*, *Label2* usw. bezeichnet. Den Namen einer Komponente kann man frei wählen – den Namen des Typs der Komponente jedoch nicht, er ist vorgegeben.

Auch das Programm selbst wird abstrahiert – wie schon erwähnt, platziert man die Komponenten in ein Formular. Praktischerweise entspricht dies einem Windows-Fenster. Das Formular repräsentiert also sozusagen das Programm (wobei ein Programm aber durchaus auch mehrere Formulare beinhalten kann).

Die bereits erwähnte *Label*-Komponente kann aber von Hause aus noch viel mehr: Der angezeigte Text kann in einer beliebigen Schriftart und in verschiedenen Größen und Farben dargestellt werden, sie zeichnet sich neu, wenn erforderlich, und sie kann sogar auf *Ereignisse* reagieren, beispielsweise wenn der Benutzer sie anklickt.

Das Formular, das auf den ersten Blick nur eine Oberfläche zum Platzieren von Komponenten bietet, ist auch wesentlich komplexer. Nicht nur, dass es auch *Eigenschaften* wie Farbe, Größe usw. hat, die vom Benutzer geändert werden können. Es ist zudem ebenfalls in der Lage, auf Ereignisse zu reagieren. Und nicht zuletzt stellt es ein komplettes Windows-Programm dar, mit einem Fenster, das vom Anwender manipuliert werden kann.

All das lässt vermuten, dass hinter Komponenten und Formularen weit mehr steckt – denn von alleine tut ein Computer bekanntlich ja gar nichts. Und so ist es auch: Komponenten sind fast schon eigenständige Programme, die sehr komplex sein können. Es ist nur so, dass diese Komplexität vor dem Anwender verborgen wird.

Wie wurde diese Funktionalität realisiert? Mit Hilfe einer ganz gewöhnlichen, altmodischen Programmiersprache. Eine Programmiersprache, die keineswegs auf eine grafische Benutzerschnittstelle oder ähnlichen modernen »Kram« angewiesen ist, und um die trotzdem kein Delphi-Programmierer herumkommt: Object-Pascal.

2.2 Programmieren mit Object-Pascal

Eines der Grundprinzipien, auf denen die Arbeitsweise aller derzeit aktuellen Computer beruht, ist die sequentielle Ausführung von Befehlen. Das heißt, irgendwo (im Speicher) stehen eine Reihe von Anweisungen, die der Prozessor des Computers nacheinander ausführt.

Dem scheint die Funktionsweise von Komponenten entgegenzustehen, denn sie sind ja scheinbar selber aktiv: Sie zeichnen sich selbst, sie reagieren auf Ereignisse usw.

Aber das ist alles nur schöner Schein. Tatsächlich besteht eine Komponente aus genauso normalen Programmbefehlen wie jedes andere Programm auch. Allerdings sind Komponenten so konstruiert, dass sie sich in eine bereits vorhandende Programmstruktur einpassen. Außerdem sind sie so flexibel, dass der Programmierer sie an seine Bedürfnisse anpassen kann, indem er ihre Eigenschaften (Farbe, Schrift usw.) ändert.

Die Anweisungen, die der Computer direkt verstehen kann, sind so primitiv, dass die Formulierung von anspruchsvolleren Aufgaben darin sehr kompliziert wird. Daher wurden im Laufe der Jahre eine Reihe von Programmiersprachen ersonnen, die mehr an die natürliche Sprache (meistens an Englisch) angelehnt sind, als es bei der *Maschinensprache* der Fall ist. Solche Sprachen sind *Fortran, Cobol, Basic* und natürlich auch *Pascal* (es gibt noch eine ganze Reihe weiterer »höherer« Programmiersprachen). Da die Texte (also die Programme), die in einer solchen Programmiersprache geschrieben werden, zuerst einmal überhaupt keinen Sinn für den Rechner ergeben, müssen sie übersetzt werden – dies erledigt der *Compiler.* Der Compiler von Delphi arbeitet so schnell, dass Sie ihn in der Regel gar nicht bemerken. Erst bei sehr großen Programmen muss man einige Sekunden auf das Ergebnis warten.

Früher – noch vor einigen Jahren – wurde nur mit Hilfe solcher Sprachen programmiert. Man erstellt eine Textdatei, die die Anweisungen enthält, lässt sie übersetzen und testet, ob das Programm dann das tut, was man erwartet. Mit Delphi und anderen grafischen Entwicklungsumgebungen wird einem viel Arbeit abgenommen: Denn selbstverständlich zeichnet sich das Label nicht einfach so selbst, sondern die dafür notwendigen Anweisungen wurden von jemand anderem bereits erstellt und in der Komponente »verpackt«.

Delphi erzeugt einen Teil des Quelltextes selber – er kann dann als Gerüst für eigene Programme verwendet werden. Die eigentlichen Algorithmen – also die Problemlösung – müssen nach wie vor in Pascal kodiert werden. Ein Delphi-Programm besteht also aus vorgefertigten Komponenten *und* Pascal-Quelltext, der von Delphi erzeugt wurde, *und* aus Pascal-Quelltext, den der Programmierer erstellt hat.

Sie sehen schon, selbst bei einer visuellen Programmierumgebung kommt man nicht ohne die zugrunde liegende Sprache aus.

2.3 Zusammenfassung

- Delphi ist ein Pascal-Compiler und übersetzt einen Pascal-Dialekt, nämlich Object-Pascal.
- Einen Teil des Quellcodes kann Delphi alleine erzeugen.
- Delphi bietet eine Reihe von vorgefertigten Komponenten.
- Komponenten können von Dritten hinzugekauft oder selbst geschrieben werden.
- Der Programmierer muss die eigentliche Problemlösung mit Hilfe von Pascal-Quelltext beschreiben.
- Auch Komponenten werden mit Object-Pascal erstellt.

Kapitel 3

jetzt lerne ich

Grundsätzliches zu Object-Pascal

Für jede Programmiersprache gibt es eine Reihe von Regeln, an die der Programmierer sich halten muss, wenn der Compiler ihn verstehen soll. Um diese Grundregeln wollen wir uns in diesem Kapitel kümmern.

3.1 Der Aufbau von Programmen

Um uns die Regeln deutlich zu machen, die für Object-Pascal gelten, schauen wir uns doch am besten ein von einem Delphi-Experten erzeugtes Programm an – eines, das von Delphi selbst erzeugt wurde! Wenn wir Delphi starten, begrüßt es uns ja schließlich mit einem leeren Formular – wenn man dieses compiliert, erscheint ein Fenster, das man verschieben, in der Größe ändern und wieder schließen kann. Nicht viel, sicher – aber ein komplettes Programm.

Wenn Delphi gestartet wird, sieht man das leere Formular, genannt »Form1«. Drückt man nun die Taste [F12], so sieht man den dazugehörigen Quelltext – also das (genauer: ein Teil des) von Delphi bereits erzeugte Programm.

Taste F12

Delphi 1 generiert folgenden Quelltext:

```
unit Unit1;

interface

uses
SysUtils, WinTypes, WinProcs, Messages, Classes, Graphics, Controls,
Forms, Dialogs;

type
TForm1 = class(TForm)
private
{ Private-Deklarationen }
public
{ Public-Deklarationen }
end;

var
Form1: TForm1;

implementation

{$R *.DFM}

end.
```

Ab Delphi 2 sehen die beiden Zeilen hinter dem Wort »uses« etwas anders aus:

```
...
uses
Windows, Messages, SysUtils, Classes, Graphics,
Controls, Forms, Dialogs;
...
```

HINWEIS

Oft ist es sinnvoller, nur einen kleinen Ausschnitt eines Quelltextes zu zeigen. Schlicht und einfach, weil der Rest nicht interessiert. In diesem Fall finden Sie vor oder hinter dem Quelltext drei Punkte »...«. Das bedeutet: »Hier kommt noch mehr.« Sie könnten das aber so nicht eingeben, Delphi könnte damit nichts anfangen.

Wagen wir doch einmal einige Experimente: Ändern wir die erste Zeile in

```
UNIT UNIT1;
```

(also nur Großbuchstaben) und lassen Delphi das Programm erneut übersetzen – dazu muss Strg F9 gedrückt werden. Einen Moment lang verwandelt sich der Mauszeiger in eine Sanduhr, aber das war es auch schon – denn Delphi hat das Programm erneut übersetzt, aber – vor allem – ohne Klage! Wir sehen:

Groß- bzw. Kleinschreibung spielt keine Rolle!

Den Compiler hätte auch UnIt Unit1; nicht gestört – das ist keineswegs selbstverständlich, denn in anderen Programmiersprachen wie zum Beispiel in C spielt Groß-/Kleinschreibung sehr wohl eine Rolle.

Überhaupt ist Pascal in dieser Hinsicht sehr tolerant – auch ohne es auszuprobieren, können Sie mir glauben, dass der Compiler auch folgende Zeilen schluckt:

```
Unit
      Unit1
;
```

Das heißt:

Leerräume und neue Zeilen (White-Spaces) werden ignoriert.

Wann wird der Compiler denn nun intolerant? Beispielsweise dann, wenn wir das Semikolon am Ende der Zeile entfernen und dann einen erneuten Versuch mit Strg+F9 starten. Nun werden wir mit der Fehlermeldung *Fehler im Modul Unit1: Modul-Header fehlt oder ist fehlerhaft* belohnt.

Woran liegt das? Zwei Anweisungen – komplette Befehle sozusagen – werden in Pascal immer durch Semikolons getrennt. Die erste Zeile sagt dem Compiler, dass es sich bei diesem Programmstück um die Unit mit dem Namen Unit1 handelt (was eine Unit ist, dazu später mehr). Nehmen wir ihm nun das Semikolon weg, so glaubt Delphi, der Befehl wäre noch nicht zu Ende. Da aber das »Interface« in Zeile 2 keinen Sinn im Zusammenhang mit der ersten Anweisung macht, erhalten wir eine Fehlermeldung. Also:

HINWEIS

Das Semikolon trennt in Pascal zwei Anweisungen. Man sollte an das Ende eines Befehls immer ein Semikolon setzen, auch wenn das in Ausnahmefällen nicht immer notwendig ist.

Ein weiteres Experiment: Hängen wir an das Unit noch ein »s« an, so dass die erste Zeile so aussieht:

```
Units Unit1;
```

... so gefällt auch das dem Compiler nicht: Wieder erhalten wir dieselbe Fehlermeldung. Beim Eintippen des »s« wird das Wort plötzlich nicht mehr, wie vorher, **fett** dargestellt. Dies ist eine Besonderheit des Delphi-Editors. Fett werden nämlich die **reservierten Worte** angezeigt, die Worte, die Object-Pascal als Befehle erkennt. Und »Unit« ist eben so ein Befehl, »Units« aber nicht. Daraus erklärt sich auch die Fehlermeldung.

HINWEIS

Object-Pascal kennt bestimmte Befehle. Im Editor werden sie fett dargestellt.

Solche Befehle lassen sich natürlich nicht für eigene Bezeichnungen innerhalb des Programms verwenden.

Doch nun zur ganzen Wahrheit: Wir haben uns bisher überhaupt nicht das eigentliche Programm angesehen, sondern einen ganz bestimmten Teil, nämlich (aha!) eine Unit. Wie sieht man nun das eigentliche, das *Hauptprogramm*?

Hierzu gibt es im Menü ANSICHT den Punkt PROJEKT-QUELLTEXT (bzw. ab Delphi 4.0 das Menü PROJEKT mit dem Punkt QUELLTEXT ANZEIGEN), der Folgendes zu Tage fördert. Delphi 1 generiert hier folgenden Quelltext:

```
program Project1;

uses
Forms,
Unit1 in 'UNIT1.PAS' {Form1};

{$R *.RES}

begin
Application.CreateForm(TForm1, Form1);
Application.Run;
end.
```

Ab der Version 2 von Delphi existiert zwischen den Wörtern »begin« und »end« eine weitere Zeile:

```
...
begin
Application.Initialize;
Application.CreateForm(TForm1, Form1);
Application.Run;
end.
```

Dies ist in Wirklichkeit das wahre Programm – jedenfalls sein Hauptteil. Werfen wir doch einen näheren Blick darauf:

Das Programm beginnt mit dem Befehl *program* und dem Namen des Programms, nämlich *project1*. Da der Compiler nun weiß, dass das Programm Projekt1 heißen soll, ist der Befehl zu Ende, und es folgt – richtig – ein Semikolon.

Dieses Programm braucht aber noch etwas anderes, damit es funktioniert: die beiden Units *Forms* und *Unit1*. Die *Unit1* kennen wir schon, schließlich ist das der Teil, den wir uns zuerst angesehen haben. *Forms* wird zu Delphi mitgeliefert und enthält einige Dinge, die fast jedes Delphi-Programm benötigt – mehr dazu später. Der Befehl *uses* (benutzt) teilt dem Programm also mit, dass es diese beiden Units benutzen soll. Aber nicht nur das: Mit `in 'UNIT1.PAS'` wird ihm sogar mitgeteilt, in welcher Textdatei es die Unit zu suchen hat. Jetzt wäre der Befehl eigentlich zu Ende, doch vor dem Semikolon kommt noch der Text `{Form1}`.

Dabei handelt es sich um eine Freundlichkeit von Delphi für den Programmierer, nämlich um einen Kommentar. Mit anderen Worten – das, was zwischen den geschweiften Klammern steht, interessiert den Compiler nicht, der Programmierer kann sich dazwischen sozusagen Notizen machen. Mit diesem Kommentar gibt Delphi uns den Hinweis, dass die Unit1 für das Formular Form1 zuständig ist.

HINWEIS: Kommentare im Programmcode stehen zwischen { }.

Es gibt noch eine zweite Möglichkeit für Kommentare: (* *) statt der geschweiften Klammern. Die Zeile hätte also genauso gut

```
Unit1 in 'UNIT1.PAS' (* Form1 *);
```

lauten können. Anschließend folgt noch ein Spezialkommentar. Es handelt sich um einen besonderen Kommentartyp, dessen Inhalt der Compiler eben doch beachtet (keine Regel ohne Ausnahme). Wir wollen dies aber erst einmal ignorieren und die restlichen vier Zeilen unseres Programms betrachten:

HINWEIS

Ab Delphi 3.0 können Sie einen Kommentar auch durch zwei Divisionszeichen einleiten, etwa so:

```
// dies ist ein Kommentar
```

Ein solcher Kommentar reicht bis ans Zeilenende.

Der Befehl *begin* wird Ihnen noch sehr, sehr oft begegnen, vorausgesetzt, Sie programmieren in Zukunft mit Pascal. Mit ihm wird eine Anweisungsfolge eingeleitet, die logischerweise mit *end* endet. Alle Befehle bzw. Anweisungen zwischen *beginn...end* werden sozusagen zu einem einzigen Block zusammengefasst.

In diesem Fall handelt es sich bei dem Block um das komplette Programm, das mit der ersten Anweisung hinter *begin* anfängt und mit *end* wieder aufhört.

Aber Achtung: Warum steht hinter *end* kein Semikolon – schließlich ist ein *beginn...end*-Block doch ein Befehl? Richtig, eigentlich würde man hier ein Semikolon erwarten, aber der Punkt hinter *end* hat eine ganz besondere Bedeutung, nämlich: »Hier ist das Programm zu Ende.«

Davon kann man sich leicht überzeugen: Tippen Sie ein oder zwei Zeilen unter dem *end.* irgendetwas ein, zum Beispiel »blablabla«. Obwohl das sicher (nicht nur) für den Compiler keinen Sinn macht, so beschwert er sich trotzdem nicht darüber. Denn mit dem *end.* ist das Programm für ihn zu Ende. Den Rest schaut er sich gar nicht mehr an. Und damit Punkt.

HINWEIS

Innerhalb eines Programms fasst man mit *Begin...End* Anweisungen zu einem *Block* zusammen. Ein solcher Block wird wie eine einzelne Anweisung betrachtet, daher trennt man mehrere Blöcke bzw. Anweisungen durch Semikolons.

Das Programm selbst beginnt mit *begin* und endet mit *end*, auf das letzte *end* folgt jedoch kein Semikolon, sondern ein Punkt.

Kurz gesagt: In den beiden Zeilen

```
Application.CreateForm(TForm1, Form1);
Application.Run;
```

bzw. ab der Delphi-Version 2

```
Application.Initialize;
Application.CreateForm(TForm1, Form1);
Application.Run;
```

steckt die gesamte Funktionalität des Programms. Wir werden später sehen, wie das möglich ist.

Der prinzipielle Aufbau eines Object-Pascal-Programms sieht also (nach unserem bisherigen Wissen, das wir später noch ergänzen werden) folgendermaßen aus:

```
Program Name ;
Uses unit1, unit2, ..., Unitx ;
          Begin
               Befehle
          End.
```

→ in project1.dpr

Syntaktisch korrekt wäre es auch, wenn die *Befehle* fehlen würden – das Programm würde dann gar nichts tun.

Wenn man dem Programm keinen Namen zuweisen möchte, so kann sogar die »program«-Anweisung weggelassen werden – und wenn man keine Units benötigt, auch der »Uses«-Befehl. Ein Programm muss aber mit »begin« beginnen und mit »end.« enden.

3.2 Was sind Standardanweisungen und reservierte Wörter?

Reservierte Wörter haben wir bereits kennen gelernt: *program, begin, end, unit, uses*. All dies sind Wörter, die für den Delphi-Compiler eine ganz bestimmte Bedeutung haben – sie sind für einen bestimmten Zweck reserviert. Im Folgenden erhalten Sie eine Übersicht über die reservierten Wörter in Delphi. Kursiv geschriebene Wörter sind dabei neu gegenüber Borland Pascal 7.0, fett geschriebene Wörter sind neu in Delphi 2 (gegenüber Delphi 1), fett und kursiv geschriebene Wörter sind neu ab Delphi 3.

and	*exports*	*library*	shl
array	file	mod	shr
as	**finalization**	nil	string
asm	*finally*	not	then
begin	for	object	to
case	function	of	**threadvar**
class	goto	*on*	*try*
const	if	or	type
constructor	implementation	packed	unit
destructor	in	procedure	until
div	inherited	program	uses
do	*initialization*	*property*	var
downto	inline	*raise*	while
else	interface	record	with
end	*is*	repeat	xor
except	label	set	

Es gibt jedoch noch weitere Begriffe, die für den Delphi-Compiler eine vordefinierte Bedeutung haben: Aber sie werden nicht ganz so streng behandelt wie die reservierten Wörter, denn es ist möglich, sie im Programm neu zu definieren. Dies ist aber so gut wie nie sinnvoll. Hier sind die so genannten *Standardanweisungen*:

absolute	export	near	**register**
abstract	external	*nodefault*	resident
assembler	far	*override*	*stdcall*
at	forward	private	**stored**
automated	index	*protected*	virtual
cdecl	interrupt	public	write
default	*message*	*published*	
dynamic	name	read	

3.3 Reservierte Zeichenfolgen

Das war aber keineswegs alles, was der Compiler für sich reserviert, denn auch bestimmte Sonderzeichen haben in Pascal einen bestimmten Zweck. Zwei reservierte Zeichen kennen wir ja schon – das Semikolon und den Punkt. Beide haben eine bestimmte Bedeutung, dürfen also nicht nach Belieben verwendet werden. Auch für andere Zeichen ist dies unmittelbar einsichtig: + für Addition oder = für Vergleiche leuchten ein. Gut, zugegeben: Der Sinn von := oder # ist vielleicht weniger einsichtig. Aber später mehr dazu. Hier eine Übersicht über alle reservierten *Sonderzeichenfolgen*:

+	.	<>	^
-	,	<	(
*	;	>	)
/	:	>=	..
[	]	<=	@
:=	=	{	}
$	#	(*	*)
(.	.)		

3.4 Was sind Bezeichner?

Bisher haben wir eine ganze Menge davon gehört, was verboten ist – nämlich welche Wörter und Zeichen Delphi für sich selbst reserviert hat. Aber wir dürfen eine ganze Menge von Dingen so benennen, wie wir möchten, unter anderem:

Konstanten, Variablen, Typen, Funktionen, Programme, Units

Diesen Dingen können wir Namen geben, die für uns aussagekräftig sind. Solche Namen werden *Bezeichner* genannt. Aber – wie kann es auch anders sein – es gelten natürlich auch für Bezeichner bestimmte Regeln, nämlich:

- Bei Bezeichnern werden maximal 63 Zeichen unterschieden.
- Ein Bezeichner muss mit einem Buchstaben oder einem Unterstrich beginnen.
- Ein Bezeichner kann keine Leerzeichen oder White-Spaces enthalten.

3.5 Zusammenfassung

- Groß- und Kleinschreibung spielt keine Rolle.
- White-Spaces sind mehrere Leerräume, Tabulatoren oder neue Zeilen.
- White-Spaces werden ignoriert.
- Befehle werden im Editor hervorgehoben dargestellt.
- Mehrere Anweisungen werden durch Semikolons getrennt. (Merkregel: Das Semikolon schließt eine komplette Anweisung ab.)
- Kommentare setzt man in (* *), in { } oder ab Delphi 3 hinter //.
- Bezeichner müssen mit einem Buchstaben oder einem Unterstrich (_) beginnen.
- Der Projekt-Quelltext ist das Hauptprogramm – die gesamte Anwendung besteht aus Hauptprogramm und Units.
- Mehrere Pascal-Anweisungen werden mit *begin* und *end* zu einem Block zusammengefasst.
- Hinter dem letzten *end* folgt ein Punkt.
- Einige Worte und Zeichenfolgen sind *reserviert* – es handelt sich um Anweisungen der Sprache Pascal.
- Standardanweisungen sind reservierte Worte, die aber neu definiert werden können.

3.6 Testaufgaben

3.1 Ist die Position des Semikolons in diesen Anweisungen korrekt?

a)
```
Program test
;
```

b)
```
Program ; test ;
```

c)
```
; program test;
```

d)
```
program test (* abcd *) ;
```

e)
```
program test ; (* abcd *)
```

f)
```
program test (* abcd ; *)
```

3.2 Welche der folgenden Anweisungen sind nicht korrekt?

```
UNit unIT1;
Unit unit1
unit unit;
unit
unit1;
```

3.3 Muss der Befehl *program* am Anfang eines Programms angegeben werden?

3.4 Welche der Zeilen sind nicht korrekt?

```
Uses Unit1 in Unit1.PAS (* Form1 *);
Uses Unit1 in 'Unit1.pas' ; (Form1)
```

3.5 Was ist an diesem »Programm« falsch?

```
program test;
begin
end;
```

3.6 Welche der folgenden Bezeichner sind gültig?

```
_12Test
2ter_Aufruf
_2ter Aufruf
März
```

Kapitel 4

jetzt lerne ich

Ein erster Blick auf die Entwicklungsumgebung

Delphi wird in Zukunft unser Werkzeug sein, mit dem wir schnell und effektiv arbeiten wollen. Daher ist es angebracht, auch einmal einen Blick auf die so genannte Entwicklungsumgebung zu werfen – auf die Benutzeroberfläche von Delphi. Welche Fenster sind wozu da? Wie geben wir ein Programm ein? Wie starten wir es?

In Abbildung 4.1 sehen Sie Delphi nach dem Start.

Wir sehen, dass nach dem Start zuerst einmal fünf Fenster angezeigt werden: Das Hauptfenster von Delphi, in dem das Menü enthalten ist, befindet sich am oberen Bildschirmrand.

Dieses Fenster ist mit »Delphi – Project 1« bezeichnet. Das Hauptfenster enthält auch eine Reihe von Icons für Aktionen wie Speichern, Compilieren und so weiter. Den Bereich rechts unten im Hauptfenster nimmt die Komponentenpalette ein.

HINWEIS

Die Komponentenpalette ist der Werkzeugkasten, der die für die visuelle Programmierung benötigten Komponenten enthält.

Die Komponentenpalette enthält mehrere Seiten, in denen die verfügbaren Komponenten thematisch geordnet werden: von *Standard* über *System* bis hin zu *Beispiele*.

Abb. 4.1: Delphi-7-Entwicklungsumgebung

Am linken Bildschirmrand ist die Objekt-Hierarchie sichtbar.

ACHTUNG

Die Objekt-Hierarchie gibt es erst seit Delphi 6. Ältere Delphi-Versionen bieten diese Funktion nicht, deshalb wird das entsprechende Fenster nicht angezeigt, falls Sie mit einer Delphi-Version < 6 arbeiten.

Die Objekt-Hierarchie stellt alle Komponenten des aktuellen Formulars in einer Baumansicht dar. So kann der Benutzer schnell innerhalb der Komponenten navigieren. Sie ist nicht zwingend erforderlich, sondern stellt nur eine Navigationshilfe dar.

Unter der Objekt-Hierarchie sehen wir den Objekt-Inspektor. Wie wir später noch sehen werden, ist es mit ihm möglich, die Eigenschaften von Komponenten zu verändern. Außerdem kann man mit ihm schnell auf die Teile des Quelltextes zugreifen, die sich um Ereignisse kümmern. Wir werden später sehen, wie das funktioniert.

Rechts vom Objekt-Inspektor sieht man – wenn man genau hinsieht – zwei Fenster. Dabei liegt das leere, mit Form1 bezeichnete Fenster *über* dem zweiten, das nur unten ein wenig hervorragt.

Bei diesem leeren Fenster handelt es sich um unser zukünftiges Programm – Delphi hat uns freundlicherweise schon einmal ein leeres Fenster zur Verfügung gestellt, in das wir unsere Komponenten schieben können, um so unserem Programm Gestalt zu geben.

Das darunter liegende Fenster enthält den Quelltext zum *Form1*. Wobei sich natürlich nun die Frage stellt: Was ist das, Quelltext? Und bei der Gelegenheit haken wir doch gleich noch weiter nach: Und was sind Komponenten?

Komponenten sind vorgefertige Programmbausteine, die eine bestimmte Aufgabe erfüllen. Mit Delphi können wir Programme größtenteils aus Komponenten zusammensetzen. Komponenten können im fertigen Programm unsichtbar sein, wenn sie spezielle Funktionen haben. Jede Komponente hat eine Reihe von Eigenschaften, die ihr Aussehen, ihr Verhalten usw. festlegen. Außerdem kann eine Komponente auf Ereignisse reagieren. Ein Ereignis könnte beispielsweise das Anklicken einer Komponente durch den Benutzer sein.

Um auf die Frage nach dem Quelltext zurückzukommen:

Das Verhalten des Programms wird bei Delphi, wie bei fast allen anderen Programmiersprachen auch, durch einen Text beschrieben. Dieser Text muss gewissen Regeln folgen, damit der Compiler ihn versteht. Diese Regeln sind durch Object-Pascal definiert. Der Text ist der *Quelltext*. Manchmal werden Sie auch den englischen Begriff hören, der aber dasselbe bedeutet: *Sourcecode*.

Wenn wir ein Programm erzeugen, indem wir Komponenten in Formulare schieben und Eigenschaften dieser Komponenten verändern, so tun wir letztendlich nichts anderes, als den Quelltext zu verändern – Delphi verbirgt dies nur auf raffinierte Weise vor uns. **Es führt aber alle Änderungen, die wir visuell vornehmen, sofort im Quelltext durch.** Diese Änderungen könnten wir auch per Hand vornehmen – aber dies wäre mühsam und wir wären wieder da, wo wir schon vor ein paar Jahren waren, nämlich bei Turbo Pascal.

Klickt man probehalber auf das unter Form1 liegende Fenster, so kommt der Quelltext zu unserem Programm an die Oberfläche.

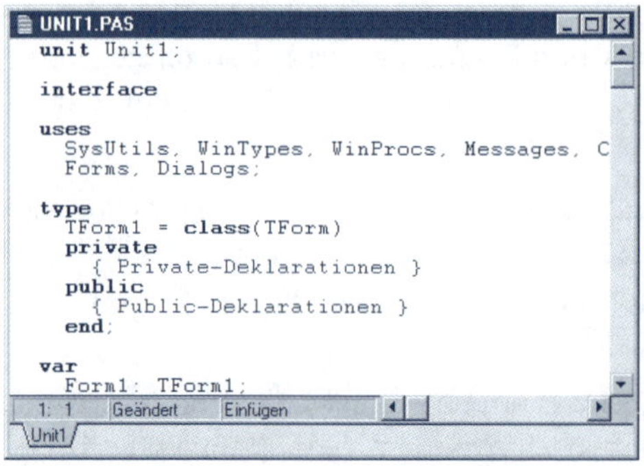

Abb. 4.2: Der Quelltext der Delphi-1-Version.

Was wir hier sehen, ist Object-Pascal. Wenn Sie sich vorher nie mit Turbo-Pascal beschäftigt haben, mag dies noch etwas fremd aussehen – dies wird sich aber ein paar Kapitel später geändert haben ...

Bevor es nun weitergeht, sollten wir uns noch einige Fachwörter einprägen:

- Die Eigenschaften von Komponenten nennt man *Properties*.
- Ereignisse, auf die Komponenten reagieren, sind (der Angelsachse wird es schon ahnen): *Events*
- Wenn ich von *Routinen* spreche, meine ich einen Teil eines Programms, der eine bestimmte Aufgabe erfüllt. Zum Beispiel: Würde ein bestimmter Programmteil immer dann aufgerufen, wenn ein Ereignis eintritt, würde ich von einer Ereignis-Routine sprechen.
- Ein Delphi-Programm muss erst übersetzt werden, bevor der Prozessor des PC es verarbeiten kann. Statt Übersetzen sagt man aber *Compilieren* und das Programm, das das leistet, ist der *Compiler*. Der Compiler ist ein Teil von Delphi.

4.1 Programme compilieren und starten

Da stehen wir nun, mit unserem leeren Form1. Es hat zwar noch nicht viel Funktionalität, aber auch wenn es nicht so aussieht: Delphi hat uns bereits ein komplettes Programm serviert. Das kann man leicht ausprobieren.

Wir lassen es einfach compilieren und starten es. Mal sehen, was passiert. Drücken Sie dazu einfach [F9].

Tja, da ist es, unser erstes Delphi-Programm. Es zeigt zwar nur ein leeres Fenster, aber das lässt sich verschieben, in der Größe ändern und schließlich auch beenden (wenn man das Schließen-Symbol im Fenstertitel anklickt).

Ich wette, so schnell haben Sie noch nie ein Programm geschrieben. Aber zugegeben: Allzu viel haben wir dazu nicht getan. Zudem wissen wir nun:

HINWEIS: Programme compiliert und startet man mit der Taste [F9].

Wenn wir unser Programm durch Klicken auf das Schließsymbol des Fensters oder mit der Tastenkombination [Alt][F4] wieder beendet haben, erhält Delphi erneut die Kontrolle.

Wenn man nicht möchte, dass ein Programm sofort startet, wenn man eine Änderung vorgenommen hat, kann man die Tastenkombination [Strg][F9] benutzen.

HINWEIS: Mit [Strg][F9] wird das aktuelle Formular compiliert, das Programm aber nicht gestartet. Dies ist dann praktisch, wenn man am Quellcode Änderungen vorgenommen hat und diese auf Tippfehler prüfen möchte. Denn beim Übersetzungsvorgang werden diese Fehler gemeldet.

Wir finden die Kommandos zum Compilieren unter dem Menüpunkt – wer hätte es gedacht – *Compiler* (in Delphi 4.0 oder höher stehen die entsprechenden Menüeinträge unter *Projekt*). Hier finden sich auch die Einträge *Projekt compilieren* und *Syntaxprüfung*. Wo liegt der Unterschied zwischen *Compilieren* und *Projekt compilieren*?

Delphi ist meistens in der Lage, selbst festzustellen, in welchen Formularen Änderungen vorgenommen wurden, denn ein Projekt kann mehrere Formulare umfassen. Aber manchmal funktioniert das nicht oder der Anwender möchte auf Nummer Sicher gehen – in diesem Fall übersetzt Delphi mit *Projekt compilieren* **alle** im Projekt enthalten Formulare erneut. Unabhängig davon, ob diese geändert wurden oder nicht.

Aber zurück zu unserem ersten Programm. Wir wollen es nun mit zumindest ein wenig eigener Funktionalität füllen. Sie werden sehen, wie schnell auch dies möglich ist. Dazu klicken wir einmal auf die Button-Komponente. Diese finden Sie ungefähr in der Mitte der Komponentenpalette, sie sieht aus wie ein kleiner Windows-Knopf mit der Beschriftung »OK«.

Diese Komponente ist nun selektiert. Um sie in unserem Formular zu platzieren, müssen wir nur einmal an die gewünschte Stelle klicken, woraufhin dort ein Button mit der Beschriftung »Button1« erscheint.

Wenn man das Programm nun starten würde, so würde sich herausstellen, dass sich der Button zwar schon wie jeder Windows-Button anklicken lässt –

nur es passiert nichts. Klar, denn es ist die Aufgabe des Programmierers, dem Button Funktionalität »einzuhauchen«.

Wir tun dies, indem wir auf den Button doppelklicken. Daraufhin sehen wir einen Teil des Quelltextes. An dieser Stelle fügen wir das fett markierte Wort ein:

```
procedure TForm2.Button1Click(Sender: TObject);
begin
  close;
end;
```

Diese Routine im Quelltext wird aufgerufen, wenn der Benutzer den Button anklickt. Das Wort **close** bewirkt, dass das Formular geschlossen, das Programm also beendet wird. Wir mussten also den Quelltext ändern, um dem Button eine Funktion beizubringen. Dies zeigt:

HINWEIS: Auch bei visueller Programmierung ist die Kenntnis der zugrunde liegenden Programmiersprache unerlässlich.

4.2 Arbeiten mit dem Editor

Bei dem kleinen Beispiel haben wir unseren ersten Kontakt mit dem Delphi-Editor gemacht. Wir wollen nun nicht darauf eingehen, wie eine Backspace- oder Shift-Taste funktioniert. Als Computer-Anwender wissen Sie das sowieso schon. Aber es gibt beim Delphi-Editor einige Besonderheiten, auf die wir einen kurzen Blick werfen sollten.

Das Erste, was im Editorfenster auffällt, ist die farblich und typografisch unterschiedliche Textgestaltung. Der Delphi-Editor zeigt die Schlüsselworte wie **Unit**, **Program** usw. **fett** an. *Kommentare* im Programmtext werden blau dargestellt.

Gerade beim Arbeiten mit Quelltexten ist es oftmals erforderlich, Blöcke zu markieren, um einzelne Routinen zu kopieren oder zu löschen. Dies funktioniert beim Delphi-Editor wie unter Windows gewohnt: Mit den Pfeiltasten kann der Cursor bewegt werden. Wenn dabei die [⇧]-Taste gedrückt gehalten wird, wird der entsprechende Bereich markiert. Dann kann man den Bereich mit den Funktionen des *Bearbeiten*-Menüs ausschneiden, löschen usw. Dies ist natürlich auch mit den jeweiligen Tastenkürzeln möglich, wie zum [Strg][Entf], um den Text in die Zwischenablage zu kopieren.

Das Suchen bzw. Suchen und Ersetzen von Textteilen funktioniert über das Suchen-Menü bzw. über die jeweiligen Tastenkürzel und bedarf keiner weiteren Erklärung.

Eine nützliche, aber nicht unbedingt offensichtliche Funktion ist das Ein- bzw. Ausrücken von Textteilen. Markiert man einen Block, so kann man ihn jeweils um ein Zeichen nach links verschieben, wenn man erst Strg K und dann Strg I drückt, bzw. mit Strg K und dann Strg U verschiebt man den Block jeweils um Zeichen nach rechts. Diese Funktion erlaubt es uns, in Pascal besser lesbare Quelltexte zu schreiben.

Letztendlich erlaubt es der Editor auf bequeme Weise, zwischen mehreren Texten umzuschalten. Wählt man den Menüpunkt ANSICHT/PROJEKT-QUELLTEXT, so zeigt der Editor die Hauptdatei des Programms an, also einen zweiten Text. Beachten Sie, dass am unteren Rand des Editor-Fensters nun für jeden Text eine Registerzunge angezeigt wird, so dass man schnell zwischen den Texten umschalten kann.

Der Editor bietet auch noch unterschiedliche Tastaturbelegungen und eine Reihe von Möglichkeiten, die wir hier nicht näher ansprechen. Dies sollte nicht Thema dieses Buches sein. Weitere Informationen darüber erhält man in den Borland-Handbüchern bzw. der Online-Hilfe.

4.3 Der Objekt-Inspektor

Neben dem Editor werden Sie beim Programmieren mit Delphi niemals um den Objekt-Inspektor »herumkommen«. Denn dieser zeigt (wie es der Name schon sagt) die Einzelheiten der Objekte bzw. der Komponenten an, mit denen Sie arbeiten. Warum heißt es dann nicht »Komponenten-Inspektor«? Nun, auch andere Objekte haben Eigenschaften, die Sie mit diesem Hilfsmittel untersuchen können. Das beste Beispiel hierfür sind Formulare. Sie teilen sich mit vielen Komponenten gemeinsame Eigenschaften, tauchen aber nicht in der Komponentenpalette auf.

Was macht die Eigenschaften, bzw. **Properties**, der Objekte so wichtig? Sie steuern in einem ganz erheblichen Maß die Funktionalität der jeweiligen Komponente. Beispielsweise legen solche Properties fest, ob ein Objekt sichtbar ist, was es darstellt, wo es angezeigt wird usw. Alles, was an einem Objekt einzustellen ist, wird mittels Properties festgelegt. Der Objekt-Inspektor ermöglicht es, diese Einstellungen **zum Entwurfszeitpunkt** zu definieren.

- Die Werte, die wir zum Entwurfszeitpunkt für die Properties festlegen, sind die Werte, die sie bei Programmbeginn haben.
- Properties können auch später, während das Programm läuft, verändert werden. Dies muss im Quelltext festgelegt werden.

Betrachten wir den Objekt-Inspektor einmal genauer.

Dazu klicken wir auf eine freie Stelle im Form1 und sehen uns dann den Inhalt des Objekt-Inspektors an. Dieser zeigt nun die Properties des Haupt-Formulars unserer Anwendung.

Es gibt verschiedene Typen von Properties, die sich darin unterscheiden, welchen Typ die Werte haben, die sie annehmen können.

Abb. 4.3: Objekt-Inspektor (Delphi 7)

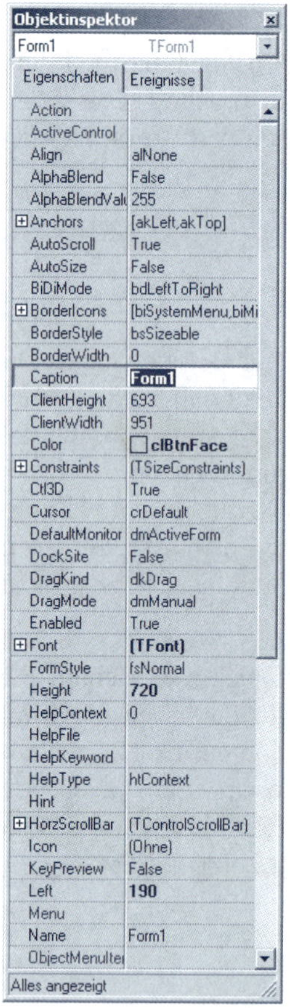

HINWEIS

Falls Sie nicht Delphi 7 verwenden, unterscheidet sich das Layout des Objekt-Inspektors geringfügig.

So genannte **Boolesche Werte** sind Werte, die entweder **Wahr (True)** oder **Falsch (False)** sein können. Ein Beispiel für eine solche Eigenschaft ist *AutoScroll*. Wenn man auf den danebenstehenden Wert True klickt, sieht man, dass nur zwischen den möglichen Werten *True* und *False* ausgewählt werden kann. Dies macht Sinn, denn diese Eigenschaft bestimmt, ob ein Formular Bildlaufleisten anzeigen soll, wenn seine Abmessungen nicht ausreichen, um alle darin enthaltenen Komponenten anzuzeigen. Es kann also nur die Werte »anzeigen ja« (True) oder »nicht anzeigen« (False) annehmen.

Dann gibt es natürlich auch **numerische Werte**. Ein Beispiel ist die Eigenschaft *Height*, die die Höhe des Formulars angibt. Wenn wir diese Eigenschaft auf 100 ändern, sehen wir sofort die Auswirkung auf das Formular: Es ist nur noch ein Drittel so hoch wie vorher.

Als Nächstes begegnen uns **Aufzählungstypen**. In diesem Fall kann die Eigenschaft einen von mehreren vorgegebenen Werten annehmen. Ein Beispiel ist die Eigenschaft *Color*, die die Farbe des Formulars festlegt. Klickt man den Wert einer solchen Property an, so erhält man eine Liste der möglichen Werte. Wählt man bei *Color* beispielsweise *ClRed* aus, so erhält unser Formular eine »sportlich« rote Grundfarbe.

Ein weiterer Property-Typ sind **Texte**. So legt zum Beispiel die Eigenschaft *Caption* fest, welcher Text im Titelbalken des Fensters erscheint. Hier kann man eigentlich das eintippen, was man möchte, man ist oftmals aber an eine bestimmte Maximallänge gebunden.

Neben den bisher vorgestellten Arten von Properties gibt es auch **kombinierte Properties**, also Eigenschaften, die aus mehreren Werten bestehen. Solche Properties sind am kleinen Pluszeichen zu erkennen, das dem Namen vorangestellt wird. Ein Beispiel dafür ist *BorderIcons*. Mit dieser Eigenschaft wird festgelegt, welche Symbole im Rahmen des Formulars auftauchen sollen. Deren gibt es unter Windows 3.x drei: das System-Icon, das Symbol zum Minimieren des Fensters und das Symbol zum Maximieren. Unter Windows 95/NT gibt es vier Symbole, hier kommt noch das Hilfe-Symbol hinzu. Daher sind auch drei/vier Eigenschaften notwendig, die jeweils *True* oder *False* sein können. Alle drei Eigenschaften verbergen sich unter dem Oberbegriff BorderIcons, aber ein Klick auf das Pluszeichen zeigt die Einzelwerte. Der besseren Übersicht wegen kann man diese dann mit einem erneuten Klick wieder »wegklappen«.

Letzendlich gibt es auch noch Properties, deren Werte mittels eines speziellen Fensters eingestellt werden. Bei solchen Properties erscheint am rechten Rand des Wertfeldes ein [...]-Symbol. Ein Klick auf dieses bringt das entsprechende Editorfenster zum Vorschein. Ein Beispiel hierfür ist die Eigenschaft *Font*. Klickt man auf das Symbol rechts neben dem Wertefeld der Eigenschaft, erscheint der auch von anderen Windows-Programmen bekannte Dialog zum Einstellen von Schriftarten.

HINWEIS

Man sollte Delphis kontextsensitive Hilfe benutzen! Wenn man eine bestimmte Property im Objekt-Inspektor fokussiert hat, genügt ein Druck auf die [F1]-Taste, um ausführliche Informationen zu der jeweiligen Eigenschaft zu erhalten. Probieren Sie es einmal!

Die Delphi-Hilfe liefert zu vielen Themen sehr gute Informationen, nur sind diese oft nicht sehr übersichtlich angeordnet. Auch ist es oft nicht einfach, manche Themen zu verstehen, da das notwendige Hintergrundwissen an anderer Stelle (oder gar nicht) erklärt wird. Um »Delphi zu lernen«, ist die Hilfe daher kaum geeignet. Wenn das notwendige Hintergrundwissen jedoch einmal vorhanden ist, erweist sie sich als sehr praktisch. Ich werde Sie daher öfter auffordern, Informationen in der Online-Hilfe nachzuschlagen, wenn die Erklärung dort ausreichend ist. Ich denke nicht, dass es nötig ist, dass ich Informationen aus der Online-Hilfe abschreibe, nur um das Buch dadurch umfangreicher und somit teurer zu machen.

Doch zurück zum Objekt-Inspektor: Dort befindet sich noch ein zweite Seite, nämlich »Ereignisse«.

Wir wissen nun, dass Komponenten bestimmte Eigenschaften haben, die ihr Verhalten im Programm festlegen können. Komponenten können jedoch auf bestimmte Ereignisse reagieren. Auf welche Ereignisse eine Komponente reagieren kann, hängt vom jeweiligen Typ ab.

Werfen wir beispielsweise einmal einen Blick darauf, welche Ereignisse das Formular *Form1* kennt (vgl. Abb. 4.4).

Wie wir sehen, können eine ganze Menge verschiedener Ereignisse eintreten, auf die das Formular reagieren kann. Beachten Sie, dass ich sage *kann* – denn momentan sind noch alle Felder leer!

Die Ereignisnamen sind schon fast selbst erklärend: Ein *OnClick*-Ereignis liegt sicherlich dann vor, wenn der Benutzer das Formular anklickt. Ein *OnClose*-Ereignis tritt dann auf, wenn das Formular geschlossen wird, usw.

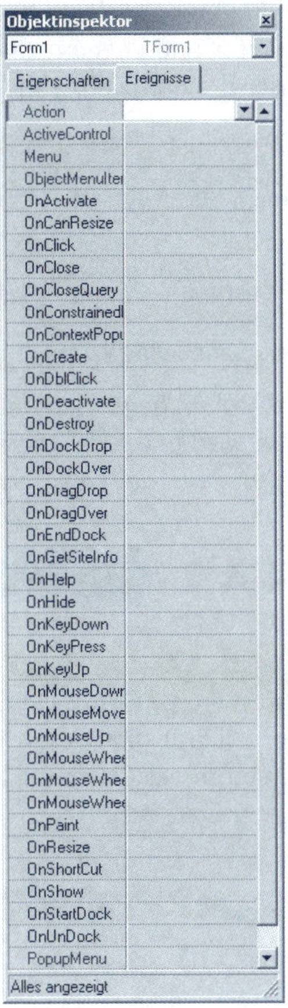

Abb. 4.4: Ereignisse im Objekt-Inspektor (Delphi 7)

In den Werte-Feldern rechts von den Ereignisnamen werden Werte eingetragen, genau wie bei den Properties. Nur handelt es sich hier immer um den Namen einer Ereignis-Behandlungs-Routine. Mit anderen Worten: um ein Stück des Quelltextes des Programms, welches für die Behandlung des jeweiligen Ereignisses zuständig ist.

Lassen Sie uns einmal eine einfache Ereignisbehandlungs-Routine schreiben: Immer dann, wenn der Benutzer das Formular anklickt, soll ein Ton erzeugt werden. Praktischerweise kennt Object-Pascal den Befehl *MessageBeep*, der einen kurzen Ton aus dem Lautsprecher des PC hervorruft.

Der Befehl *MessageBeep* kann verschiedene Töne erzeugen; der Standardton wird zum Beispiel mit *messageBeep(mb_OK)* erzeugt. Diesen Befehl werden wir nun für einen kleinen Test benutzen.

Ein Doppelklick auf das Eingabefeld *OnClick* im Objekt-Inspektor öffnet den Editor und bequemerweise hat Delphi bereits die grundsätzliche Deklaration der Ereignisroutine für uns erzeugt:

```
procedure TForm1.FormClick(Sender: TObject);
begin

end;
```

Wir fügen nun einfach nur noch die Zeile

```
MessageBeep(mb_ok);
```

zwischen *begin* und *end* ein. Wenn das Programm nun compiliert und gestartet wird (mit F9), erzeugt jeder Mausklick auf das Formular einen entsprechenden Ton. Das Formular reagiert nun auf das Ereignis *OnClick*.

4.4 Projektvorgaben

Beim Übersetzen von Programmen gibt es einige Möglichkeiten, das Ergebnis zu »tunen«. Denn *wie* der Compiler ein Programm übersetzt, lässt sich steuern. Dazu gibt es die Projektvorgaben, die sich bei Delphi 1.0 unter dem Menüpunkt OPTIONEN/PROJEKT verbergen, bei Versionen ab 2.0 unter PROJEKT/OPTIONEN.

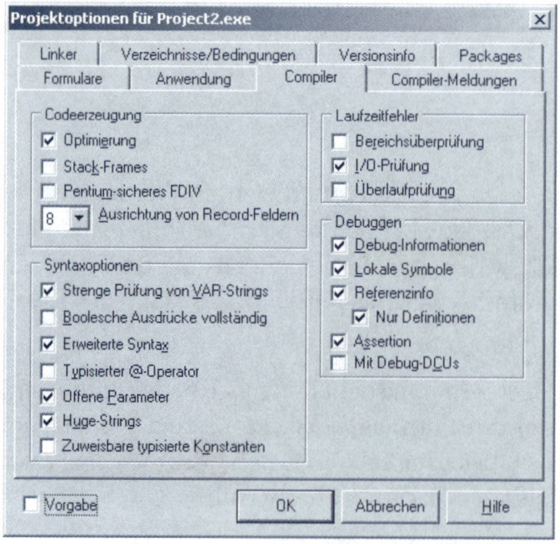

Abb. 4.5: Projektoptionen des Compilers bei Delphi 7

In den Projektvorgaben kann man unter anderem festlegen, ob der Compiler bei Divisionen speziellen Code erzeugt, der auch dann korrekt funktioniert, wenn man eine fehlerhafte Pentium-CPU einsetzt, welche möglichen Laufzeitfehler geprüft werden können und so weiter. Sie sehen also: ziemlich spezielles Zeug. Wir werden uns die *Compiler-Schalter* in einem späteren Kapitel näher ansehen.

Aber es gibt auch einige weniger spezialisierte Einstellungen, die man hier festlegen kann. Eine davon ist beispielsweise der *Anwendungstitel* des Programms. Dieser wird angezeigt, wenn die Anwendung auf Symbolgröße verkleinert wird.

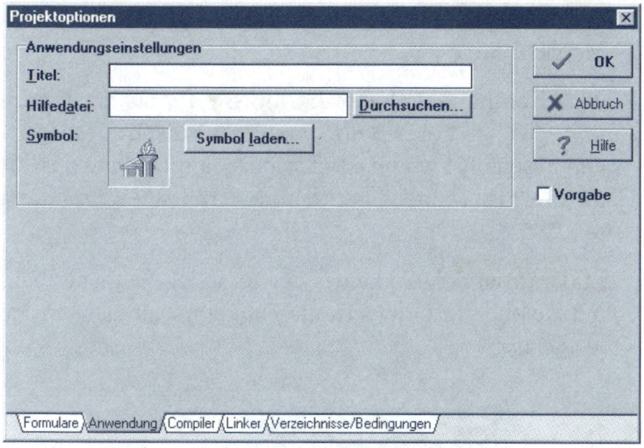

Abb. 4.6: Projektoptionen für die Anwendung bei Delphi 1.0.

Auch ein eigenes Symbol für seine Anwendung kann hier festgelegt werden (das kann man mit dem *Bildeditor*, der zu Delphi mitgeliefert wird, selbst erstellen).

↳ Tools / Image Editor

4.5 Zusammenfassung

- Die Komponentenpalette enthält auf mehreren »Seiten« die vorhandenen Komponenten. Selbst erstellte oder neu hinzugekaufte Komponenten richten möglicherweise eine eigene Seite auf der Komponentenpalette ein.
- Mit dem Objektinspektor werden die Eigenschaften von Objekten geändert.
- Komponenten sind vorgefertige Programmbausteine, die eine bestimmte Aufgabe erfüllen.
- Die Begriffe »Quelltext« und »Sourcecode« sind gleichbedeutend.
- Alle visuell durchgeführten Änderungen werden von Delphi im Quelltext gespeichert.

- Die Eigenschaften von Objekten nennt man Properties.
- Der »Compiler« übersetzt ein Delphi-Programm.
- Die Eigenschaften (Properties) können zur Entwurfszeit oder während der *Laufzeit* des Programms (durch Programmanweisungen) festgelegt werden.
- Boolesche Werte beschreiben die Möglichkeiten »Ja« und »Nein«.
- Aufzählungstypen beschreiben eine Anzahl (die aber begrenzt ist!) von Möglichkeiten.
- Jede Komponente kennt *Ereignisse*, für die der Benutzer *Ereignisroutinen*, das heißt eine Reihe von Anweisungen, festlegen kann. Diese werden ausgeführt, wenn das Ereignis eintritt, ohne dass der Programmierer die Ereignisroutine selber »aufrufen« müsste – dies erledigt die Komponente.
- Ereignisroutinen sind eines der zentralen Elemente beim Programmieren mit Delphi – fast die gesamte Funktionalität eines Programms wird damit festgelegt.

4.6 Testaufgaben

4.1 Sie arbeiten an einem Programm, das einen Aufzug steuert. Welcher Art wäre der Wert, der ausdrückt, ob die Aufzugstüre offen oder geschlossen ist?

4.2 Das Programm muss sich auch die aktuelle Etage merken. Welche *Typen* können Sie verwenden, um die Etage zu speichern?

KAPITEL 5

Die ersten Programme

Im letzten Kapitel haben wir gesehen, wie Programme eingegeben und übersetzt werden können. Dabei wurde auch schon die Komponentenpalette angesprochen, aus der wir unsere Komponenten zur Programmentwicklung nehmen können. In diesem Kapitel wollen wir nun einige dieser Komponenten näher betrachten.

5.1 Schalter und Labels

Starten wir Delphi, oder wählen wir »DATEI/NEUES PROJEKT«, erhalten wir ein leeres Formular. Über dem Formular erkennen wir die Komponentenpalette, aus der wir unsere Komponenten in das Formular schieben können:

Abb. 5.1: Komponentenpalette

Sie sehen, dass die Komponentenpalette mehrere Seiten hat, STANDARD, SYSTEM, ... BEISPIELE. (Welche dies sind, ist von Delphi-Version zu Delphi-Version verschieden. Bei jeder neuen Version sind neue Komponenten hinzugekommen.) Wenn Sie den Mauscursor einen Moment über einem Symbol stillhalten, zeigt Delphi Ihnen den Namen der entsprechenden Komponente an. Das erste Symbol heißt *MainMenu*, das Symbol mit dem **A** ist ein *Label*.

Ein Klick auf dieses Symbol aktiviert es, nun können wir beliebig viele Komponenten dieses Typs im Formular ablegen.

Dazu genügt es, einmal an der gewünschten Stelle im Formular zu klicken – schon taucht dort ein *Label* auf, mit »Label1« beschriftet.

Beachten Sie, dass das Label mit einem Rahmen gekennzeichnet ist, an dessen Kanten bzw. in der Mitte der Außenlinien so genannte *Handles* angebracht sind. Hier kann man mit der Maus ziehen und die Größe der Komponente verändern.

Klickt man in die Mitte des Rahmens (also auf die Komponente selber) und hält die Maus gedrückt, kann man die Komponente verschieben. Ein Doppelklick auf die Komponente öffnet das Editorfenster, der Cursor steht dann bereits innerhalb der Standard-Ereignisroutine für die Komponente (wenn Sie das jetzt ausprobiert haben, drücken Sie F12, um das Editorfenster wieder zu schließen).

HINWEIS

Die Komponente, um die der Selektionsrahmen gezeigt wird, ist *selektiert*. Es ist die aktuelle Komponente.

Wenn Sie ein Element anklicken, das noch nicht selektiert ist, so sagen Sie Delphi damit: An diesem Element arbeite ich gerade. Folgerichtig zeichnet Delphi den Rahmen um das Element und Sie können es verändern. Das Verändern bezieht sich jedoch nicht nur auf die Größe und Position der Komponente: Jede Komponente hat eine ganze Menge von Eigenschaften, die sich ebenfalls verändern lassen.

Um zu sehen, welche Eigenschaften ein Element hat und welche Werte diese Eigenschaften haben, dient der **Objekt-Inspektor**.

Wie wir sehen, hat die kleine Label-Komponente immerhin 27 Eigenschaften – solche wie *Name* oder *Color* sind ja noch einsichtig, schwieriger wird es dann schon mit *ShowAccelChar* oder ähnlichen. Es ist sehr wichtig, dass Sie sich mit den Eigenschaften der einzelnen Komponenten vertraut machen. Versuchen Sie dazu (später, lesen Sie erst mal einige Kapitel weiter ...), selbst gestellte Aufgaben zu lösen. Die nötigen Informationen über jede Komponente finden Sie in der Online-Hilfe.

Mit diesen Eigenschaften können wir das Aussehen und das Verhalten von Komponenten verändern. Jede Komponente hat andere Eigenschaften und der Objektinspektor zeigt diese an, wenn wir eine Komponente selektieren.

Ändern wir beispielsweise die Eigenschaft **Font**. Sie bestimmt, in welcher Schriftart der Text in der Komponente angezeigt wird. Doppelklicken wir dazu auf das Eingabefeld im Objekt-Inspektor, rechts von »Font«, so erhalten wir einen Schriftauswahl-Dialog, wie wir ihn auch von Textverarbeitungsprogrammen kennen.

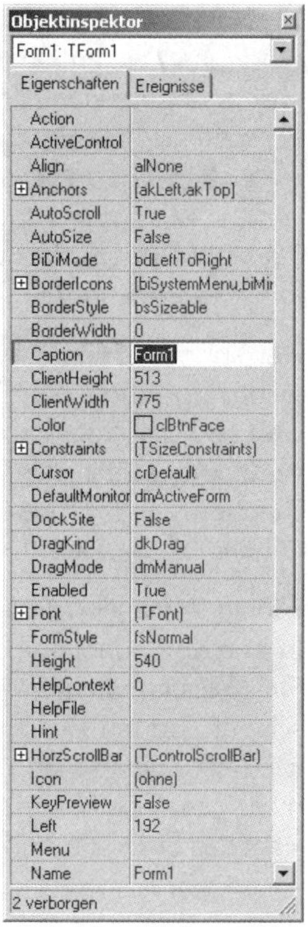

Abb. 5.2: Der Objekt-Inspektor (Delphi 5.0).

Hier wählen wir eine Schrift wie z.B. Arial, stellen die Schriftgröße auf 48 Punkt ein und wählen die kursive Schrift. Nach einem Klick auf OK könnte unser Formular so aussehen:

Abb. 5.3: Beispielprojekt 1 – Formular mit großem Label

Was fangen wir nun mit einem Label an? Nun, im Wesentlichen können wir damit andere Elemente im Formular beschriften – oder aber kurze Texte ausgeben.

Die wohl wichtigste Eigenschaft einer Label-Komponente ist *Caption* (Beschriftung). Sie enthält den Text, den das Label anzeigt. Dies ist, wie wir hier unschwer erkennen können, erst einmal derselbe Text, den das Label im Feld *Name* führt. Die Beschriftung und der Name der Komponenten sind jedoch zwei völlig unterschiedliche Dinge. Nur gibt Delphi uns einen sinnvollen Wert vor – es steht uns jedoch frei, diesen zu ändern. Ändern wir die Eigenschaft *Name* in **UnserLabel** und die Eigenschaft *Caption* in **Delphi!**, so *heißt* das Label **UnserLabel,** *zeigt* aber den Text »Delphi!« an.

Der springende Punkt bei unseren Eigenschaften ist natürlich, dass wir sie nicht nur mittels des Objekt-Inspektors verändern können – sondern auch während des Programmablaufs können die Eigenschaften von Komponenten verändert werden. Unter anderem diese Möglichkeit macht es möglich, mit Delphi Programme zu erstellen. Wie schnell und einfach dies möglich ist, das können wir nun leicht selbst ausprobieren.

Hierzu verwenden wir noch eine weitere Komponente, nämlich den **Button**. In der Komponentenpalette ist dies der kleine Knopf mit der Beschriftung OK. Klicken wir nun irgendwo in die untere Hälfte des Formulars, so erscheint dort ein Button, erwartungsgemäß mit *Button1* beschriftet. Ändern wir seine Eigenschaft *Caption* in »Anderer Text«. Wenn diese Beschriftung nicht ganz sichtbar ist, muss der Button etwas breiter gezogen werden. So sieht das Formular nun aus:

Abb. 5.4: Beispielprojekt 2

Wenn wir auf eine Komponente doppelklicken, so zeigt uns der Editor den Teil des Quellcodes, der die Standard-Ereignisroutine enthält. Wir wissen bereits, dass Komponenten auf Ereignisse reagieren können. Ein Doppelklick bringt uns immer zu der Ereignisroutine, die für die entsprechende Komponente die größte Bedeutung hat. Bei einem Doppelklick auf den Button landen wir an dieser Stelle:

```
procedure TForm1.Button1Click(Sender: TObject);
begin
end;
```

Wie wir aus dem Namen der Routine entnehmen können, wird diese aufgerufen, wenn Button1 angeklickt wird – daher der Name *Button1Click*. Um den Rest dahinter wollen wir uns vorerst noch nicht kümmern. Wir wissen, dass wir diese Routinen verändern können, indem wir neue Kommandos zwischen `begin ... end` einfügen. Das tun wir nun, so dass die Routine so aussieht:

```
procedure TForm1.Button1Click(Sender: TObject);
begin
unserLabel.Caption := '...ist toll';
end;
```

Starten wir das Projekt nun mit einem Druck auf [F9]. Delphi übersetzt das Programm und startet es. Probieren Sie aus, ob es funktioniert: einfach den Schalter anklicken! Voilà – so schnell haben wir das erste Programm erstellt. Um das Programm wieder zu beenden, klicken Sie auf das Schließsymbol oben rechts im Fenster – Delphi erhält dann wieder die Kontrolle.

5.2 Verändern von Eigenschaften durch das Programm

Sicher haben Sie bemerkt: Mit der Zeile

```
unserText.Caption := '...ist toll';
```

haben wir die Eigenschaft *Caption* unserer Label-Komponente verändert. Da diese Zeile erst dann ausgeführt wird, wenn der Anwender des Programms den Schalter anklickt, ändert sich auch erst dann der Text der Komponente.

Am Anfang der Zeile legen wir fest, **welche** Eigenschaft **welcher** Komponente wir verändern möchten; hierzu nennen wir zuerst den Komponentennamen und dann, durch einen Punkt getrennt, den Namen der Eigenschaft. Da unsere Komponente *unserText* heißt (denn wir hatten die Eigenschaft *Name* ja entsprechend eingestellt!), sprechen wir also mit *unserText.Caption* die gewünschte Eigenschaft der Label-Komponente an.

Dann folgt das Zuweisungszeichen **:=**. Beachten Sie, dass diese beiden Zeichen ohne einen Leerraum geschrieben werden müssen – dies ist die Zuweisung. Sie sagt Delphi, diese Eigenschaft soll den nun folgenden Wert bekommen. Und der folgt dann ja auch: *'...ist toll'*. Der Text muss dabei in

Anführungszeichen gesetzt werden, damit Delphi ihn nicht mit anderen Befehlen verwechseln kann. Zum Schluss folgt noch ein Semikolon – das bedeutet: Hier ist der Befehl zu Ende!

5.3 Eingabefelder

Wir werden die Funktionalität unseres Miniprogramms nun mit einer anderen interessanten Komponente erweitern: mit einer *Edit*-Komponente (rechts neben der Label-Komponente). Sie ermöglicht es dem Benutzer, Texte einzugeben. Wir schieben die Edit-Komponente zwischen den Button und das Label, so dass das Formular etwa wie folgt aussieht:

Abb. 5.5: Beispielprojekt 3

An den Eigenschaften der Edit-Komponente wollen wir nun nichts ändern. Aber es ist wichtig zu wissen, dass sie eine Eigenschaft **Text** hat – und diese enthält immer den zuletzt eingegebenen Text.

MERKSATZ

Nicht nur der Programmierer kann den Wert einer Eigenschaft verändern – teilweise wird dies durch Komponenten selbst erledigt oder – wie im Fall der Eigenschaft *Text* der Edit-Komponente – durch den Anwender des Programms.

Wir ändern nun die Ereignisbehandlung unseres Buttons ab – nämlich so, dass nicht ein fester Text in die Eigenschaft *Caption* der Label-Komponente übertragen wird, sondern der Text, der gerade in der Eigenschaft *Text* der Edit-Komponente steht. Nach einem Doppelklick muss dazu die Routine `Button1Click` wie folgt geändert werden:

```
procedure TForm1.Button1Click(Sender: TObject);
begin
  unserText.Caption := Edit1.Text;
end;
```

Wenn dieses Programm nun gestartet wird, wird jedes Mal dann, wenn der Schalter gedrückt wird, der Text aus der Eigenschaft *Text* der Edit-Komponente in die Eigenschaft *Caption* der Label-Komponente übertragen – und diese zeigt ihn daraufhin an.

Eine kleine Variation des Programms genehm? Es ist doch lästig, immer auf den Schalter drücken zu müssen, bis man die Veränderung in der Label-Komponente sehen kann.

Selektieren wir den Schalter und drücken [Entf] – damit ist er gelöscht. Nun selektieren wir die Edit-Komponente und klicken im Objekt-Inspektor die zweite Seite an – **Ereignisse**.

Wie Sie sehen, gibt es eine ganze Menge von Dingen, die einer Edit-Komponente passieren können. Gleich das erste Ereignis interessiert uns – **OnChange**. Dieses Ereigniss tritt immer dann ein, wenn der Benutzer den Text in der Edit-Komponente verändert hat – und zwar auch dann, wenn er nur ein einzelnes Zeichen neu eingetippt hat! Ein Doppelklick auf das leere OnChange-Feld im Objekt-Inspektor bringt uns an die gewünschte Stelle im Quelltext: zur **Edit1Change**-Routine, zwischen deren `begin ... end` wir nun einfügen:

```
procedure TForm1.Edit1Change(Sender: TObject);
begin
  unserText.Caption := Edit1.Text;
end;
```

Mit anderen Worten: Jedes Mal dann, wenn der Benutzer irgendeine Veränderung am Text der Edit-Komponente vorgenommen hat, tritt das *ONChange*-Ereignis ein – und damit wird die Kontrolle an *Edit1Change* übergeben. Dort ändern wir sofort den Text der Eigenschaft *Caption* der Label-Komponente.

Nach Compilieren und Starten mit [F9] werden Sie feststellen, dass nun auch das Label jede Änderung sofort anzeigt.

Wir wissen nun, dass Komponenten mehrere Eigenschaften und Ereignisse kennen. Welche dies genau sind, hängt von der jeweiligen Komponente ab.

Neben den Eigenschaften und Ereignissen ist noch ein dritter Begriff mit Komponenten verknüpft: die so genannten *Methoden*. Methoden sind »Anweisungen«, die man den Komponenten geben kann. Stellen Sie sich eine Methode als einen Befehl an die Komponente vor.

HINWEIS

Eigenschaften sind Werte, die das Aussehen oder das Verhalten einer Komponente bestimmen. Sie werden auch Properties genannt. Solche Eigenschaften können im Objekt-Inspektor verändert werden oder auch während der Laufzeit des Programms. Die im Objekt-Inspektor eingestellten Werte der Eigenschaften bestimmen den Anfangszustand.

Ereignisse sind bestimmte Vorkommnisse, die im Zusammenhang mit einer Komponente auftreten können. Für jedes Ereignis lässt sich im Objekt-Inspektor eine *Ereignisbehandlungsroutine* angeben, die bei Auftreten des Ereignisses aufgerufen wird. Solche Ereignisbehandlungsroutinen können, müssen aber nicht vorhanden sein. Ereignisbehandlungsroutinen werden nur im fertig übersetzten Programm (also zur *Laufzeit*) aufgerufen.

Die Edit-Komponente kennt zum Beispiel die Methode »Clear«, also »Lösche«. Es ist sozusagen der Befehl an die Edit-Komponente, ihren Inhalt zu löschen. Um das auszuprobieren, fügen wir noch einen weiteren Button in das Formular ein, dessen Eigenschaft *Caption* wir auf »Löschen« setzen:

Abb. 5.6: Beispielprojekt3

Ein Doppelklick auf diesen neuen Button bringt uns nun direkt in seine *OnClick*-Ereignisroutine, in die wir den Befehl *Edit1.Clear* setzen:

```
procedure TForm1.Button2Click(Sender: TObject);
begin
  Edit1.Clear;
end;
```

Das heißt also: Wenn dieser Button angeklickt wird, bekommt die Komponente *Edit1* den Befehl »lösche deinen Inhalt«. Beachten Sie, dass wir wie auch bei den Eigenschaften den Namen der Komponente vor den Namen der Methode, getrennt durch einen Punkt, schreiben müssen.

Methoden sind »Befehle« an eine Komponente. Welche Befehle möglich sind, ist nicht im Objekt-Inspektor ersichtlich, sondern man muss in der Online-Hilfe oder in den Handbüchern nachschlagen.

Jede Komponente kennt eine Vielzahl von *Methoden*. Dummerweise sieht man sie – im Gegensatz zu Eigenschaften und Ereignissen – nirgendwo im Objekt-Inspektor. Der einzige Weg, um herauszufinden, welche Methoden eine Komponente kennt, ist, in der Online-Hilfe (oder den Handbüchern) nachzuschlagen.

5.4 Andere Komponenten

Drei Arten von Komponenten haben wir nun bereits kennen gelernt: *Labels*, *Buttons* und *Edit-Komponenten*. Delphi hat jedoch schon von Hause aus eine ganze Reihe Komponenten mehr zu bieten und man kann auch noch von Drittfirmen Komponenten hinzukaufen.

Es wäre daher müßig, hier alle Komponenten im Detail zu besprechen – schließlich brauchen Sie nur eine Komponente in das Formular zu setzen und F1 zu drücken, um eine genaue Beschreibung dieser Komponenten durch die Online-Hilfe zu erhalten.

Ich werde hier die Bedeutung der einzelnen Seiten der Komponentenpalette ansprechen, aber die Bedeutung der einzelnen Komponenten nur kurz anreißen. Daher: Spielen Sie einfach mal ein, zwei Stunden mit Delphi und probieren Sie die Komponenten aus – und lesen Sie vor allem die Online-Hilfe dazu!

Lassen Sie sich nicht davon irritieren, wenn die Komponentenpalette in der von Ihnen verwendeten Delphi- Version gegebenenfalls etwas anders aussieht als im Folgenden gezeigt. Die Palette wurde in jeder Version geändert und unterscheidet sich teilweise auch bei Delphi-Versionen mit derselben Versionsnummer (Standard-, Professional- oder Enterprise- Ausführung).

Beginnen wir mit der »Standard«-Seite der Komponentenpalette.

Abb. 5.7: Komponentenpalette: Seite »Standard«

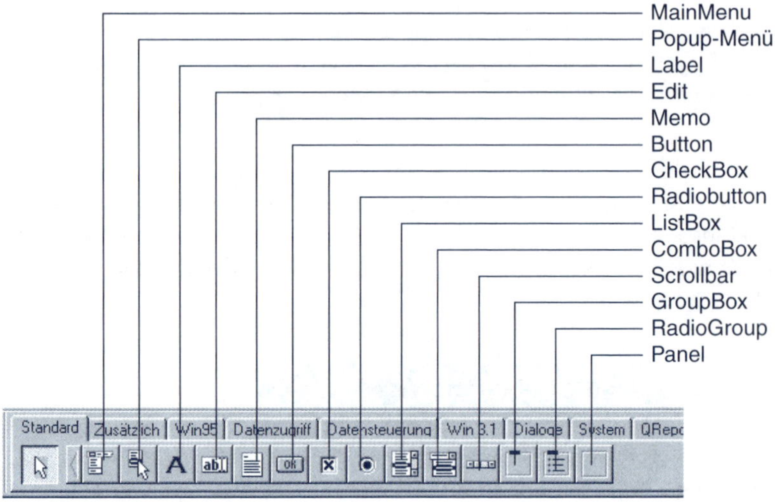

Mit dem *MainMenu* lässt sich die von allen Windows-Programmen her bekannte Menüleiste realisieren, mit dem *PopMenu* ein Menü, das beim Druck auf die rechte Maustaste erscheint. Die Komponenten *Label* und *Edit* kennen Sie bereits und unter *Memo* kann man sich eine mehrzeilige Edit-Komponente vorstellen. Auch *Button* ist bereits hinlänglich bekannt.

CheckBox ist ein Schalter, der für boolesche Werte gedacht ist – er ist entweder angekreuzt oder nicht, was man über seine Eigenschaft *Checked* feststellen (und natürlich auch: festlegen) kann. Der Schalter *RadioButton* arbeitet auf den ersten Blick ähnlich; tatsächlich aber verwendet man normalerweise immer mehrere *RadioButton*-Komponenten, die man in eine *RadioGroup* schiebt – so schaltet sich einer dieser Schalter immer automatisch dann aus, wenn ein anderer aktiviert wird, wie die Knöpfe eines alten Radios, wo durch eine Mechanik immer der vorher gedrückte Schalter herausspringt.

Die *ListBox* kann eine Reihe von Textzeilen aufnehmen. Wenn ihre Größe nicht ausreicht, um alle gleichzeitig anzuzeigen, zeigt sie einen Rollbalken an. Der Benutzer kann Einträge in der Listbox selektieren und so einen Eintrag auswählen. Die *ComboBox* arbeitet ähnlich, aber sie zeigt immer nur einen einzigen Eintrag an. Ihre Liste wird erst bei Betätigen des Buttons rechts neben dem Text sichtbar – sie »klappt« dann sozusagen auf. Mit einem *ScrollBar* kann man einen numerischen Wert zwischen Minimum und Maximum (den man über die Eigenschaften der Komponente festlegen kann) verändern, indem man den Schieberegler bewegt. Mit der *GroupBox* kann man Komponenten arrangieren – sie liegen dann »in« der *GroupBox*-Komponente und werden mit dieser bewegt. Das *Panel* unterscheidet sich von der *GroupBox* durch den fehlenden Text oben links im Rahmen.

Die nächste Seite in der Komponentenpalette beinhaltet zusätzliche Komponenten (wobei diese Bezeichnung wohl eher eine Notlösung war). Diese Komponenten erfüllen weniger spezialisierte Aufgaben im Vergleich zu den »Standard«-Komponenten:

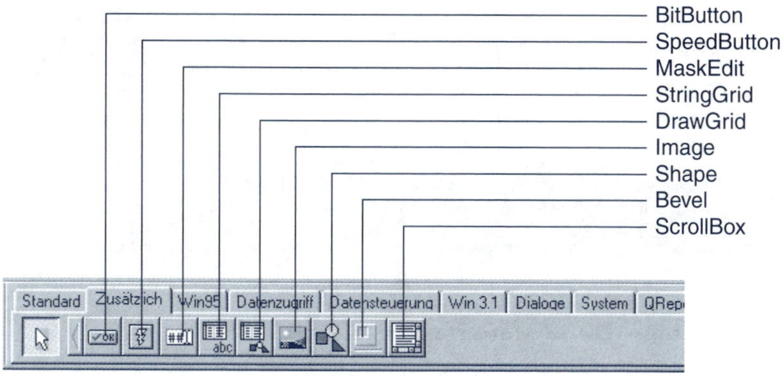

Abb. 5.8: Komponentenpalette: Seite »Zusätzlich«

Die Komponente *BitBtn* unterscheidet sich von einem normalen Button nur dadurch, dass sie ein Symbol anzeigen kann. Die *SpeedBtn* sind Schalter, die nur ein Symbol beinhalten und für Paletten eingesetzt werden – so wie die Palette der Komponenten in Delphi. Mit *MaskEdit* wird die normale Edit-Komponente dahingehend erweitert, dass die Eingaben des Benutzers auf bestimmte Zeichen(-folgen) limitiert werden können – das ist nützlich für die Eingabe von Datum oder Uhrzeit oder anderen Werten, die ein bestimmtes Format einhalten müssen.

StringGrid und *DrawGrid* sind Gitterkomponenten, die Elemente in einem rechteckigen Gitter, ähnlich wie ein Spreadsheet, darstellen können. Mit *Image* können Bilder (Windows-Bitmap-Dateien) in ein Formular eingefügt werden. Ein *Bevel* ist eine (scheinbare) Erhöhung und dient dazu, ein Formular optisch zu unterteilen. Mit der *ScrollBox* können bestimmte Teile des Formulars reserviert werden, so dass sie mit Bildlaufleisten verschoben werden können.

Die nächste Seite der Palette, »Win95«, ist nur in Versionen ab Delphi 2.0 (und später) vorhanden. Ich möchte sie an dieser Stelle nicht besprechen, sie enthält lediglich die in Windows 95 neu eingeführten Dialogelemente.

Bei beiden Delphi-Versionen sind zwei Seiten speziell für Komponenten reserviert, die der Erzeugung von Datenbanken dienen:

Die Seite »Datenzugriff«

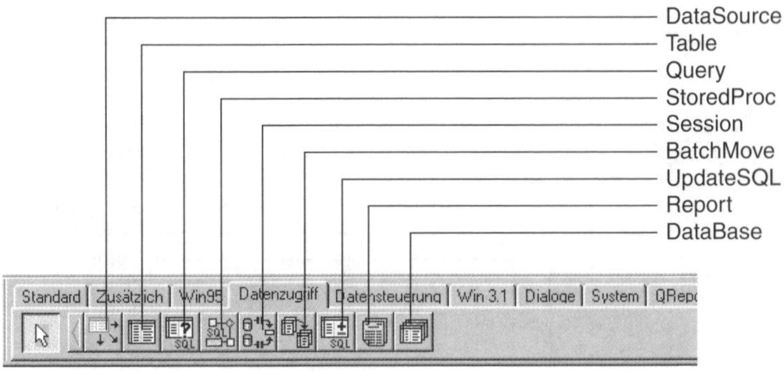

Abb. 5.9: Komponentenpalette: Seite »Datenzugriff«

Und die Seite »Datensteuerung«

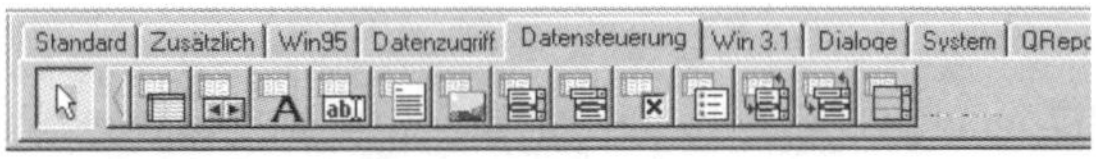

Abb. 5.10: Komponentenpalette: Seite »Datensteuerung«

Auf der »Datenzugriff«-Seite finden sich die Komponenten, die den Zugriff auf Datenbanken ermöglichen. Sie stellen sozusagen die Verbindung zu einer Datenbank her. »Datenbanken« können dabei SQL-Server, ODBC-Treiber, aber auch normale Paradox- und dBase-Tabellen usw. sein. Die beiden Komponenten *TTable* und *TQuery* greifen auf die Daten zu. Dabei arbeitet *TQuery* unter Zuhilfenahme von SQL-Anweisungen. Delphi macht es dem Programmierer sehr bequem, was die Anzeige und das Verändern des Inhalts einer Datenbank angeht: Eine *DataSource* Komponente muss an eine *TTable*- oder *TQuery*-Komponente »angekoppelt« werden, sie liefert dann die Daten für die visuellen Komponenten auf der »Datensteuerungsseite«. Dort findet man Komponenten, die einem *Label* oder einer *Edit*-Komponente entsprechen, mit einer Ausnahme: Sie greifen über die *Datasource*-Komponente direkt auf die Datenbank zu – und zeigen so unmittelbar deren Inhalt an und verändern die Datenbank bei Benutzereingabe.

Ok, ich weiß: Das war nun der absolute Schnelldurchgang. Leider kann man über die Datenbankprogrammierung ein halbes oder ein ganzes Buch schreiben. Hier können wir das Thema nur ankratzen. Wenn Sie Datenbankanwendungen programmieren wollen, so sollten Sie zuerst dieses Buch durcharbeiten, damit Sie Object-Pascal perfekt beherrschen, und sich dann Spezialliteratur zu diesem Thema beschaffen.

Ähnlich wie die »Win95«-Seite enthält diese Seite …

Abb. 5.11: Komponentenpalette: Seite »Win31«

... lediglich Komponenten, die Standardelemente von Windows 3.x kapseln. Diese werden in der Online-Dokumentation erschöpfend genug behandelt. Schauen wir uns daher lieber die »Dialoge«-Seite an:

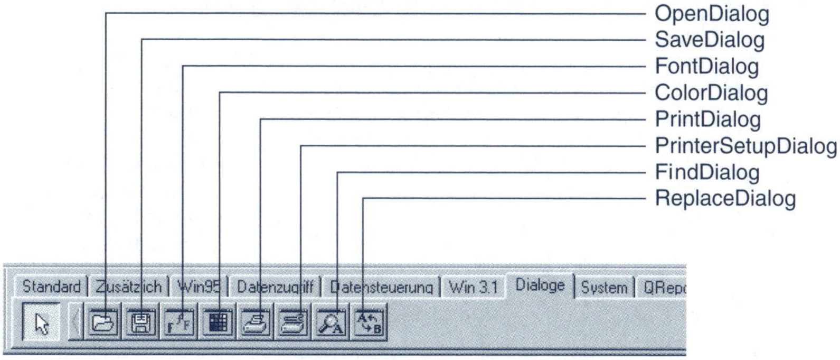

Abb. 5.12: Komponentenpalette: Seite »Dialoge«

Die Dialoge sind spezielle Fenster, die Sie aus eigentlich allen Anwendungen kennen: Immer dann, wenn Sie eine Datei laden möchten, bekommen Sie den *OpenDialog* zu sehen, das Gleiche passiert beim Speichern (*SaveDialog*), bei der Auswahl einer Schrift (*FontDialog*), Farbe (*ColorDialog*), eines Druckers (*PrintDialog*). Auch beim Einrichten eines Druckers bekommen Sie einen standardisierten Dialog zu Gesicht, der in Delphi durch die Komponente *PrintSetupDialog* repräsentiert wird. Auch für Suchen bzw. Suchen und Ersetzen gibt es Dialoge: *FindDialog* und *ReplaceDialog*. So weit, so gut.

Das Besondere bei diesen Dialogen ist, dass sie nicht etwa von den Delphi-Entwicklern, sondern bei Microsoft entwickelt wurden: Sie sind in Windows eingebaut und sehen daher in jeder Anwendung gleich aus. Mit diesen Komponenten kann man sie erzeugen. Wohlgemerkt: Die Komponenten *erzeugen* diese Dialoge, sie benutzen hierfür nur die in Windows eingebauten Routinen. Dieser feine Unterschied bewirkt, dass es sich um *nicht visuelle* Komponenten handelt.

Wenn Sie einen dieser »Dialoge« auf das Formular schieben, so ist dort lediglich das Symbol sichtbar, das auch in der Komponentenpalette angezeigt wird. Der entsprechende Dialog ist noch nicht sichtbar. Ist das Programm dann kompiliert und gestartet worden, so ist die Komponente sogar völlig unsichtbar – daher die Bezeichnung *nicht visuell*.

Damit dann aber doch ein Dialog erscheint, muss man der (zwar unsichtbaren, aber doch vorhandenen Komponente) den »Befehl« geben, den gewünschten Dialog anzuzeigen – und dies geht, wie wir schon wissen, mittels einer *Methode*. Im Falle der Dialogkomponenten nennt sich diese Methode *Execute*. Mit einem Befehl wie *openDialog1.execute* kann man so eine Dialogkomponente überreden, das gewünschte Dialogfenster anzuzeigen. Die Ergebnisse der Benutzerinteraktion (bzw. die Vorgaben) kann man über die Eigenschaften der Komponente festlegen.

Als Letztes werfen wir einen Blick auf die »System«-Seite:

Abb. 5.13: Komponentenpalette: Seite »System«

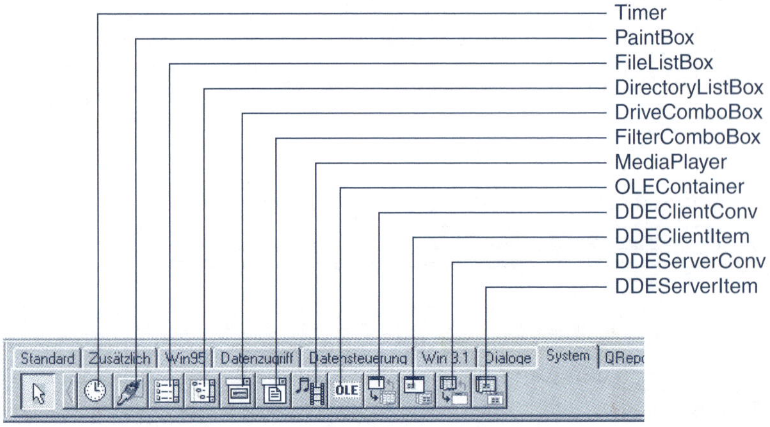

Die *OLE...*- und *DDE...*-Komponenten werde ich hier nicht besprechen – man benutzt sie zum Erstellen von verknüpften Anwendungen, was an dieser Stelle ein wenig zu weit führen würde.

Mit den vier Komponenten *FileListBox*, *DirectoryListBox*, *DriveComboBox* und *FilterComboBox* lassen sich Dialoge zum Laden und Speichern von Dateien recht schnell und komfortabel erstellen. Doch bevor man sein eigenes »Laden/Speichern«-Formular entwirft, sollte man überlegen, ob die Verwendung der Dialogkomponenten nicht sinnvoller ist.

Mit der *Timer*-Komponente lassen sich sehr bequem regelmäßig wiederkehrende Ereignisse programmieren: In der Eigenschaft *Intervall* stellt man die Zeitspanne ein, die zwischen zwei *OnTimer*-Ereignissen dieser Komponente vergehen soll. Ab diesem Zeitpunkt (und wenn der Timer über die Eigenschaft *Enabled* »eingeschaltet« ist) tritt das Ereignis immer wieder in dem gewünschten Zeitabstand auf.

In der *PaintBox* hat man eine rechteckige Zeichenfläche zur Verfügung, die man beliebig im Formular platzieren kann. Letztendlich lässt sich mit dem

MediaPlayer so ziemlich alles abspielen, was Windows an Multimedia unterstützt: Videos, Wave-Dateien oder Midi-Dateien. Welche Formate abgespielt werden können, hängt natürlich von den installierten Treibern ab. Der *MediaPlayer* kann sogar ein Tastenfeld zur Steuerung des Abspielvorgangs anzeigen – wenn gewünscht.

Die restlichen Seiten der Komponentenpalette enthalten noch Beispielkomponenten aus den Delphi-Handbüchern und Komponenten zum Generieren von Berichten bei Datenbanken.

5.5 Zusammenfassung

- Komponenten selektiert man durch Anklicken. Die aktuell selektierte Komponente wird durch einen Rahmen markiert – für diese Komponente zeigt der Objekt-Inspektor die Eigenschaften und Ereignisse an.
- Mit *Labels* beschriftet man ein Formular oder gibt Ergebnisse aus. Ein Label zeigt den Text an, der seiner Eigenschaft *Caption* zugewiesen wird.
- Die Zeichenkombination := bedeutet: Weise dem Bezeichner auf der linken Seite den Wert auf der rechten Seite zu.
- Edit-Komponenten ermöglichen dem Benutzer die Eingabe von Text. Der eingegebene Text kann über die Eigenschaft *Text* ermittelt werden.
- Methoden sind Anweisungen an Komponenten.
- Methoden sind nicht im Objekt-Inspektor sichtbar.

5.6 Testaufgaben

5.1 Was müssen Sie tun, wenn ein Button auf das Anklicken des Benutzers reagieren soll?

5.2 Was ist falsch an *'Test':=Label1.Caption;* ?

5.3 Kann der Eigenschaft *Text* einer Edit-Komponente ein Text zugewiesen werden? Oder ist es nur möglich, den Wert »auszulesen«, den der Anwender eingetippt hat?

5.4 Mit *edit1.clear;* kann man den Inhalt (den Text) der Edit-Komponente mit dem Namen *edit1* löschen. Was ist »Clear«?

Kapitel 6

jetzt lerne ich

Hintergrundwissen

Nachdem Sie nun bereits erste Erfahrungen mit Delphi gesammelt haben, brennen Sie sicher darauf, weiter in die Tiefen der Programmierung mit Delphi einzusteigen. Doch bei dem Stoff, der im Folgenden behandelt wird, könnte es hilfreich sein, wenn Sie einige Hintergründe kennen, auf denen die Funktionsweise von PCs ganz im Allgemeinen basiert. Möglicherweise sind Ihnen die hier kurz angerissenen Grundlagen schon bekannt – in diesem Fall können Sie dieses Kapitel einfach überblättern.

Wenn Sie jedoch in Bezug auf eines der hier angesprochenen Themen nicht ganz sicher sind, sollten Sie der Versuchung widerstehen, gleich zur Tagesordnung, nämlich zu den nächsten Kapiteln und damit zu Delphi, überzugehen; denn wenn Sie die hier angesprochenen Hintergründe kennen, wird Ihnen dies beim Verständnis von Object-Pascal ungemein behilflich sein.

Gewinnen Sie nun also einmal etwas Abstand von Maus und Tastatur – Sie werden sehen, es zahlt sich aus. Aber noch ein Hinweis: Um das Thema nicht zu kompliziert werden zu lassen – schließlich geht es in diesem Buch um Delphi und nicht um Rechnerarchitekturen – finden sich in diesem Kapitel einige Vereinfachungen.

6.1 Bits und Bytes

Sie haben bereits unzählige Anwendungen für PCs gesehen; und Sie wissen auch, dass der Computer Programme abarbeitet, die in einer der vielen Computersprachen, wie zum Beispiel Delphi, erstellt worden sind. Aber wie funktioniert das im Einzelnen?

Wie kann der Computer überhaupt die Befehle, die in einem Programm stehen, ausführen? Gehen wir der Sache auf den Grund: Wie kann der Computer überhaupt Zahlen verarbeiten.

Bei der momentan verwendeten Technik arbeitet man mit nur zwei Zuständen – »Strom ein« und »Strom aus«. Das reicht natürlich gerade zur Darstellung von zwei Ziffern – 0 und 1. Um nun größere Zahlen zu kodieren, muss man mehrere Stellen verwenden, genauso wie man im Dezimalsystem einen Übertrag auf zwei Stellen verwenden muss, wenn man zu neun eins hinzuaddiert.

Im Binärsystem – denn dabei handelt es sich bei einem Zahlensystem mit zwei Ziffern – muss also bereits ein Übertrag gebildet werden, wenn man die Zahl 3 bilden möchte. Schauen wir uns doch einmal an, welche Zahlen man mit zwei Ziffern – oder anders: zwei Stromleitungen, zwei Speicherzellen usw. – bilden kann:

```
0 0 = "Strom aus" "Strom aus" = 0
0 1 = "Strom aus" "Strom an"  = 1
1 0 = "Strom an" "Strom aus"  = 2 (Übertrag, zweite
                                   Stelle notwendig)
1 1 = "Strom an" "Strom an"   = 3
```

Um größere Zahlen zu bilden, benötigt man noch mehr Stromleitungen, oder auch Speicherzellen, die jeweils einen Zustand speichern können.

HINWEIS

Eine einzelne Speicherzelle bezeichnet man als Bit.

Ein Bit kann also nur den Zustand 0 oder 1 darstellen – mit zwei Bits können bereits – wie wir oben gesehen haben – die Zahlen 0 bis 3 (also vier verschiedene Zustände) dargestellt werden.

HINWEIS

Acht Bits fasst man zu einem Byte zusammen.

Acht kombinierte Speicherstellen bezeichnet man also als Byte. Damit können 2^8, also 256 verschiedene Zustände dargestellt werden:

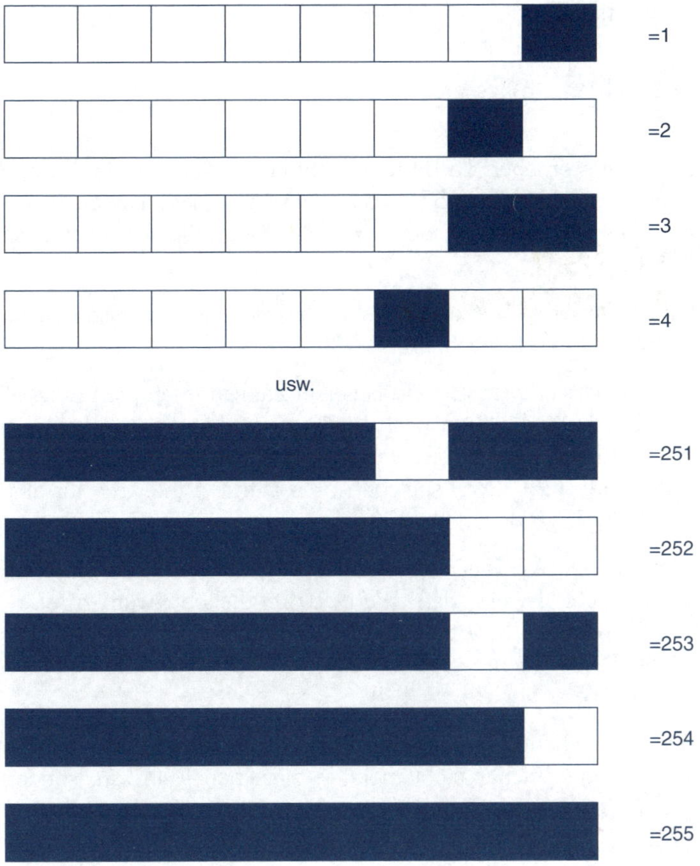

Abb. 6.1: Darstellung von Zahlen durch binäre Zustände.

Was kann man nun in einem Byte speichern? Ganz einfach: Zahlen von 0 bis 255. Oder 256 verschiedene Zeichen, wenn man festsetzt: Ein A entspricht 65, ein B dementsprechend 66 usw. Oder Zahlen von –127 bis +127. Weil man ein Bit fürs Vorzeichen verwenden muss, bleiben noch 7 Bit für den Zahlenwert selbst übrig.

Was aber macht man, wenn man größere Zahlen speichern muss?

Ganz einfach:

HINWEIS

Mit mehreren Bytes lassen sich größere Zahlen darstellen.

Zwei Bytes ergeben 16 Bit und damit lassen sich dann 2^{16}, also 65536 verschiedene Zahlen (0...65535) darstellen. Klar, dass man auch vier Bytes nehmen kann, dementsprechend 32 Bit. Die größte darstellbare Zahl ist dann 4294967296.

Für Zahlen ohne Vorzeichen kann man sich die Darstellung größerer Zahlen leicht anschaulich machen:

Das »niederwertigste« Byte ist bei einer Zahl aus mehreren Bytes für die Werte 0...255 zuständig. Das nächste Byte dann für die nächsthöheren Werte, sprich 256*1, 256*2 usw. Das dritte Byte würde dann jeweils die Vielfachen von 65536 (256*256) speichern, ein viertes Byte wäre für alle Vielfachen von 16777216 zuständig (256^3).

Hier ein Beispiel: *Zwei* aufeinander folgende Bytes, die eine Zahl darstellen sollen, aber jeweils den Wert 10 enthalten, würden also den Wert 10+256*10 = 2570 darstellen! Vier aufeinander folgende Bytes mit dem Inhalt 10 ergeben: $256^0*10+256^1*10+256^2*10+256^3*10=168430090$ (Wissen Sie es noch? $x^0 = 1$!!)

Weil unsere heutigen Computer Speicher in rauhen Mengen haben, gibt man den Gesamtspeicher nicht mehr in einzelnen Bytes an, sondern gleich in Megabyte (Millionen-Byte). Vor wenigen Jahren war die gängige Einheit noch Kilobyte.

HINWEIS

- Ein Kilobyte (Kbyte) = 1024 Byte
- Ein Megabyte (Mbyte) = 1024 Kbyte = 1048576 Byte

Da im Computerbereich immer mit Zweierpotenzen gearbeitet wird, handelt es sich nicht, wie oftmals vermutet, um 1000 und eine Million Byte, sondern tatsächlich um 1024 bzw. 1048576.

Ein Megabyte besteht demnach aus 1048576*8 Bits, also 8388608 verschiedenen Speicherstellen! Ein Computer mit 32 MB Arbeitsspeicher hat demnach ungefähr 268 Millionen einzelne Speicherstellen!

Es gibt verschiedene Arten von Speicher. Speicher, dessen Inhalt in der Fabrik festgelegt wird und dessen Inhalt nicht verändert werden kann, der aber bei einem Stromausfall auch nicht verloren geht, wird i.d.R. ROM genannt. Die Zustände der Speicherstellen im RAM können verändert werden, gehen jedoch (bei den heute verwendeten RAM-Typen) bei einem Stromausfall verloren.

Auch die Kapazitäten anderer Speicher werden in MB angegeben – wenn auch die einzelnen Bits beispielsweise bei einer Festplatte auf einem magnetisierbaren Datenträger gespeichert werden.

6.2 Die CPU

Klar, Sie wissen, dass Ihr Rechner einen Pentium III hat – vielleicht einen Pentium 4 oder einen AMD-Prozessor. Aber wie arbeitet dieser Prozessor das Programm, das Sie gerade blitzschnell aus Delphi-Komponenten zusammengesetzt haben, ab?

Wenn der Prozessor Daten aus dem Speicher verwenden möchte, so teilt er dem Speicher (bzw. einer anderen Schaltung) dies mittels des so genannten Datenbus mit – dies sind zum Beispiel 32 Leitungen. Die so gebildete Zahl aus zwei Bits bezeichnet die Adresse der Speicherstelle, die der Prozessor ansprechen möchte. Der 486er verwendet für den Datenbus 32 Leitungen, u.a. deshalb nennt man ihn einen 32-Bit-Prozessor. Das Gleiche gilt für den Pentium.

CPU heißt nichts anderes als »Central Processing Unit« – also die »zentrale Verarbeitungs-Einheit«. Sie ist in der Lage, den Inhalt des Speichers zu lesen und zu verändern und anderen Schaltungen »Befehle« in Form von Signalen zu übermitteln bzw. auf Signale von außen (Interrupts) zu reagieren. Egal, um welchen modernen Prozessor es sich handelt – dieses Grundprinzip ist allen gemeinsam.

Die ungeheure Flexibilität des Prozessors liegt darin begründet, dass die Art, wie er auf ein Ereignis reagieren soll, bzw. die Aktionen, die er ausführen soll, durch ein Programm festgelegt werden.

6.3 Der Speicher

Wie bereits erwähnt, gibt es verschiedene Arten von Speicher: *ROM* (Read Only Memory) ist Speicher, der seinen Inhalt auch bei einem Stromausfall nicht verliert, wobei der Inhalt aber auch nicht verändert werden kann. *RAM* ist Speicher, dessen Inhalt frei verändert werden kann. Es gibt noch diverse andere Speicherarten, auf die ich hier aber nicht weiter eingehe. Selbstverständlich ist auch eine Festplatte ein Speichermedium, aber aufgrund ihres Aufbaus ungleich langsamer als RAM und ROM.

Im ROM jedes PC-kompatiblen Rechners ist das *BIOS* abgelegt, das grundsätzliche, für den Betrieb des Rechners notwendige Programme enthält. Die darin enthaltenen Programme erhalten nach dem Einschalten des Rechners die Kontrolle und sorgen dafür, dass das gewünschte Betriebssystem vom Datenträger geladen wird und seinerseits die Kontrolle erhält.

Jedes einzelne Byte im Speicher wird durch eine eindeutige fortlaufende Nummer gekennzeichnet – seine *Adresse*. Wie diese Adresse für ein Programm aussieht, hängt jedoch wesentlich von der CPU und ihrem Betriebsmodus ab: Unter Windows (ab der Version 98) und anderen 32-Bit-Betriebssystemen (wie zum Beispiel Linux) sieht der Speicher tatsächlich »flach« aus – er beginnt irgendwo bei einer Adresse 0 und reicht bis zu einer sehr großen Speicheradresse. Unter DOS und Windows wurde der Speicher noch segmentiert gehandhabt – wenn Sie mit Delphi 1.0 unter Windows 3.11 arbeiten, steht Ihnen kein linearer Speicher, sondern ein *segmentiertes* Speichermodell zur Verfügung. Jede Adresse im Speicher besteht dann aus einem *Segment* und einem *Offset*. Ein Segment ist dabei ein maximal 64 Kbyte großer Speicherbereich, das Offset der Abstand vom Start dieses Bereichs. Ein segmentiertes Speichermodell macht die Programmierung komplizierter, vor allem, wenn mit Datenstrukturen gearbeitet werden muss, die größer als 64 Kbyte sind.

6.4 Zahlen und Programme im Speicher

Ein Programm steht ebenfalls im Speicher – gegebenenfalls auch im ROM –, denn ein Programm besteht aus nichts anderem als Zahlen.

Die CPU interpretiert jede Zahl im Speicher zuerst einmal als Befehl. Ein Befehl kann dabei mehrere Bytes lang sein. Die einzelnen Befehle sind sehr primitiv – ein Beispiel wäre:

```
– Addiere den Inhalt der Speicherstelle Nr. 10000 zur
  Inhalt der Speicherstelle 15000
– und lege das Ergebnis in Speicherstelle 17000 ab.
```

Um diesen Befehl darzustellen, wären vier Zahlen notwendig: Die erste Zahl steht für den Befehl »Addiere Inhalt ...«. Dann folgen noch drei Zahlen für die Nummern der Speicherstellen, nämlich 10000, 15000 und 17000.

Auf diese Art werden alle Befehle im Speicher dargestellt. Es gibt u.a. Befehle, die Rechenoperationen durchführen, andere vergleichen den Inhalt von Speicherstellen miteinander oder mit einem vorgegebenen Wert. Damit die CPU auf verschiedene Zustände reagieren kann, sind so genannte Sprunganweisungen nötig. Normalerweise arbeitet der Prozessor die Befehle in der Reihenfolge ab, in der er sie im Speicher findet (wenn man sich die einzelnen Speicherstellen durchnummeriert vorstellt). Der Befehl, der an Byte #6 steht, wird also vor dem Befehl an Byte #8 ausgeführt – wenn man einmal annimmt, der Befehl an #6 wäre zwei Bytes lang.

Würde die CPU beispielsweise an Adresse #1000 den Befehl »Springe zu Adresse #1000« finden, würde sie natürlich als nächsten Befehl wiederum dieselbe Anweisung vorfinden – und sich fortan um nichts anderes mehr kümmern, als immer wieder diese Anwendung auszuführen. Der Computer kann dann keine Benutzeranweisungen mehr annehmen, weil die dazu erforderlichen Programmteile nie mehr erreicht werden – das Programm ist wegen dieser »endlosen Schleife« abgestürzt.

Bestimmte Sprunganweisungen werden immer nur dann ausgeführt, wenn ein vorhergehender Vergleichsbefehl ein bestimmtes Resultat erzielte. Angenommen, im Byte 2000 steht durch einen technischen Trick immer dann eine 1, wenn die linke Taste der Maus niedergedrückt ist (dies ist zwar technisch durchaus möglich, funktioniert in der Realität aber etwas anders). Wenn es die zu lösende Aufgabe ist, so lange zu warten, bis die Maustaste niedergedrückt wird, könnte man dies mit dem nebenstehenden »Programm« erreichen.

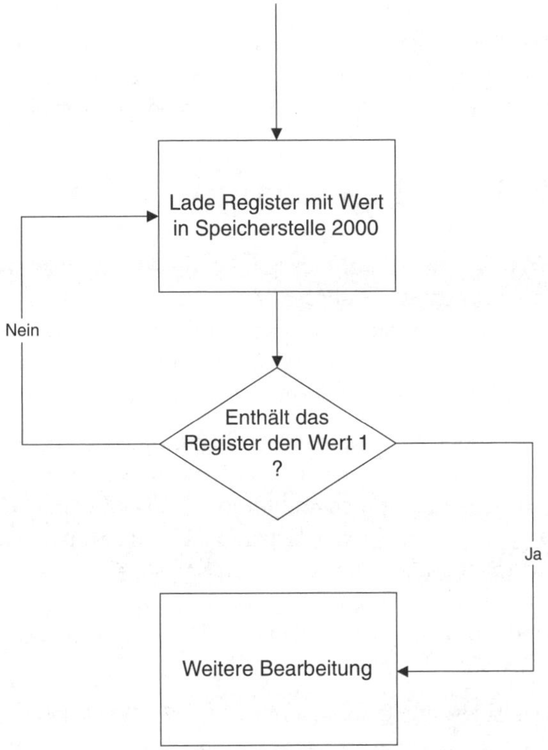

Abb. 6.2: Schematische Darstellung eines Programms

Die »Nein«-Verzweigung entspricht also einem Sprung zurück an die Stelle, an der die Speicherstelle 2000 geprüft wird. Dies passiert so lange, bis der gewünschte Wert in der Speicherstelle enthalten ist.

Die Zahlencodes, mit denen die CPU-Befehle kodiert werden, nennt man Maschinensprache.

Niemand kann sich aber merken, welche Zahl für den Befehl »Vergleiche Register ax mit Register bx« steht – daher kodiert man diese Anweisungen mit Kürzeln, die auch für einen Menschen (halbwegs) eine Bedeutung haben: Zum Beispiel CMP ax, bx – wobei CMP für Compare, also »Vergleichen« steht. ADD steht für Addieren, SUB für Subtrahieren usw. Ist zwar auch nicht gerade einsichtig, aber wenn man es erst einmal weiß, kann man es sich merken.

Die Kürzel zur Beschreibung der Maschinensprache nennt man Assemblersprache.

Die Assemblersprache kann mit einem bestimmten Programm, dem Assembler, in die Maschinensprache umgesetzt werden – aus Abkürzungen werden damit wieder die für die CPU verständlichen Zahlenfolgen.

6.5 Register und Cache

Praktisch kein moderner Mikroprozessor arbeitet aber nur mit dem Speicher – denn der ist zu langsam! Alle modernen CPUs müssen auf den Speicher warten, bevor die angeforderten Werte zur Verfügung stehen oder der Speicherinhalt aktualisiert wird. Speicherzugriffe bremsen die CPUs aus. Ein Pentium führt sehr viele Befehle aus, bis der Speicher reagiert hat!

Die Lösung sind natürlich schnellere Speicher, doch die sind zu teuer, als dass man damit Millionen von Speicherzellen realisieren könnte. Deshalb hat jeder moderne Mikroprozessor interne, in die CPU integrierte Speicher, die jeweils nur ein, zwei oder vier Byte aufnehmen können, aber auf die die CPU nicht warten muss – die so genannten Register. Da es sich dabei nur um eine Handvoll handelt, bekommt sogar jedes einzelne einen eigenen Namen, nicht nur eine Nummer. Beim Pentium gibt es Register wie *AH, AL, AX, DX, PC, EAX* und so weiter.

Das Register PC (Program Counter) enthält dabei übrigens die Adresse des Befehls, den die CPU gerade bearbeitet. Nach Ausführung jedes Befehls wird zum Inhalt dieses Registers automatisch die Länge des aktuellen Befehls addiert, so dass hier die Position des nächsten Befehls enthalten ist. Sprungbefehle verändern direkt den Inhalt des PC-Registers.

Müsste die CPU zwei Zahlen im Speicher addieren, so könnte dies natürlich mit dem Befehl *ADD Speicherstelle1, Speicherstelle2* passieren – aber dann müsste wieder lange auf den Speicher gewartet werden. Wenn der erste

Wert in Register AX steht und der zweite in BX, so kann die CPU beide Zahlen ohne jede Wartezeit sofort addieren – mit ADD AX,BX. Das Ergebnis steht dann anschließend im Register AX. Wenn es später unbedingt nötig ist, kann man dieses dann ja immer noch in den Speicher bewegen – mit *MOV #Speicher, AX* (MOV=Move).

Leider lassen sich viele Speicherzugriffe trotz der Register nicht vermeiden. Also ersann man eine Lösung, um wenigstens einen Teil des Speichers schneller zu machen. Man dupliziert einen Teil des Speichers mit schnellen (=teuren) Speicherbausteinen, dem so genannten *Cache*.

Werte aus dem langsamen Speicher werden automatisch in den Cache übertragen, erst wenn der benötigte Teil des langsamen Speichers dort nicht vorhanden ist, muss wieder darauf gewartet werden. Man nützt hier die Tatsache aus, dass viele Programme *lokal* ablaufen, also sich nur auf einen bestimmten Speicherbereich beschränken. Für den Cache sind heute Größen von 256 Kbyte bis 516 Kbyte üblich. Der Cache ist aber immer noch um vieles langsamer als die Register, so dass Programme trotzdem wenn möglich die Finger von Speicherzugriffen lassen sollten, wenn es um Geschwindigkeit geht.

6.6 Wie schnell ist die CPU?

Nach diesen Ausführungen über die »Lahmheit« des Speichers, über Register und Cache, wie viele Befehle bearbeitet denn die CPU in einer Sekunde?

Hierzu ein Beispiel: Ein Pentium 3 wird beispielsweise mit einem GHz getaktet – d.h., der Taktgenerator liefert 1000 Millionen Impulse je Sekunde. Nun wird aber nicht etwa bei jedem Takt ein Befehl abgearbeitet, sondern unterschiedliche Befehle benötigen unterschiedliche Takte. Ein Befehl, der drei Takte benötigt, könnte also in einer Sekunde zirka 333,3 Millionen Mal durchgeführt werden. Einige Befehle benötigen nur einen Takt, andere (mathematische) zehn oder mehr. Wenn der Befehl einen Speicherzugriff durchführen muss, so hängt es unter anderem vom verwendeten Chipsatz (der Schaltung um die CPU herum) ab, wie schnell solche Speicherzugriffe stattfinden. Ein Speicherzugriff erfolgt jedoch immer sehr viel langsamer als der Zugriff auf den Cache oder gar auf die Register.

6.7 Interrupts

Die meisten PC-Anwender haben schon Berührung mit Interrupts gehabt – wenn auch in einer Weise, die wenig der Bedeutung gerecht wird, die Interrupts für das Intel-PC-Konzept haben: beim Konfigurieren von Einsteckkarten. Dank moderner Bussysteme wie PCI wird das in der Vergangenheit oft mühsame Zuteilen von Interrupts und Konfigurieren der entsprechenden Software-Treiber heute einfacher.

Interrupts befähigen die CPU, sich um externe Ereignisse, sowohl software- als auch hardware-mäßig zu kümmern, während sie ein Programm abarbeitet. Interrupts unterbrechen (engl. to interrupt – unterbrechen) den normalen Programmablauf.

Über ein externes Steuersignal kann eine andere Schaltung der CPU mitteilen, dass ein Ereignis vorliegt, das die Abarbeitung eines speziellen Programmteils notwendig macht – die so genannte Interruptroutine. Beispielsweise könnten Daten von der Festplatte in den Speicher übertragen worden sein, die nun an das Anwendungsprogramm weitergereicht werden müssen. Eine solche durch die Hardware veranlasste Unterbrechung ist ein Hardware-Interrupt.

Genauso ist es möglich, dass ein Programm einen Interrupt auslöst – dies führt dazu, dass die CPU die Interrupt-Routine bearbeitet, genauso, als wäre der Interrupt extern angestoßen worden.

Was ist bei einer Interrupt-Routine zu beachten? Nun, eine solche Routine kann theoretisch zu jedem Zeitpunkt aktiviert werden, und wenn sie beendet ist, so muss die CPU wieder an der Progammstelle weiterarbeiten, an der sie vorher beschäftigt war. Daher ist es unerlässlich, dass in einer Interruptroutine zuerst der alte Zustand gesichert und dann, nach dem Ende der Interrupt-Routine, wiederhergestellt wird. Unter »Zustand« muss man hier unter anderem den Inhalt der Register vor Aufruf der Interrupt-Routine verstehen.

Unter MS-DOS und auch unter Windows werden *Software-Interrupts* benutzt, um Funktionen des Betriebssystems aufzurufen. Dabei handelt es sich um einen bestimmten Befehl (*INT*), der einen Interrupt auslöst. Dieser Befehl erwartet als Argument die Nummer (möglich: 0...255, also ein Byte) des auszulösenden Interrupts.

Woher weiß die CPU, an welcher Stelle im Speicher die für einen bestimmten Interrupt zuständige Routine steht? Die ersten 1024 Byte des Speichers sind für eine Tabelle reserviert, die die Positionen der Interrupt-Routinen enthält. Wird ein Interrupt ausgelöst, so »schlägt« die CPU in dieser Tabelle die Position der entsprechenden Routine nach und arbeitet an dieser Position weiter, aber nicht, ohne sich die ursprüngliche Programmposition (den Wert des PC-Registers) zu merken. Mit einer bestimmten Anweisung kann der Programmierer dann dafür sorgen, dass dieser Wert wiederhergestellt wird und die CPU an der ursprünglichen Stelle weiterarbeitet.

6.8 Das BIOS

Wie wir gesehen haben, bearbeitet die CPU ausschließlich die Programme im Arbeitsspeicher und diese wiederum setzen sich aus recht primitiven Befehlen zusammen. Es gibt keinerlei Befehle, um einen Text auf dem Bildschirm auszugeben und Daten von der Festplatte zu lesen usw. Alle diese Funktionen müssen in Programmen mittels einfachster Maschinensprache-Anweisungen realisiert werden. Wie kommt es, dass der PC trotzdem all dieses schon unmittelbar nach dem Einschalten kann? Noch bevor er das erste Mal auf die Festplatte zugegriffen hat?

Die Antwort darauf ist, dass ihm eine Sammlung von Grundfunktionen bereits vom Werk aus mitgegeben wird, und zwar unabhängig davon, welches Betriebssystem später eingesetzt werden soll.

Diese Sammlung von Grundfunktionen ist im BIOS realisiert, das im ROM des Computers untergebracht ist. Das *BIOS* enthält auch die entsprechenden Programme, die dafür sorgen, dass nach dem Kaltstart des Rechners das Betriebssystem von Diskette oder Festplatte geladen wird.

Das *BIOS* ist erweiterbar: Manche Steckkarten, fast jede Grafikkarte zum Beispiel, enthalten ein eigenes BIOS, das Programme für manche Spezialfunktionen enthält.

6.9 Das Betriebssystem

Das BIOS enthält zwar eine Sammlung von grundsätzlichen Routinen und sorgt für die ersten Schritte des Rechners nach dem Einschalten; dann jedoch erhält das Betriebssystem die Kontrolle. Dieses wird von der Festplatte des Rechners geladen – und da gibt es, wie Sie natürlich wissen, die verschiedensten Produkte und Varianten. In unserem Fall ist dies natürlich Windows. Das Betriebssystem stellt weit über die Fähigkeiten des BIOS hinausgehende Funktionen bereit; außerdem ermöglicht es die Ausführung von Programmen durch den Anwender. Moderne Betriebssysteme bieten natürlich darüber hinaus auch noch Features wie Multitasking, grafische Benutzeroberflächen usw. Ein Betriebssystem enthält so genannte APIs (*Applikation Programming Interface*). Dabei handelt es sich um einen standardisierten Zugriff auf im Betriebssystem eingebaute Funktionen, einen Werkzeugkasten für Programmierer sozusagen. Statt jedes Mal das Rad neu zu erfinden, benutzt der Programmierer vordefinierte Programmstücke aus dem Betriebssystem, die er mittels API anspricht. Dies können so einfache Aufgaben wie die Ausgabe einer Meldung oder auch komplexe Funktionen zur Unterstützung dreidimensionaler Grafik sein.

6.10 Compiler

Am Anfang der Computerprogrammierung wurde ausschließlich in Maschinensprache programmiert – d.h., es wurden tatsächlich die Zahlencodes eingetippt. Relativ schnell wurde dann die einfachere Assemblersprache benutzt, da sie anschaulichere Programme ermöglichte. Allerdings war nun ein Übersetzer für die Assembleranweisung notwendig – und eine solche Aufgabe lässt man am besten natürlich durch ein Programm ausführen – den so genannten Assembler.

Während sich die Assemblersprache darauf beschränkt, den Maschinenbefehlen für Menschen besser zu merkende Abkürzungen zuzuordnen (die so genannten Mnemonics), wurde schon bald der Ruf nach einer der menschlichen Sprache angepassteren Computersprache laut.

Im Laufe der Zeit entstanden Sprachen wie Ada, Fortran, Basic, C, Pascal usw. Diese Sprachen orientieren sich weniger an den tatsächlichen Fähigkeiten der CPU, sondern mehr an dem, was der Programmierer damit erreichen möchte.

In Basic schreibt man einfach *PRINT »HALLO«* (also Drucke »Hallo«), um den Text »Hallo« auf dem Bildschirm auszugeben. Da die CPU von Hause aus keine Texte, ja noch nicht einmal Zeichen, sondern nur Zahlencodes kennt, geschweige denn eine Ahnung davon hat, was ein Bildschirm ist, muss die gesamte Funktionalität dieses Befehls durch vorgefertigte Programmteile realisiert werden, die bereits existieren. Darum muss sich der Programmierer jedoch nicht mehr kümmern. Dank der eingebauten Funktionalität dieser höheren Programmiersprachen stehen solche Grundfunktionen von vornherein zur Verfügung. So kann die Lösung des Problems im Mittelpunkt der Programmierung stehen.

In Pascal würde man einen solchen Befehl so ausdrücken: *WriteLn('Hallo');* (*WriteLn* ist die Abkürzung für *Write Line*). Bis darauf, dass hier ein paar formale Regeln mehr zu beachten sind (die Zeile endet mit einem Semikolon, das Argument des Befehls muss auch nicht in Klammern gesetzt werden), ist das Grundprinzip dasselbe wie beim Befehl in Basic.

Festzuhalten ist, dass diese an die Umgangssprache angelehnten Beschreibungen von Programmen für die CPU nur eine Ansammlung von Zeichen, also Zahlencodes darstellen, aber keine sinnvollen Befehle, die sie bearbeiten könnte. Also muss man die Programmbeschreibung in irgendeiner Weise in die echten Maschinenbefehle übersetzen – und dies leistet der Compiler. Der Compiler ist ein komplexes Programm, das das vorliegende Programm in Maschinenbefehle umsetzt.

6.11 16- und 32-Bit

Vor dem Erscheinen von Windows 95 oder auch als Werbeargument für OS/2 wurde oft das Schlagwort 32-Bit-Software benutzt. Auch beim Erscheinen von Delphi 2 war es wieder da – ein echter 32-Bit-Compiler! Ist ja klar, 32 Bit sind doppelt soviel wie 16 Bit, ergo ist ein 32-Bit-Programm auch doppelt so schnell. Oder? Tatsächlich ist es nicht unbedingt ein Vorteil, wenn Software »32-bittig« ist.

Klar sind zwei Tatsachen: Der Programmcode für 32-Bit-Programme ist größer (da die Argumente mehr Bytes beanspruchen, die Befehle also länger sind). Für den Programmierer wird die Arbeit einfacher, da er sich nicht mehr um Segmentgrenzen usw. kümmern muss.

Der Wegfall von Segmentgrenzen ist der Hauptgrund dafür, dass 32-Bit-Software schneller ablaufen kann als 16-Bit-Software. Dies macht sich vor allem bei größeren Datenmengen bemerkbar.

Der entscheidende Faktor für die Geschwindigkeit eines Programms ist aber nach wie vor der gewählte Lösungsansatz.

6.12 Programmabstürze und Schutzmechanismen

Durch fehlerhafte Programmierung kann es dazu kommen, dass die CPU Befehle interpretiert, die gar nicht als solche gedacht waren – zum Beispiel Texte. Oder sie führt immer wieder dieselben Befehle aus, ohne irgend etwas anderes zu tun (eine so genannte *Endlosschleife*).

Früher ist in diesem Fall der Rechner *abgestürzt* – das heißt, er reagiert nicht mehr auf Benutzereingaben.

Durch moderne Betriebssysteme wie Windows XP, Linux und so weiter wird keinem Programm mehr die vollständige Kontrolle über den Computer gegeben. Dadurch wird es für ein einzelnes Programm schwerer (aber keineswegs unmöglich), den Rechner komplett zum Absturz zu bringen.

Ein Programmabsturz kann einem auch während der normalen Programmierung unbeabsichtigt immer mal wieder passieren. Daher sollte man sich angewöhnen, regelmäßig das gesamte Projekt zu sichern, wenn man größere Änderungen gemacht hat. Denn ist der PC erst einmal in dieser Weise abgestürzt, so wurden die letzten Änderungen in der Regel noch nicht auf die Festplatte geschrieben und sind verloren.

6.13 Zusammenfassung

- Eine einzelne Speicherstelle nennt man »Bit«. Ein Bit entspricht einer Stelle im Binärsystem.
- Im Binärsystem werden nur zwei Ziffern verwendet: 0 und 1. Bereits für die Zahl 2 ist ein »Übertrag«, also eine zusätzliche Stelle, notwendig: »10«.
- Man fasst acht Bits zu einem »Byte« zusammen. Damit können 256 verschiedene Zustände dargestellt werden.
- Mit mehreren Bytes lassen sich größere Zahlen darstellen.
- Die »CPU« arbeitet die Befehle im Speicher in Reihenfolge der »Speicheradressen« ab.
- Ein Kilobyte (Kbyte) entspricht 1024 Byte.
- Ein Megabyte (Mbyte) entspricht 1024 Kilobyte = 1048576 Byte.
- ROM-Speicher verliert seinen Inhalt auch bei einem Stromausfall nicht, aber der Inhalt kann nicht verändert werden. RAM kann verändert werden, verliert aber (bei den gängigen Typen – keine Regel ohne Ausnahme!) den Inhalt bei einem Stromausfall.
- Ein RAM-Speicher behält seinen Inhalt nur so lange, wie Strom anliegt, kann aber verändert werden.
- Die »Maschinensprache« besteht aus Zahlencodes, die bestimmte Befehle für die CPU repräsentieren.
- Die Kürzel zur Beschreibung der Maschinensprache nennt man Assemblersprache.
- Speicher ist (im Vergleich zur Geschwindigkeit der CPU) langsam, daher wird er durch einen besonders schnellen Speichertyp, den *Cache*, unterstützt.
- Das BIOS (»Basic Input-Output System«) ist eine Sammlung von Routinen und Programmen, die nach dem Einschalten des Rechners aktiviert werden und bestimmen, wie er sich nach dem Start verhält.
- 32-Bit-Software hat den Vorteil, moderne Konzepte der CPU nutzen zu können und einfacher mit der Verwaltung größerer Datenmengen umgehen zu können. Der entscheidende Faktor für die Geschwindigkeit eines Programms ist aber nach wie vor der gewählte Lösungsansatz.
- Man sollte größere Projekte regelmäßig sichern, da dies nach einem Programmabsturz unter Umständen nicht mehr möglich ist.

Kapitel 7

jetzt lerne ich

Variablen, Datentypen und Konstanten

Jedes Programm muss im Laufe seiner »Lebenszeit« eine Reihe von Informationen zwischenspeichern und gegebenenfalls auch modifizieren. Seien es Benutzereingaben, Zähler oder Daten anderer Art.

7.1 Was sind Variablen?

Um Daten solcher Art zwischenzuspeichern, gibt es Variablen. Variablen sind ein zentrales Element jeder Programmiersprache. Mathematisch vorbelastete Leser werden schon intuitiv wissen, was sie sich unter Variablen vorzustellen haben: Sie sind Platzhalter für einen Wert. Man wählt einen Namen und greift dann über diesen Namen auf den Wert der Variablen zu.

Stellen Sie sich eine Variable wie eine Schublade vor, auf der außen eine Bezeichnung für die Schublade steht. In diese Schublade kann man nun verschiedene Zahlen oder Texte hineinlegen. Wenn man mit dem Inhalt etwas machen möchte, zum Beispiel einfach nur nachsehen, was drin ist, oder den Inhalt verändern, muss man den Namen der entsprechenden Schublade kennen.

Technisch betrachtet ist eine Variable ein Stück des Arbeitsspeichers des Computers. Dieses Stück wird zur Bequemlichkeit des Programmierers über einen Namen angesprochen (den der Programmierer selbst wählt).

So gesehen entspricht der Bezeichner der Variable der Beschriftung der Schublade, die Schublade selbst einem Teil des Arbeitsspeichers des Computers.

Was man in eine Variable hineinlegen kann, hängt von ihrem Typ ab – je nachdem, zu welchem Zweck man die Variable benötigt, wird ein verschieden großes Stück des Arbeitsspeichers belegt.

Wo das Stück des Arbeitsspeichers für eine bestimmte Variable liegt, bestimmt der Compiler. Auch die Größe des reservierten Stücks errechnet der Compiler – der Programmier ist nicht gezwungen, darauf Einfluss zu nehmen.

MERKSATZ

Der Name einer Variable bezeichnet eine Stelle im Speicher. Der Inhalt dieses Speicherbereichs ist der Wert der Variablen.

Genug der Theorie. Starten Sie Delphi bzw. öffnen Sie ein neues Projekt in Delphi.

Wir werden uns einmal einige Variablentypen in der Praxis ansehen.

Wie gewohnt gibt Delphi uns ein leeres Programm vor. Wir wollen dieses Programm nun so modifizieren, dass wir ein Ausgabefeld und einen Schalter zum Auslösen unserer folgenden Versuche im Formular zur Verfügung haben. Schieben Sie also ein Label und einen Button in das Formular.

Wir werden dem Compiler nun eine Variable bekannt machen, denn:

MERKSATZ

Bevor eine Variable verwendetet werden kann, muss sie deklariert werden, andernfalls meldet der Compiler einen Fehler.

Variablen werden mit dem Befehl *VAR* deklariert. Wenn man eine Variable deklariert, möchte der Compiler nicht nur wissen, wie diese heißen soll, sondern auch, welchen *Typ* diese hat.

Denn eine Variable kann nicht etwa alles das aufnehmen, was einem als Programmierer gerade so an *Datentypen* einfällt (wie zum Beispiel Texte, Zahlen usw.), sondern sie ist auf einen bestimmten Typ beschränkt. Wir werden gleich noch sehen, welche Typen möglich sind.

Diese Eigenschaft von Variablen, die zuerst nach einer Beschränkung aussieht, ist ungemein nützlich, denn dadurch werden Fehler vermieden.

Angenommen, Sie deklarieren eine Variable und legen den Wert 1 hinein. Die Variable beinhaltet also einen numerischen Wert *ohne* Nachkommastellen, woran man nach zwei durchprogrammierten Nächten vielleicht nicht mehr denkt. Zu diesem Wert 1 addiert man irgendwo im Programm den Wert 1,5. Dabei handelt es sich um einen numerischen Wert *mit* Nachkommastellen. Bei diesen beiden Arten ist die Repräsentation der Zahl 1 völlig verschieden – es würde mit Sicherheit nicht das erwartete Ergebnis herauskommen, und möglicherweise wäre es extrem schwierig, die fehlerhafte Zeile zu finden, da sich der Fehler erst später, vielleicht nach Hunderten von anderen Berechnungen zeigt.

Wenn der Typ einer Variablen und der Typ des Wertes, der in Verbindung damit gebracht werden soll, nicht kompatibel sind, lässt Pascal keine Zuweisung zu. So fallen die Fehler schon bei der Übersetzung auf. Trotzdem können Typen untereinander konvertiert werden und dies geschieht unter Umständen sogar automatisch (dies würde bei dem genannten Beispiel passieren).

Beim Deklarieren einer Variablen benötigt der Compiler zwei Angaben: den Namen und den Typ.

MERKSATZ

Mit dem Schlüsselwort VAR deklarieren wir eine neue Variable. Dann folgt der gewünschte Name der neuen Variablen und, durch einen Doppelpunkt getrennt, der Typ. Die Anweisung wird (wie immer) durch ein Semikolon abgeschlossen.

7.2 Ganze Zahlen

Wir definieren eine Variable mit dem Namen ZAEHLER. Sie soll eine ganze Zahl enthalten – das Schlüsselwort für den Typ »Ganze Zahl« lautet INTEGER. Daher sieht die Definition der Variablen wie folgt aus:

```
VAR Zaehler: Integer;
```

(Erinnern Sie sich? Groß- und Kleinschreibung spielt keine Rolle.)

In unserem ersten Versuch werden wir das Programm so erweitern, dass bei jedem Klick auf den Schalter im Formular der Wert der Variablen um 1 erhöht wird.

Wir modifizieren das Programm daher wie folgt:

```
...
implementation

{$R *.DFM}
VAR Zaehler: Integer;
...
```

Doppelklicken Sie nun auf den Schalter. Wir werden dem Programm nun die eigentliche Funktionalität beibringen. Sie sehen die (noch leere) Ereignisbehandlungsroutine für den Schalter. Wir modifizieren diese nun wie folgt:

```
procedure TForm1.Button1Click(Sender: TObject);
begin
  Zaehler := Zaehler + 1;
  Label1.Caption := IntToStr(Zaehler);
end;
```

Compilieren und starten wir nun das Programm und klicken auf den Schalter »Button 1«. Bei jedem Klick zeigt das Label den Wert der Variablen an – und mit jedem Klick wird dieser Wert um eins höher.

Wie arbeitet dieses Programm? Betrachten wir die Zuweisung *Zaehler := Zaehler + 1;*. Der Inhalt der Variable *Zaehler* soll verändert werden – dies sagt der Teil *Zaehler* := aus. Der neue Wert steht auf der rechten Seite des Zuweisungssymbols, nämlich *Zaehler + 1*.

Das heißt:

1. Die CPU nimmt den Wert, der in *Zaehler* steht.
2. Dann addiert sie den Wert 1 hinzu.
3. Dann schreibt sie diesen Wert in die Variable *Zaehler*.

Diese enthält nun den um 1 erhöhten Wert. Dabei ist wichtig:

MERKSATZ

Ein neuer Wert ersetzt immer den alten Wert in der Variable. Der alte Wert ist verloren.

Bei der zweiten Zeile musste ich schon mal ein bisschen vorgreifen. Stellen Sie sich *Label1.Caption* als die Variable vor, die bestimmt, was das Label anzeigt. Auch ihr wird mit dem Zuweisungssymbol := ein neuer Wert zugewiesen. Da aber der Typ von *Label1.Caption* und *Zaehler* nicht übereinstimmt, müssen wir diesen noch umwandeln – dies erledigt *IntToStr* (genauer: *IntToStr* macht aus dem numerischen Wert eine Zeichenkette – doch dazu später mehr).

Vertauschen wir die beiden Zeilen, so dass die Ereignisroutine für den Schalter wie folgt aussieht:

```
procedure TForm1.Button1Click(Sender: TObject);
begin
  Label1.Caption := IntToStr(Zaehler);
  Zaehler := Zaehler + 1;
end;
```

So wird der Wert der Variablen **erst** angezeigt, dann erst wird der Inhalt verändert. Nun erhalten wir beim ersten Klick auf den Schalter die Ausgabe 0! Das heißt, bei vertauschten Zeilen enthält die Variable einen um 1 höheren Wert als der, der aktuell angezeigt wird!

So weit, so klar. Eine Kleinigkeit gilt es aber noch zu klären: Wieso hat *Zaehler* denn überhaupt den Anfangswert 0? Dies liegt daran, dass der Compiler einer neuen Variable einen Startwert zuweist, für Zahlen ist dies eben 0. Man sollte sich angewöhnen, jeder neuen Variable einmal den gewünschten Standardwert (selbst) zuzuweisen und sich nicht auf den Compiler zu verlassen.

Um den Zähler beispielsweise bei 5 starten zu lassen, müssten wir ihm anfangs den Wert 5 zuweisen. Dies kann zum Beispiel in dem Ereignis *OnCreate* des Formulars geschehen, das einmal bei dessen Erzeugen ausgeführt wird. Eine Alternative dazu ist das *OnActivate*-Ereignis. Dieses tritt jedes Mal auf, wenn das Formular aktiviert wird (gegebenenfalls mehr als einmal).

Wir haben nun einen Typ von Variablen kennen gelernt: den Typ INTEGER.

Wie wir wissen, reserviert der Compiler abhängig vom Typ der Variablen den notwendigen Speicher. Wie viel wird denn nun für eine Integer-Variable reserviert? Dies hängt davon ab, ob Sie mit Delphi 1 oder mit Delphi 2 arbeiten: Delphi 1 reserviert 2 Bytes, also 16 Bits. Integer-Variablen können sowohl negative als auch positive Werte annehmen, so dass ein Bit für das Vorzeichen reserviert werden muss; es bleiben also 2^{15} Bits übrig. Delphi 2 reserviert (wer hätte es gedacht?) 32 Bit, ergo 4 Bytes für eine Integer-Variable.

HINWEIS

- Ein Integer kann in einem Delphi-1-Programm Werte von –32.768 bis 32.767 annehmen.
- Ab der Version 2.0 kann eine Integer-Variable entweder Werte von –2.147.483.648 bis 2.147.483.647 oder Werte von –32.768 bis 32.767 annehmen.

Was passiert, wenn wir über den möglichen Wertebereich hinausgehen? Probieren wir es einfach aus. Wir fügen eine *OnActivate*-Ereignisroutine des *Form1* ein (dazu auf das Formular klicken und dann im Objektinspektor in der »Ereignis«-Seite auf das Feld für »OnActivate« doppelklicken). Diese Ereignisroutine wird ausgeführt, bevor das Formular sichtbar wird. In der Ereignisroutine schreiben wir einen »großen« Wert in *zaehler* (den könnte man natürlich auch durch häufiges Anklicken des Buttons erreichen – aber lassen wir das):

Für Delphi ab Version 2.0:

```
procedure TForm1.FormActivate(Sender: TObject);
begin
  zaehler := 2147483647;
end;
```

... und für Delphi 1.0:

```
procedure TForm1.FormActivate(Sender: TObject);
begin
  zaehler := 32767;
end;
```

Die Variable ist also nun mit einem Wert kurz vor dem möglichen Ende des Wertebereichs initialisiert. Es gibt zwei Möglichkeiten, was passieren kann, wenn Sie nun den Schalter drücken: Der Inhalt von *zaehler* wird um 1 erhöht, aber der Wert ist dadurch so groß geworden, dass er mit der zur Verfügung stehenden Bit-Anzahl nicht mehr darstellbar ist – stattdessen »klappt« der Wert um und repräsentiert den kleinsten darstellbaren Wert!

Wie gesagt – das ist die eine Möglichkeit. Delphi gibt dem Programmierer jedoch auch die Option, in einem solchen Fall einen Laufzeitfehler zu erzeugen. Dazu kann man die Codegenerierung des Compilers unter Projekt/Optionen/Compiler (Delphi 2.0 und später) steuern: Mit dem Schalter »Überlaufprüfung« wird festgelegt, ob bei einem »Überlauf« des Wertebereichs ein Fehler generiert werden soll. Bei Delphi 1.0 findet sich die entsprechende Einstellmöglichkeit unter Optionen/Projekt/Compiler.

HINWEIS

Der Compiler bemerkt nicht von allein, dass dieser Schalter verändert wurde, und kompiliert unter Umständen Teile des Projekts nicht neu, auch wenn dies erforderlich wäre. Daher sollte man nach Einstellungen unter der »Compiler«-Seite das Projekt komplett neu compilieren lassen.

Bevor wir nun einen Blick auf andere mögliche Variablen werfen, müssen wir unsere Aufmerksamkeit noch kurz einem kleinen Problem zuwenden: Wo darf man eine Variable deklarieren oder besser – wo darf denn das Schlüsselwort *VAR* stehen?

Wir wissen, dass eine Variable deklariert und initialisiert werden muss, bevor man sie verwenden kann. Aus diesem Grund muss VAR vor allen Anweisungen stehen – genaugenommen vor dem *begin*, mit dem Anweisungen eingeleitet werden. Eine Variable, die hinter dem Schlüsselwort *implementation* definiert wird, ist überall innerhalb des entsprechenden Moduls verfügbar (dazu später mehr). Variablen, die zwischen dem *begin* einer Routine und deren *Kopf* deklariert werden, sind nur dort verfügbar:

Diese Variable

```
...
implementation
var a: Integer;
{$R *.DFM}
...
```

ist im gesamten Modul verfügbar, wir können sie von überall her innerhalb dieses Moduls oder der Unit erreichen. Im Gegensatz dazu ist die Variable *b* …

```
procedure TForm1.Button1Click(Sender: TObject);
var b: Integer;
begin
  ...
end;
```

… nur zwischen dem `begin ... end` der Ereignisroutine *Button1Click* verfügbar. Es gibt noch subtilere Unterschiede, wann Variablen wo verfügbar sind. Dazu später mehr.

Werfen wir nun einen Blick auf andere, mögliche Variablentypen.

7.2.1 LongInt

Ändern wir die Deklaration unserer Variablen wie folgt:

LongInt = Integer

```
VAR Zaehler: LongInt;
```

Wir starten das modifizierte Programm erneut. Man müsste die Maus nun einer extremen Belastungsprobe unterziehen, um wieder an das Ende des Wertebereichs zu gelangen: Unter Delphi 1.0 entspricht ein *LongInt* dem *Integer* von Delphi 2.0 bis 6.0. Delphi 1.0 reserviert für eine Variable vom Typ LongInt (= Long Integer) 4 Bytes, womit sich ein Wertebereich von –2.147.483.648 bis 2.147.483.647 ergibt. Bei den Versionen ab Delphi 2.0 spielt es also nur eine untergeordnete Rolle, ob man INTEGER oder LONGINT wählt – beide Typen sind vom Wertebereich her gleich.

7.2.2 Weitere ganzzahlige Typen

Delphi erlaubt dem Programmierer jedoch eine noch größere Flexibilität bei der Wahl eines passenden Ganzzahl-Typs. Für viele Einsatzfälle reichen auch kleinere Zahlenbereiche. Wenn Sie beispielsweise in einer Schleife einen Zähler benötigen, der beispielsweise bis 5 zählt – warum dann 4 Bytes verschwenden, wo doch auch ein einziges reichen würde? Delphi bietet außer den Typen *Integer* und *LongInt* auch noch folgende Typen für Ganzzahlen:

Typ	Von … Bis	Platzbedarf in Bytes
ShortInt	–128 … 127	1
Byte	0 … 255	1
Word	0 … 65.535	2
Cardinal	0 … 65.535	2
Cardinal	0 … 2.147.483.647	4
Cardinal	0 … 4.294.967.296	4
SmallInt	–32.768 … 32.767	2

Welche Größe der Typ *Cardinal* hat, entscheidet der Compiler. In der Tabelle sind die Werte für Delphi 1.0, Delphi 2.0 und 3.0 und, an dritter Stelle, für Delphi 4.0, 5.0 und 6.0 angegeben. *Cardinal* ist ein Integer-Wert ohne Vorzeichen.

7.3 Boolesche Werte

Der wohl einfachste Wert, den man in eine Variable schreiben kann, ist der Boolesche Wert. Eine Variable vom Typ *Boolean* kann nämlich nur zwei verschiedene Zustände annehmen: Wahr und Falsch oder um es in Object-Pascal zu sagen: *True* und *False*.

Es handelt sich also um logische Werte. Eigentlich könnte man den in einer *Boolean*-Variable gespeicherten Wert in einem einzigen Bit unterbringen, oder anders – acht davon in einem Byte. In der Praxis wird jedoch ein komplettes Byte für boolesche Variablen benutzt.

Wofür benutzt man boolesche Variablen? Nun, in der Regel für *Flags*, also für Variablen, die beschreiben, ob ein bestimmter Zustand vorhanden/eingetreten ist oder nicht.

Fast jede Komponente hat auch Eigenschaften, die boolesche Werte annehmen können. So hat beispielsweise so gut wie jede Delphi-Komponente die Eigenschaft *Visible*, die bestimmt, ob die Komponente zur Laufzeit des Programms sichtbar ist.

Zur Verdeutlichung erstellen wir ein neues Projekt, schieben in das leere Formular einen Schalter und ein *TImage* (aus der Komponenten-Seite *Zusätzlich*). Für das *TImage* wählen wir durch einen Doppelklick eine beliebige Grafik (im Delphi-Verzeichnis finden sich unter *Images\Splash\256Color* diverse Grafiken), so dass unser Projekt so aussieht:

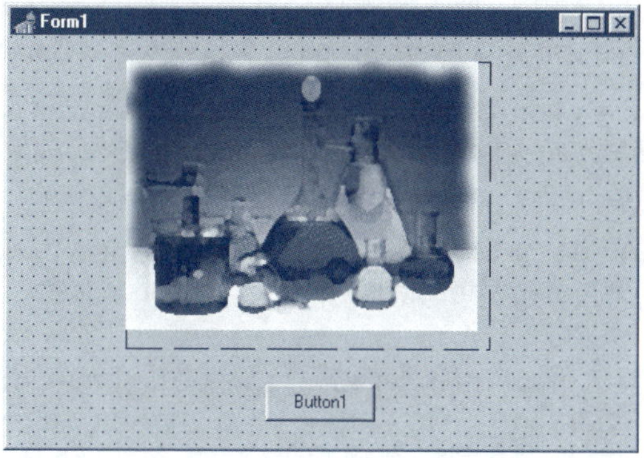

Abb. 7.1: Beispielprojekt für Boolesche Werte

Klicken Sie nun (einmal) auf das *TImage* und betrachten Sie den Objekt-Inspektor. Sie sehen, dass eine der Eigenschaften der Komponenten *Visible* ist. Für diese Eigenschaft können wir nur die beiden Werte TRUE und FALSE zuweisen. Verändert man aber diesen Wert, so scheint gar nichts zu passieren. Dies liegt daran, dass Delphi die Komponente während der Entwurfsphase dauernd anzeigt, schließlich soll man das Formular ja »designen« können. Erst zur Laufzeit des Programms entfaltet diese Eigenschaft ihre Wirkung.

Nun ändern wir (durch einen Doppelklick auf Button1) die Ereignisbehandlung für den Schalter folgendermaßen:

```
procedure TForm1.Button1Click(Sender: TObject);
begin
  Image1.Visible := not Image1.Visible;
end;
```

Wir betrachten in diesem Beispiel die Eigenschaft *Visible* als boolesche Variable; dies ist zwar nicht ganz korrekt (wie wir später sehen werden), aber es macht in diesem Beispiel keinen Unterschied.

Starten wir das Programm: Mit jedem Druck auf den Schalter verschwindet bzw. erscheint das Bild. Die Wirkung der Zeile, die wir eingefügt haben, ist folgende: *Visible* ist eine boolesche Variable. Ist ihr Wert TRUE, so ist das Bild sichtbar. Ist ihr Inhalt FALSE, so ist es nicht sichtbar. Der **Operator** *Not* kehrt den jeweiligen Wert in das Gegenteil um, also

NOT TRUE = FALSE bzw.
NOT FALSE = TRUE

Dies ist ja auch umgangssprachlich einsichtig. Die Programmzeile schaltet also in den jeweils anderen Zustand um und weist *Visible* den neuen Wert zu.

Wieso verändert sich die Anzeige des Bildes nur dadurch, dass wir der Variablen einen neuen Wert zuweisen? Dies ist eine Spezialität der *Eigenschaften* – denn wie bereits erwähnt, ist *Visible* eine *Eigenschaft* und keine *Variable*.

Solche »intelligenten« Variablen machen das Arbeiten mit Komponenten so bequem – wir werden später sehen, wie sie funktionieren.

Einer normalen booleschen Variablen könnten wir natürlich beliebig oft einen Wert zuweisen, ohne dass es zu einem Seiteneffekt wie diesem kommen würde.

An dieser Stelle muss noch erwähnt werden, dass sich die Deklaration von mehreren Variablen bequemer schreiben lässt:

HINWEIS

Es können mehrere Variablen gleichen Typs durch Komma getrennt deklariert werden. Hinter dem Schlüsselwort VAR können mehrere Variablendeklarationen folgen.

Dazu ein Beispiel: Wir wollen zwei Integer-Variablen namens A und B, eine boolesche Variable namens *Abbruch* und eine Longint-Variable mit dem Namen *Zaehler* definieren. Statt

```
VAR a: Integer;
VAR b: Integer;
VAR abbruch: Boolean;
VAR zaehler: Longint;
```

können wir auch schreiben:

```
VAR   a,b: Integer;
      abbruch: Boolean;
      zaehler: LongInt;
```

Auch die Zeilenumbrüche sind dabei nicht notwendig, aber der Übersicht wegen sinnvoll. (Sie erinnern sich: »White-Spaces« werden ignoriert.)

7.4 Reelle Zahlen

Bisher haben wir gesehen, wie man ganze Zahlen und logische Werte speichern kann. Für die meisten Anwendungen benötigt man jedoch nicht nur ganze, sondern auch gebrochene Zahlen. Ein Zuweisung wie

```
...
var test: Integer;
...
test := 1.5;
```

führt jedoch zu einer Fehlermeldung. Der Grund ist, das reelle Zahlen durch einen eigenen Typ dargestellt werden, der einer Integer-Variable nicht zugewiesen werden kann. Definieren wir aber

```
var test: Real;
```

so können wir den Wert 1,5 problemlos zuweisen. Beachten Sie, dass bei Delphi (und fast allen gängigen Programmiersprachen) die Funktion von Punkt und Komma in der Zahlendarstellung vertauscht sind (weil dies im angelsächsischen Sprachraum nun einmal so üblich ist).

> Punkt und Komma sind bei den meisten Programmiersprachen, also auch bei Object-Pascal, im Vergleich zu dem im Alltag üblichen Gebrauch vertauscht.

Streng mathematisch betrachtet sind die Zahlen vom Typ REAL eine Untermenge der reellen Zahlen, denn sie besitzen nur eine begrenzte Auflösung.

Auch bei den Real-Zahlen lässt Delphi uns nicht mit einem einzigen Zahlentyp allein – folgende Real-Typen werden von Delphi akzeptiert:

Typ	Wertebereich	Genauigkeit	Größe in Bytes
Real	$2.9*10^{-39}$ ... $1.7*10^{38}$	11–12 Stellen	6
Single	$1.5*10^{-45}$ ... $3.4*10^{38}$	7–8 Stellen	4
Double	$5.0*10^{-324}$ ... $1.7*10^{308}$	15–16 Stellen	8
Extended	$3.4*10^{-4932}$ ... $1.1*10^{4932}$	19–20 Stellen	10
Comp	-2^{63+1} ... 2^{63-1}	19–20 Stellen	8

(Zusätzliche Typen werden wir im Kapitel über die Unterschiede zwischen den einzelnen Delphi-Versionen besprechen. Zum Beispiel gibt es ab Delphi 2.0 zusätzlich einen Datentyp *Currency*, der speziell für die Bearbeitung von monetären Einheiten vorgesehen ist.)

Sie finden die Darstellung des Wertebereichs ein wenig ungewöhnlich? Nun, dies beruht darauf, wie die reellen Zahlen im Computer gespeichert werden: Jede Zahl wird in eine *Mantisse* und einen *Exponent* aufgespalten. Der Exponent gibt dabei an, wie weit und in welcher Richtung der Dezimalpunkt verschoben werden muss. Die Mantisse speichert die eigentlichen Stellen der Zahl. Es handelt sich also letztlich um eine Multiplikation und dies drückt sich im oben angegebenen Wertebereich aus.

Wie bereits erwähnt, sind die reellen Zahlen im Computer nur eine Untermenge der mathematischen reellen Zahlen – dies liegt daran, dass nur eine begrenzte Bit-Anzahl zur Darstellung der Zahl zur Verfügung steht. Und dies bleibt auch in der täglichen Programmierpraxis nicht ohne Auswirkungen. Hierzu ein Beispiel (wozu wie üblich ein Schalter und ein Label auf einem Formular benötigt werden). Fügen wir in die Ereignisroutine des Buttons Folgendes ein:

```
procedure TForm1.Button1Click(Sender: TObject);
var a: Real;
begin
  a := 1 / 1.333333;
  a := a * 1.333333;
  Label1.Caption := FloatToStr(a);
end;
```

Zuerst deklarieren wir also eine Real-Variable. Dann dividieren wir diese Variable durch 1.333333 und legen das Ergebnis wieder in *a* ab. Dann multiplizieren wir das Ergebnis sofort wieder mit 1.333333. In der letzten Zeile wandeln wir das Ergebnis in eine Zeichenkette um und weisen diesen Text dem Label1 zu. Dazu benutzen wir die Funktion *FloatToStr*, das Pendant für Real-Zahlen zu *IntToStr*. Man dividiert eine Zahl und multipliziert sie sofort wieder mit demselben Wert – da sollte man doch keine Überraschungen erwarten, oder? Delphi ist da anderer Ansicht und zeigt sich von der kreativen Seite: Das Ergebnis ist... 0,999999999999091.

Wie kommt das? Nun, die fehlende Genauigkeit erzeugt selbst bei so einfachen Rechnungen schon *Rundungsfehler*! Überlegen Sie einmal, was passieren kann, wenn Sie ungeachtet dieser Tatsache damit rechnen, ein korrektes Ergebnis zu erhalten, und den weiteren Ablauf des Programms zum Beispiel davon abhängig machen, ob *a genau* den Wert 1 enthält.

Wie löst man ein solches Problem? Verwenden Sie als Bedingung einen Ausdruck (und damit greife ich eigentlich schon dem nächsten Kapitel vor), der eine hinreichende Genauigkeit abfragt, zum Beispiel »wenn *a* größer als 0,95«.

HINWEIS

Der *Real*-Datentyp entspricht erst ab der Delphi-Version 4.0 in seinem internen Format dem Format, das auch bei den Intel-CPUs Verwendung findet. In vorigen Versionen werden Berechnungen damit daher etwas langsamer durchgeführt als mit den anderen Real-Datentypen.

7.5 Zeichen

Nachdem wir nun alle Zahlentypen abgehandelt haben, bleiben natürlich auch noch andere Informationen, die man speichern möchte: Texte!

Beginnen wir bescheiden: mit einzelnen Zeichen. Um ein einzelnes Zeichen zu speichern, stellt Object-Pascal uns den Typ CHAR zur Verfügung. Jedes einzelne Zeichen belegt ein Byte, es können also 256 verschiedene Zeichen definiert werden. In fast jedem Computerbuch findet sich eine Tabelle mit dem *ASCII-Zeichensatz*, der Auskunft darüber gibt, welche Zahl welchem Zeichen zugeordnet ist (und jeder Autor ist froh: wieder eine Seite gefüllt). Wir machen es anders: Wir schauen uns per Programm an, welche Codes zu welchem Zeichen gehören.

Beim Zuweisen von Zeichen gibt es zwei Möglichkeiten: Zum einen können wir das Zeichen direkt eintippen und der Variable zuweisen, zum Beispiel so:

```
var c: Char;
...
c := 'A';
```

Wenn wir jedoch wissen, dass *A* dem Code 65 entspricht, könnte derselbe Effekt auch so erreicht werden:

```
c := #65;
```

Wir schreiben also direkt den *ASCII-Code*, nachdem wir diesen mit einer Raute eingeleitet haben.

HINWEIS

Ein einzelnes Zeichen kann 256 verschiedene Werte annehmen – aber nicht alle sind einem darstellbaren Zeichen wie »A«, »1« oder Sonderzeichen wie »+« oder »$« zugeordnet. Manche Zeichencodes werden für spezielle Aufgaben benutzt – wie zum Beispiel der Code 0, wie wir noch sehen werden. Man kann alle Zeichencodes darstellen, indem der entsprechende numerische Code mit einer Raute # beginnend angegeben wird.

Lassen Sie uns nun ein Programm »basteln«, das uns die Codes eines eingetippten Zeichens direkt anzeigt. Dazu brauchen wir nur ein leeres Formular, auf dem ein einziges *Label* platziert wird. Da dies eine recht spartanische Oberfläche ist, machen wir wenigstens das Label richtig groß (Eigenschaft *Font*).

Sehen wir uns nun die Ereignisse des Formulars an: Eins davon ist *OnKeyPress*. Die entsprechende Ereignisbehandlungsroutine wird immer dann aufgerufen, wenn der Anwender eine Taste drückt. Freundlicherweise bekommt man in einer Variable namens *Key* (die vom Typ *Char* ist) auch gleich das gedrückte Zeichen geliefert. Ändern wir also diese Ereignisroutine in

```
procedure TForm1.FormKeyPress(Sender: TObject; var Key: Char);
begin
  Label1.Caption := IntToStr(Ord(Key));
end;
```

Das ist natürlich noch ein wenig erklärungsbedürftig. Denn hier wurde schon auf ein späteres Kapitel vorgegriffen, nämlich indem *Funktionen* eingesetzt wurden. Wir wollen Funktionen hier noch nicht im Detail betrachten, aber schon einmal so viel:

Zwei Funktionen kennen wir schon: *IntToStr* und *FloatToStr*. Beide haben etwas gemeinsam: Wir stecken etwas hinein – im einen Fall einen Integer, im anderen einen Real-Wert – und bekommen etwas anderes heraus. Das, was wir hineinstecken, muss in den Klammern stehen. In diesem Beispiel haben wir noch die neue Funktion *Ord* benutzt.

Diese Funktion wandelt ein Zeichen (in diesem Fall steht es in der Variablen *Key*) in den korrespondierenden Code um – also genau das, was wir wissen wollen. Wie wir später noch sehen werden, kann man Funktionen auch verschachteln – also das Ergebnis sofort in einer anderen als Argument verwenden. Das habe ich hier getan, indem ich den Wert, den *Ord* liefert, sofort »in« die *IntToStr*-Funktion »hineinstecke«.

Da ich schon gerade bei *Ord* bin: Das Gegenstück zu *Ord()* ist *Chr()*, zumindest in Bezug auf Buchstaben. Die Funktion *Chr()* nimmt als Eingabe einen Integerwert entgegen und liefert das entsprechende Zeichen zurück. Es stellt sich natürlich die Frage, warum man diese Funktion verwenden muss, wenn man der Variable den Zeichencode auch direkt zuweisen kann, so wie wir es mit *c := #65;* getan haben. Wo also ist der Unterschied zu *c := Chr(65);* ? Nun, in der Auswirkung gibt es keinen Unterschied. Bei der ersten Zuweisung schreiben wir jedoch direkt einen Wert in den Quelltext, wir weisen also eine Konstante zu. Sinn und Zweck unserer Zuweisung ist es, einen Integerwert in einen Buchstabencode zu verwandeln. Nicht immer aber weiß man, welchen Wert man konvertieren möchte, sprich: Manchmal steht der Integer-Wert in einer *Variable*. Es ist aber nicht möglich, *c := #wert* zu schreiben. Denn hinter der Raute muss immer eine konstanter Wert stehen. Um also unseren Integer-Wert in einen Wert vom Typ *Char* zu verwandeln, bedienen wir uns der Funktion *Chr()* – denn die nimmt auch eine Variable als Argument oder anders: *c := Chr(Wert)* ist ok.

Und da ich schon mal dabei bin: Auch zu *IntToStr* gibt es ein Gegenstück. Die Wirkung von *StrToInt* ist nicht schwer zu erraten: Wir stecken einen String hinein, als Ergebnis kommt ein Integer heraus. *StrToInt('123')* würde also aus den drei Zeichen '1', '2' und '3' die Zahl 123 machen. Lässt sich die Zeichenkette nicht in eine Zahl umwandeln, zum Beispiel *StrToInt('ABC')* wird ein Fehler auftreten.

Doch zurück zu unserem Programm: Immer dann, wenn der Anwender eine Taste drückt, wird die Ereignisroutine *OnKeyPress* aufgerufen. Die gedrückte Taste steht in der *Char*-Variablen *Key*. Mit *Ord* ermitteln wir den dazugehörenden Code und zeigen ihn an.

7.6 Zeichenketten

Wir wissen nun, dass man ein einzelnes Zeichen in einer Variablen vom Typ CHAR speichern kann. Aber schon im letzten Beispiel haben wir gesehen, dass man meist nicht nur mit einem, sondern mit ganzen Zeichenketten, wie zum Beispiel Wörtern oder Sätzen, umgehen möchte. Auch zur Speicherung von Zeichenketten bietet Delphi entsprechende Variablentypen an. Zeichenketten nennt man *Strings* und dementsprechend heißt der Variablentyp auch **String**. In eine Variable vom Typ *String* kann man jede beliebige Zeichenkette »hineinlegen«. Wichtig ist, dass man, genau wie beim einzelnen Zeichen, die Zeichenkette in Anführungszeichen einschließen muss.

Mit der Funktion *Copy()* können wir einen Teil aus einem String »herausnehmen«. Dazu müssen wir in den Klammern den entsprechenden Variablennamen (oder den Stringausdruck), die Startposition und die Länge des gewünschten Ausschnitts angeben – so ergibt zum Beispiel

```
Copy('Object-Pascal',8,6)
```

den Text »Pascal«. Lassen Sie uns nun ein Programm schreiben, in dem eine Stringvariable definiert, ihr ein Wert zugewiesen und dann anschließend ein Teil herausgeschnitten wird.

So sieht die Definition der Variablen aus:

```
...
var
  Form1: TForm1;
  txt: String;

implementation

{$R *.DFM}
...
```

Warum habe ich die Variable TXT und nicht TEXT genannt? Nun, dies würde nicht funktionieren. Denn TEXT ist ein reserviertes Wort von Pascal, das wir nicht für eigene Namen verwenden dürfen.

Nun weisen wir der Variablen einen Text zu und schneiden einen Teil heraus. Bisher haben wir immer einen Button eingefügt, den man erst anklicken musste, bevor das Programm mit seiner Funktionalität begann. Nun machen wir es anders: Wenn wir die Anweisungen in die *OnActive*-Methode des Formulars einfügen, so werden die Anweisungen unmittelbar dann aufgerufen, wenn das Formular angezeigt wird.

Das Ergebnis muss dann noch dem Text von *Label1* zugewiesen werden:

```
procedure TForm1.FormActivate(Sender: TObject);
begin
  txt := 'Dies ist ein Test';
  txt := Copy(txt,14,4);
  Label1.Caption := txt;
end;
```

Können Sie erraten, welchen Text das Label anzeigt, wenn das Programm gestartet wird?

Übrigens lassen sich, genauso wie bei einzelnen Zeichen mit *Char*-Variablen, auch beliebige Zeichen über ihre Codes zuweisen, indem man den Code mit vorangestellter Raute schreibt. So ließe sich im oberen Beispiel die erste Zeile auch durch

```
txt:='Dies ist ein ' + #84 + #101 + #115 + #116;
```

ersetzen. Hinter den Rauten folgen jeweils die Codes für die Buchstaben »T«, »e«, »s« und »t«.

Wie viel Text kann denn nun in einer solchen *String*-Variable gespeichert werden? Die Antwort hängt davon ab, welche Version von Delphi verwendet wird. Bei Delphi 1.x kann eine String-Variable maximal 255 Zeichen aufnehmen. Bei Delphi 2.x ist die Länge praktisch unbegrenzt. Denn die beiden Versionen verwalten String-Variablen im Speicher unterschiedlich. Was muss denn das Programm wissen, wenn es mit String-Variablen arbeitet? Zum einen natürlich, welche Zeichen in der Variablen gespeichert wurden. Zum anderen aber auch, **wie viele** Zeichen in der Variablen enthalten sind.

So ist eine String-Variable bei Delphi 1.0 im Speicher angelegt (in diesem Beispiel enthält sie die vier Buchstaben 'Test'):

Abb. 7.2: Aufbau eines Strings im Speicher bei Delphi 1.x

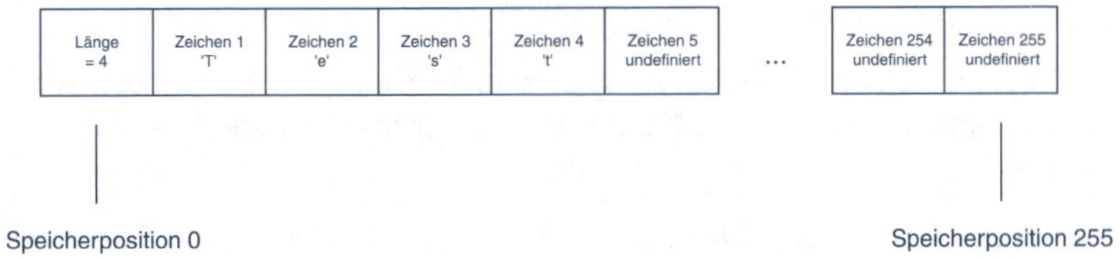

Im ersten Byte ist die Länge der Variablen enthalten, in den darauffolgenden Bytes je ein Zeichen. Auch ein Leerraum ist dabei ein ganz normales Zeichen.

So sind übrigens auch leere Zeichenketten, also Strings, die gar nichts enthalten, möglich: Im ersten Byte steht einfach als Länge 0! Eine solche leere Zeichenkette erzeugt man durch die Zuweisung

```
txt := ''; (* kein Abstand zwischen den beiden Anführungszeichen *)
```

Bei den Delphi-Versionen ab 2.x sieht das etwas anders aus. Es existiert aus Gründen der Abwärtskompatibilität noch der in Delphi 1 verwendete »alte« String-Typ. Er wird hier dann jedoch als »ShortString« bezeichnet. Der neue Standard-Stringtyp wird als »LongString« bezeichnet. Er ist immer 4 Bytes groß und zeigt auf einen Speicherbereich, der den eigentlichen Inhalt aufnimmt. Da die Längenangabe für den String eine 32-Bit-Zahl ist, sind theoretisch bis zu 4294967296 Zeichen im String möglich – ein zurzeit noch rein theoretischer Wert.

So ist ein String ab der Version 2.0 im Speicher aufgebaut:

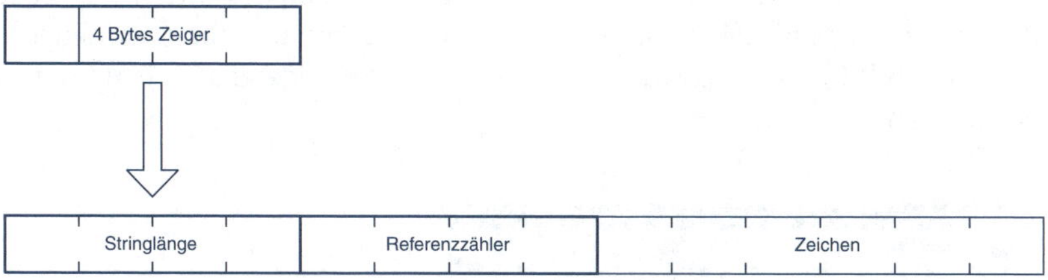

Abb. 7.3: String ab Delphi Version 2.0

Wie hier ersichtlich wird, »zeigt« der Inhalt der Stringvariablen auf den Speicherbereich, der tatsächlich die Adresse enthält. »Zeiger« sind ein wichtiges Konzept in fast allen Computersprachen – wir werden »Zeiger« in einem eigenen Kapitel besprechen.

Nicht immer benötigt man jedoch einen String von 255 oder gar unbegrenzter Länge – oft ist klar, dass man nur maximal *x* Zeichen abspeichern möchte. Für diesen Fall ist es möglich, einen kürzeren String zu definieren, einfach indem die Längenangabe bei der Definition mit angegeben wird:

```
var txt : String[10];
```

definiert einen String, der maximal zehn Zeichen aufnehmen kann. Dabei wird ein Speicherbereich von elf Zeichen reserviert, wobei das erste Zeichen wieder die Länge der Zeichenkette aufnimmt – in diesem Fall auch bei Delphi 2.x! Ein solcherart deklarierter String wird immer in der Delphi-1.x-Methode im Speicher angelegt.

Auch ohne Verwendung von Hilfsfunktionen wie *Copy* ist es möglich, auf einzelne Zeichen innerhalb einer Zeichenkette zuzugreifen. Dazu muss man nur den gewünschten Index des Zeichens angeben:

```
var txt: String;
    c: Char;
begin
  txt := 'Testtext';
  c := txt[7];
....
```

Nach Ausführung der Zuweisung enthält die Zeichenvariable *c* das Zeichen 'x'.

Was passiert, wenn ein String als

```
var s: String;
```

definiert ist und dann so etwas wie

```
s := '';
if s[2] = '*' then ....
```

versucht wird? Wenn also versucht wird, auf ein Element des Strings zuzugreifen, das »hinter« dem Ende des Strings liegt? Der Compiler wird dies klaglos übersetzen. Zur Laufzeit werden Sie, wenn das Programm mit einer neueren Version (ab 2.0) übersetzt wurde, eine Meldung der folgenden Art zu Gesicht bekommen:

Abb. 7.4: Zugriffsverletzung

Unter Delphi 1.x wird das Programm »problemlos« arbeiten. Da die Speicherstelle für s[2] im Gegensatz zum von der 32-Bit-Version übersetzten Programm tatsächlich für den String reserviert wurde, kann problemlos darauf zugegriffen werden. In diesem Fall hängt es vom vorigen Inhalt des Strings ab, was dort steht.

7.6.1 Lange Zeichenketten unter den 32-Bit-Versionen (ab Delphi 2)

Für den Umgang mit den langen Zeichenketten wurden in den 32-Bit-Versionen von Delphi zwei neue Funktionen eingeführt:

Mit der Prozedur *SetLength* wird die Länge einer Zeichenkette festgelegt. Handelt es sich um einen »kurzen« String, so wird das erste Zeichen, in dem bei diesem Stringtyp die Länge gespeichert ist, verändert. Bei langen Strings wird die Größe des reservierten Speicherblocks angepasst. Wird dadurch der String vergrößert, so ist der Inhalt der neuen Stellen nicht definiert:

```
SetLength(s,5); //setzt den String s auf die neue Länge 5
```

Mit der Funktion *SetString* können der Inhalt und die Länge der angegebenen Stringvariablen verändert werden:

```
SetString(s, 'Test',4); //Kopiert »Test« und setzt den String auf die
Länge 4.
```

7.6.2 Null-terminierte Zeichenketten

Auch bei Delphi 1.x ist es möglich, Strings mit mehr als 256 Zeichen zu speichern. Dazu dienen die *null-terminierten* Strings (die es selbstverständlich auch bei den 32-Bit-Versionen gibt). Dieser Stringtyp ist allerdings schwerer zu handhaben als die normalen Strings, da für die Speicherung der Zeichen extra Speicher angefordert und wieder freigegeben werden muss, was in der Verantwortung des Programmierers liegt. Zudem ist kein komfortabler Zugriff über die Indizierung einzelner Zeichen möglich.

Wie funktionieren diese null-terminierten Strings?

Erinnern wir uns: Der größte Wert, den ein Byte aufnehmen kann, ist 255. Weil in den Strings nur ein Byte für die Längeninformation verwendet wird, sind maximal 255 Zeichen in der Zeichenkette möglich.

Wie könnte man diese Limitierung nun umgehen? Richtig, einfach zwei oder mehr Bytes für die Längeninformation verwenden! Aber diese Lösung haben die Delphi-Entwickler **nicht** gewählt! Denn bei dem neuen Stringtyp wurde nicht in erster Linie das Ziel verfolgt, dass mehr Zeichen hineinpassen (zu diesem Zweck wurde der neue Stringtyp in Delphi 2.x entwickelt). Vielmehr ging es darum, dass viele Programm-Module unter Windows in der Programmiersprache C erstellt wurden. Und diese speichert Strings etwas anders ab – man brauchte in Delphi nun einen Stringtyp, der zu C kompatibel ist. Der Aufbau dieses Typs ist wie folgt:

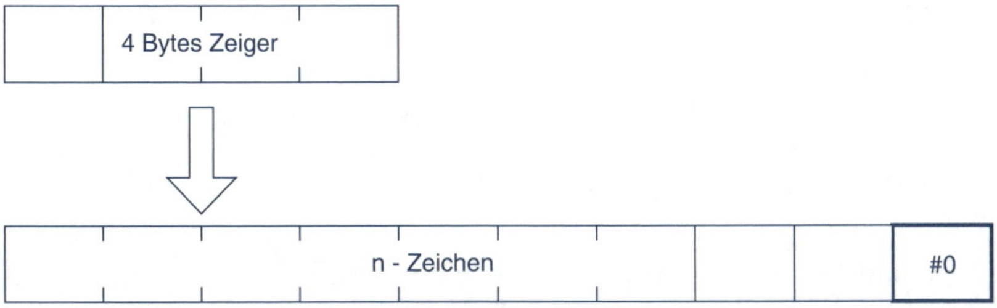

Abb. 7.5: Der Aufbau null-terminierter Strings

Ein null-terminierter String wird als Typ *PChar* deklariert. Dabei handelt es sich lediglich um einen »Zeiger« auf den Speicherbereich, der die Zeichen und das abschließende Nullzeichen enthält. Daher ist die Größe einer Variablen vom Typ *PChar* auch immer gleich groß, unabhängig davon, wie viele Zeichen der String enthält!

Der für die Speicherung der einzelnen Zeichen benötigte Speicherblock muss separat angefordert und auch wieder freigegeben werden. Um einen Speicherblock anzufordern, wird *StrNew* oder *GetMem*, um ihn wieder freizugeben *StrDispose* oder *FreeMem* benutzt.

```
procedure TForm1.Button1Click(Sender: TObject);
var s: PChar;
begin
  s := StrNew('Dies ist ein null-terminierter String');
  ShowMessage(s);
  StrDispose(s);
end;
```

HINWEIS

Die Funktion *ShowMessage* zeigt eine Dialogbox mit dem angegebenen Text an, die der Anwender bestätigen muss, bevor die auf *ShowMessage* folgenden Anweisungen ausgeführt werden. Ich werde diese bequeme Routine öfter in Beispielen verwenden.

Die Funktionen *StrNew* und *StrDispose* ermöglichen es nicht, eine Länge anzugeben; bei *StrNew* wird ein anderer null-terminierter String (in diesem Beispiel ist es ein konstanter Wert, nämlich »Dies ist ein null-terminierter String«) angegeben, dessen Inhalt in den neuen String kopiert wird. Die Funktion ermittelt selbständig, wie viel Speicher benötigt wird, um alle Zeichen aufnehmen zu können – wobei auch das Nullzeichen als eigenes Zeichen zählt!

Solchen Luxus bieten *GetMem* und *FreeMem* nicht – hier muss sich der Programmierer auch darum kümmern, wie groß der Speicherblock sein soll, der reserviert werden soll:

```
procedure TForm1.Button1Click(Sender: TObject);
var s: PChar;
begin
  GetMem(s,50); (* 50 Bytes anfordern *)
  StrCopy(s,'Dies ist ein null-terminierter String!');
  ShowMessage(s);
  FreeMem(s,50); (* 50 Bytes freigeben *)
end;
```

Hier wurde ein Speicherbereich von 50 Bytes angefordert, also in diesem Fall etwas mehr als nötig. Schließlich ist die Zeichenkette, die mit *StrCopy* in die Stringvariable kopiert wurde, nur 38 Zeichen lang – plus natürlich dem Nullzeichen, also werden 39 Bytes benötigt.

Mit der Funktion *StrCopy* wird die zweite angegebene Zeichenkette in die Variable des Typs *PChar*, die als erste angegeben wurde, kopiert. In unserem Fall handelt es sich wieder um einen konstanten Wert (Text), aber man könnte hier ohne Weiteres auch eine andere *PChar*-Variable angeben, deren Inhalt dann kopiert würde. Wichtig dabei: Der Programmierer muss bereits ausreichend Platz reserviert und der Stringvariable zugewiesen haben. Dies ist hier durch den Aufruf von *GetMem* durchgeführt worden.

An einer Stelle, an der ein null-terminierter String benötigt wird (erkennbar durch den verwendeten Variablentyp *PChar*), kann unter Delphi 2.x stattdessen auch ein *String* eingesetzt werden; der Bezeichner der Stringvariablen muss dazu lediglich mit *PChar()* eingeschlossen werden.

Ich werde auf null-terminierte Strings nun nicht weiter eingehen. Im Wesentlichen handelt es sich dabei um Zeiger auf Werte des Typs *Char* und wir werden *Zeiger* in einem der kommenden Kapitel ausführlich besprechen.

7.7 Konstanten

Variablen haben wir nun bereits kennen gelernt. Wir wissen, dies sind reservierte Speicherbereiche, die wir über einen selbst definierten Namen ansprechen können. Der Inhalt des jeweiligen Speicherbereichs ist veränderbar, also variabel. Klar: Daher haben Variablen ihren Namen.

Nun, es wird Sie sicher nicht überraschen, dass es außer Variablen auch *Konstanten* gibt. Überraschen wird es Sie vielleicht, dass wir bereits viele Konstanten kennen gelernt haben. Denn immer dann, wenn wir einer Variablen einen konstanten Wert zuweisen, muss der Compiler im fertigen Programm auch eine entsprechende Konstante erzeugen. Ein Beispiel: Wir haben eine Integer-Variable namens »Zaehler« definiert. Irgendwo in unserem Programm steht nun die Anweisung

```
Zaehler := 1;
```

Wir weisen der Variable also den konstanten Wert 1 zu. In diesem Fall ist 1 eine Konstante. Der Compiler muss sie im fertigen Programm unterbringen, damit ihr Wert in den mit »Zaehler« bezeichneten Speicherbereich kopiert werden kann.

Ein konstanter Wert im Programm, den wir beispielsweise einer Variablen zuweisen, ist also eine **Konstante**.

Wir müssen uns nicht um einen Namen für diese Konstante kümmern, das erledigt der Compiler. Der Programmierer muss den Wert angeben.

Könnte es sinnvoll sein, auch Konstanten zu benennen? Die Antwort ist natürlich ja. Ein offensichtliches Beispiel: Angenommen, in einem Programm würden wir sehr oft mit einem bestimmten Maximalwert arbeiten – z.B. 90. Das Programm wäre sehr groß und wir würden dementsprechend an sehr vielen Stellen die konstante Zahl 90 einsetzen. Nun würde sich herausstellen, dass der Maximalwert 90 nicht mehr ausreicht und durch 95 ausgetauscht werden müsste. Es würde sehr mühsam werden, überall im Programmtext die 90 zu suchen und auszutauschen. Einfacher wäre es gewesen, wenn wir stattdessen einen Bezeichner *Maximum* definiert hätten; sein Wert wäre konstant, könnte aber an einer zentralen Stelle im Quelltext geändert werden. Dies würde die Änderung von 90 auf 95 zu einem Kinderspiel machen und außerdem sicherstellen, dass wir Fehler vermeiden, die dadurch entstehen könnten, dass wir eine zu ändernde Stelle übersehen.

Tatsächlich bietet Object-Pascal die Möglichkeit, Konstanten zu definieren: Dies geschieht ganz einfach mit

```
const Name = Wert ;
```

Im obigen Beispiel würden wir schreiben

```
const Maximum = 95 ;
```

Beachten Sie: Eine Konstante kann nicht geändert werden! Bei einem Versuch wie

```
Maximum := 90;
```

würde Delphi streiken!

Wenn Sie den konstanten Zahlenwert in Programmen durch eine benannte Konstante ersetzen, ergibt sich noch ein zweiter Vorteil: Ihr Programm wird lesbarer. Denn die Bezeichnung Maximum sagt mehr aus, als wenn Sie nur irgendwo die 90 im Programmtext sehen. Schließlich könnte damit ja auch etwas ganz anderes gemeint sein: die Anzahl der Personen in einer Datenbank, das höchste mögliche Alter für Schulanfänger, was auch immer.

Die Verwendung von Konstanten bietet jedoch noch weitere Vorteile. Sie können bei der Deklaration von Konstanten auch Berechnungen durchführen, um so die Lesbarkeit des Programmtextes weiter zu erhöhen. Hier ein Beispiel:

```
const
      Stunden = 3;
      Minuten = Stunden * 60;
```

Wichtig ist dabei, dass alle Elemente, die Sie in der Berechnung verwenden, einen definierten Wert haben. Sie können natürlich keine Variablen in der Berechnung verwenden, schließlich wird deren Wert ja erst zur Laufzeit festgelegt.

Setzt sich der Wert einer Konstanten aus einer Berechnung zusammen, so müssen alle in der Berechnung verwendeten Werte bekannt sein, denn der Compiler berechnet den Wert der Konstanten und nicht das Programm. Da der Compiler ohnehin einen festen Wert für die Konstante einsetzt, ist es für die Ablaufgeschwindigkeit des Programms unerheblich, ob eine Berechnung verwendet wird.

Welche Typen können für Konstanten verwendet werden? Alle! Hier sehen Sie, wie Konstanten verschiedenen Typs definiert werden:

```
const
      Minuten = 60 * 3;              (* Integer *)
      Temp = 23.5;                   (* Real *)
      FirmenName = 'Meier & Co,'; (* String *)
```

Wo darf eine Konstantendeklaration stehen? Generell da, wo auch Variablen vereinbart werden dürfen – also vor dem *begin*, das Anweisungen einleitet.

7.8 Typisierte Konstanten

Ein Zwitter aus Konstante und Variable ist die typisierte Konstante. Man wendet sie dann an, wenn man zwar eine normale Variable benötigt, weil man den Wert zur Laufzeit des Programms ändern muss, wenn man aber auf der anderen Seite sicherstellen möchte, dass die Variable einen bestimmten Anfangswert hat.

Die Bezeichnung *typisierte Konstante* ist insofern nicht allzu passend, denn eigentlich handelt es sich um eine Variable. Man definiert typisierte Konstanten wie im folgenden Schema:

```
const
      Name : Typ = Wert;
```

So könnten wir unseren Maximalwert als typisierte Konstante deklarieren:

```
const
      Maximum : Integer = 90;
```

Dann wäre es später durchaus zulässig, den Wert mit `Maximum:=90` im Programm zu ändern. Als Eselsbrücke kann man sich merken, dass bei der Definition einer typisierten Konstanten ein Doppelpunkt verwendet wird, genauso wie bei der Definition einer Variablen.

7.9 Initialisierung von globalen Variablen

ACHTUNG

Nur Delphi 2.0 oder höher

Bei der Definition von *globalen* Variablen kann (wenn gewünscht) ein Anfangswert vorgegeben werden, vorausgesetzt, Sie arbeiten mit einer Delphi-Version ab 2.0 oder höher. Unter Delphi 1.0 geht das nicht. Um einen Anfangswert vorzugeben, schreibt man den Wert einfach hinter den Typ:

```
var a : Integer = 3;
```

Wenn kein Anfangswert angegeben wird, so ist eine globale Variable automatisch mit 0 initialisiert, d.h. der Wert einer numerischen Variable ist 0, Strings sind leer.

Es ist nicht möglich, Anfangswerte für lokale Variablen (also innerhalb einer Routine) festzulegen. Auch ist der Inhalt einer lokalen Variable vor der ersten Wertzuweisung nicht definiert.

7.10 Fundamentale und generische Datentypen

Die Entwickler von Delphi unterscheiden zwischen zwei Arten von Datentypen: den fundamentalen und den generischen Datentypen. Fundamentale Datentypen sind solche, die sich nicht in Abhängigkeit vom eingesetzten Betriebssystem ändern, generische Datentypen können möglicherweise einen anderen Wertebereich haben, je nachdem, welche Version von Delphi man verwendet. Durch den veränderten Wertebereich ergibt sich auch ein veränderter Platzbedarf (in Byte) dieser Datentypen.

Ein fundamentaler Datentyp ist beispielsweise *Byte*. Dieser Datentyp besteht immer aus – Überraschung! – einem Byte, egal welche Version von Delphi man verwendet.

Ein generischer Datentyp ist beispielsweise *Cardinal*. Dabei handelt es sich um einen Integerwert ohne Vorzeichen, der in der 16-Bit-Version von Delphi aus einem Wort, in der 32-Bit-Version aus 4 Bytes besteht:

Eine Variable, die mit

```
a: Cardinal;
```

definiert ist, belegt unter Delphi 1.0 zwei Bytes, unter Delphi 2.0 bis 6.0 aber vier Bytes im Speicher. Dementsprechend unterscheidet sich auch der mögliche Wertebereich für *Cardinal*: Bei Delphi 1.0 von 0 bis 65535, ab Delphi 2.0 sind Werte von 0 bis 2.147.483.647 möglich.

In den verschiedenen Delphi-Versionen gibt es noch zusätzliche neue Datentypen. Diese werden wir im Kapitel »Unterschiede zwischen den Delphi-Versionen« besprechen.

7.11 Typumwandlung

Wie wir nun wissen, hat jede Variable in Object-Pascal einen bestimmten Typ, und es ist nur in sehr engen Grenzen möglich, einen Typ einem anderen zuzuweisen. In einigen Fällen können wir uns mit speziellen Funktionen wie *IntToStr* behelfen. Doch es gibt noch eine andere Möglichkeit, die strenge Typprüfung des Compilers außer Kraft zu setzen: die Typumwandlung oder in Anglo-Neudeutsch: das *Typcasting*.

Die Typumwandlung funktioniert ganz einfach, indem der gewünschte neue Typ für den Ausdruck, dessen Ergebnistyp geändert werden soll, angegeben wird:

```
var a: Byte;
    b: Char;
begin
  a := 3;
  b := Char(a);
...
```

Wie hier zu erkennen ist, wird das *Byte* in einen *Char* »umgewandelt«, indem der gewünschte Typ »Char« wie eine Funktion verwendet wird, um den Ergebnistyp des Ausdrucks »a« (nämlich *Byte*) in den gewünschten Ergebnistyp umzuwandeln. Dabei ist jedoch eines zu berücksichtigen: Bei der Typumwandlung müssen die beiden Typen in der Größe übereinstimmen.

Bei manchen Typkombinationen ist es nicht notwendig, explizit eine Typumwandlung vorzunehmen: So kann man einen Integerwert einer Real-Variablen zuweisen, obwohl die beiden Typen unterschiedlich sind. Der Compiler übernimmt hier die notwendige Konvertierung automatisch. Der umgekehrte Weg – Zuweisung eines Real-Wertes an eine Integer-Variable – ist allerdings nicht möglich. Zu diesem Zweck muss man die Funktion *Trunc* benutzen. In *Trunc* steckt man einen Real-Wert »hinein«, heraus kommt ein Integer-Wert, der dadurch entsteht, dass einfach die Nachkommastellen abgeschnitten werden.

7.12 Zusammenfassung

- Eine Variable ist ein reservierter Speicherbereich.
- Der Name einer Variable bezeichnet eine Stelle im Speicher.
- Der Inhalt dieses Speicherbereichs ist der Wert der Variable.
- Bevor eine Variable verwendet werden kann, muss sie deklariert werden. Dazu dient das Schlüsselwort *Var*.
- Jede Variable hat einen bestimmten Typ und kann nur Werte dieses Typs aufnehmen.
- Dadurch, dass Variablen nur Werte eines bestimmten Typs aufnehmen können, werden Fehler vermieden.
- Bevor eine Variable verwendet werden kann, muss sie deklariert werden.
- Variablen für ganze Zahlen werden mit *INTEGER* deklariert.
- Es gibt verschiedene »Größen« für Integer-Typen. Diese variieren danach, ob man einen normalen oder einen langen Integer-Typ verwendet und ob man mit der 16- oder 32-Bit-Version von Delphi arbeitet.
- Boolesche Werte deklariert man als *Boolean*.
- Zahlen mit Nachkommastellen werden durch einen »Realtyp«, also mit dem Schlüsselwort *Real* oder einem der anderen möglichen Realtypen deklariert.
- »Real«-Werte haben eine mangelnde Genauigkeit, so dass es zu Rundungsfehlern kommen kann. Daher sollte man das Ergebnis einer Rechenoperation nie auf die Gleichheit mit einem bestimmten Wert untersuchen.
- Variablen vom Typ *CHAR* nehmen ein einzelnes Zeichen auf.
- Variablen vom Typ *STRING* nehmen eine Zeichenkette auf.
- Wie viele Zeichen ein String aufnehmen kann, hängt (auch) von der verwendeten Delphi-Version ab.
- Auf die einzelnen Zeichen innerhalb eines Strings kann durch Angabe der Position des Zeichens (in eckigen Klammern hinter dem Namen der Variablen) zugegriffen werden.
- Ein weiterer Stringtyp sind null-terminierte Zeichenketten. Sie haben den Vorteil, dass sie so aufgebaut sind, wie auch Windows (und C-Programme) Strings abspeichern, aber sie sind schwieriger zu handhaben als die normalen Strings, da es sich im Grunde nur um »Zeiger« auf einen bestimmten Speicherbereich handelt.

- Wenn zwei Variablen zwar einen verschiedenen Typ, aber die gleiche Größe haben, können sie mit einer *Typumwandlung* konvertiert werden.
- Typisierte Konstanten sind Variablen mit einem bestimmten Anfangswert.
- Unter Delphi 2.0 oder einer späteren Version können auch globale Variablen mit einem Anfangswert initialisiert werden.
- Konstanten sind feste Werte. Auch Konstanten haben einen bestimmten Typ.
- Eine Konstante kann die Lesbarkeit des Programms erhöhen.
- Eine typisierte Konstante ist im Grunde eine Variable mit einem vordefinierten Wert.

7.13 Testaufgaben

7.1 Was ist hier falsch?

```
Procedure Test;
var s: String;
begin
  s := 'Zeichenkette 1' + s1;
end;
```

7.2 Was ist an der Zuweisung falsch?

```
var i: Integer;
begin
  i := 3.4;
 ...
```

7.3 Sie müssen einen Integerwert in der Variablen *i* zu dem Wert in der Integervariable *j* addieren. Das Ergebnis soll mit drei multipliziert und in die Variable *j* geschrieben werden.

7.4 Sie müssen den Wert 2.147.483.648 in einer Variablen speichern. Welchen Typ muss diese Variable haben?

7.5 Wie lässt sich der Ausdruck *not (True or False)* vereinfachen?

7.6 Nach einer Berechnung mit mehreren Real-Werten müssen Sie prüfen, ob das Ergebnis gleich zwei ist. Was müssen Sie dabei beachten?

7.7 Ist die Anweisung `c:=#-1` zulässig, wenn *c* eine Variable vom Typ *Char* ist?

7.8 Sind die Anweisungen (*c* ist eine Variable vom Typ *char*, *i* ist vom Typ *Integer*)

```
i := 310;
c := Chr(i);
```

in Ordnung. Wenn nicht, wo liegt der Fehler?

7.9 Ist die Zuweisung `s := 'a'` zulässig, wenn *s* vom Typ *String* ist?

7.10 Ist die Zuweisung `s := ''` zulässig, wenn *s* vom Typ *String* ist?

7.11 Welchen Wert hat *c* nach Ausführung der folgenden Anweisungen:

```
s := 'abcde';
c := [6];
```

7.12 Wie viele Bytes müssen im Speicher reserviert werden, um die Zeichenkette 'Zeichenkette' zu speichern, wenn ein null-terminierter String hierfür benutzt wird?

7.13 Was ist der Fehler bei folgendem Beispiel? Wie würde er sich auswirken?

```
procedure TForm1.Button1Click(Sender: TObject);
var s: PChar;
begin
  GetMem(s,50); (* 50 Bytes anfordern *)
  StrCopy(s,'Dies ist ein null-terminierter String!');
  ShowMessage(s);
end;
```

7.14 Eine Konstante wurde als

```
const maximum = 3.5;
```

definiert, die Variablen *i* und *j* wurden als

```
i: Integer;
j: Real;
```

definiert. Sind die folgenden Anweisungen erlaubt?

```
i := maximum;
j := maximum;
```

7.15 Ist der Datentyp *Boolean* ein fundamentaler oder ein generischer Datentyp?

7.16 Was fällt Ihnen bei diesen beiden *Typumwandlungen* auf (*i* ist als *Integer*, *r* als *Real* definiert)?

```
i := Integer( r );
r := Real( i );
```

Kapitel 8

jetzt lerne ich

Operatoren, Ausdrücke und Anweisungen

Erinnern wir uns: Wenn wir einer Variable einen Wert zugewiesen haben, so schreiben wir (schematisch):

```
VariablenName := Wert;
```

Diese Zeile nennt man eine **Anweisung**. Jede Anweisung endet mit einem Semikolon. Genauer gesagt, ist diese Anweisung eine *Zuweisung*. Denn wir weisen der Variable *VariablenName* den *Wert* zu. Was kann ein *Wert* sein? Wir wissen bereits, dass die folgenden Zuweisungen korrekt wären:

```
Zaehler := 3;
Zaehler := Zaehler2;
Zaehler := Zaehler2 + 3;
```

Das heißt, wir können der Variable einen konstanten Wert zuweisen, den Wert, den eine andere Variable hat (*Zaehler2* wäre in diesem Fall die andere Variable) oder auch das Ergebnis eines Rechen-**Ausdrucks**. Genaugenommen müssen wir also unsere formale Definition der Anweisung als

```
VariablenName := Ausdruck;
```

schreiben. Im Folgenden wollen wir einen näheren Blick auf Ausdrücke und Operatoren werfen. Im gerade aufgeführten Beispiel haben wir schon einen Operator gesehen: das Pluszeichen.

8.1 Ausdrücke und Operatoren

Eine Folge von Konstanten oder variablen Werten, die durch einen oder mehrere Operatoren verbunden sind, nennt man einen Ausdruck. Ein Ausdruck muss mindestens einen konstanten oder variablen Wert enthalten, er kann einen oder mehrere Operatoren enthalten. Sehen wir uns einige Beispiele für Ausdrücke an:

```
Zaehler
-Zaehler
Zaehler + 3
(Zaehler + Zaehler2) * 4
Zaehler + SIN(45)
```

Wir sehen, auch wenn nur ein variabler Wert (= eine Variable) aufgeführt wird, handelt es sich bereits um einen Ausdruck. In der zweiten Zeile bewirkt das Minuszeichen eine Negation des Wertes in *Zaehler*. In der dritten Zeile wird durch den »Plus-Operator« der Wert in der Variablen zum konstanten Wert 3 hinzugezählt. Im vorletzten Beispiel schließlich werden zwei variable Werte addiert und mit dem konstanten Wert 4 multipliziert.

Beachten Sie schließlich Zeile 5: Sie zeigt, dass auch ein Funktionsaufruf Teil eines Ausdrucks sein kann, in diesem Fall der Aufruf der Sinus-Funktion. (Erinnern Sie sich? Auf 94 wurden Funktionen bereits kurz angesprochen. Wir werden Funktionen in einem späteren Kapitel ausführlich behandeln.)

Wenn ein Operator mit nur einem einzigen Wert arbeitet, so nennt man ihn *unär*. Ein Beispiel ist der Negations-Operator in der zweiten Zeile. *Binäre* Operatoren arbeiten mit zwei Werten, um das Ergebnis zu bilden. Beispiele hierfür sind das Pluszeichen und das Sternchen für die Multiplikation. Natürlich wäre auch der Ausdruck *Zaehler – Zaehler* denkbar gewesen – in diesem Falle wäre das Minuszeichen ein binärer Operator.

Es bedarf eigentlich gar keiner besonderen Erwähnung, dass auch in Ausdrücken die normalen Rechenregeln gelten, also Punkt-vor-Strich-Rechnung. Teilausdrücke in Klammern haben Priorität.

Operatoren kann man in folgende Klassen einteilen:

- Relationale Operatoren
- Additive Operatoren
- Multiplikative Operatoren

Relationale Operatoren sind Vergleichs- und Mengenoperatoren. *Additive* Operatoren sind Addition, Subtraktion, logisches »Oder«. *Multiplikative* Operatoren sind Multiplikation, Division, logisches »Und«, logisches »Schieben«.

Die einzelnen Klassen haben unterschiedliche Priorität, die sich dann auswirkt, wenn in einem Ausdruck die Berechnungsfolge nicht durch Klammern beeinflusst wird. Dabei haben multiplikative Operatoren die höchste, relationale Operatoren die geringste Priorität. Unäre Operatoren (z.B. Negation) haben eine noch höhere Priorität.

Im Zweifelsfall gilt: Klammern setzen!

HINWEIS

8.2 Logische Ausdrücke

Logische Ausdrücke sind Ausdrücke, die als Ergebnis einen der Werte *True* oder *False* liefern, es sind also Ausdrücke vom Typ Boolean. Wir werden solche Ausdrücke in Zukunft sehr häufig benötigen, denn wie wir sehen werden, kann man mit ihnen den Programmablauf sehr bequem steuern. Betrachten wir den Ausdruck

```
A = B
```

so ist dies ein logischer Ausdruck, der den Wert *True* annimmt, wenn die Variablen (oder Konstanten!) A und B beide denselben Wert beinhalten. Haben die beiden einen unterschiedlichen Inhalt, so wird das Ergebnis *False* sein. Dementsprechend sind natürlich auch die Ausdrücke

```
A > B
A < B
A >= B
A <= B
```

logische Ausdrücke. Da solche Ausdrücke ein Ergebnis vom Typ Boolean liefern, kann man ihr Ergebnis tatsächlich auch direkt einer booleschen Variablen zuweisen. Wenn wir die Variable *Gefunden* wie folgt definiert haben

```
var Gefunden: Boolean;
```

so ist eine Zuweisung wie

```
Gefunden := A = B;
```

durchaus korrekt und wird vom Compiler auch anstandslos übersetzt. Natürlich wären auch Anweisungen wie

```
Gefunden := A > 3;
Gefunden := 3 = 3;
```

korrekt, wobei die zweite Anweisung aber eine *Tautologie* ist, d.h. ein Ausdruck, der immer den Wert »Wahr« liefert – d.h., nach Ausführung dieser Anweisung wird »Gefunden« immer den Wert True enthalten.

Wir kennen nun also bereits die **booleschen Operatoren** <, >, =, <= und >=.

Wichtig: Die Argumente dieser Operatoren sind nicht unbedingt Boolean – nur das gelieferte Ergebnis ist immer vom Typ Boolean.

Zwei weitere wichtige Operatoren sind **AND** und **OR**. Im Gegensatz zu den zuvor genannten Operatoren akzeptieren sie nur Argumente vom Typ *Boolean*. Mit ihnen werden logische Teilausdrücke verknüpft, wobei AND dann ein *True* liefert, wenn beide Teilausdrücke True sind (also: »Und«), OR liefert bereits dann *True*, wenn nur einer der beiden Teilausdrücke True ist.

Angenommen, ein Gesamtausdruck soll dann wahr werden, wenn sowohl die Variable A als auch die Variable B größer als 3 sind. Dies lässt sich mit folgendem Ausdruck bewerkstelligen:

```
(A>3) AND (B>3)
```

Soll der Gesamtausdruck *True* liefern, wenn bereits einer der Werte A *oder* B größer als 3 ist, so muss man lediglich das AND gegen ein OR austauschen.

Natürlich ist der Programmierer nicht auf die Verwendung nur eines Operators beschränkt; Ausdrücke können (fast) beliebig komplex sein. Betrachten Sie folgendes Beispiel, das vollkommen korrekt ist:

```
(((A>B) AND (C>D)) OR ((A<2) OR (B<2))) OR True
```

Das sieht zwar sehr kompliziert aus, lässt sich aber durch einen wesentlich einfacheren Ausdruck ersetzen, nämlich durch

```
True
```

also die Konstante *True*. Dies ist dann ersichtlich, wenn Sie den sehr komplizierten Teilausdruck auf der linken Seite komplett ignorieren – was auch immer da herauskommt, es wird ja mit OR True verknüpft. Wir wissen aber, dass OR immer dann ein *True* liefert, wenn mindestens eines der beiden Argumente *True* ist: Dies ist der Konstanten wegen immer der Fall. Der Ausdruck liefert also immer *True*.

Die Ergebnisse, die von AND und OR geliefert werden, kann man in einer Wahrheitstabelle zusammenfassen. A und B sind die beiden Werte, die durch den Operator verknüpft werden:

Der AND-Operator

A	B	Ergebnis
False	False	False
False	True	False
True	False	False
True	True	True

Der OR-Operator

A	B	Ergebnis
False	False	False
False	True	True
True	False	True
True	True	True

Beachten Sie eine Besonderheit beim OR-Operator: In der Umgangssprache verwendet man normalerweise das »ausschließende Oder« – wenn man sagt »Egon oder Willi«, dann meint man normalerweise einen von beiden, nicht aber beide. Der Or-Operator wird aber auch dann True, wenn beide Argumente True sind – es ist also ein nicht ausschließendes Oder.

Zudem gibt es auch den »Exklusiv-Oder« Operator, kurz *XOR*. Der *XOR*-Operator liefert dann True, wenn *nur eines* der beiden Argumente *True* ist; wenn beide wahr oder beide falsch sind, liefert er *False*:

Der XOR-Operator

A	B	Ergebnis
False	False	False
False	True	True
True	False	True
True	True	False

8.3 Arithmetische Ausdrücke

Arithmetische Ausdrücke haben wir bereits kennen gelernt. Aber es gibt einige Feinheiten zu beachten, die mit unseren unterschiedlichen Zahlentypen zusammenhängen.

Es ist zum Beispiel nicht (ohne Tricks) möglich, einer Integer-Variablen einen Real-Wert zuzuweisen. Denn Integer-Variablen kennen keine Nachkommastellen. Diese müssten bei einer Zuweisung unter den Tisch fallen. Umgekehrt ist die Zuweisung jedoch möglich.

Werfen wir zuerst einmal einen Blick auf die Operatoren für arithmetische Ausdrücke.

Für die Grundrechenarten stehen uns folgende Operatoren zur Verfügung:

- + → Addition
- - → Subtraktion bzw. Negation
- * → Multiplikation
- / → Division
- DIV → Integerdivision
- MOD → Modulo

Bei dieser Aufzählung fällt auf, dass wir zwei Operatoren für die Division haben. Der Grund dafür ist der: Der »normale« Divisionsoperator liefert als Ergebnis einen Realwert. Dies ist sinnvoll, denn in den meisten Fällen erhalten wir eine Bruchzahl als Ergebnis, selbst dann, wenn wir Integervariablen verwenden:

```
3 / 2
```

ergibt 1.5, auch wenn 3 und 2 fraglos vom Typ Integer sind. Also liefert auch der Divisionsoperator einen Realwert als Ergebnis, was uns natürlich vor ein Problem stellt, wenn wir das Ergebnis einer Integer-Variablen zuweisen wollen; eine Zuweisung wie

```
a := 3 / 2;
```

wenn *a* als *Var A: Integer* deklariert wurde, führt zu einem Compilerfehler! Zu diesem Zweck gibt es den DIV-Operator. Er tut fast dasselbe wie der Divisionsoperator, liefert aber als Ergebnis einen Integer-Wert zurück. Wobei sich die Frage stellt, was mit unseren Nachkommastellen passiert. Die Antwort: Sie werden ignoriert. Das Ergebnis von

```
a := 3 div 2;
```

ist also der Wert 1. Auch bei den anderen Operatoren stellt sich die Frage, was passiert, wenn sich ein Realwert in den Ausdruck mischt? Sie liefern in diesem Fall immer einen Realwert als Ergebnis, so dass

```
a := 3 * 1.5;
```

zu einem Fehler führen würde! Denn auch der Multiplikationsoperator (wie auch Plus und Minus) liefert einen Realwert, da die Real-Konstante 1.5 im Ausdruck enthalten ist. Da aber a als Integer-Variable vereinbart wurde, ist eine Zuweisung nicht möglich.

```
a := 3 * 2;
```

funktioniert dagegen tadellos, schließlich sind hier nur zwei Integer-Konstanten vertreten. Selbstverständlich gilt das gleiche Prinzip, wenn der Ausdruck Variablen enthält, so dass

```
a := b + 2;
```

funktioniert, wenn b als Integer-Variable vereinbart wurde. Wenn b aber ein Realtyp ist, kommt es zu einem Fehler, da der Plusoperator ein Realergebnis liefert.

Doch zurück zum DIV-Operator. Er lässt die Nachkommastellen der Division unter den Tisch fallen. Um trotzdem herauszubekommen, welcher Teil denn für die Nachkommastellen »verantwortlich« ist, gibt es den *Modulo-Operator* MOD. Er liefert den Rest einer Division, also den ganzzahligen Teil einer Division, der nicht mehr komplett dividiert werden konnte. Ein Beispiel:

- `8 DIV 3` → Ergibt 2
- `8 MOD 3` → Ergibt 2, denn 3 »passt« zweimal komplett in 8, es bleibt ein Rest von zwei.

Auch arithmetische Ausdrücke können geklammert und (fast) beliebig komplex werden.

MERKSATZ

*Das Ergebnis der Operatoren +, –, * richtet sich danach, ob eines der Argumente vom Typ Real ist. Das Ergebnis des Operators / ist immer Real, das des Operators DIV ist immer Integer.*

HINWEIS

Eine Division durch 0 führt zu einem Laufzeitfehler. Delphi fängt diesen Fehler selbständig ab und generiert lediglich eine Fehlermeldung.

8.4 Stringausdrücke

Auch für Strings gibt es (etwas »mager«, aber immerhin) einen Operator. Dies ist das Pluszeichen, das es ermöglicht, zwei Strings miteinander zu verketten.

Angenommen, wir haben die beiden Stringvariablen *S1* und *S2* mit *var s1,s2: string* definiert. Dann wären folgende Zuweisungen möglich:

```
s1 := 'Müller';
s2 := s1 + ' und Meier';
```

Der Plusoperator kann also Zeichenketten verbinden. Dies können String-Konstanten (wie 'Müller') sein, mehrere String-Variablen oder ein Mix aus beiden.

HINWEIS

Bei der Verkettung von String-Ausdrücken muss bedacht werden, dass ein String bei Delphi-1.x-Programmen nur maximal 255 Zeichen aufnehmen kann. Würde der resultierende String durch die Verkettung länger, so enthält er lediglich die ersten 255 Zeichen des Ergebnisses. Ab Delphi 2.0 existiert diese Limitierung nicht mehr.

8.5 Zuweisungen

Wenn wir in eine Variable einen Wert hineinschreiben, so sprechen wir von einer Zuweisung. Die Variable steht dabei auf der linken Seite der Zuweisung, dann folgt der Zuweisungsoperator » := « und dann ein Ausdruck (der auch aus einer einzelnen Variable, Konstante oder einer Berechnung bestehen kann).

Wir haben gesehen, dass man einen Ausdruck oder eine Variable des Typs *Real* nicht einer Integer-Variablen zuweisen kann. Es erscheint logisch, dass auch ein boolescher Wert nicht *kompatibel* mit Integer- oder Realwerten ist und wiederum ein String-Typ nicht mit einem der vorher genannten.

Wir können jedoch mit Hilfe von speziellen Funktionen eine Konvertierung zwischen einzelnen Typen bewerkstelligen. Einige der Funktionen haben wir bereits kennen gelernt:

- *IntToStr*: nimmt einen Integerwert als Argument und erzeugt daraus eine Zeichenkette.
- *FloatToStr*: nimmt einen Realwert als Argument und erzeugt daraus eine Zeichenkette.

Um unser Anfangsproblem zu lösen, einen Realwert in einen Integer-Wert zu schreiben, können wir auch eine Funktion bemühen: *Trunc* (engl. Truncate = abschneidet) schneidet einfach die Nachkommastellen des übergebenen Realwerts ab und liefert einen Integer zurück. So wird zum Beispiel einer Integer-Variablen *A* mit

```
a := Trunc(3.789)
```

der Wert 3 zugewiesen. Wir werden später noch weitere nützliche Funktionen kennen lernen.

8.5.1 Zuweisungskompatibilität

Wie wir gesehen haben, kann man nicht jeden Typ beliebig einem anderen zuweisen; gegebenenfalls muss man eine Konvertierungsfunktion wie *Trunc* bemühen. Der Compiler entscheidet nach folgenden vier Regeln, ob ein Typ

T_1 mit einem Typ T_2 zuweisungskompatibel ist, d.h., ob $T_1 := T_2$ zulässig ist:

- T_1 und T_2 sind beide entweder ein Integer-Typ, Boolean- oder ein Char-Typ.
- T_1 und T_2 sind Realtypen.
- T_1 ist ein Realtyp, T_2 ist ein Integer-Typ.
- T_1 ist ein String-Typ, T_2 ist ein Char-Typ.

Bei den beiden ersten Regeln gilt noch die Zusatzbedingung, dass die Werte von T_2 im Wertebereich von T_1 liegen müssen. Beispielsweise kann ein *LongInt* größere Werte annehmen, als ein Integer aufnehmen könnte. Die Zuweisung ist trotzdem möglich, wenn der jeweilige Wert im Wertebereich des Integers liegt.

Außer den Typen, die wir bisher kennen, gibt es noch weitere, komplexere Typen, die wir erst in den folgenden Kapiteln kennen lernen wollen. Natürlich prüft der Compiler auch dann mit entsprechenden Regeln die Typ-Kompatibilität, aber dem wollen wir hier nicht vorgreifen.

8.5.2 Anweisungen und Anweisungsblöcke

Hier noch einige Anmerkungen zu den eingangs bereits erwähnten Anweisungen.

Wie wir wissen, stellt eine Anweisung einen vollständigen Befehl dar. Ein solcher Befehl kann eine einzelne Zuweisung sein. Genauso gut kann eine Anweisung jedoch auch ein Funktionsaufruf sein.

»Aber das Ergebnis einer Funktion wird doch auch zugewiesen«, werden Sie nun vielleicht einwenden.

Tatsächlich ist es so, dass wir in allen bisherigen Beispielen, in denen wir Funktionen verwendet haben, das Ergebnis einer Variablen zugewiesen haben, wie zum Beispiel bei *a := Trunc(3.75);*.

De facto ist dies aber nicht zwangsläufig notwendig. Zum einen können wir das Funktionsergebnis ignorieren, wenn wir es nicht benötigen, zum Beispiel, weil die Funktion noch andere Aktionen durchführt und das Ergebnis zweitrangig ist.

Zum anderen gibt es in Pascal die so genannten *Prozeduren*, die wir im folgenden Kapitel genauer kennen lernen werden.

Mit einer *Prozedur* fassen wir eine ganze Reihe von Anweisungen zusammen. Wir aktivieren sie über ihren Prozedurnamen.

Angenommen, wir haben eine Funktion *Loesche_Bildschirm* definiert (wir sehen später noch, wie das geht). Dann wäre auch die Anweisung

```
Loesche_Bildschirm;
```

korrekt und vollständig.

8.6 Zusammenfassung

- Eine Folge von Konstanten oder variablen Werten, die durch einen oder mehrere Operatoren verbunden sind, nennt man einen Ausdruck.
- Ein *unärer* Operator arbeitet mit einem Argument, *binäre* Operatoren arbeiten mit zwei Argumenten. In diesem Fall hat das »binär« nichts mit Bits und Bytes zu tun, sondern es sagt lediglich etwas über die Anzahl der Operatorelemente aus.
- Die *booleschen Operatoren* können Argumente der unterschiedlichsten Typen miteinander vergleichen. Sie liefern als Ergebnis einen *booleschen* Wert – daher ihr Name.

8.7 Testaufgaben

8.1 Der Programmierer wollte der Variablen *i* den Wert von *j* plus 3, multipliziert mit 10 zuweisen: *i := j + 3 * 10*. Wo ist das Problem?

8.2 Ist es mit einem booleschen Operator möglich, einen Integer- mit einem Realwert zu vergleichen?

8.3 Ist es mit einem booleschen Operator möglich, einen Integer mit einem booleschen Wert zu vergleichen?

8.4 Es sollen zwei boolesche Werte *a* und *b* verknüpft werden, das Ergebnis soll negiert werden. Warum geht es *so nicht*?

```
not a and b
```

8.5 Vereinfachen Sie folgende Ausdrücke:

```
not (a xor false);
not (not(a))
```

8.6 Welches Ergebnis ergibt *10 div 3*?

8.7 Welches Ergebnis liefert *i / 3* wenn *i* eine Integer-Variable mit dem Wert 10 ist?

8.8 Der Variablen *Name: string* soll ein neuer Inhalt zugewiesen werden: Vor den bereits enthaltenen Namen soll 'Herr ' gesetzt werden. Wie sieht die Zuweisung aus?

8.9 Der Wert der Variable *r* vom Typ *Double* muss in eine Integer-Variable *vor* und eine Realvariable *nach* geschrieben werden. *Vor* soll dabei den ganzzahligen Anteil von *r* enthalten, *nach* soll die ersten drei Nachkommastellen enthalten (Hinweis: *Trunc*).

Kapitel 9

jetzt lerne ich

Prozeduren und Funktionen

In diesem Kapitel werden wir das wichtigste Konzept kennen lernen, mit dem wir ein komplexes Problem übersichtlich in kleinere Teilprobleme aufspalten können.

9.1 Was ist eine Funktion?

Den Begriff »Funktion« haben wir vorher schon mehrmals gehört. Was also ist eine Funktion? Eine Funktion besteht aus einer oder mehreren Anweisungen, die ein Ergebnis liefern. Dieses Ergebnis ist das *Funktionsergebnis*. Eine Funktion wird über ihren (vom Programmierer) definierten Namen angesprochen.

Eine Funktion kann mehrere Argumente haben, aus denen beispielsweise der Funktionswert berechnet werden kann. Beachten Sie, dass ich sage *kann*. Denn eine Funktion muss keineswegs Argumente haben. Wenn sie aber welche hat, so müssen ihre Werte in Klammern hinter dem Funktionsnamen angegeben werden.

Dabei ist es wichtig, dass die Typen dieser Werte mit der erwarteten Reihenfolge übereinstimmen, ansonsten kommt es zu einem Compilerfehler.

Aber grau ist alle Theorie: Lassen Sie uns einfach einmal selbst eine Funktion definieren.

Unsere Funktion soll

- ein Integer-Argument haben,
- als Resultat das mit zwei multiplizierte Resultat zurückgeben,
- den Namen *MalZwei* haben.

Damit wir die Funktion später verwenden können, müssen wir *zuerst definieren*.

Für diesen Versuch öffnen wir ein neues Projekt und schieben ein Label, ein Edit-Feld und einen Button auf das leere Formular. In das Edit-Feld wollen wir unsere Werte eingeben, im Label soll das Ergebnis ausgegeben werden. So sollte das Formular nun ungefähr aussehen:

Abb. 9.1: Probeprojekt 1

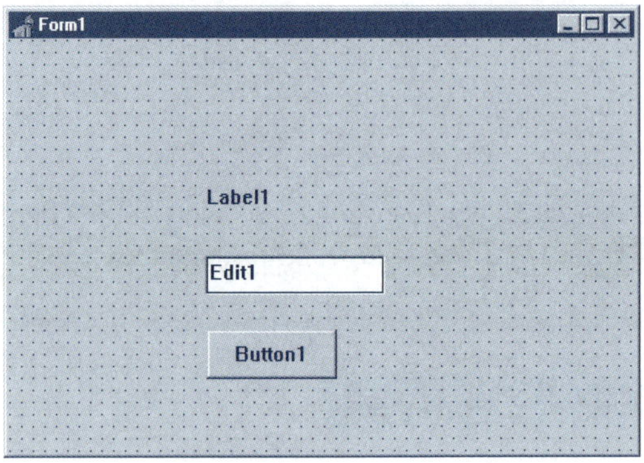

Als Nächstes schauen wir uns mit einem Druck auf F12 den Quelltext an. Der letzte Teil sieht so aus ...

```
...
var
  Form1: TForm1;

implementation

{$R *.DFM}

end.
```

Beachten Sie dabei das Schlüsselwort *Implementation*. Es sagt uns, dass dahinter unsere Funktionen »implementiert« werden müssen. Das *{$R *.DFM}* ist eine Anweisung für den Compiler (interessiert uns also momentan nicht). Wir fügen dahinter unsere *Funktionsdeklaration* ein, so dass der Quelltext wie folgt aussieht:

```
...
var
  Form1: TForm1;

implementation

{$R *.DFM}
function malZwei(a: Integer): Integer;
begin
  malZwei := a * 2;
end;

end.
```

Damit haben wir unsere Funktion deklariert. Ab nun können wir sie an anderer Stelle im Programm beliebig oft verwenden. Wir ändern nun die *OnClick*-Ereignisroutine des Buttons so, dass jedes Mal, wenn er angeklickt wird,

- der Wert des Labels in einen Integer umgewandelt (es ist ja ein String) und in eine Variable *A* geschrieben,
- dieses Ergebnis an unsere Funktion übergeben,
- das Ergebnis von unserer Funktion in die Variable *B* geschrieben und
- der Wert von *B* wieder in einen String umgewandelt und in das Label geschrieben wird.

Um die Ereignisroutine zu ändern, wählen wir den Button an, wählen im Objekt-Inspektor die Seite *Ereignisse* und doppelklicken auf *OnClick*. Den angezeigten Quelltext modifizieren wir wie folgt:

```
procedure TForm1.Button1Click(Sender: TObject);
var a,b: Integer;
begin
  a := StrToInt(Edit1.Text);
  b := malZwei(a);
  Label1.Caption := IntToStr(b);
end;
```

Die fett gedruckten Zeilen sind dabei neu. Was haben wir hier getan? Zuerst haben wir die beiden Integer-Variablen *a* und *b* deklariert. Beachten Sie, dass dies vor dem *begin* eingefügt werden muss! Die drei zwischen *begin...end* eingefügten Zeilen entsprechen den vier Schritten, die wir uns oben vorgenommen haben! Die mittlere Zeile fasst dabei Schritt 2 und Schritt 3 zusammen.

Wenn das Projekt nun mit F9 übersetzt wird, wird bei jedem Klick auf den Button der Wert aus dem Edit-Feld genommen, mit 2 multipliziert und als Ergebnis in das Label geschrieben.

9.2 Wie werden Funktionen definiert?

Die Arbeitsweise unseres Beispielprogramms dürfte klar sein. Schauen wir uns doch noch einmal unsere vorher definierte Funktion an.

```
function malZwei(a: Integer): Integer;
begin
  malZwei := a * 2;
end;
```

Wir definieren an dieser Stelle einmalig die Funktion, um sie dann später beliebig oft benutzen zu können. Unsere Funktionsdefinition wird mit dem Schlüsselwort *function* eingeleitet – klar, nun weiß der Compiler, dass wir eine Funktion definieren wollen. Nach dem Schlüsselwort muss der Name der Funktion folgen – in unserem Falle also *malZwei*. Da *malZwei* auch ein Argument hat, nennen wir auch dieses, nämlich in runden Klammern hinter dem Funktionsnamen.

HINWEIS

Funktionen können ein Argument haben – dies ist jedoch nicht zwangsläufig notwendig.

Wir wissen, wir wollen einen Integerwert als Argument übergeben – das alleine reicht aber noch nicht. Damit wir diesen Wert in unserer Funktion verwenden können, müssen wir ihm auch noch einen Namen geben; insgesamt haben wir also bisher

```
function malZwei(a: Integer)
```

und sind immer noch nicht fertig. (Übrigens: Dass hier kein *var* steht, hat schon seine Richtigkeit. Dazu später mehr.) Denn eine wichtige Information fehlt noch: Welchen Typ hat denn der Wert, den unsere Funktion zurückgeben soll? Wie bei einer Variablendeklaration trennen wir Typ und Funktion durch einen Doppelpunkt und teilen dem Compiler den Typ des Funktionsresultats mit: *Integer*. Damit ist unsere Definition abgeschlossen und wie hinter jeder Anweisung folgt ein Semikolon.

Damit weiß der Compiler, wie die Funktion aussieht – diese Zeile nennt man die *Funktionsdeklaration*.

Fertig sind wir natürlich trotzdem noch nicht: Denn nun muss noch die eigentliche Funktionalität der Funktion festgelegt werden. Dies geschieht im *Funktionsrumpf*.

Eine Funktion kann aus fast beliebig vielen Anweisungen bestehen. Damit der Compiler weiß, was zu der Funktion gehört und was nicht, müssen die Anweisungen zwischen *begin..end* eingeschlossen werden. In unserem Fall ist es nur eine einzige:

```
malZwei := a * 2;
```

MERKSATZ

Die Funktion besteht aus Anweisungen, die zwischen begin *und* end *eingeschlossen werden.*

Dies sieht auf den ersten Blick wie eine ganz normale Zuweisung aus. Oder nicht? Das Interessante daran: Weder die Variable *malZwei* noch *a* in dieser Zuweisung haben wir irgendwo mit *var* deklariert!

Die Erklärung: *malZwei* ist eine Pseudo-Variable; sie repräsentiert den Funktionswert, daher heißt sie auch so wie die Funktion selbst. Den Wert, den sie bei Funktionsende hat, wird die Funktion zurückgeben. Um also den Rückgabewert einer Funktion festzulegen, schreibt man ihn einfach in die entsprechende Pseudo-Variable.

HINWEIS

Da die Funktion vom Typ Integer ist, ist auch die Pseudo-Variable *malZwei* vom Typ Integer!

Die Variable *a* ist das einzige Argument der Funktion. Auch die Argumente der Funktion werden innerhalb der Funktion wie Variablen behandelt. Solche Variablen haben den Wert, der beim Aufruf der Funktion übergeben wurde. Was aber nicht heißt, dass man den Wert nicht ändern könnte.

HINWEIS

Außer dem Namen der Funktion könnte man ab Delphi 2.0 auch die Pseudo-Variable *Result* verwenden. So könnte man die Zeile *malZwei := a * 2;* auch durch *result := a * 2;* ersetzen, ohne dass dies die Funktionsweise verändern würde.

Fassen wir zusammen:

- Eine Funktionsdefinition beginnt mit der *Funktionsdeklaration*.
- Die Arbeitsweise der Funktion wird im *Funktionsrumpf* festgelegt.
- Eine Funktion kann, muss aber nicht, Argumente haben.
- Eine Funktion gibt einen Wert zurück, dessen Typ wird in der Deklaration festgelegt.

- Den Wert einer Funktion spricht man durch den Funktionsnamen oder durch *Result* an.
- Die Argumente der Funktion werden innerhalb der Funktion wie ganz normale Variablen behandelt.

9.3 Wie Parameter übergeben werden

Wie bereits erwähnt, kann man die Werte der »Parameter-Variablen« innerhalb der Funktion ändern, wie man es auch mit normalen Variablen tun könnte. Ändern wir unsere Funktion wie folgt ab:

```
function malZwei(a: Integer): Integer;
begin
  a := 7;
  malZwei := a * 2;
end;
```

so wird sie immer, egal welches Argument beim Aufruf verwendet wird, das Ergebnis 14 zurückgeben. Denn jeder Wert, der beim Aufruf in *a* gestanden hat, wird sofort durch die 7 überschrieben.

An diesem Beispiel sehen wir aber noch etwas anderes: Eine Funktion kann durchaus mehrere Anweisungen enthalten, vorausgesetzt, diese sind, wie es sich gehört, mit einem Semikolon abgeschlossen.

MERKSATZ

Mehrere Anweisungen werden in der Reihenfolge ausgeführt, in der sie im Quelltext stehen, d.h. von links nach rechts und von oben nach unten.

Wie wir wissen, werden vom Compiler White-Spaces ignoriert. Daher ist es dem Compiler gleichgültig, ob wir mehrere Anweisungen in Zeile schreiben oder untereinander. Allerdings erhöht es die Übersichtlichkeit des Quelltextes, wenn wir eine neue Anweisung in eine neue Zeile schreiben.

HINWEIS

Sie haben sicherlich bemerkt, dass wir alles, was zwischen *begin...end* steht, zwei Leerzeichen weit eingerückt haben. Dies gehört zum guten Stil beim Programmieren in Pascal, denn es schafft gerade bei größeren Programmen sehr viel Übersichtlichkeit.

Wie Sie in unserem kleinen Beispielprogramm gesehen haben, kann man eine Variable übergeben, deren Wert dann die funktionsinterne Variable bekommt. Man kann aber auch eine Konstante oder einen konstanten Ausdruck übergeben, so dass auch *a := malZwei(4 * 8);* völlig korrekt wäre!

Wenn man also als Argument auch einen Ausdruck übergeben kann, was passiert dann eigentlich, wenn die Funktion die interne Variable ändert, so wie wir es mit *a := 7;* getan haben?

Die Antwort: nichts! Denn die Variable *a*, die innerhalb der Funktion den übergebenen Wert erhält, ist *lokal*, dass heißt, sie gilt **nur** und ausschließlich **innerhalb** der Funktion. Wenn wir unsere Funktion mit *b := malZwei(a)* aufrufen, so wird die Variable *a* nicht verändert, wenn wir in der Funktion der lokalen Variable a einen Wert zuweisen!

Wir haben also tatsächlich zwei Variablen mit dem Namen *a*. Die Variable in der Funktion erhält einmal den Wert der externen Variablen, danach beeinflussen sich die beiden in keiner Weise mehr.

Anders würde es ja auch gar keinen Sinn machen, denn sonst könnte man ja keinen konstanten Ausdruck übergeben.

Tatsächlich können wir sogar noch weitergehen: Niemand zwingt uns, eine Variable, die wir in der Funktionsdeklaration mit *a* bezeichnet haben, auch »außerhalb« der Funktion *a* zu nennen! Bei

```
function malZwei(a: Integer): Integer;
begin
  a := 7;
  malZwei := a * 2;
end;
```

haben wir den (einzigen) Wert, den die Funktion erhalten soll, *a* genannt. Dies ist der *formale* Parameter der Funktion und so müssen wir ihn innerhalb der Funktion auch nennen. Wir wissen aber nicht, für was *a* wirklich steht – vielleicht für den Wert 7 bei einem Aufruf wie *b := malZwei(7);* oder auch für den Wert, den eine andere Variable hat, wie bei *b := malZwei(e);*. In diesem Fall »benutzen« wir innerhalb der Funktion *a*, obwohl *e* gemeint ist – der Wert, der »wirklich« übergeben wird, ist der *aktuelle Parameter*, der Platzhalter *a* ist der *formale Parameter.*

MERKSATZ

Die formalen Parameter der Funktion sind die Variablen, die im Funktionskopf definiert werden. Den Namen, den sie haben, muss man in der Funktion verwenden. Sie stehen für die Werte, die an die Funktion übergeben werden.

Die aktuellen Parameter, die man der Funktion übergibt, sind Werte von Variablen anderen Namens oder möglicherweise auch konstante Werte wie 3 oder 7 + 4.

Doch zurück zur gegenseitigen Beeinflussung von formalen und aktuellen Parametern.

MERKSATZ

Eine Wertübergabe, bei der eine Veränderung des Wertes innerhalb der Funktion den Wert einer Übergabevariablen nicht beeinflusst, nennt man Call-By-Value.

Nun, diese Benennung sollte uns misstrauisch stimmen: Wenn man sich die Mühe macht, eine bestimmte Übergabeart zu bezeichnen, dann muss es doch noch eine andere Möglichkeit geben?

Und tatsächlich – es gibt noch eine weitere Möglichkeit, einen Wert zu übergeben:

MERKSATZ

Wird eine Variable an eine Funktion so übergeben, dass innerhalb der Funktion gleichzeitig auch der Wert der »externen« Variable geändert werden kann, so nennt man diese Übergabeart »Call-By-Reference«.

Man übergibt eine Variable per »Call-By-Reference«, indem man ihr das Wort *var* voranstellt – genauso wie man es bei der Deklaration von Variablen am Programmanfang gewohnt ist.

Würden wir unser bisheriges Beispiel ein wenig abwandeln:

```
function malZwei(var a: Integer): Integer;
begin
  a := 7;
  malZwei := a * 2;
end;
```

und die Funktion dann an anderer Stelle wie folgt aufrufen:

```
...
        b := 2;
        a := malZwei(b);
...
```

welchen Wert würden wohl die Variablen *a* und *b* dann haben? Nun zuerst hätte *b* den Wert 2 – den haben wir zugewiesen. Dann übergeben wir aber nicht den Wert von b an die Funktion, sondern es wird ein Verweis (das ist es, was »Call-By-Reference« meint) auf die Variable *b* übergeben, die den Wert 2 enthält.

Innerhalb unserer Funktion ändern wir nun den Wert der Variable a auf 7 – diese verweist aber nur auf die übergebene Variable b, daher ändern wir in Wirklichkeit den Wert von b in 7! Im Gegensatz zur Übergabe des Werts »by Value« existiert nun keine lokale Variable *a* – alles, was wir mit ihr anstellen, machen wir in Wirklichkeit mit der externen Variable *b*! Innerhalb der Funktion ist a sozusagen nur ein Synonym für *b*.

Doch weiter: Nun wird unserem Funktionsergebnis der Wert 2 ∗ 7 zugewiesen, der nach Ende der Funktion in *a* landet – dem externen *a* wohlgemerkt.

Das heißt, nach Ausführung der Zeile *a := malZwei(b)* hat *a* immer den Wert 14 und *b* den Wert 7 – egal was wir in der Zeile davor an b für einen Wert übergeben haben!

Wir wissen nun bereits, dass wir einen Parameter entweder so übergeben können, dass er innerhalb der Prozedur nicht geändert werden kann, oder so, dass eine »externe« Variable aus der Prozedur heraus geändert werden kann. Wie sieht es denn nun mit der Übergabe mehrerer Parameter aus?

Ganz einfach: Eine Funktion kann mehrere Parameter verschiedenen Typs als Argumente haben. Dabei können auch die »Call-By-Value«- und »Call-By-Reference«-Parameter bunt gemischt werden.

Als Beispiel sehen wir uns hier einmal eine Funktion an, die

- zwei Realargumente als Eingabe erhält,
- diese beiden miteinander multipliziert,
- das Ergebnis als Realwert zurückgibt,
- überprüft, ob das Ergebnis in ein Byte passen würde, und das Resultat in einer Variablen *ok_fuer_byte* zurückgibt.

Mit dieser Funktion kombinieren wir so ziemlich alles, was wir bisher über Funktionen kennen gelernt haben. Und so sieht sie aus:

```
function mult(wert1, wert2: Real; var ok_fuer_byte:
              Boolean): Byte;
begin
  mult := wert1 * wert2;
  ok_fuer_byte := (mult >= 0) and (mult < 256);
end;
```

Zuerst werden also unsere beiden Werte übergeben, die wir multiplizieren möchten. Da sie beide denselben Typ haben, trennen wir sie einfach durch ein Komma und geben dann den gemeinsamen Typ, nämlich Real, an.

Als Nächstes deklarieren wir die Variable *ok_fuer_byte*. Sie muss in der Funktion verändert werden, ist also ein »Call-By-Reference«-Parameter. Daher beginnt ihre Deklaration mit *var*. Sie soll einen logischen Wert aufnehmen, nämlich »Wert passt in ein Byte« oder »Wert passt nicht«. Also deklarieren wir einen Boolean-Typ.

MERKSATZ

In der Parameterliste trennt man mehrere Variablen gleichen Typs durch ein Komma.

Unterschiedliche Typdeklarationen in der Parameterliste werden durch Semikolon getrennt.

Innerhalb unserer Funktion errechnen wir mit der ersten Anweisung das Funktionsergebnis.

Noch ist die Funktion aber nicht zu Ende – wir müssen noch prüfen, ob der Wert größer als 0, aber kleiner als 256 ist. Denn nur solche Werte kann ein Byte aufnehmen. Also vergleichen wir das Funktionsergebnis einfach mit diesen beiden Werten. Wir wissen, der logische Ausdruck *(mult >= 0) and (mult < 256)* liefert *True*, wenn *Mult* innerhalb dieses Wertebereichs liegt, ansonsten *False*. Wir können dieses Ergebnis also direkt der booleschen Variable *ok_fuer_byte* zuweisen.

MERKSATZ

Ein »normal« übergebener Parameter wird auch Wertparameter, ein mit var übergebener Parameter Variablenparameter genannt.

9.4 Verschachtelte Funktionsaufrufe

Wir können Ausdrücke als Funktionsparameter übergeben, vorausgesetzt, die Funktionsparameter sind als »Call-By-Value« definiert. Wir wissen, dass Funktionen auch Teile von Ausdrücken sein können bzw. dass eine einzelne Funktion einen Ausdruck ersetzen kann (denken Sie nur an die Zuweisungen: Statt *a := 2 * 3;* konnten wir auch unsere Funktion einsetzen: *a := malZwei(3);*).

Logische Schlussfolgerung: Wir können eine Funktion als Funktionsparameter übergeben (genauer gesagt: das Funktionsergebnis), ohne es erst in einer Variable zwischenspeichern zu müssen.

Dies kann uns helfen, Variablen zu sparen und eine Kette von Anweisungen übersichtlicher zu schreiben.

Erinnern Sie sich noch an unser Beispiel vom Kapitelanfang? Um unsere Funktion *malZwei* zu testen, modifizierten wir die Ereignisbehandlungsroutine des Buttons wie folgt:

```
procedure TForm1.Button1Click(Sender: TObject);
var a, b: Integer;
begin
  a := StrToInt(Edit1.Text);
  b := malZwei(a);
  Label1.Caption := IntToStr(b);
end;
```

Wenn man die drei Anweisungen genauer betrachtet, so sieht man Folgendes:

- Das Ergebnis der *StrToInt*-Funktion wird *a* zugewiesen.
- A wird an die Funktion *malZwei* übergeben.
- Das Ergebnis von *malZwei* wird der Variable *b* zugewiesen.
- Die Variable *b*, mithin das Ergebnis von *malZwei*, wird als Argument an die Funktion *IntToStr* übergeben.

Wir haben also das Ergebnis jeweils in einer Variable zwischengespeichert. Da wir nun wissen, dass die *malZwei*-Funktion auch direkt das Ergebnis der *StrToInt*-Funktion erhalten könnte, könnten wir die beiden Funktionen auch so umformulieren:

```
procedure TForm1.Button1Click(Sender: TObject);
var a,b: Integer;
begin
  b := malZwei(StrToInt(Edit1.Text));
  Label1.Caption := IntToStr(b);
end;
```

Doch damit nicht genug: Auch die beiden noch verbleibenden Funktionsaufrufe können wir zusammenfassen! Und damit brauchen wir auch die beiden Variablen *a* und *b* nicht mehr, so dass unsere Funktion folgendermaßen aussieht:

```
procedure TForm1.Button1Click(Sender: TObject);
begin
  Label1.Caption := IntToStr(malZwei(StrToInt(Edit1.Text)));
end;
```

HINWEIS

An jeder Stelle, an der man in einer Parameterliste einen Ausdruck übergeben kann, an der also ein »Call-By-Value«-Parameter steht, kann man auch eine Funktion einsetzen.

9.5 Was ist eine Prozedur?

Eine Frage, die sich sehr leicht beantworten lässt, denn: Eine Prozedur ist eine Funktion ohne Funktionsergebnis!

Eine Prozedur wird deklariert wie eine Funktion, aber wir können ihr keinen Rückgabetyp, also keinen Typ für das Funktionsergebnis zuweisen. Auch können wir den Prozedurnamen innerhalb der Prozedur nicht als Variablennamen nutzen, wie dies in einer Funktion für den Rückgabewert möglich ist.

Eine Prozedur kann aber genauso wie eine Funktion Parameter haben. Tatsächlich sind auch hier alle Möglichkeiten der Parameterübergabe, die wir bisher kennen gelernt haben, anwendbar.

Wozu dann Prozeduren? Mit *Funktionen* fasst man in erster Linie eine Reihe von Anweisungen zusammen, mit denen man einen bestimmten Wert, den Funktionswert eben, ermittelt. Sehr oft ist es jedoch *an sich* praktisch, eine Gruppe von Anweisungen zusammenzufassen.

Denn komplexere Teilaufgaben, die man nur mit einer ganzen Gruppe von Anweisungen bewältigen kann, können durchaus sehr oft in einem Programm gebraucht werden. Dann wäre es sehr mühsam und uneffizient, jedes Mal alle Anweisungen per Hand an die entsprechende Stelle zu kopieren. Zudem würde das Programm dadurch sehr unübersichtlich.

Hier würde es sich anbieten, alle Anweisungen, die für die Teilaufgabe benötigt werden, in einer Funktion zusammenzufassen. Dann möchte man nur noch die Funktion an der gewünschten Stelle aufrufen. So weit, so gut. In diesem Fall interessiert uns aber das Funktionsergebnis gar nicht. Darum gibt es Prozeduren.

Alles, was über Parameterübergabe, Aufrufe und so weiter über Funktionen gesagt wurde, gilt auch für Prozeduren. Mit einer Ausnahme: Prozeduren liefern kein Ergebnis zurück – daher gibt es keine lokale »Pseudovariable« mit ihrem Namen, der ein Resultat zugewiesen werden kann, und sie kann daher auch nicht als Teil eines Ausdrucks verwendet werden.

MERKSATZ

Um eine Prozedur zu vereinbaren, wird das Schlüsselwort function *durch* procedure *ersetzt. Um eine Prozedur aufzurufen, wird ihr Bezeichner angegeben.*

In diesem Beispiel werden eine Prozedur *test* und eine zweite Prozedur *Aufruf* deklariert. Die zweite Prozedur ruft die erste Prozedur auf.

```
procedure Test;
var i: Integer;
begin
  i := 3;
  (* weitere Anweisungen *)
end;

procedure Aufruf;
begin
  (* beliebige Anweisungen *)
  Test;   (* Anweisungen in »Test« durchführen *)
  (* andere Anweisungen*)
end;
```

Folgende Vorteile bietet der Einsatz von Prozeduren:

- Das Programm wird lesbarer, da die zusammengehörenden Anweisungen unter einem sinnvollen Namen zusammengefasst werden.
- Das Programm wird kompakter, falls die Anweisungsfolge in der Prozedur mehrmals benötigt wird.
- Falls ein Fehler in der Anweisungsfolge gefunden wird, muss er nur an einer Stelle korrigiert werden.

HINWEIS

Wenn ich von *Routinen* spreche, so ist damit eine Reihe von Anweisungen gemeint – also normalerweise eine Funktion oder Prozedur.

Prozeduren können nicht Teil eines Ausdrucks wie *a* + *3* sein. In einem solchen Ausdruck könnte *a* eine Variable oder Funktion, nicht aber eine Prozedur sein. Denn eine Prozedur liefert kein Funktionsergebnis, welches sich in einem Ausdruck verwenden lässt.

9.6 Lokale Variablen und Konstanten

Innerhalb von Prozeduren und Funktionen können wir so genannte *lokale* Variablen deklarieren. Diese Variablen gelten nur innerhalb der jeweiligen Prozedur und Funktion – und sie gelten auch nur so lange, wie die Prozedur/ Funktion nicht verlassen wird! Wird die Prozedur/Funktion erneut »betreten«, so ist ein Wert, der bei einem vorherigen Aufruf zugewiesen wurde, nicht mehr zwangsläufig erhalten.

In unseren Beispielen haben wir bereits lokale Variablen benutzt: nämlich das Funktionsergebnis und die Pseudo-Variablen, die durch die Argumente entstanden sind. Aber dies sind »künstliche« Variablen, die der Compiler für uns erzeugt hat. Wir können jedoch Variablen innerhalb einer Prozedur/ Funktion selbst definieren.

Um lokale Variablen zu definieren, fügen wir ihre Definition zwischen der Prozedur-Deklaration (da ich faul bin, rede ich im Folgenden nur von Prozeduren – das Gleiche gilt aber für Funktionen) und dem *begin*, das den Anweisungsblock einleitet, ein.

Hier ein Beispiel für eine Prozedur, die zwar nichts Sinnvolles tut (denn der errechnete Wert wird nirgendwo verwendet und ist nach Prozedurende nicht mehr verfügbar), die aber demonstriert, wie man mehrere lokale Variablen deklariert:

```
procedure test;
var
  a,b,c: Integer;
  realVar: Real;
  s: String;
begin
  a := 0; b := 2; c := 3;
  realVar := 3.75;
  s := 'Dies ist ein Test';
end;
```

Wir könnten nun in unserem *Programm* problemlos eine Variable *s* vom Typ – sagen wir – Byte definieren. Beide Variablen würden sich nicht in die Quere kommen, denn die *String*-Variable *s* erreicht man nur innerhalb der Prozedur, die Byte-Variable *s* nur außerhalb.

Genauso, wie wir Variablen lokal vereinbaren können, können wir auch lokale Konstanten festlegen. In diesem Beispiel definieren wir eine Funktion, die den übergebenen Parameter mit einem konstant deklarierten Wert *mult* multipliziert und das Ergebnis zurückgibt:

```
function multipliziere(var r: Real): Real;
const mult = 10;
begin
  multipliziere := mult * r;
end;
```

Variablen oder Konstanten, die lokal in einer Prozedur/Funktion deklariert wurden, sind »von außen« nicht sichtbar.

HINWEIS

MERKSATZ

Lokale Variablen oder Konstanten können denselben Namen haben wie eine »externe« Variable – innerhalb der Prozedur/Funktion wird die lokale, extern die globale Variable angesprochen.

9.7 Lokale Prozeduren und Funktionen

Wie wir wissen, können Variablen und Konstanten lokal vereinbart werden. Wir können es jedoch noch weiter treiben: Auch Funktionen und Prozeduren können lokal, also innerhalb einer anderen Funktion/Prozedur, deklariert werden!

Das heißt, zwischen der Funktions-/Prozedurdeklaration und dem Funktionsbzw. Prozedurrumpf können wir weitere Funktionen und Prozeduren definieren, die dann nur innerhalb der übergeordneten Funktion/Prozedur gelten.

Wichtig ist, dass alle Funktions- und Prozedurdeklarationen hinter allen Variablen- und Konstantendeklarationen stehen müssen.

Betrachten wir hierzu das folgende Beispiel:

```
function test1(i: Integer): Integer;
  function test2(i: Integer): Integer;
  begin
    test2 := i * 10;
  end;
begin
  test1 := test2(i) * 10;
end;
```

In diesem Beispiel ist *Test2* eine lokale Funktion der Funktion *Test1*. Es ist »von außen« nicht möglich, auf diese Funktion zuzugreifen, nur zwischen dem *begin...end* von *Test1* kann die Funktion verwendet werden. *Test1* ruft also *Test2* auf, wobei sie das Argument *i* übergibt. *Test2* multipliziert das Ergebnis mit 10 und gibt es als Funktionsresultat zurück. *Test1* multipliziert das Ergebnis von *Test2* nun wiederum mit 10 und gibt es zurück – letztendlich multipliziert *Test1* das Argument also mit 100.

Inwieweit man einen solchen Formalismus nutzt, bleibt jedem selbst überlassen. Tatsächlich wird so etwas in der Praxis eher selten benutzt. Aber möglich ist es und das sollte man im Hinterkopf behalten; wer weiß, vielleicht braucht man es ja mal ...

Interessant bei diesem Beispiel ist die Verwendung der Variablen *i*. Obwohl zweimal derselbe Name verwendet wurde, gibt es keine Beschwerde vom Compiler. Noch interessanter wird es bei folgendem Beispiel:

```
function test1(i: Integer): Integer;
  function test2(i: Integer): Integer;
  begin
    test2 := i * 10;
  end;
begin
  test1 := test2(i) * 10;
end;

function test2(i: Integer): Integer;
begin
  test2 := i * 3;
end;

procedure TForm1.Button1Click(Sender: TObject);
begin
  ShowMessage(IntToStr(test2(5)));
end;
```

Wir haben das erste Beispiel nun erweitert, indem eine zweite *Test2*-Funktion definiert wurde und aus der *Button1Click*-Ereignisroutine eine Funktion *Test2* aufgerufen wird. Obwohl nun sogar zwei *Test2*-Funktionen vorhanden sind, gibt es wiederum keinerlei Beschwerde vom Compiler. Woran liegt das, und welche der beiden *Test2*-Funktionen wird denn nun aus *Button1Cick* aufgerufen?

Die Antwort: Die *Test2*-Funktion in *Test1* ist lokal, sie ist nur innerhalb von *Test1* sichtbar. Deshalb ruft *Button1Click* auch die zweite *Test2*-Routine auf, die erste bekommt sie gar nicht »zu sehen«. Das ist auch der Grund, warum der Compiler sich nicht beschwert, dass die Routine doppelt definiert wurde.

9.8 Anweisungsblöcke und Sichtbarkeit

Das Beispiel der verschachtelten Funktion hat gezeigt, dass es offensichtlich verschiedene Stufen der »Sichtbarkeit« eines Bezeichners gibt. Der einfachste Fall, wo dies deutlich wird, sind die Argumente einer Funktion oder Prozedur:

```
procedure test1(a: Integer);
begin
  ...
end;

procedure test2(b: Integer);
begin
   ...
end;
```

Bei diesen beiden Prozeduren ist es fast schon trivial, darauf hinzuweisen, dass das Argument *a* nur zwischen dem *begin...end* von *Test1*, das Argument *b* nur innerhalb von *Test2* verwendet werden kann. Die Argumente sind nur dort »sichtbar«, innerhalb von *Test1* scheint *b* gar nicht zu existieren. Schreibt man *Test1* nun so um ...

```
procedure test1(a: Integer);
var b: Integer;
begin
  ...
end;
```

so ist *b* auch innerhalb von *Test1* definiert – nur ist mit dem *b* in *Test1* eine völlig andere Variable gemeint als mit *b* in *Test2*. Beide haben nicht das Geringste miteinander zu tun und eine Veränderung der einen beeinflusst die andere in keiner Weise.

Doch dieser Effekt ist nicht nur auf Variablen beschränkt: Auch Funktionen und Prozeduren sind nicht immer sichtbar, wie wir im Beispiel der verschachtelten Routinen gesehen haben (hier noch einmal gekürzt):

```
function test1(i: Integer): Integer;
  function test2(i: Integer): Integer;   begin ... end;
begin .. end;

function test2(i: Integer): Integer; begin .. end;
```

Obwohl *Test2* zweimal vorhanden ist, ist die erste Funktion dieses Namens nur *innerhalb* von *Test1* sichtbar. Das bedeutet aber auch, dass ein Bezug auf *Test2* innerhalb von *Test1* sich auf die »innerste« Funktion bezieht – das zweite *Test2* lässt sich aus *Test1* heraus nicht mehr aufrufen!

Ein ähnliches Beispiel lässt sich mit Variablen konstruieren:

```
var a: Integer; (* global, das heißt am Programm- oder
                   Unit-Anfang definiert  *)

procedure test;
var a, b: Integer;
begin
  b := a * 4;
  ...
end;
```

Es ist nun nicht mehr schwierig, zu erraten, welches *a* bei der Anweisung *b := a ∗ 4* gemeint ist – nämlich die lokal definierte Variable.

Wie bringt man nun ein System in diese Sichtbarkeitsregeln? Stellen Sie sich dazu vor, dass jedes Object-Pascal-Programm verschachtelt aufgebaut ist. Der äußere Block ist das Programm selbst. Dieses ist wiederum in Units aufgeteilt. In jeder Unit können Prozeduren oder Funktionen stehen, die wiederum Blöcke bilden. Innerhalb dieser Routinen können Anweisungsblöcke stehen – also mehrere zusammengefasste Anweisungen (zum Beispiel bei IF). So kann man sich das bildlich vorstellen:

Abb. 9.2: Verschachtelte Blöcke

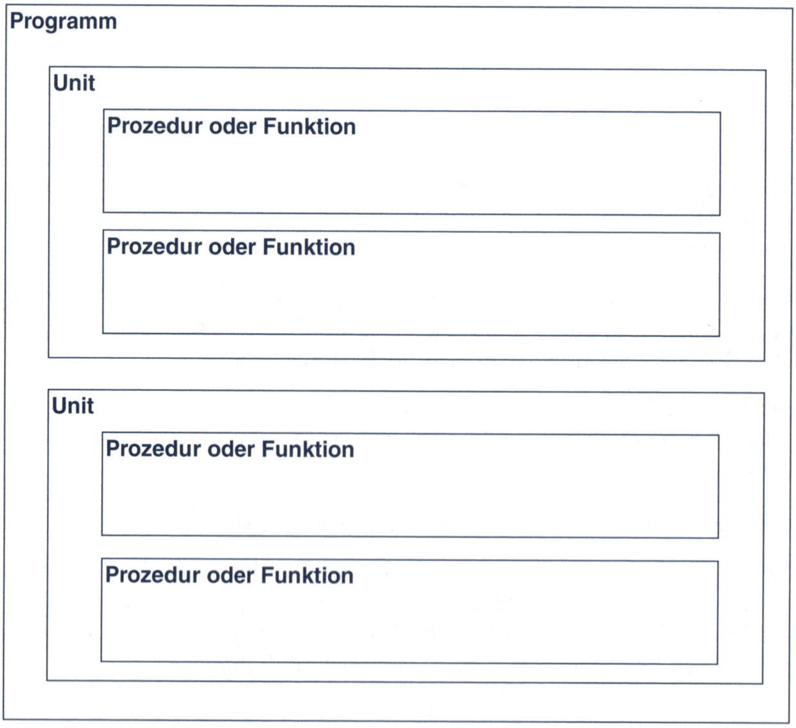

Ein Bezeichner, der in einem Block definiert wurde, ist in diesem Block und in allen Blöcken, die in diesem Block enthalten sind, sichtbar.

Das würde aber doch bedeuten, dass eine global definierte Variable – zum Beispiel in einer Unit – auch aus den Funktionen heraus angesprochen werden könnte? Dass also so etwas wie

```
...
var
  Form1: TForm1;
  GlobaleVariable: Integer;

implementation

{$R *.DFM}

procedure test;
begin
  GlobaleVariable := 1;
end;
...
```

möglich wäre? Dies ist auch tatsächlich der Fall. Was wäre denn dann, wenn die Prozedur *Test* eine Variable namens »GlobaleVariable« definieren würde? In diesem Fall wäre diese *lokale* Variable innerhalb der Prozedur *Test* gültig. Innerhalb von *Test* würde sich jeder Zugriff auf diesen Bezeichner auf die *lokale*, nicht etwa auf die »außerhalb« definierte Variable beziehen.

Wenn in einem inneren Block ein Bezeichner (Variablen, Prozeduren ...) gleichen Namens definiert wird, so ersetzt dieser innerhalb dieses Blocks den Zugriff auf weiter »außen« definierte Bezeichner. Auf der gleichen Ebene liegende Blöcke werden nicht beeinflusst.

9.9 Die formale Deklaration von Prozeduren und Funktionen

Lassen Sie uns nun noch einmal zusammenfassen, wie Prozeduren und Funktionen formal auszusehen haben.

Zuerst die Prozedur: Alles, was kursiv gedruckt ist, ist optional, d.h., es kann auch weggelassen werden.

```
procedure name (formale Parameterliste) ;
Variablendeklaration(en)
Konstantendeklaration(en)
Prozedurdeklaration(en)
Funktionsdeklaration(en)
begin
  anweisung(en);
end;
```

Der Aufbau der formalen Parameterliste ist dabei wie folgt:

- *Variablendeklaration(en)*
- *Konstantendeklaration(en)*
- *Parameter-Variablendeklaration(en)*

Analog verläuft der Aufbau einer Funktion:

```
function name (formale Parameterliste) : Typ ;
Variablendeklaration(en)
Konstantendeklaration(en)
Prozedurdeklaration(en)
Funktionsdeklaration(en)
begin
  anweisung(en);
end;
```

9.10 Konstante, offene und untypisierte Parameter

Neben den beiden wichtigsten Parametertypen, die wir bereits kennen, sind in Object-Pascal noch drei weitere Arten, Werte an eine Prozedur oder eine Funktion zu übergeben, möglich.

Zum einen sind dies *konstante Parameter*. Im Grunde sind sie dasselbe wie unsere »Call-By-Value«-Parameter, also diejenige Parameterübergabe, bei der externe Variablen nicht geändert werden können. Aus zwei Gründen kann es sein, dass man mit dieser Art der Werteübergabe nicht ganz glücklich ist: Zum einen kann man die lokalen »Pseudovariablen« ändern und um Fehler zu vermeiden, wäre es manchmal sinnvoll, dies zu unterbinden. Zum anderen wird für jeden Parameter aus der Parameterliste der Prozedur bzw. Funktion eine lokale Variable angelegt – sonst wäre es ja gar nicht möglich, diese zu verändern. Und das kostet! Nämlich Speicher!

Um also beide Fliegen sozusagen mit einem Schlag zu erwischen, deklariert man die Parameter als konstant: Dann wird keine lokale Kopie angelegt, ergo kein Speicher verschenkt, und der Sicherheit willen wird eine Änderung der externen Variablen unterbunden.

Konstante Parameter werden definiert, indem man dem Parameter das Wort *Const* voranstellt:

```
procedure test(const a: Integer);
begin
  a := 4;  (* diese Zeile wird der Compiler nicht übersetzen *)
end;
```

Die als konstant deklarierten Parameter werden innerhalb der Routine wie Konstanten behandelt – eine Zuweisung von Werten an sie ist daher nicht möglich. Übrigens: Es ist schon deshalb sinnvoll, Parameter als *const* zu deklarieren, wenn deren Wert nicht verändert werden muss, weil der Compiler dann in manchen Fällen effektiveren Code generieren kann.

Eine weitere Möglichkeit, Parameter an eine Funktion oder Prozedur zu übergeben, ist es, sich gar nicht auf den Parametertyp festzulegen. Dazu lässt man – keine große Überraschung – einfach den Typ weg. Allerdings muss man den untypisierten Parameter mit *var* oder mit *const* einleiten – einfach nur einen Bezeichner anzugeben, das ist dann doch zu wenig. Wenn man den Typ nicht angibt – woher weiß der Compiler dann, welche Zuweisungen und Operationen damit erlaubt sind? Er weiß es nicht – der Parameter ist untypisiert und man kann daher keinerlei Operationen oder Zuweisungen mit ihm durchführen, es sei denn ... man sagt dem Compiler durch eine explizite Typumwandlung (siehe 105), wie er den Parameter behandeln soll:

```
procedure test(var a);  (* für a ist wird kein Typ angegeben *)
begin
  integer(a) := 4;      (* Zugriff auf a nur mit Typumwandlung
                           möglich *)
end;
```

Die untypisierte Übergabe von Parametern bietet auf der einen Seite eine höhere Flexibilität, da eine Variable beliebigen Typs übergeben werden kann, auf der anderen Seite setzt sie die Typüberprüfung, eine der großen Stärken von Object-Pascal, außer Kraft.

Die dritte Möglichkeit zur Parameterübergabe betrifft einen speziellen Datentyp, die Arrays, die wir in einem der nächsten Kapitel kennen lernen werden. Daher werden wir uns um diese letzte Übergabemöglichkeit in dem entsprechenden Kapitel kümmern.

HINWEIS

Zusammenfassend: Parameter können als Wert-Parameter, als variabler Parameter, aber auch konstant oder untypisiert übergeben werden. So genannte »Arrays« können auch »offen« übergeben werden.

9.11 Default-Parameter

ACHTUNG

Erst ab Delphi 4.0!

Mit Delphi 4.0 wurde Object-Pascal um eine weitere Möglichkeit erweitert, Werte an Funktionen und Prozeduren zu übergeben: die so genannten Default-Parameter. Der Anglizist wird es schon ahnen: Dabei geht es darum, Werte durch Standardwerte zu ersetzen – daher die Bezeichnung »Default«.

Ein kleines Beispiel soll den Sinn dieser Spracherweiterung illustrieren: Angenommen, Sie haben eine Prozedur mit dem Namen »Minus« definiert. Die Aufgabe dieser Prozedur soll es sein, eine Variable (die als erster Wert übergeben wird) um den zweiten Wert zu vermindern.

Da aus dem Inneren der Prozedur der Wert einer Variable verändert werden soll, muss diese per *Call-By-Reference* (erinnern Sie sich? – siehe vorheriges Kapitel) übergeben werden, so dass die gesamte Prozedur zum Beispiel so definiert werden könnte:

```
procedure minus(var variable: Integer; const wert: Integer);
begin
  variable := variable - wert;
end;
```

Diese Prozedur vermindert die an erster Stelle übergebene Variable um den Wert, der an zweiter Stelle übergeben wird (da der erste Wert als Variablenparameter definiert wurde, kann man auch nur eine Variable, nicht etwa einen konstanten Wert übergeben). So weit ist das alles noch nichts Neues.

Wenn Sie die Funktion *Minus(variable, 1)* sehr oft so verwenden, könnte man auf die Idee kommen, sich die Schreibarbeit zu sparen – wäre es nicht schön, wenn die Funktion einfach einen festen (»default«-)Wert verwendet, wenn man das zweite Argument nicht angibt? Genau darum geht es. Ab Delphi 4.0 ist es nun möglich, diesen Wert in der Funktionsdeklaration anzugeben:

```
procedure minus(var variable: Integer; const wert: Integer = 1);
begin
  variable := variable - wert;
end;
```

Es ist nun möglich, die obige Prozedur auch ohne Angabe des zweiten Werts aufzurufen:

```
Minus(a);
```

Es ist nun also auch ohne Fehlermeldung des Compilers möglich, was völlig gleichbedeutend mit »Minus(a, 1);« ist.

Default-Parameter werden definiert, indem hinter dem Typ in der Funktionsdeklaration ein Gleichheitszeichen »=« und ein konstanter Ausdruck, der dem Typ des definierten Parameters entspricht, angegeben wird. Wenn der Default-Parameter beim Prozedur- bzw. Funktionsaufruf nicht angegeben wird, so wird für die entsprechende »Pseudo-Variable« der Wert des angegebenen konstanten Ausdrucks eingesetzt.

In einer Funktionsdeklaration können beliebig viele Default-Parameter verwendet werden. Wenn eine Prozedur bzw. Funktion ausschließlich Default-Parameter besitzt, können außer den Parametern auch die umschließenden Klammern weggelassen werden. Die beiden folgenden Anweisungen sind also gleichbedeutend:

```
Prozedurname();
Prozedurname;
```

Default-Parameter müssen am Ende der Parameterliste (hinter allen anderen Parametern) stehen. Eine Deklaration wie

```
procedure minus(const wert: Integer = 1; var variable: Integer);
```

ist also nicht zulässig.

Und noch eine weitere Bedingung für den Einsatz von Default-Parametern ist zu berücksichtigen: Ein solches Prozedur- bzw. Funktionsargument muss als *CONST* oder *Call-By-Value* definiert sein. Es ist also nicht möglich, einer Variablen außerhalb der Funktion einen Default-Wert zuzuweisen.

9.12 Vordefinierte Prozeduren und Funktionen

Einige Funktionen in unseren bisherigen Beispielen haben wir einfach mal so verwendet – ohne sie je deklariert zu haben!

Nämlich: *FloatToStr, IntToStr, Trunc*. Wo kommen die denn her? Nun, Delphi bietet uns eine geradezu erschlagende Anzahl von bereits vordefinierten Funktionen und Prozeduren!

Der Vorteil: Wir verfügen von Anfang an über einen umfangreichen Werkzeugkasten, aus dem wir uns bedienen können, ohne wissen zu müssen, wie diese Routinen im Einzelnen intern aussehen.

Im folgenden Kapitel werden wir uns eine Auswahl von interessanten, bereits vordefinierten Prozeduren und Funktionen näher ansehen.

9.13 Überladen von Prozeduren und Funktionen

Erst ab Delphi 4.0!

Dies ist wohl einer der Erweiterungswünsche, die Entwickler seit der ersten Delphi-Version am meisten hegten. Ab Delphi 4.0 ist es nun möglich, Funktionen und Prozeduren zu »überladen«. Damit ist schlicht und einfach gemeint, dass es mehrere Funktionen/Prozeduren mit dem gleichen Namen gibt, die sich nur in ihrer Parameterliste unterscheiden.

Betrachten Sie dazu folgendes Beispiel:

```
function halb(a: Integer): Integer; overload;
(* Diese Funktion liefert die Hälfte des Zahlenwertes *)
begin
  halb := a div 2;
end;

function halb(s: String): String; overload;
(* Diese Funktion liefert die Hälfte des Textes *)
begin
  halb := Copy(s,1,Length(s) div 2);
end;
```

Nun ist folgende Verwendung der beiden Funktionen möglich:

```
...
var a: Integer;
    s: String;
begin
  a := halb(10);
  s := halb('Dies ist ein Test');
...
```

Nach Ausführung der Anweisungen hat die Variable »a« den Wert »5«, die Variable »s« hat den Wert »Dies ist«. Die beiden Funktionen unterscheiden sich lediglich im Typ ihrer Argumente (und dem Typ ihres Rückgabewertes), nicht in ihrem Namen. Der Compiler entscheidet darüber, welche Funktion aufzurufen ist, anhand des Typs der Parameter. Überladene Funktionen/ Prozeduren dürfen sich sogar in der Anzahl ihrer Parameter unterscheiden.

Eigentlich ist das nichts Neues: So kann man schon ab der ersten Delphi-Version den Plusoperator sowohl für Integer und Fließkommazahlen als auch für Strings benutzen. Nur war es dem Delphi-Programmierer bisher nicht möglich, dieses Prinzip selbst zu implementieren.

Damit eine Funktion oder Prozedur »überladen« werden kann, muss jede der Funktionen/Prozeduren mit dem Schlüsselwort Overload *gekennzeichnet sein. Überladene Routinen müssen unterschiedliche Parameterlisten haben, d.h., die Anzahl und/oder der Typ der Argumente müssen unterschiedlich sein.*

Im Abschnitt »Default-Parameter« haben wir Default-Parameter besprochen. Vermeiden Sie doppeldeutige Deklarationen wie im folgenden Beispiel:

```
...
Procedure a(wert: Integer); overload;
...
Procedure a(wert: Integer; wert2: Integer = 0); overload;
...
```

Da bei der zweiten Prozedur der Default-Parameter weggelassen werden kann, kann bei einem Aufruf der Art

```
a(10);
```

nicht entschieden werden, welche der beiden Prozeduren aufgerufen werden soll. Aus diesem Grund erhalten Sie bei solchen Deklarationen einen Compilerfehler.

Übrigens: Ab Delphi 2006 ist es in bestimmten Fällen auch möglich, Operatoren zu »überladen«. Mehr dazu in Kapitel 25.

9.14 Der Aufbau eines Programms unter Berücksichtigung von Prozeduren und Funktionen

Auf 31 hatten wir bereits schematisch den grundsätzlichen Aufbau eines Programms zusammengefasst:

```
Program Name ;
Uses unit1, unit2, ..., Unitx ;
      Begin
            Anweisung(en)
      End.
```

Nun orientierte sich diese Darstellung allerdings an unserem Kenntnisstand einige Kapitel vorher.

Ergänzen wir diese Darstellung nun um Variablen, Konstanten, Prozedur- *und* Funktionsdeklarationen:

```
Program Name ;
Uses unit1, unit2, ..., Unitx ;

Konstantendeklaration(en);
Variablendeklaration(en);
Prozedurdeklaration(en);
Funktionsdeklarationen(en);

Begin
      Anweisung(en);
End.
```

9.15 Ereignisroutinen

Ereignisroutinen sind die Routinen, deren Gerüst der Objektinspektor in den Quelltext einfügt, wenn wir auf ein leeres Feld in der »Ereignisseite« des Objektinspektors klicken – zum Beispiel für das *OnClick*-Ereignis einer Komponente.

Die Ereignisroutinen der Komponenten sehen aus wie Prozeduren und sie werden sogar mit dem Wort *»Procedure«* definiert. Wir werden in einem späteren Kapitel noch sehen, dass es bei ihnen gewisse Feinheiten zu beachten gibt. Zuerst genügt es, zu wissen, dass man sie wie Prozeduren behandeln kann und dass sie von der Komponente selbst aufgerufen werden, wenn das entsprechende Ereignis eintritt! Es ist also normalerweise nicht notwendig, eine Ereignisroutine selbst aufzurufen. Auch sollte man die Argumente einer Ereignisroutine nicht verändern.

Es ist aber problemlos möglich, in einer Ereignisroutine lokale Variablen zu definieren und zu verwenden!

9.16 Rekursionen

Wie wir wissen, können andere Bestandteile des Programms (insbesondere andere Funktionen und Prozeduren) eine Funktion oder Prozedur mittels ihres Namens »aufrufen«, das heißt die darin stehenden Anweisungen durchführen.

Man würde vermuten, dass es einen Compilerfehler produzieren würde, wenn eine Funktion sich selbst aufruft – also etwas in der Art wie

```
procedure test;
begin
  test;
end;
```

Schließlich ist die Funktion ja noch gar nicht »zu Ende definiert«. Doch das ist nicht der Fall! Die Definition der Routinen muss noch nicht beendet sein, es ist tatsächlich möglich, dass eine Routine sich »selbst« aufruft. Auch das gerade angegebene Beispiel würde problemlos übersetzt werden – nur wäre es nicht allzu gesund, die Routine tatsächlich aufzurufen. Warum?

Stellen wir uns vor, *test* wird das erste Mal aufgerufen. Das einzige, was *test* tut, ist, wiederum *test* aufzurufen. Und dieses ruft *test* auf. Und ... das kann man endlos fortsetzen – und genau das ist das Problem: Tatsächlich ist dies eine endlose Folge von Prozeduraufrufen. Rein theoretisch würde der Computer bis in alle Ewigkeit damit beschäftigt sein, *test* aufzurufen – tatsächlich wird das Programm abstürzen. Denn für jeden Funktionsaufruf muss das Programm sich merken, wohin die Routine zurückkehren soll, wenn sie fertig ist. Für jeden Funktionsaufruf wird also ein wenig Speicher benötigt und den brauchen wir mit der oben angegebenen Konstruktion in Windeseile auf – ganz abgesehen davon, dass der Computer, ähnlich wie bei einer Endlosschleife, nur noch mit dem Aufrufen von *test* beschäftigt ist.

Wenn sich eine Routine »selbst« aufruft, so nennt man dies einen *rekursiven Aufruf* oder einfach eine *Rekursion*. Rekursionen sind etwas, das man in der täglichen Programmierpraxis selten benötigt – trotzdem können sie manchmal hilfreich sein, um bestimmte Probleme elegant zu lösen. Dies setzt natürlich voraus, dass sie nicht so unkontrolliert ablaufen wie unser erstes Beispiel.

Ein geeignetes Mittel dazu, die Rekursion zu kontrollieren, ist die Parameterübergabe an die jeweilige Routine. Betrachten wir folgende Prozedur:

```
procedure test(i: Integer);
begin
  inc(i);
  if i < 3 then test(i);
  ShowMessage(IntToStr(i));
end;
```

HINWEIS

> Mit *inc(i)* wird der Inhalt der angegebenen Variable (hier *i*) um 1 erhöht. Diese Anweisung hat also dieselbe Auswirkung wie *i := i + 1*. Mehr zu *inc* später.

Was passiert bei einem Aufruf einer solchen rekursiven Prozedur mit *test(0)*?

Test erhält 0 als Parameter und erhöht diesen Wert um 1. *I* hat nun den Wert 1, ist also kleiner als 3 – also wird *test* mit dem Wert 1 aufgerufen. Erneut findet derselbe Prozess statt, der nächste Aufruf lautet *test(2)*. Innerhalb dieses Aufrufs ist die Bedingung *i < 3* nun nicht mehr erfüllt – erst jetzt wird zum ersten Mal die Funktion *ShowMessage* ausgeführt. Der Wert »3« wird angezeigt. Die Routine, die mit *test(2)* aufgerufen wurde, ist nun beendet. Die Programmausführung wird nun an der Stelle nach diesem Aufruf fortgesetzt – also nach der Bedingung in der Routine –, die mit *test(1)* aufgerufen wurde. Also wird der Wert »2« angezeigt. Auch nun wiederholt sich der Prozess noch einmal – die Programmausführung wird in der allerersten Routine, die mit *test(0)* (anfangs) aufgerufen wurde, fortgesetzt, und zwar nach dem rekursiven Aufruf von *test* – der Wert 1 wird angezeigt.

Etwas verwirrend ist vielleicht die Verwendung des Parameters *i*. Erinnern wir uns: Von einem *nicht* mir *var* übergebenen Parameter wird eine lokale Variable angelegt, die verändert werden kann, aber nur innerhalb der Routine gültig ist. In diesem Fall wurde diese Variable dreimal angelegt – und immer wieder verworfen, wenn die Routine verlassen wurde. So kann man sich den Programmablauf im obigen Beispiel bildlich vorstellen:

Abb. 9.3: Rekursion

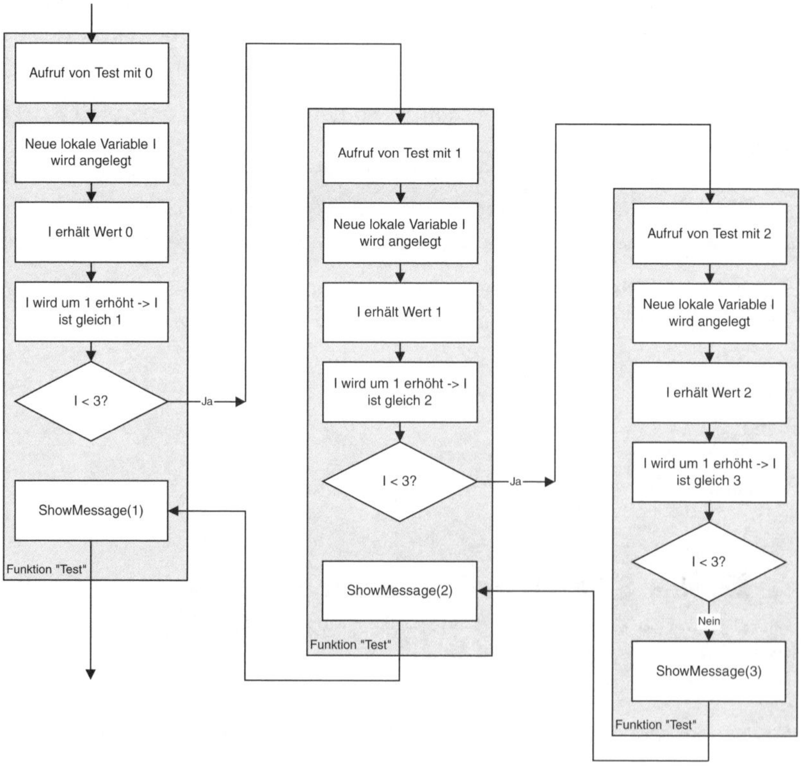

Was passiert, wenn eine Routine lokale Variablen besitzt? Genau betrachtet haben wir das schon gesehen, denn von den Parametern werden lokale Variablen angelegt, damit wir die Werte innerhalb der Routine verändern können – im Beispiel war dies *i*. Für jeden neuen Aufruf einer Routine werden die lokalen Variablen neu angelegt. Innerhalb der Routine greift man nur auf die lokalen Variablen zu. Der Wert der lokalen Variablen der *aufrufenden* Routine bleibt erhalten, bis auch diese verlassen wird – aber man greift nicht auf deren lokale Variablen zu. Für jeden Aufruf der Routine benutzt man also *neue* lokale Variablen.

Der *Stack* ist ein Speicherbereich, in dem Rückkehradressen von Unterprogrammen oder Werte, die an Unterprogramme übergeben werden, abgelegt werden. Werte, die zuletzt »auf« den Stack (Stapel) gelegt wurden, werden zuerst wieder herausgenommen. Er arbeitet also wie ein *Stapel* von Adressen oder Werten.

Abschließend noch ein beliebtes Beispiel, das demonstriert, wann die Verwendung einer Rekursion einen Algorithmus wirklich vereinfachen kann.

Die Fakultät *x* eine Wertes *n*, also x := *n!* ist als $x := 1*2*3*...*(n-1)*n$ definiert. Das kann man natürlich auch »rekursiv« schreiben: x := (n-1)!*n. Um also die Fakultät eines Wertes n zu errechnen, muss man einfach diesen Wert mit der Fakultät des Wertes minus eins multiplizieren. Außerdem ist das Ergebnis der Fakultät von 1 wiederum 1. Mit diesen beiden Regeln können wir eine rekursive Funktion zur Fakultätsberechnung schreiben, die einfacher nicht sein könnte:

```
function fac(n: Integer): Integer;
begin
  if n = 1 then result := 1 else result := fac(n - 1) * n;
end;
```

9.17 Zusammenfassung

- Eine Funktion besteht aus einer oder mehreren Anweisungen, die über einen Namen, den *Funktionsnamen*, angesprochen werden. Die Funktion kann, muss aber nicht, Argumente haben. Sie liefert ein Funktionsergebnis zurück.
- Eine Funktion gibt einen Wert zurück; dessen Typ wird in der Deklaration festgelegt.
- Eine Funktion kann anstelle eines Ausdrucks oder als Teil eines Ausdrucks eingesetzt werden.
- Die Argumente der Funktion werden innerhalb der Funktion wie ganz normale Variablen behandelt.
- Die *formalen Parameter* der Funktion sind die Variablen, die im Funktionskopf definiert werden. Den Namen, den sie haben, muss man in der Funktion verwenden.

- Die *aktuellen Parameter* sind die, die man der Funktion übergibt, also für Variablen anderen Namens oder möglicherweise auch für konstante Werte wie 3 oder 7 + 4.
- Bei Werten, die per »Call by Value« übergeben werden, ist eine Veränderung der an die Funktion als Argument übergebenen Variable nicht möglich. Bei »Call by Reference« ist dies möglich.
- Einer Funktion kann das Resultat einer anderen Funktion als Argument übergeben werden. Dies sind »verschachtelte« Funktionsaufrufe.
- Eine Prozedur ist eine Funktion ohne Funktionsergebnis.
- Prozeduren benutzt man, um eine Anweisungsfolge, die mehr als einmal benötigt wird, zusammenzufassen.
- Eine Prozedur kann an Stelle einer Anweisung eingesetzt werden.
- Eine *lokale* Variable gilt nur innerhalb der Prozedur oder Funktion, in der sie deklariert wurde.
- Variablen oder Konstanten, die lokal in einer Prozedur/Funktion deklariert wurden, sind »von außen« nicht sichtbar.
- Auch Prozeduren und Funktionen können *lokal* zu einer anderen Routine vereinbart werden.
- Bei mehreren Blöcken ist aus dem jeweiligen Block immer die innerste Variable sichtbar, wenn mehrere Variablen mit dem gleichen Bezeichner deklariert worden sind.
- Parameter können einer Funktion auch konstant übergeben werden.
- Konstante Parameter werden definiert, indem man dem Parameter in der formalen Parameterliste das Wort *Const* voranstellt.
- Parameter können auch untypisiert übergeben werden.
- Viele Funktionen und Prozeduren sind bereits vordefiniert.
- Ab Delphi 4.0 ist es möglich, Default-Parameter anzugeben. Diese Parameter können beim Aufruf von Prozeduren bzw. Funktionen weggelassen werden und erhalten dadurch den jeweiligen Default-Wert.
- Ab Delphi 4.0 können Prozeduren und Funktionen überladen werden, d.h., es gibt mehrere Routinen desselben Namens, die sich nur in ihren Argumenten unterscheiden.
- Ereignisroutinen sind eine spezielle Version von Prozeduren.
- Wenn eine Prozedur sich selbst aufruft, so nennt man sie *rekursiv*.

9.18 Testaufgaben

9.1 Eine Funktion ist mit *function test(b:double)* definiert. Die Funktion wird mit

```
test(a);
c := a + 2;
```

aufgerufen (*a* und *c* sind vom Wert Double), in der Funktion steht (irgendwo) die Zuweisung:

```
b := 10;
```

Welchen Wert hat *c* nach Aufruf der Funktion?

9.2 Schreiben Sie eine Funktion *f2*, die ein Argument erhält und dieses mit 10 multipliziert. Die Funktion *f1* soll dieses Argument liefern – sie soll eine beliebige Konstante zurückliefern (ohne selber ein Argument zu benötigen). Rufen Sie *beide* Funktionen auf, ohne eine Hilfsvariable zu benutzen.

9.3 Eine Funktion wurde wie folgt deklariert:

```
function test(var a: Integer): Integer;
```

Wieso kann die Funktion *nicht* wie folgt aufgerufen werden?

```
b := test(5);
```

9.4 Wo liegt der Fehler bei folgender Deklaration:

```
procedure test: Integer;
 begin
 test := 3;
 end;
```

9.5 Am Anfang des Programms wurde eine Variable *i: Integer* deklariert. Weiter unten im Programm steht folgende Prozedur:

```
procedure test;
var i: Integer;
begin
  i := 3;
end;
```

Können Sie feststellen, welchen Wert die *globale* Variable *i* hat, nachdem die Funktion *Test* einmal aufgerufen wurde?

9.6 Wo liegt das Problem bei folgender Prozedur?

```
procedure test(const a: Integer);
var b: Integer;
begin
  a := b * 4;  // diese Zeile wird der Compiler nicht
                  übersetzen
end;
```

Kapitel 10

jetzt lerne ich

Kontrollstrukturen

In diesem Kapitel werden wir uns mit grundsätzlichen *Kontrollstrukturen* beschäftigen. Was hat man darunter zu verstehen? Kontrollstrukturen kontrollieren, wie das Programm abläuft. Mit ihnen kontrolliert man den Programmablauf.

Wenn wir bisher Anweisungen verwendet haben, so wurden diese in der Reihenfolge ausgeführt, wie sie im Quelltext standen.

Mit Kontrollstrukturen können wir Anweisungen selektiv, in einer anderen Reihenfolge oder mehrfach ausführen. In diesem Kapitel werden wir uns die dazu erforderlichen Befehle ansehen.

10.1 Entscheidungen

Beschäftigen wir uns zuerst mit einer Kontrollstruktur, die es uns ermöglicht, innerhalb unseres Programms Entscheidungen zu treffen. Wenn Sie diese Möglichkeit erst einmal kennen gelernt haben, werden Sie sich nicht mehr vorstellen können, ohne sie zu arbeiten.

10.1.1 IF ... THEN

Angenommen, wir müssten einer Funktion *test* vom Typ *Boolean* dann das Ergebnis *True* zuweisen, wenn das einzige Argument a größer 3 wäre. Bisher haben wir dies auf (elegante) Art wie folgt gelöst:

test := a > 3;

denn *a* > *3* ist ein boolescher Ausdruck und *test* eine boolesche Variable.

Wie würden wir dies umgangssprachlich formulieren? Zum Beispiel so:

Wenn *a* größer als 3 ist,
dann soll *test* den Wert *True* bekommen,
sonst den Wert *False*.

Dies ist also eine Entscheidung, die wir in unserem Programm treffen: Entweder weisen wir *test* den Wert *True* zu oder den Wert *False*. Wie es der Zufall will, muss man diese umgangsprachliche Formulierung eigentlich nur »übersetzen«, um die richtige Object-Pascal-Syntax zu erhalten:

IF a > 3 **THEN** test := true **ELSE** test := false;

Das heißt, wir können mit den drei Befehlen IF, THEN und ELSE Entscheidungen innerhalb unseres Programms treffen. Betrachten wir diese Object-Pascal-Anweisung einmal genauer:

Die Anweisung *test := true* endet nicht mit einem Semikolon, obwohl es doch eine vollständige Anweisung (nämlich eine Zuweisung) ist. Das Semikolon findet sich erst am Ende der IF-Anweisung. Dies liegt daran, dass diese Anweisung nach dem THEN noch Teil der kompletten IF-Anweisung ist, wie die Anweisung nach dem ELSE übrigens auch. Daher wird die komplette IF-Anweisung mit einem Semikolon abgeschlossen, nicht einzelne Teile davon. Wir können die Zeile auch noch ein wenig formaler darstellen:

IF *Boolescher-Ausdruck* **THEN** *Anweisung1* **ELSE** *Anweisung2* ;

Wir sehen also: Hinter dem IF muss ein Ausdruck kommen, der einen booleschen Wert liefert; ein arithmetischer Ausdruck wie *2 + 3* wäre daher nicht erlaubt (und würde ja auch keinen Sinn machen). Wenn der Ausdruck den Wert *True* liefert, dann wird *Anweisung1* ausgeführt. Wenn der Ausdruck den Wert *False* liefert, wird *Anweisung2* ausgeführt.

Der boolesche Ausdruck kann, wie wir bereits wissen, beliebig kompliziert sein; auch Ausdrücke wie *(a > b) and (c < d) or (f > e)* sind kein Problem und können hinter dem IF eingefügt werden.

Oft beschreibt man eine Entscheidung ja auch etwas ungenauer, indem man den »sonst-Teil« weglässt:

Wenn *a* größer als 3 ist, **dann** soll *test* den Wert *True* bekommen.

Tatsächlich können wir genau dies auch in Object-Pascal tun: Der ELSE-Teil ist optional, d.h., wir können ihn weglassen. In Object-Pascal wurde unsere Bedingung dann wie folgt geschrieben:

```
IF a > 3 THEN test := true;
```

Oder ganz formal:

IF *Boolescher-Ausdruck* **THEN** *Anweisung*;

Das heißt, die Anweisung wird nur dann ausgeführt, wenn der boolesche Ausdruck wahr ist.

Achtung: Die beiden Anweisungen

```
IF a > 3 THEN test := true;
```

und

```
test := a > 3;
```

bewirken unter Umständen ein unterschiedliches Ergebnis in *test*! Sie sind also keineswegs gleich! Warum?

Wir haben bei Funktionen und Prozeduren bereits gesehen, dass wir mehrere Anweisungen zwischen dem *begin..end* schreiben konnten. Dies ist auch bei IFs möglich. Wir ersetzen sozusagen eine einzelne Anweisung durch einen *Anweisungsblock*. Hierzu folgendes Beispiel:

```
IF a > 3 THEN
BEGIN
  a := 2;
  b := 1;
END;
```

Wir führen also die *beiden* Zuweisungen dann aus, wenn die Bedingung zutrifft (wobei wir natürlich auch mehr als zwei Anweisungen in den Block schreiben könnten).

Dasselbe gilt auch für die zweite Anweisung, diejenige, die hinter einem ELSE folgt:

```
IF a > 3 THEN
BEGIN
  a := 2;
  b := 1;
END
ELSE
BEGIN
  a := 4;
  b := 2;
END;
```

Beachten Sie, dass hinter dem ersten END kein Semikolon folgen darf. Merken Sie sich als Faustregel: Vor einem ELSE darf grundsätzlich kein Semikolon verwendet werden.

MERKSATZ

Man kann statt einer einzelnen Anweisung auch einen Anweisungsblock einsetzen. Dieser wird gebildet, indem man mehrere Anweisungen mit begin *und* end *einschließt.*

OK, wie es der Name schon sagt, ist eine IF-Anweisung eine *einzelne* Anweisung! Auch wenn sie einen ELSE-Zweig beinhaltet, so wird die komplette Struktur bestehend aus IF, dem Ausdruck und den beiden Anweisungen als eine einzelne Anweisung betrachtet.

Da wir innerhalb der IF-Anweisung eine oder zwei Anweisungen haben, die in Abhängigkeit vom Ergebnis des booleschen Ausdrucks ausgeführt werden, was können wir dort natürlich auch einsetzen? Klar, IF-Anweisungen! Oder doch nicht so klar? Schauen wir uns folgendes Beispiel an:

```
IF a > 3 THEN IF B > 2 THEN C := 1;
```

Wenn wir uns vor Augen führen, dass hinter dem ersten THEN wieder eine Anweisung folgt, die in diesem Fall eben eine IF-Anweisung ist (die hier zur Verdeutlichung fett gedruckt ist), ist diese Zeile leicht verständlich. C wird nur dann der Wert 1 zugewiesen, wenn sowohl a > 3 als auch b > 2 gilt! Denn würde a <= 3 sein, so würde das zweite IF ja gar nicht erst ausgeführt!

Etwas kitzliger wird die Angelegenheit aber bei folgender Zeile:

```
IF a > 3 THEN IF B > 2 THEN C := 1 ELSE C := 2;
```

Wann bekommt C den Wert 2? Wieder müssen wir uns vor Augen halten, dass eine IF-Anweisung entweder nur aus IF oder aus IF...ELSE besteht – d.h., ein IF...ELSE-Ausdruck wird als eine Anweisung verstanden. Heben wir nun auch hier wieder die zweite Anweisung fett hervor ...

```
IF a > 3 THEN IF B > 2 THEN C := 1 ELSE C := 2;
```

... so wird die Sache schon klarer: Das ELSE gehört zum zweiten IF.

Wenn also *a* <= 3 ist, dann wird *c überhaupt nicht* verändert, da die zweite IF-Anweisung gar nicht erst ausgeführt wird.

Wenn die erste Bedingung erfüllt wird, so wird das zweite IF geprüft. Ist *b* <= 2, so wird *c* der Wert 2 zugewiesen. Ist *b* > 2, so erhält *c* den Wert 1.

Selbstverständlich kann man IFs auch innerhalb von Blöcken anwenden. Denn zwischen dem *begin...end* von Blöcken stehen ja Anweisungen, und IF... na, Sie wissen schon. Dazu das folgende Beispiel (das nur der Anschauung dient und keinen besonderen Zweck erfüllen soll):

```
IF a > 3 THEN
BEGIN
  b := b + 1;
  IF (b > 3) AND (b < 5) THEN
  BEGIN
     a := 0;
     IF B = 4 THEN B := 0;
  END;
END;
```

Hier sehen Sie, dass wir mehrere Anweisungen innerhalb von Blöcken gemischt haben. Sogar einen zweiten Block haben wir innerhalb des ersten eingefügt. Und das dritte IF ist zweimal »eingeschachtelt« ...

Dadurch, dass Sie einen Block einrücken, wahren Sie die Übersicht im Quelltext. Wenn dies nicht getan wird, kann es bei größeren Programmen sehr schwer werden, zu erkennen, welches BEGIN und welches END zusammengehören.

10.1.2 CASE

Oftmals kommt es vor, dass man auf viele verschiedene Werte einer Variable verschieden reagieren möchte. Man kann natürlich jeden Wert der Variable einzeln mit IF abfragen und entsprechende Anweisungen zur Reaktion darauf aufrufen. Aber Object-Pascal bietet eine bequemere Möglichkeit: die CASE-Anweisung.

So sieht eine CASE-Anweisung schematisch aus:

```
CASE Ausdruck OF
   Konstanter Wert1 : Anweisung1;
         ....
   Konstanter Wertn: Anweisungn;
   else Anweisung;
END;
```

Beachten Sie, dass eine CASE-Anweisung durch ein abschließendes END beendet wird. Innerhalb der CASE-Anweisung werden also eine Reihe von *konstanten* Werten aufgezählt. Zu jedem Wert gehört eine Anweisung. Die Konstante und die Anweisung werden durch einen Doppelpunkt getrennt.

Die Anweisung wird aber nur dann ausgeführt, wenn der *Ausdruck* hinter CASE denselben Wert hat wie die Konstante.

Wurde keine passende Konstante in dieser Liste gefunden, die dem tatsächlichen Wert des Ausdrucks entspricht, wird die Anweisung hinter ELSE ausgeführt.

MERKSATZ

Der ELSE-Teil ist dabei optional.

Zu theoretisch? Hier ein praktisches Beispiel:

Zuerst werden einige Variablen deklariert ...

```
VAR   c: Char;
      s: String;
```

Später im Programm prüft man dann den Inhalt der CHAR-Variable *c* und weist in der String-Variable *s* in Abhängigkeit von *c* einen neuen Inhalt zu:

```
CASE c OF
   'A': s := 'Sie haben ein großes A eingegeben';
   'a': s := 'Sie haben ein kleines A eingegeben';
else
   s := 'Sie haben ein anderes Zeichen eingegeben.';
END;
```

In diesem Beispiel besteht der »Ausdruck« hinter CASE nur aus der Variablen c – aber auch dies ist, wie wir wissen, ein vollständiger Ausdruck. Hier erhält die String-Variable *s* ihren Inhalt (eine Meldung für den Benutzer) in Abhängigkeit davon, was in der Zeichen-Variable *c* enthalten ist. Dabei werden aber nur die beiden Fälle »großes A« und »kleines A« geprüft, bei allen anderen Werten von *c* erhält s immer denselben Inhalt (mittels des ELSE-Teils).

Es wäre auch möglich, den ELSE-Teil wegzulassen. In diesem Fall würde bei allen anderen Zeichen außer »a« und »A« der Inhalt von *s* nicht verändert werden – eine beliebte Quelle für Programmierfehler (wenn man einige Werte nicht berücksichtigt hat).

An den Ausdruck hinter dem ELSE wird jedoch eine spezielle Bedingung gestellt, nämlich:

MERKSATZ

Der Ausdruck in einer CASE-Anweisung muss einen ordinalen Wert liefern, kurz: Der Typ des Ausdrucks muss ordinal sein.

Was bedeutet das? Ein *ordinaler* Typ ist ein *aufzählbarer* Wert, also ein Typ, dessen einzelne Werte lückenlos hintereinander folgen. Also: Nach 1 folgt 2, nach 2 folgt 3 usw. Das kommt Ihnen selbstverständlich vor? Nun, ist es aber nicht: Was folgt hinter 'AB'? Was kommt nach 1.5? 1.51? Oder 1.501? Oder vielleicht 1.5001? Und so weiter ...

Halten wir fest: Integer-Werte und einzelne Zeichen sind ordinal. Real-Zahlen sind es nicht.

Fast ist es schon müßig, es noch zu erwähnen: Aber auch in CASE-Anweisung können die einzelnen, den jeweiligen Werten zugehörigen Anweisungen durch Anweisungsblöcke (mit *begin..end*) ersetzt werden. So zum Beispiel:

```
CASE c OF
  'A': begin
         s := 'Sie haben ein großes A eingegeben';
         c2 := c;
       end;
  'a':  begin
         s := 'Sie haben ein kleines A eingegeben';
         c2 := c;
       end;
  else
       s := 'Sie haben ein anderes Zeichen eingegeben.';
END;
```

Hier wird in den beiden ersten Fällen, nämlich c enthält ein großes und *c* enthält ein kleines »A«, nicht nur der String-Variable *s* ein Wert zugewiesen, sondern auch einer zweiten Variable *c2* (die vom Typ String oder Char sein könnte). Im dritten Fall erfolgt nur eine Zuweisung an *s*.

Die CASE-Anweisung bietet jedoch noch weitere Flexibilität: Für die einzelnen Anweisungen (bzw. Anweisungsblöcke) kann auch ein Wertebereich angegeben werden, statt eines einzelnen konstanten Wertes:

```
CASE c OF
  'A'..'Z','a'..'z' :
     s := 'Sie haben einen Buchstaben eingegeben';
  '0'..'9':
     s := 'Sie haben eine Ziffer eingegeben';
  else
     s := 'Sie haben ein anderes Zeichen eingegeben.';
END;
```

Wie aus diesem Beispiel ersichtlich wird, ist es sowohl möglich, *Wertebereiche* (also einen Bereich von einem Minimalwert bis zu einem Maximalwert) als auch *Werteaufzählungen* anzugeben.

Die Verwendung von *Case* gegenüber einzelnen IF-Anweisungen ist übersichtlicher und erlaubt es dem Compiler, effektiveren Code zu erzeugen.

Wir werden nun ein kleines Laufband mit fünf Lichtern konstruieren, die der Reihe nach durchlaufen.

Dazu legen wir ein neues Projekt an und schieben auf das leere Formular eine Shape-Komponente. Dies wird unser erstes »Licht« sein. Je nach Geschmack können wir die Farbe unter *Brush.Color* zum Beispiel auf Rot (*clRed*) setzen. Anschließend kopieren wir noch vier weitere Shapes unmittelbar rechts daneben. Damit unser Lauflicht von alleine läuft, benötigen wir noch eine Timer-Komponente, die wir auch noch in das Formular schieben. So sieht es nun aus:

Abb. 10.1: Ampel-Programm

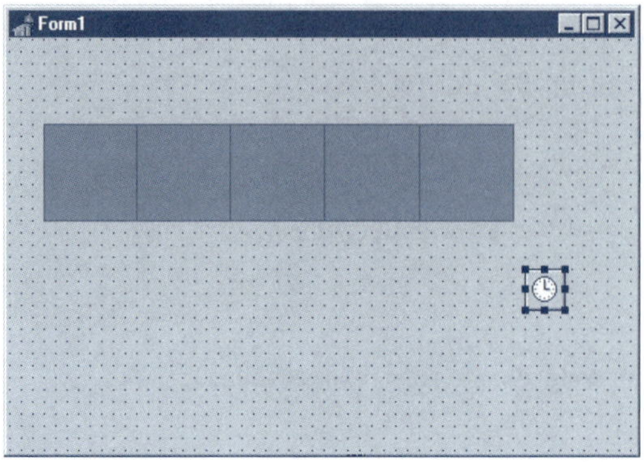

Da später aber immer mindestens ein Licht »leuchtet«, brauchen wir noch eine Variable, in der wir uns merken, welches zur Zeit »an« ist. Diese nennen wir *licht*. Wir deklarieren sie, indem wir sie an folgender Stelle einfügen:

```
TForm1 = class(TForm)
    Shape1: TShape;
    Shape2: TShape;
    Shape3: TShape;
    Shape4: TShape;
    Shape5: TShape;
    Timer1: TTimer;
  private
    { Private-Deklarationen }
    licht: Byte;
  public
    { Public-Deklarationen }
  end;
```

Die Anweisungen *Private* und *Public* wurden von Delphi für uns eingefügt. Ich werde später auf ihre Bedeutung zu sprechen kommen. Jetzt ist es wichtig zu wissen: Wenn wir hinter PRIVATE oder PUBLIC eine Variable definieren, können und dürfen wir das Wort VAR nicht verwenden!

Warum haben wir den Datentyp Byte gewählt? Nun, unsere Variable wird nur Werte von 1 bis 5 enthalten. Ein Byte ist daher mehr als ausreichend.

Am Anfang des Programms, also wenn das Formular aktiviert wird, soll nur das erste Licht sichtbar sein. Wir ändern also die *OnActivate*-Methode des Formulars wie folgt:

```
procedure TForm1.FormActivate(Sender: TObject);
begin
  licht := 1;
  Shape2.Visible := false;
  Shape3.Visible := false;
  Shape4.Visible := false;
  Shape5.Visible := false;
end;
```

Damit das Lichtband auch tatsächlich eines wird, müssen wir bei jeder Aktivierung von *Timer* das alte Licht aus- und das nächste einschalten. Wir haben die beiden Möglichkeiten, wie wir die *OnTimer*-Methode von Timer1 verändern können, im Folgenden einmal mit IFs und einmal mit CASE realisiert. Wählen Sie selbst, welche Ihnen mehr zusagt. Zwar geben sich beide Varianten in Bezug auf die Schreibarbeit nicht viel, die Case-Version ist jedoch wesentlich übersichtlicher.

Variante 1:

```
procedure TForm1.Timer1Timer(Sender: TObject);
begin
  licht := licht + 1;
  if licht = 6 then licht := 1;
  if licht = 1 then
     begin
        Shape5.Visible := false;
        Shape1.Visible := true;
     end;
  if licht = 2 then
     begin
        Shape1.Visible := false;
        Shape2.Visible := true;
     end;
  if licht = 3 then
     begin
        Shape2.Visible := false;
        Shape3.Visible := true;
     end;
  if licht = 4 then
     begin
        Shape3.Visible := false;
        Shape4.Visible := true;
     end;
```

```
  if licht = 5 then
     begin
        Shape4.Visible := false;
        Shape5.Visible := true;
     end;
end;
```

Variante 2:

```
procedure TForm1.Timer1Timer(Sender: TObject);
begin
  licht := licht + 1;
  if licht = 6 then
     licht := 1;

  case licht of
    1: begin
          Shape5.Visible := false;
          Shape1.Visible := true;
       end;
    2: begin
         Shape1.Visible := false;
         Shape2.Visible := true;
       end;
    3: begin
         Shape2.Visible := false;
         Shape3.Visible := true;
       end;
    4: begin
         Shape3.Visible := false;
         Shape4.Visible := true;
       end;
    5: begin
         Shape4.Visible := false;
         Shape5.Visible := true;
       end;
  end;
end;
```

Übrigens: Interessanter wird das Ganze, wenn Sie das Intervall für *Timer1* auf 100 verändern!

10.2 Schleifen

Außer Entscheidungen, mit denen der »Programmfluss« gesteuert werden kann, gibt es noch eine zweite, ganz entscheidende Möglichkeit, den Programmablauf zu beeinflussen: Mit so genannten *Schleifen* können einzelne Anweisungen beliebig oft wiederholt werden.

Stellen Sie sich vor, Sie müssen eine Berechnung für eine Formel 10000 Mal durchführen? Sicher ist es keine praktikable Vorgehensweise, dieselbe Zuweisung 10000 Mal zu schreiben. Mit einer Schleife können Sie die Anweisung einfach 10000 Mal wiederholen lassen.

Oder Sie möchten eine Auswertung für jeden einzelnen der 298 Mitarbeiter Ihres Unternehmens durchführen. Auch hier bietet es sich an, eine Schleife zu verwenden, in der die Anweisungen zur Auswertung jeweils auf die Daten des einzelnen Mitarbeiters zugreifen.

Object-Pascal bietet uns drei verschiedene Arten von Schleifen-Anweisungen, die sich in der Ausführung geringfügig unterscheiden.

10.2.1 Die FOR-Schleife

Die erste Art einer Schleife lässt sich mit der FOR-Anweisung aufbauen. Diese Schleife verwendet man, wenn man bereits von vornherein weiß, wie oft die Schleife ausgeführt werden soll. So sieht die FOR-Schleife aus:

```
FOR Laufvariable := Startausdruck TO Endausdruck DO
    Anweisung(en) ;
```

Wir benötigen also eine Variable und zwei Ausdrücke, um die Parameter der Schleife festzulegen. Bei der Variablen muss es sich um eine ordinale, dementsprechend auch bei den Ausdrücken um ordinale Ausdrücke handeln.

Der Startausdruck legt fest, welchen Wert die Laufvariable zu Beginn erhält. Nun wird die Anweisung bzw. der Anweisungsblock so oft ausgeführt, bis der Wert des Endausdrucks erreicht ist. Hierzu ein einfaches Beispiel (bei dem i eine Integer-Variable sei):

```
FOR i := 2 TO 10 DO MessageBeep(mb_ok);
```

Diese Zeile bewirkt, dass neun Signaltöne ausgegeben werden. Warum gerade neun? Nun, anfangs erhält *i* den Wert 2. Nun wird die Anweisung *MessageBeep(mb_ok);* ausgeführt und die Variable um 1 erhöht (dies tut die Anweisung *For* automatisch). Dies geschieht so lange, bis *i* nach Ausführung von MessageBeep den Wert 10 erhält.

Ein zweites Beispiel (auch *j* soll eine Integer-Variable sein):

```
j := 0;
FOR i := 1 TO 5 DO
BEGIN
    j := j + i;
    ShowMessage(IntToStr(j));
END;
```

Bei diesem Beispiel wird die Schleife fünfmal durchlaufen. *j* hat anfangs den Wert 0, aber es wird fünfmal der aktuelle Wert der Laufvariablen *i* hinzuaddiert, also: 1 + 2 + 3 + 4 + 5, was nach Ausführung der Schleife den Wert 15 ergibt. Die zweite Anweisung *MessageBeep* wird ebenfalls fünfmal aufgerufen, und daher ertönt entsprechend oft ein Signalton.

Durch diese kleine Schleife werden zwei Tatsachen deutlich:

- Die Laufvariable kann, muss aber nicht, in der Anweisung benutzt werden.
- Statt einer einzelnen Anweisung kann auch ein Anweisungsblock ausgeführt werden.

Sie können sich die Arbeitsweise der FOR-Schleife folgendermaßen vorstellen:

Abb. 10.2: For-Schleife

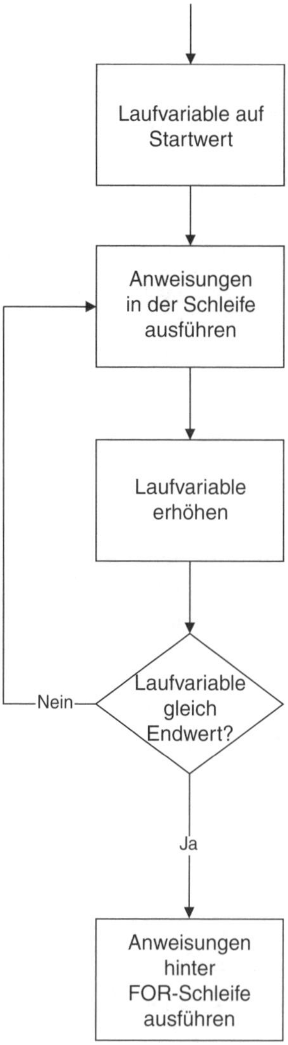

Es ist wenig überraschend, dass auch Schleifen sich beliebig schachteln lassen. Wie oft wird wohl der Signalton bei folgendem Beispiel ausgegeben (dies ist eine Testaufgabe, die Lösung finden Sie dementsprechend bei den Testlösungen)?

```
FOR i := 1 TO 5 DO
   FOR j := 1 TO 5 DO
            MessageBeep(mb_ok);
```

Es ist möglich, beliebige Ausdrücke für die Festlegung des Start- *und* Endwertes der Schleifenvariable zu verwenden. Diese Ausdrücke können beispielsweise auch Funktionsaufrufe enthalten.

In den bisherigen Beispielen wurde die Laufvariable immer aufwärts gezählt. Wenn also der Wert des Endausdrucks kleiner als der Wert des Startausdrucks (nämlich des Anfangswerts der Laufvariablen) ist, wird die Schleife überhaupt nicht ausgeführt! Trotzdem gibt es eine Möglichkeit, abwärts zu zählen, nämlich so:

```
FOR i := 5 DOWNTO 2 DO usw.
```

Wenn statt des Schlüsselworts TO das Schlüsselwort DOWNTO verwendet wird, wird der Wert der Laufvariable verringert, statt erhöht.

Wie eingangs erwähnt, arbeitet die FOR-Schleife mit ordinalen Laufvariablen. Aber eine CHAR-Variable ist doch auch ordinal, werden Sie nun vielleicht einwenden. Stimmt. Und daher ist auch das folgende Beispiel problemlos möglich (angenommen, *s* sei als String-Variable, *c* als CHAR-Variable deklariert):

```
s := '';
FOR c := 'A' TO 'Z' DO
    s := s + c;
```

Zuerst wird der String-Variable ein Leerstring zugewiesen, wir stellen damit sicher, dass nicht zufällig schon Zeichen darin enthalten sind. Nun durchläuft die Schleife alle Zeichen von 'A' bis 'Z' (was deshalb geht, weil Z > A gilt!) und der jeweilige Inhalt der Laufvariablen wird an das Ende dessen angehängt, was momentan im String *s* steht.

Beim ersten Schleifendurchlauf ist dies noch gar nichts, also wird 'A' an den leeren String angehängt, der daraufhin natürlich 'A' enthält. Beim zweiten Durchlauf der Schleife hat die Laufvariable den Wert 'B', der wiederum an den Inhalt von *s* angehängt wird. Dieser Inhalt ist 'A' vom ersten Mal, so dass nach dem zweiten Schleifendurchlauf 'AB' in *s* enthalten ist. Und so geht's weiter, bis *s* das komplette Alphabet enthält.

Wir haben gesehen, dass mit der Anweisung DOWNTO um eins erniedrigt, statt um eins erhöht wird. Wie steht es denn mit anderen Schrittweiten? Manchmal könnte es doch vielleicht ganz praktisch sein, dass der Wert der Laufvariablen um einen anderen Wert, zum Beispiel 2 oder 1000, erhöht oder erniedrigt würde? Die niederschmetternde Antwort: Mit der FOR-Schleife ist dies nicht möglich. Sie erhöht oder erniedrigt den Wert immer nur um 1! Wir werden jedoch im Folgenden sehen, dass Object-Pascal andere Schleifenformen bietet, mit denen dieses Problem gelöst werden kann.

10.2.2 Die REPEAT-Schleife

Eine flexiblere Schleifenform als die FOR-Schleife können wir mit den Anweisungen REPEAT … UNTIL kreieren. Eine REPEAT-Schleife hat das schematische Format

```
REPEAT
  Anweisung(en);
UNTIL Boolescher-Ausdruck;
```

Dies lässt sich umgangssprachlich in WIEDERHOLE … BIS übersetzen und das macht die Funktionsweise dieser Schleife auch schon gut klar.

MERKSATZ

Die Anweisung bzw. die Anweisungen zwischen REPEAT und UNTIL werden so lange wiederholt, bis der boolesche Ausdruck TRUE wird. Merkregel: So lange der Ausdruck FALSE ist, wird die Schleife ausgeführt.

Bei dieser Schleife gibt es keine Laufvariable wie bei der FOR-Schleife. Trotzdem können wir mit ihr auch bequem Laufvariablen verwalten. Hierzu noch einmal ein abgewandeltes »Aufaddier«-Beispiel (i und j seien wieder Integer-Variablen):

```
j := 0;
i := 10;
REPEAT
  j := j + i;
  i := i + 10;
UNTIL i = 100;
```

HINWEIS

Beachten Sie, dass es bei einer REPEAT-UNTIL-Schleife nicht notwendig ist, die Anweisungen (falls es denn mehrere sind) mit BEGIN...END einzufassen!

Was würden Sie erwarten, wie oft die beiden Anweisungen innerhalb der Schleife ausgeführt werden? Man ist leicht versucht zu sagen »zehnmal«. Tatsächlich wird die Schleife aber nur neunmal durchlaufen. Schauen wir uns dies im Einzelnen an:

Schleifendurchlauf	**I**	**J**
1	10	10
2	20	30
3	30	60
4	40	100
5	50	150
6	60	210
7	70	280
8	80	360
9	90	450

Bei dieser Tabelle gibt die Spalte i jeweils den Wert von *i* **zu Beginn** der Schleifenanweisungen an! Am Ende der Anweisungen, genauer gesagt, zu dem Zeitpunkt, wenn das UNTIL ausgeführt wird, ist i bereits um den Wert 10 höher! Das erklärt, warum die Schleife nach dem neunten Durchlauf nicht mehr ausgeführt wird: Bei der Anweisung j := j + i hat i noch den Wert 90. Nun wird die Anweisung i := i + 10 ausgeführt, so dass i den Wert 100 hat. Als Nächstes prüft UNTIL den Ausdruck, der nun TRUE wird (klar, 100 = 100). Also wird die Schleife nicht mehr ausgeführt!

10.2.3 Die WHILE-Schleife

Noch eine dritte Schleifenanweisung bietet uns Object-Pascal, nämlich die WHILE-Schleife. So sieht sie (schematisch) aus:

```
WHILE Boolescher-Ausdruck DO
    Anweisung(en);
```

Auch hier hilft wieder die umgangssprachliche Übersetzung, um die Funktion dieser Anweisung verständlich zu machen: SOLANGE ... TUE.

MERKSATZ

Solange der Ausdruck TRUE ergibt, werden die folgenden Anweisungen ausgeführt. Merkregel: So lange der Ausdruck TRUE ist, wird die Schleife ausgeführt.

Der große Unterschied zur REPEAT-UNTIL-Schleife ist also, dass der Ausdruck zuerst geprüft wird!

Die WHILE-Schleife untersucht zuerst den Ausdruck. Ist er FALSE, so wird die Anweisung gar nicht erst ausgeführt. Im Gegensatz dazu wird bei der REPEAT-Schleife zuerst einmal die Anweisung ausgeführt und dann erst geprüft, ob die Schleife noch einmal ausgeführt werden soll.

Stellen wir unser REPEAT-Beispiel doch einmal auf WHILE um:

```
j := 0;
i := 10;
WHILE i <> 100 DO
BEGIN
  j := j + i;
  i := i + 10;
END;
```

Hierbei fallen zwei Dinge auf:

- Mehrere Anweisungen, die mit einer WHILE-Schleife ausgeführt werden sollen, müssen mit BEGIN ... END eingeklammert werden.
- In der REPEAT-Schleife war die Bedingung *i = 100*, da die Schleife so lange wiederholt wird, wie der Ausdruck FALSE ist. Die WHILE-Schleife wird so lange wiederholt, wie der Ausdruck TRUE ist: Daher lautet er nun *i <> 100*.

Ein Wort zum BEGIN... END der WHILE-Schleife: Es wäre ein böser Fehler, es zu vergessen, denn bei:

```
j := 0;
i := 10;
WHILE i <> 100 DO
  j := j + i;
  i := i + 10;
```

würde sich der Compiler nicht beschweren. Warum? Die Anweisung *j := j + i;* ist eine erlaubte Anweisung. Der Compiler würde diese als Anweisung für die Schleife betrachten und sie immer wieder ausführen. Die Anweisung *i := i + 10;* wäre für ihn die nächste Anweisung **nach** der Schleife, also die Anweisung, die ausgeführt würde, wenn die Schleife komplett durchlaufen worden wäre.

Und hier der Knackpunkt: Diese Schleife würde niemals enden. Vorausgesetzt, Ihr Rechner hätte dann noch Strom, würde er diese Schleife auch in 10 Millionen Jahren noch abarbeiten.

Denn die Abbruchbedingung für die Schleife ist, dass i den Wert 100 annimmt. Die Variable hat jedoch vor Beginn der Schleife den Wert 10. Innerhalb der Schleife wird lediglich *j* verändert – *i* wird also niemals einen anderen Wert als 10 erhalten. Folglich wird die Schleife niemals wieder beendet werden.

HINWEIS: Eine Schleife, die nie beendet wird, nennt man *Endlosschleife*.

Wie sich Ihr Rechner in einem solchen Fall verhält, hängt vom Betriebssystem ab: Normalerweise können Sie das »abgestürzte« Programm mittels [Strg]+[Alt]+[Entf] beenden. Falls Sie aber das Pech haben, mit Windows 95 zu arbeiten, müssen Sie Ihren Computer neu starten.

10.2.4 Kontrolle des Schleifenablaufs

Mit den drei Schleifenformen, die wir bisher kennen gelernt haben, ist eine maximale Flexibilität möglich. Tatsächlich sind diese so flexibel, dass man so gut wie immer ohne zusätzliche Anweisungen zur Kontrolle des Schleifenablaufs auskommt. Object-Pascal stellt uns trotzdem zwei weitere Anweisungen zur Kontrolle des Schleifenablaufs zur Verfügung: *Continue* und *Break*.

Beide Anweisungen dienen dazu, die Abarbeitung einer Schleife vorzeitig zu beenden – wobei die Anweisung *Break* die Schleife komplett beendet, so als wäre die Endbedingung erfüllt worden, während *Continue* nur die Bearbeitung des aktuellen Durchlaufs abbricht und mit dem nächsten Schleifendurchlauf fortfährt (daher auch die Bezeichnung *Continue*).

HINWEIS: *Break*- und *Continue*-Anweisungen lassen sich in allen drei Schleifenarten einsetzen.

Die folgende Schleife wird nicht zehnmal, wie es auf den ersten Blick aussieht, sondern nur zweimal *komplett* ausgeführt:

```
for i := 1 to 10 do
begin
  if i = 3 then break;
  ShowMessage(IntToStr(i));
end;
```

Beim dritten Durchlauf hat *i* nach dem *begin* den Wert 3 – also wird die Bedingung *if i = 3* wahr und die *break*-Anweisung wird ausgeführt. Die Schleife wird daraufhin sofort verlassen – die Anweisung *ShowMessage(IntToSstr(i));* wird gar nicht mehr ausgeführt.

Beachten Sie, dass ich das »komplett« betont habe – denn die Schleife wird schon dreimal ausgeführt. Nur beim dritten Mal wird sie durch das *Break* verlassen – sie wird eben nicht *komplett* ausgeführt.

Im Gegensatz zu *Break* beendet die Anweisung *Continue* nur den aktuellen Schleifendurchlauf:

```
for i := 1 to 10 do
begin
  if i = 3 then continue;
  ShowMessage(IntToStr(i));
end;
```

Diese Schleife wird erheblich öfter ausgeführt als die erste – denn in allen zehn Durchläufen der Schleife ist die Bedingung *i=3* nur ein einziges Mal erfüllt, was dazu führt, dass der *aktuelle* Durchlauf beendet wird. Die Schleife macht jedoch sofort mit dem nächsten Wert weiter – sie wird neunmal komplett ausgeführt.

Mit *Continue* kann man sich auch eine böse Falle stellen. Betrachten Sie einmal dieses harmlos aussehende Beispiel:

```
i := 1;
while i < 10 do
begin
  if i < 3 then continue;
  i := i + 1;
  ShowMessage(IntToStr(i));
end;
```

Man könnte es auf den ersten Blick so interpretieren: Solange i < 3 ist, wird die Anweisung *ShowMessage* nicht ausgeführt. Wenn i Werte zwischen 3 und 9 hat, wird die Anweisung ausgeführt. Doch so funktioniert es keineswegs. Denn anfangs ist i kleiner als drei – also wird die Schleife verlassen und da die Anweisung zum Erhöhen von i nun erst folgen würde, bleibt es auch dabei: i ist 1. Da *Continue* die Schleife aber nicht beendet, sondern nur den aktuellen Durchlauf, geht es fröhlich weiter: i ist immer noch kleiner? Aha, also noch mal ... und das kann eine Weile dauern.

Also merke: Sowohl bei der Abbruchsanweisung *Break* als auch bei *Continue* werden die Anweisungen, die noch dieser Anweisung bis zum Schleifenende folgen, nicht mehr abgearbeitet.

Und nun werden Sie sich fragen: Wozu ist das alles gut? Eine berechtigte Frage, denn bei sauberer Programmierung kann man fast immer auf *Break* und *Continue* verzichten – sie sind zwar bequem, machen das Programm aber nicht gerade lesbarer.

10.3 Sprünge

Das, was ich nun besprechen werde, sollten Sie anschließend am besten gleich vergessen. Denn die GOTO-Anweisung, um die es hier geht, widerspricht dem Konzept von Object-Pascal und sie wird hier nur der Vollständigkeit halber aufgeführt.

Object-Pascal ist eine strukturierte Sprache. Wir können Anweisungen in Blöcken zusammenfassen. Innerhalb des Programms kann entschieden werden, ob und wie oft ein Block ausgeführt wird. Damit ist es möglich, alle denkbaren Algorithmen zu realisieren.

Mit GOTO ist es möglich, zu einer beliebigen anderen Stelle im aktuellen Block zu springen. Dies ist ein Überbleibsel von primitiveren Sprachen wie zum Beispiel alten BASIC-Versionen. Wenn man diese Möglichkeit zu intensiv nutzt, erhält man Spaghetti-Code – so genannt, weil der Weg des Programmflusses kaum noch nachzuvollziehen ist.

> Die Verwendung von GOTO ist nur in Ausnahmefällen nötig. Sie führt unweigerlich zu einem schlechten Programmierstil.

HINWEIS

Doch genug der Worte der Warnung. Wie bereits erwähnt, kann man mit GOTO innerhalb des aktuellen Blocks »herumspringen«. Dazu muss man zuerst einen »Zielpunkt« definieren und zwar mit dem Schlüsselwort LABEL. Diesen kann man dann an einer beliebigen Stelle einsetzen, um nun mit GOTO dorthin zu »springen«. Hierzu ein Beispiel:

```
FUNCTION Test: Byte;
VAR i: Byte;
LABEL Sprungpunkt;
BEGIN
  i := 10;
  GOTO Sprungpunkt;
  i := 20;
  Sprungpunkt:
  Test := i;
END;
```

Die Funktion *Test* wird immer den Wert 10 zurückgeben. Denn die Anweisung *i := 20;* wird niemals ausgeführt. So verläuft der »Programmfluss«:

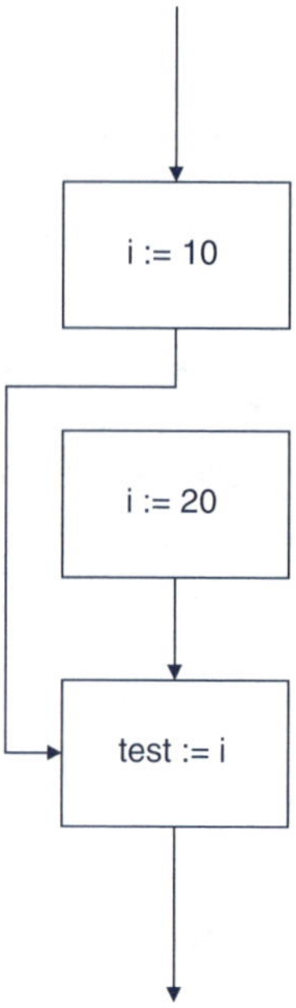

Abb. 10.3: Programmfluss in der Funktion »Test«

An diesem Beispiel wird Folgendes deutlich:

- Labels müssen vorher definiert werden.
- Ein Label wird »gesetzt«, indem der Name abgeschlossen durch einen Doppelpunkt an der gewünschten Stelle eingesetzt wird.
- Wenn ein Label angesprungen wird, so wird die unmittelbar hinter der Sprungmarke stehende Anweisung als Nächstes ausgeführt.

Bei der GOTO-Anweisung muss die Einschränkung beachtet werden, dass nur innerhalb des lokalen Blocks »gesprungen« werden kann. Es ist nicht möglich, von einer Prozedur oder Funktion in eine andere zu springen.

10.4 Verschachtelung

Wenn man mit verschachtelten Schleifen arbeitet, muss man Ihre Ausführungsdauer im Auge behalten.

10.4.1 Bearbeitungsdauer von Schleifen

Zur Verdeutlichung konstruieren wir ein Minimalprogramm zur Zeitmessung, indem wir eine Timer-Komponente (in der Komponentenpalette unter System), einen Button und ein Label auf ein leeres Formular ziehen.

Als Nächstes benötigen wir eine Variable zur Zeitmessung, die wir sinnvollerweise *zeit* nennen und so ...

```
type
  TForm1 = class(TForm)
    Label1: TLabel;
    Button1: TButton;
    Timer1: TTimer;
  private
    { Private-Deklarationen }
    zeit: Longint;
  public
    { Public-Deklarationen }
  end;
```

einfügen. Nun ändern wir den Timer so, dass er jede Zehntelsekunde den Inhalt von *Zeit* erhöht: Hierzu klicken wir auf den Eintrag für sein OnTimer-Ereignis im Objekt-Inspektor und ändern die Ereignisroutine wie folgt:

```
procedure TForm1.Timer1Timer(Sender: TObject);
begin
  zeit := zeit + 1;
end;
```

Dann ändern wir die Timer-Eigenschaft *Intervall* auf 100, damit das OnTimer-Ereignis zehnmal je Sekunde auftritt. Nun wird unser Timer automatisch Zehntelsekunden in der Variable *zeit* zählen.

Als Nächstes ändern wir die OnClick-Methode des Buttons wie folgt (auf den Button doppelklicken, damit der Rahmen für die Methode erzeugt wird):

```
procedure TForm1.Button1Click(Sender: TObject);
var start, ende: Integer;
    i: LongInt;
begin
   start := zeit;

   ende := zeit;
   Label1.Caption := IntToStr(ende - start) +
                     ' 10tel-Sekunden';
end;
```

Würden wir das Programm nun schon laufen lassen, würde jeder Klick auf den Button das Ergebnis »0 10tel-Sekunden« liefern. Nicht etwa, weil zwischen den beiden Anweisungen `start := zeit;` und `ende := zeit;` keine Zeit vergangen ist. Aber sehr, sehr viel weniger als 10tel-Sekunden. Also fügen wir doch etwas ein, was einige Zeit verbraucht:

```
for i := 1 to 50000 do Application.ProcessMessages;
```

Diese FOR-Schleife führt also 50000 Mal die Anweisung *Application.ProcessMessages* aus. Diese Anweisung bewirkt, dass das eigene Programm Windows Gelegenheit gibt, Nachrichten zu bearbeiten (Maus, Tastatur), und andere Programme auch etwas Prozessorzeit erhalten.

HINWEIS

In größeren Schleifen sollte man regelmäßig die Prozedur *Application. ProcessMessages* aufrufen, damit Windows-Botschaften verarbeitet werden können, während die Schleife läuft.

Lassen wir unser Programm nun laufen, so erscheint nach kurzer Pause das Ergebnis. Auf einem Pentium 100 benötigt dieses Programm 1,7 Sekunden, wenn es mit Delphi 1.0 kompiliert wird. Mit Delphi 2.0 benötigt dasselbe Programm nur 0,7 Sekunden. Je nachdem, welche Delphi-Version und welchen Rechnertyp Sie einsetzen, werden die Ergebnisse mehr oder weniger stark davon abweichen.

Ändert man nun die Variablendeklaration in

```
var start, ende: Integer;
    i, j, h: LongInt;
```

d.h. fügt man die beiden neuen Variablen j und h hinzu und ersetzt die Schleife durch

```
for i := 1 to 100 do
     for j := 1 to 100 do
        for h := 1 to 100 do Application.ProcessMessages;
```

so wird es Sie vielleicht überraschen, wie lange Sie nun auf das Ergebnis warten müssen. Bei mir hat es (mit Delphi 1.0) 24,6 Sekunden gedauert!

Woran liegt es, dass diese drei Schleifen so lange dauern, obwohl doch beim ersten Beispiel 50000 Schleifendurchläufe so schnell abgearbeitet waren?

Application.ProcessMessages wird in der »h«-Schleife 100 Mal ausgeführt. Diese Zeitspanne ist zu vernachlässigen. Aber diese Schleife wird ja von der »j«-Schleife auch 100 Mal aufgerufen – damit wird *Application.ProcessMessages* schon 100*100 = 10000 Mal ausgeführt. Doch damit nicht genug: Die »i«-Schleife führt ja ihrerseits die »j«-Schleife auch 100 Mal aus, also wird die Anweisung 100*100*100 = 1000000 Mal ausgeführt! Klar, dass das schon etwas dauert.

Bei verschachtelten Schleifen sollte man also die Gesamtausführungszeit im Auge behalten!

10.5 Zusammenfassung

- Mit den Anweisungen *If, Then* und *Else* kann ein Programm Entscheidungen treffen.
- In *If*- und *Else*-Anweisungen kann die einzelne Anweisung auch durch eine ganze Reihe von Anweisungen zusammengefasst werden, indem man sie mit *begin* und *end* einfasst.
- *If*-Anweisungen können geschachtelt werden.
- Mit der *Case*-Anweisung können die einzelnen Werte eines ordinalen Typs behandelt werden.
- Mit der *For-Schleife* wird ein Anwendungsblock so oft durchlaufen, bis die Laufvariable den angegebenen Endwert erreicht hat. Die *For*-Anweisung führt das Verändern der Laufvariable und die Prüfung, ob der Endwert erreicht ist, alleine durch.
- Schleifen können auch verschachtelt werden.
- Die *Repeat*-Schleife wird so lange wiederholt, bis der boolesche Ausdruck hinter *Until* True wird.
- Bei der *While-Scheife* werden die Schleifenanweisungen immer ausgeführt, solange der boolesche Ausdruck hinter *While* True ergibt.
- Mit der Anweisung *Goto* kann man zu einer anderen Stelle im Programm springen.
- Die Verwendung von *Goto* macht Programme unübersichtlich und damit fehlerträchtiger. Man sollte daher auf *Goto* verzichten.

10.6 Testaufgaben

10.1 Warum liefern die beiden Anweisungen

```
IF a > 3 THEN test := true;
test := a > 3;
```

unter Umständen ein unterschiedliches Ergebnis?

10.2 *A* soll eine boolesche Variable mit dem Wert *True* sein, *b* soll den Wert *False* haben. Welcher Wert wird an *c* zugewiesen?

```
IF (a and false) then if b then c := 1 else c := 2 else c := 3;
```

10.3 Wie lange wird es schätzungsweise dauern (weniger als eine Sekunde, eine Minute, länger?), bis diese Schleife ausgeführt wurde?

```
for i := 1 to 10000 do i := 3;
```

10.4 Kann eine Real-Variable auch als Zähler in einer FOR-Schleife verwendet werden?

10.5 Wie oft wird der Signalton bei folgendem Beispiel ausgegeben?

```
FOR i := 1 to 5 DO
   FOR j := 1 to 5 DO
MessageBeep(mb_ok);
```

10.6 Ist es möglich, eine FOR- *und* eine REPEAT-Schleife zu verschachteln?

10.7 Schreiben Sie eine Funktion, die einen String als Ergebnis liefert, nämlich das Alphabet rückwärts. Verwenden Sie dazu eine FOR-Schleife. Verwenden Sie als Schleifenvariable eine Variable des Typs *Char*.

10.8 Wo liegt hier der Fehler?

```
j := 0;
i := 10;
REPEAT
  j := j + i;
  i := i + 10;
END;
UNTIL i = 100;
```

10.9 Wo liegt der wesentliche Unterschied zwischen einer Repeat- und einer While-Schleife (in Bezug darauf, wie oft die Schleifenanweisungen ausgeführt werden)?

10.10 Die Funktion *MOD* liefert den Anteil einer Ganzzahl-Division – also ist zum Beispiel *10 mod 3* = 1. Um in einer Schleife nur »hin und wieder« etwas zu tun – zum Beispiel *application.processmessages* aufzurufen –, was bei jedem Schleifendurchlauf überflüssig wäre, kann diese Funktion elegant verwendet werden. Können Sie sich denken, wie?

Kapitel 11

jetzt lerne ich

Benutzerdefinierte Typen, Arrays und Records

In diesem Kapitel werden wir uns ansehen, wie man in Object-Pascal eigene Datentypen definieren kann. Wir werden außerdem Arrays kennen lernen, die es uns erlauben, eine große Menge gleichartiger Variablen bequem zu verwalten. Nicht zuletzt werden wir sehen, wie man Verbundtypen definiert, so dass sich eine Variable aus mehreren Einzelvariablen zusammensetzen kann.

HINWEIS

Die Verbundtypen (Records) sind für das Verständnis von Objekten, die wir später behandeln werden, ungemein hilfreich.

Eigene Datentypen? Ist man denn mit Integer-, Real-, String- und auch noch einem booleschen Datentyp nicht schon ausreichend ausgestattet? Tatsächlich können wir mit diesen Datentypen alles beschreiben, was im Speicher unseres Computers untergebracht werden kann. Aber warum haben wir denn all diese verschiedenen Datentypen? Schließlich wird im Arbeitsspeicher doch alles nur in Bytes, ja genau genommen sogar in Bits abgespeichert? Mit den Datentypen, die wir bereits kennen gelernt haben, werden Daten *abstrahiert*; dadurch wird das Programmieren bequemer. Aber diese Abstraktion lässt sich noch steigern (und dadurch der Programmierkomfort) – mit selbst definierten Datentypen eben.

Stellen Sie sich einmal vor, Sie könnten eine Variable wie folgt selbst definieren:

```
var frucht: typfruchttyp;
```

und die Zuweisung dann so schreiben:

```
frucht := apfel;
```

Wie wir gleich sehen werden, ist dies tatsächlich ohne weiteres möglich. Verständlicher geht es sicher nicht mehr. Die Definition eigener Datentypen erhöht also die Lesbarkeit des Programms. Aber die Definition eigener Datentypen hat darüber hinaus noch einen weiteren großen Vorteil: Der Compiler kann fehlerhafte Zuweisungen entdecken, so dass uns schwer auffindbare Fehler unter Umständen erspart werden:

```
frucht := fahrrad;
```

würde der Compiler entdecken, denn »Fahrrad« ist keine Frucht (vorausgesetzt natürlich, wir haben »Fahrrad« überhaupt als Konstante eines bestimmten Typs definiert, sonst würde der Compiler einen Syntaxfehler melden). Der zweite große Vorteil von selbst definierten Typen ist also die Bereichsprüfung.

Wie hätten wir Beispiele solcher Art bisher definiert? Vermutlich hätten Sie Konstanten eingesetzt, um die Lesbarkeit des Programms zu erhöhen, zum Beispiel so:

```
const
apfel = 1;
birne = 2;
orange = 3;
fahrrad = 1;
pkw = 2;
var frucht, transportmittel: Byte;
begin
      frucht := apfel;
      transportmittel := fahrrad;
```

Das ist zwar auch lesbar, aber der Compiler kann logisch falsche Zuweisungen wie

```
frucht := pkw;
transportmittel := apfel;
```

nicht erkennen.

11.1 Typen selbst definieren

Wie definiert man denn nun eigene Datentypen? Dazu dient (wenig überraschend) das Schlüsselwort TYPE.

Schematisch sieht die Deklaration eines neuen Datentyps so aus:

```
TYPE TypName = <Typ-Definition>
```

Diese Zeile bedeutet so viel wie: Der neue Typ *TypName* wird entsprechend der Typ-Definition festgelegt. Anschließend kann man Variablen dieses Typs deklarieren, genauso wie man Integer- oder String-Variablen deklarieren würde. Daraus folgt natürlich:

> Die TYPE-Deklaration muss vor dem VAR-Abschnitt stehen!

HINWEIS

Die Typ-Deklaration gleicht insofern der Deklaration von Variablen oder Konstanten, als dass man auch hier mehrere Deklarationen hinter dem Schlüsselwort folgen lassen kann. Zwischen dem Bezeichner für den *TypNamen* und der Deklaration steht, wie bei einer Konstanten, lediglich ein »=«.

Mit <Typ-Definiton> sind verschiedene Formate möglich, je nachdem, welcher Art unser neuer Datentyp ist. Beginnen wir mit unserem Beispiel vom Anfang dieses Kapitels.

11.2 Aufzählungen

Unser Eingangsbeispiel würde man beispielsweise so definieren:

```
TYPE fruchtTyp = (apfel, birne, orange);
```

Wir haben die Früchte, die für unseren Fruchttyp möglich sind, *aufgezählt*. Wenig überraschend, dass ein Typ, der so beschrieben wird, *Aufzählungstyp* genannt wird.

Beachten Sie, dass wir für die Begriffe innerhalb der Klammern nicht etwa Anführungszeichen verwendet haben! Es handelt sich nicht um Strings, sondern um *Konstanten*! »Apfel« ist also nun einer der möglichen Werte für Variablen vom Typ *fruchtTyp*!

Sowohl der Bezeichner für den Typ an sich (*fruchtTyp*) als auch für die einzelnen Werte müssen den allgemeinen Regeln für Bezeichner (siehe 33) entsprechen. Sie dürfen daher auch nicht mit Object-Pascal-Schlüsselwörtern übereinstimmen.

Um einen Aufzählungstyp zu definieren, werden also die einzelnen Werte, durch Kommas getrennt und zwischen runden Klammern eingeschlossen, aufgezählt.

Hat man einen Typ definiert, kann man Variablen dieses Typs definieren und ihnen einen der aufgezählten Werte zuweisen.

Durch die Verwendung eines Aufzählungstyps führen wir eine neue Abstraktionsebene ein und machen so das Programm lesbarer. Wie aber stellt der Compiler Variablen des neu definierten Aufzählungstyps intern dar? Ganz einfach: als einen ordinalen Typ, d.h. als Integer-Zahl der entsprechenden Größe! Jedem möglichen Wert wird intern ein Integer-Wert zugeordnet, wobei der Compiler dem ersten Wert 0 zuordnet.

Bei *TYPE fruchtTyp = (apfel, birne, orange);* ergibt dies:

`apfel` erhält den Ordinalwert 0
`birne` erhält den Ordinalwert 1
`orange` erhält den Ordinalwert 2

Eigentlich sollte es uns ja gar nicht interessieren, wie der Compiler die Aufzählungswerte intern darstellt. Eigentlich. Aber es ist hilfreich, weil man sich damit einige interessante Eigenschaften von Aufzählungstypen vor Augen führen kann.

Ein Aufzählungstyp kann überall dort eingesetzt werden, wo ein ordinaler Typ erwartet wird, zum Beispiel in Ausdrücken. Das bedeutet, dass ein Ausdruck wie

```
apfel < birne
```

erlaubt ist (und in diesem Fall True liefert).

Sie sehen wenig Sinn darin? Schauen Sie sich einmal folgendes Beispiel an:

```
TYPE MonatsTyp = (Januar, Februar, Maerz, April, Mai, Juni, Juli, Au-
gust, September, Oktober, November, Dezember)
Var Monat: Monatstyp;
```

Nun können Sie ganz bequem Vergleiche der Art

```
IF monat = Januar
```

oder

```
IF monat < Maerz
```

anstellen.

MERKSATZ

Es gibt zwei Funktionen, die den Vorgänger bzw. den Nachfolger eines ordinalen *Typs ermitteln können:* Succ *ermittelt den Nachfolger (*Successor*), während* Pred (Predecessor) *den Vorgänger des angegebenen Wertes findet.*

Zum Beispiel:

`Succ(Januar)` ergibt Februar,
`Succ(2)` ergibt 3,
`Pred(1)` ist 0,
`Pred(Dezember)` ergibt November.

Wie man an diesen Beispielen erkennen kann, können diese Funktionen auch für Aufzählungstypen verwendet werden.

```
monat := Januar;
monat := Succ(Monat);
monat := Pred(Dezember);
```

So hat die Variable *monat* nach Ausführung der zweiten Zeile den Wert Februar, nach Ausführung der dritten Zeile den Wert November.

In Zusammenhang mit den *Succ*- und *Pred*-Funktionen haben wir auch die *Ord*-Funktion kennen gelernt. Auch diese Funktion lässt sich bei Aufzählungstypen verwenden. Sie liefert den Wert, den der Compiler intern für den jeweiligen Wert vergeben hat. *Ord(Januar)* liefert also 0, *Ord(Dezember)* liefert den Wert 12.

Aufzählungstypen sind ordinal.

Wenn Sie nicht mehr sicher sind: Bei einem Blick auf die Erklärung von »ordinal« auf 158 wird Ihnen sofort klar, warum. Das bedeutet u.a. auch, dass wir Aufzählungstypen in einer CASE-Anweisung verwenden können!

Vergleiche der Art *Januar < Februar* sind also sehr bequem durchführbar, wenn wir mit Aufzählungstypen arbeiten. Wie sieht es denn mit der Ausgabe aus? Kurz gesagt: düster. Denn eine bequeme Zuweisung wie zum Beispiel

```
Label1.Caption := Monat;
```

ist **nicht** möglich. Denn beim Typ *MonatsTyp* handelt es sich um einen selbst definierten Datentyp, bei *Caption* um einen Stringtyp. Was man natürlich machen könnte, wäre etwa Folgendes:

```
Label1.Caption := IntToStr(Ord(monat));
```

Allerdings hätten wir dann eine wenig aussagekräftige Zahl als Ergebnis, die dem nicht Eingeweihten sicherlich nicht viel sagen würde, zum Beispiel 4 für den Wert Mai.

Die Lösung: Wir schreiben eine Funktion, die unseren selbst definierten Typ als Argument akzeptiert und das entsprechende Ergebnis zurückgibt (womit schon klar ist, dass man auch in Funktionsaufrufen selbst definierte Typen verwenden kann). So müsste beispielsweise eine Funktion aussehen, die unseren Monatstyp in einen String umwandelt:

```
function MonatToStr(Monat: Monatstyp): String;
begin
  case Monat of
      Januar: MonatToStr := 'Januar';
      Februar: MonatToStr := 'Februar';
      Maerz: MonatToStr := 'März';
      April: MonatToStr := 'April';
      Mai: MonatToStr := 'Mai';
      Juni: MonatToStr := 'Juni';
      Juli: MonatToStr := 'Juli';
      August: MonatToStr := 'August';
      Septemper: MonatToStr := 'September';
      Oktober: MonatToStr := 'Oktober';
      November: MonatToStr := 'Novemer';
      Dezember: MonatToStr := 'Dezember';
   end;
end;
```

Damit könnten wir einem Label die passende Ausgabe zuweisen:

```
Label1.Caption := MonatToStr(monat);
```

ACHTUNG

Erst ab Delphi 6!

Ab Delphi 6 ist es möglich, den Ordinalwert für Elemente eines Aufzählungstyps explizit anzugeben, zum Beispiel:

```
TYPE TFarbe = (farbe_rot, farbe_blau=10, farbe_gelb);
```

Hier wurde dem Wert »farbe_blau« explizit ein neuer Ordinalwert, nämlich 10, zugewiesen. Das heißt:

ord(farbe_rot) ergibt *0*
ord(farbe_blau) ergibt *10*
ord(farbe_gelb) ergibt *11*

Beachten Sie, das mit dem letzten angegebenen Ordinalwert weitergezählt wird. Es ist auch möglich, mehreren Elementen denselben Ordinalwert zuzuweisen, in diesem Fall entsteht ein Element, das über verschiedene Namen angesprochen werden kann.

11.3 Teilbereiche

Außer den Aufzählungstypen gibt es noch weitere Arten, einen Typ zu deklarieren. Eine weitere Methode ist die Angabe eines Teilbereichs eines (bereits existierenden) ordinalen Typs, der hier als Basistyp bezeichnet wird. Der Teilbereich wird definiert, indem man den untersten und den obersten Wert aus der Wertemenge des Basistyps angibt. Zum Beispiel:

```
TYPE ZahlenTyp = -10..10;
```

Der Teilbereich muss fortlaufend sein und reicht über alle Werte von der angegebenen Untergrenze bis zur Obergrenze. Es ist nicht möglich, Lücken zu definieren. Die Typ-Deklaration sieht also schematisch so aus:

```
Type TypName = Untegrenze..Obergrenze
```

MERKSATZ

Bei der Deklaration von Teilbereichstypen werden Untergrenze und Obergrenze durch zwei Punkte getrennt.

Wenn wir uns ins Gedächtnis rufen, dass auch eine *CHAR*-Variable ordinal ist, sind auch Typ-Definitionen wie folgt möglich:

```
TYPE Grossbuchstaben = 'A'..'Z';
         Kleinbuchstaben = 'a'..'z';
         Ziffern = '0'..'9';
```

Bei der Definition der beiden Grenzwerte muss nicht zwangsläufig eine Konstante verwendet werden; es ist auch möglich, einen beliebigen Ausdruck einzusetzen, vorausgesetzt, dieser ist zur Compilierungszeit auswertbar. Hierzu einige Beispiele:

```
CONST max = 100;
TYPE teilTyp = -max..(max – 50);
     teilTyp2 = 0..(max div 2);
     teiltyp3 = -(3 * max)..(5 * (max - 2));
```

11.4 Mengen

Und noch eine weitere Art von Typ-Deklarationen ist möglich: *Mengen* sind eine Ansammlung von ordinalen Werten, die entweder in der Menge vorhanden sind oder nicht.

MERKSATZ

Eine Menge ist eine Zusammenfassung von Werten desselben Ordinaltyps. In einer Menge wird lediglich gespeichert, ob der Wert vorhanden ist oder nicht. Mengen werden mit Set Of *deklariert:*

```
type
  TTag = (Montag, Dienstag, Mittwoch, Donnerstag,
          Freitag, Samstag, Sonntag);
  Tage = Set of TTag;
  Ziffern = Set of 0..9;
  Zeichen = Set of Char;
```

Wie Sie sicherlich erkannt haben, ist *TTag* keine Menge, sondern ein Aufzählungstyp. *Tage* ist demgegenüber aber eine Menge, die die einzelnen Elemente von *TTag* entweder enthält – oder auch nicht. Die Elemente einer Menge werden in eckigen Klammern angegeben. Da die Mengenelemente allesamt ordinal sind (oder genauer: sein müssen), kann man bei Zuweisungen auch Teilbereiche angeben. Deklariert man zwei Mengen des Typs *Tage* wie folgt:

```
var WochenTage, ZweiTage: Tage;
```

so lassen sich beispielweise Zuweisungen so darstellen:

```
WochenTage := [Montag..Samstag];
ZweiTage := [Montag, Freitag];
```

Damit enthält die Menge *WochenTage* alle möglichen Werte des Aufzählungstyps *TTag* bis auf *Sonntag*, die Menge *ZweiTage* enthält nur die beiden Werte *Montag* und *Freitag*. Noch einmal: Die Menge gibt nur Auskunft darüber, ob ein Wert zur Menge gehört oder nicht. Bildlich kann man sich das so vorstellen: In einer großen Tabelle sind alle möglichen Werte des jeweiligen Typs nacheinander aufgeführt. Einige Elemente sind angekreuzt. Diese angekreuzten Elementen bilden die Menge.

Die einzelnen Werte einer Menge werden in eckigen Klammern angegeben. Dabei können die einzelnen Ordinalwerte durch Komma getrennt aufgezählt werden, es ist aber auch möglich, Teilbereiche anzugeben:

```
[Montag, Dienstag, Donnerstag..Samstag]
```

Mit den *Mengenoperatoren* kann man dann prüfen, ob ein bestimmtes Element »angekreuzt« ist:

```
if Mittwoch in WochenTage then (* ... *)
```

Mit dem Operator *in* kann also geprüft werden, ob ein bestimmter Ordinaltyp in der Menge enthalten ist (mit einer Negation der Form *if not (mittwoch in WochenTage) then* kann dementsprechend das Gegenteil überprüft werden). Dies ist jedoch nicht der einzige Mengenoperator, außer ihm gibt es noch drei weitere Operatoren für Mengen. Wenn *C* ein Ordinalwert ist und *A* und *B* zwei Mengen (passend zu diesem Basistyp), so ergibt sich:

- C ist in (A + B) enthalten, wenn er entweder in A oder in B oder in beiden enthalten ist; + ist der Vereinigungsoperator.
- C ist dann in (A – B) enthalten, wenn er in A, aber nicht in B enthalten ist; – ist der Differenzoperator.
- C ist dann in (A * B) enthalten, wenn er sowohl in A als auch in B enthalten ist; * ist der Durchschnittsoperator.

Diese drei Operatoren liefern eine neue Menge als Ergebnis, im Gegensatz zu »in«, der einen booleschen Wert als Ergebnis liefert.

Wenn man zwei Mengen mit +, – oder * verknüpft, so »reicht« die Ergebnismenge vom kleinsten Element bis zum größten Element beider Mengen, so als ob sie als *Set of min...max* definiert worden wären (wobei *min* das kleinste, *max* das größte Element darstellt).

Ein Anwendungsbeispiel für Mengen sind in Delphi die »BorderIcons« eines Formulars. Mit ihnen kann im Objektinspektor festgelegt werden, welche Symbole im Rahmen des Formulars erscheinen. Tatsächlich handelt es sich dabei um eine Menge, deren Mitglieder man über den Objekt-Inspektor festlegt.

11.5 Records

Stellen Sie sich folgende Situation vor: Sie arbeiten an einem Programm, das die Arbeitszeit für die Mitarbeiter Ihres Unternehmens erfassen und auswerten soll. Sie müssen also für jeden Mitarbeiter eine Reihe von Informationen speichern:

- Personalnummer
- Vorname des Mitarbeiters
- Nachname des Mitarbeiters
- Anfangszeit – Stunde
- Anfangszeit – Minute
- Endzeit – Stunde
- Endzeit – Minute

Jeden Tag müssen für jeden Mitarbeiter also eine ganze Reihe von Variablen verwaltet werden. Wie würden Sie sich entscheiden, welche Variable welchen Typ bekommen soll? Möglicherweise so:

Bedeutung	Variablenname	Typ
Personalnummer	Pnummer	Integer
Vorname Mitarbeiter	Vname	String
Nachname Mitarbeiter	Nname	String
Anfangszeit – Stunde	AZeitStd	Byte
Anfangzeit – Minute	AZeitMin	Byte
Endzeit – Stunde	EZeitStd	Byte
Endzeit – Minute	EZeitMin	Byte

Wir müssen also für einen Mitarbeiter (und je Tag) sowohl Integer-, String- als auch Byte-Variablentypen verwalten. Obwohl die verschiedenen Variablen unterschiedlichen Typs sind, so gehören sie doch zusammen, da sie eine Information beschreiben. Man kann diese Variablen sozusagen auf eine Karteikarte (engl. record card) schreiben und dies ist auch in Object-Pascal möglich.

So können wir die einzelnen Variablen in einer gemeinsamen »Karteikarte« zusammenfassen:

```
var mitarbeiter : Record
                         Pnummer   : Integer;
                         Vname     : String;
                         Nname     : String;
                         AZeitStd,
                         AZeitMin,
                         EZeitStd,
                         EZeitMin  : Byte;
                    end;
```

Mit dieser Anweisung haben wir eine neue *Verbundvariable mitarbeiter* definiert. Diese setzt sich aus den Einzelvariablen wie *Pnummer*, *Vname* usw. zusammen.

Allgemein definiert man eine Record-Variable wie folgt:

```
Variablenname : Record
                    Variable1;
                    ..
                    Variablen;
               end;
```

Die einzelnen »Teilvariablen« werden also zwischen RECORD und END zusammengefasst.

Wie benutzt man eine Teilvariable aus einer solchen *Verbund-* bzw. *Record-*Variablen? So:

```
mitarbeiter.Pnummer := 10;
```

MERKSATZ

Man trennt also die »Hauptvariable« und die »eingebettete« Variable durch einen Punkt.

11.5.1 Typen von Records deklarieren

Es ist nicht nur möglich, Record-Variablen direkt zu deklarieren, sondern es kann auch ein entsprechender Typ deklariert werden! So könnte man zum Beispiel einen Typ *Punkt* deklarieren:

```
TYPE TPunkt = RECORD
                    a, b: INTEGER;
                END;
```

Und fortan können wir Variablen dieses Typs wie folgt deklarieren:

```
VAR Punkt1, Punkt2: TPunkt;
```

HINWEIS

Übrigens: Dass ich dem Namen des Typs ein »T« vorangestellt habe, ist Absicht. Auch die Entwickler von Delphi halten sich an diese Tradition. Wenn man sich durchgängig daran hält, sieht man sofort, dass es sich bei dem Bezeichner um einen Typ und nicht etwa um einen Variablennamen handelt. Außerdem bleibt dann der Bezeichner »Punkt« für die eigentliche Variable frei: Die Deklaration *VAR Punkt: TPunkt;* ist somit wesentlich übersichtlicher. Sie sollten sich dieses Prinzip auch angewöhnen.

Doch zurück zu unserem Beispiel. Was passiert, wenn ich zusätzlich eine Variable deklariere, die denselben Namen wie eine Variable innerhalb eines Records hat? Zum Beispiel so:

```
VAR a, b: Integer;
    Punkt1, Punkt2: TPunkt;
```

Die einfache Antwort: nichts! Denn eine Variable innerhalb eines Records ist nur innerhalb desselben gültig, man kann sie also auch nur über den Zugriff auf den Record erreichen. In unserem Beispiel sind *a* und *Punkt1.a* zwei völlig verschiedene Variablen.

Es wird Sie nicht weiter überraschen, dass man auch Records schachteln kann. Betrachten Sie dazu einmal folgendes Beispiel:

```
TYPE TPunkt =   Record
     x, y: Integer;
     end;
     TQuadrat = Record
                obenLinks,
                untenRechts: TPunkt;
     end;

VAR Quadrat: TQuadrat;
```

Hier haben wir einen Record definiert, nämlich »Quadrat«, der sich aus zwei Punkten zusammensetzt. Der Punkt oben links und der Punkt unten rechts beschreiben das Quadrat ja ausreichend innerhalb eines Koordinatensystems.

Der springende Punkt: Auch die beiden Punkte sind Records – sie bestehen nämlich aus der X- und der Y-Koordinate des Punkts. Angenommen, wir möchten ein solches Quadrat definieren, dann könnten wir die Zuweisung mit folgenden Befehlen vornehmen:

```
Quadrat.obenLinks.x := 5;
Quadrat.obenLinks.y := 6;
Quadrat.untenRechts.x := 10;
Quadrat.untenRechts.y := 11;
```

HINWEIS

Bei verschachtelten Records gelangt man durch mehrmaliges Aneinanderreihen der Variablennamen, getrennt durch ».«, an die jeweiligen Elemente.

In diesem Beispiel sieht man aber auch, dass es viel Schreibarbeit ist, wenn man immer wieder das Wort »Quadrat« wiederholen muss. Auch die Entwickler der Sprache Pascal waren bequem – daher gibt es die WITH DO-Anweisung.

MERKSATZ

Mit der WITH DO-Anweisung kann man dem Compiler mitteilen, dass es sich bei den Variablen der folgenden Anweisung um Teilvariablen eines Records handelt.

Hinter WITH muss dabei der Name der gewünschten Record-Variable folgen, hinter DO die Anweisung. Wenn es sich um mehrere Anweisungen handelt, so müssen diese wie üblich mit BEGIN...END eingeschlossen werden.

Mit der WITH-Anweisung sähe unser Beispiel so aus:

```
WITH Quadrat DO
BEGIN
  obenLinks.x := 5;
  obenLinks.y := 6;
  untenRechts.x := 10;
  untenRechts.y := 11;
END;
```

Zugegeben, bei nur vier Zeilen ist das nicht sonderlich effektiv, vor allem da hier gleich drei neue Zeilen hinzukommen. Bei stärker verschachtelten Records kann sich der Einsatz von WITH..DO aber schon lohnen. Zudem lässt sich WITH durch Angabe mehrerer Unterbereiche noch effektiver einsetzen.

Bisher haben wir auf jede einzelne Teilvariable eines Records einzeln zugegriffen. Die Stärke von Records liegt aber gerade darin, dass man sie als Einheit behandeln kann. Angenommen, wir möchten einer Variablen *Quadrat1* den Inhalt der Variablen *Quadrat2* zuweisen. Dann können wir entweder ...

```
...
VAR Quadrat1, Quadrat2: TQuadrat;
BEGIN
  ...
  Quadrat1.obenLinks.x := Quadrat2.obenLinks.x;
  Quadrat1.obenLinks.y := Quadrat2.obenLinks.y;
  Quadrat1.untenRechts.x := Quadrat2.untenRechts.x;
  Quadrat1.untenRechts.y := Quadrat2.untenRechts.y;
```

oder »unwesentlich« einfacher

```
...
VAR Quadrat1, Quadrat2: TQuadrat;
BEGIN
  ...
  Quadrat1 := Quadrat2;
```

schreiben. Wir können Records wie normale Variablen behandeln. Das heißt im Einzelnen: Wir können

1. sie einer Funktion oder Prozedur als Argument übergeben beziehungsweise als Funktionsergebnis benutzen:

   ```
   function test(quadrat: TQuadrat): TQuadrat;
   procedure test(var Quadrat: TQuadrat);
   ```

2. sie zuweisen: Quadrat1 := Quadrat2;
3. sie vergleichen: IF Quadrat1 = Quadrat2.

Doch Vorsicht: := und = sind die einzigen Operatoren, die wir auf gesamte Records anwenden können! Operatoren wie >, <= usw. funktionieren nicht und führen zu einem Compilerfehler!

Wenn Sie mit verschiedenen Record-Variablen des gleichen Typs arbeiten möchten, dann sollten Sie einen entsprechenden Typ generieren und nicht jede einzelne Variable direkt deklarieren (wie wir es am Anfang dieses Abschnitts gemacht haben).

Wenn wir folgendes Beispiel betrachten:

```
VAR Quadrat1: Record
  obenLinks,
  untenRechts: TPunkt;
end;
Quadrat2: Record
  obenLinks,
  untenRechts: TPunkt;
end;
```

so ist dies auf den ersten Blick korrekt. Aber obwohl beide Variablen exakt gleich sind, wird die Zuweisung

```
Quadrat1 := Quadrat2;
```

vom Compiler entrüstet abgelehnt. Warum? Die beiden Variablen sind zwar gleich, aber das weiß der Compiler nicht, da wir keinen Typ deklariert haben. Nur wenn dem Compiler ein Typ bekannt ist, kann er ihn prüfen. Deklarieren Sie daher erst einen Typ wie TQuadrat und dann die Variablen mit diesem. Dies bedeutet nicht nur weniger Schreibarbeit und ermöglicht die Typprüfung, man kann so auch auf einen Schlag den Record-Typ für alle Variablen im Nachhinein ändern.

11.6 Variante Records

Object-Pascal bietet uns noch eine Spezialität an, die Sie vermutlich erst nach längerer Programmierpraxis, wenn überhaupt, benutzen werden.

Bei den *varianten Records* teilen sich mehrere (Teil-)Variablen denselben Speicherplatz. Man kann damit auf Informationen auf mehr als eine Art zugreifen.

Ein Record kann dabei aus einem konstanten und einem variablen (varianten) Teil bestehen. Im varianten Teil des Records wird der Speicherplatz auf mehrere Feldlisten verteilt. Eine Feldliste ist dabei eine Reihe von Variablen. Damit der Compiler die verschiedenen Feldlisten irgendwie unterscheiden kann, benötigt man je Liste eine ordinale Konstante. Ok, ich gebe zu, das hört sich etwas abstrakt an. Schauen wir uns an, wie so ein Record tatsächlich vereinbart wird:

```
type TVarRec1 = Record
                  a: Integer;
                  case dummy: Boolean of
                    true : (b: Integer);
                    false: (c: Real);
                end;
```

Die Vereinbarung von *a* ist noch genauso wie gewohnt – dabei handelt es sich um den konstanten Teil des Records. Anschließend folgen die beiden Feldlisten; in diesem Fall enthalten sie jeweils nur eine einzelne Variable – *b* bzw. *c*. Für jede Feldliste wird eine Konstante zur Unterscheidung benötigt – in diesem Fall *True* und *False*. Jede Feldliste muss in runden Klammern zusammengefasst werden. Naturgemäß sind mit einem booleschen Wert nur zwei Listen möglich – dies ist jedoch keine allgemeine Begrenzung. Hier ein Beispiel mit drei Feldlisten:

```
type TVarRec2 = Record
                  a: Integer;
                  case dummy: Integer of
                    1 : (b: Integer);
                    2:  (c: Real);
                    3:  (d: Byte; e: Real);
                end;
```

An diesem Beispiel sieht man zudem, dass eine Feldliste mehr als ein Element enthalten kann. Die dritte Liste von *TVarRec2* enthält die Variablen *d* und *e*.

Wie bereits erwähnt, teilen sich alle Feldlisten denselben Speicherplatz. *TVarRec2* würde also folgendermaßen im Speicher abgebildet:

Abb. 11.1: Speicherbelegung varianter Record

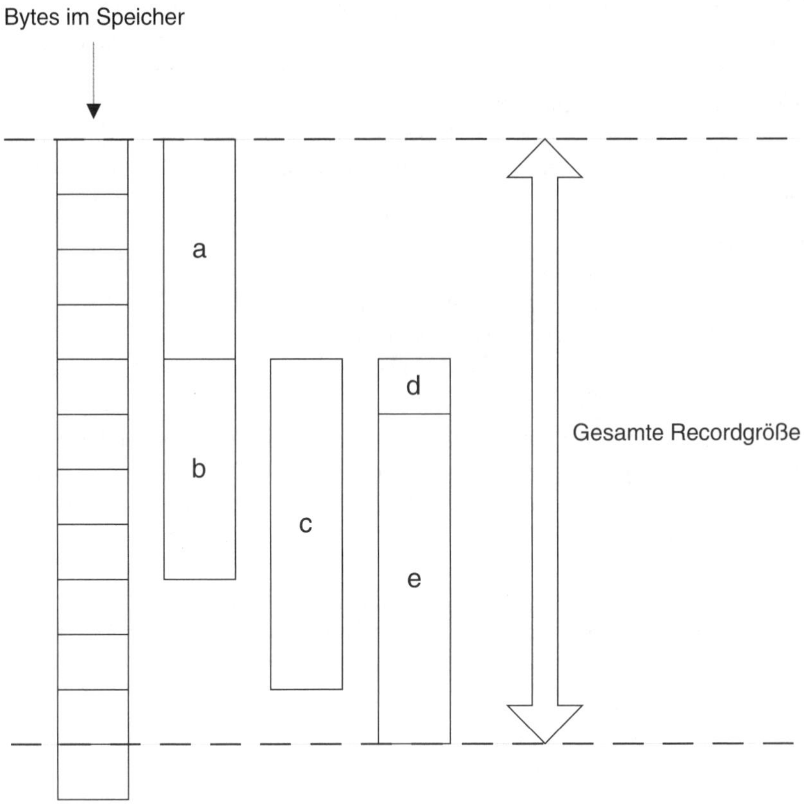

Man kann jederzeit auf jede Variable jeder Feldliste zugreifen – aber die Veränderung einer Feldliste verändert zwangsläufig auch den Inhalt der anderen Listen. Zur Probe definieren wir einen varianten Record und eine Hilfsvariable:

```
var varRec: TVarRec2;
         d: Real;
```

Auf den konstanten Teil des Records kann man wie gewohnt zugreifen, ohne dass es zu einer Beeinflussung anderer Variablen kommt:

```
varRec.a := 10;
```

Initialisiert man nun c auf 0 ...

```
varRec.c := 0;
```

und verändert die Werte von Variablen in einer anderen Feldliste

```
varRec.b := 10;
```

so verändert man dadurch auch den Inhalt von *c*. Deshalb hat *d* nach der Zuweisung

```
d := varRec.c;
```

den Wert 1,50463276905253E-36 – der sich daraus erklärt, dass die Speicherbelegung zwischen Integer- und Real-Typen völlig verschieden ist.

Auf den ersten Blick ist es vielleicht nicht einsichtig, wofür variante Records benötigt werden. Angenommen, Sie müssen Informationen über sehr viele Mitarbeiter speichern. Je nachdem, in welcher Abteilung der Mitarbeiter ist, müssen verschiedene Informationen gespeichert werden – ein solcher Einsatzfall lässt sich mit varianten Records sehr elegant lösen. Vor allem wird wirklich nur so viel Speicher reserviert, wie notwendig ist, um den konstanten Record und die größte Feldliste zu speichern.

Zum Abschluss dieses Abschnitts wollen wir uns noch zwei Funktionen ansehen, die besonders in Verbindung mit Records nützlich sind: *FillChar* und *SizeOf*. Mit *FillChar* können wir einen bestimmten Speicherbereich (hoffentlich absichtlich) auch über Variablengrenzen hinweg mit einem bestimmten Byte-Wert füllen.

Mit *SizeOf* kann man die Größe einer Variable – und natürlich auch die eines Records – ermitteln. *SizeOf* kann als Parameter dabei entweder den Bezeichner für eine Variable oder einen Typ als Argument bekommen:

```
a := SizeOf(TQuadrat);
```

liefert dasselbe Ergebis wie

```
a := SizeOf(Quadrat);
```

SizeOf liefert die Anzahl Bytes, die eine Variable im Speicher belegt.

Mit *FillChar* können wir einen bestimmten Speicherbereich mit einem Wert füllen. Dazu müssen wir die Startadresse des Bereichs (den Namen einer Variable), die Anzahl der ab dieser Adresse zu füllenden Bytes und den Wert angeben, mit dem jedes Byte beschrieben werden soll.

So sieht der Aufruf von *FillChar* aus:

```
FillChar(Variable, Anzahl Bytes, Byte-Wert)
```

Diese Funktion ist deshalb so praktisch für uns, weil man mit ihr einen Record auf 0 setzen kann, ohne eine Zuweisung an jede einzelne Variable vornehmen zu müssen. Praktischerweise kann der Record auch Strings enthalten, sie sind dann anschließend leer. So sieht eine solche Zuweisung aus:

```
FillChar(Quadrat, SizeOf(Quadrat), 0);
```

Als zweites Argument müssen wir die Anzahl der füllenden Bytes übergeben; dies ist die Größe des Records, die wir mit *SizeOf* ermitteln. Alle Bytes sollen mit einem bestimmten Zeichen gefüllt werden – dies ist das dritte Argument (hier das Zeichen »0«). Voilà. Egal wie groß der Record ist oder wie viele einzelne Variablen er enthält, diese Methode funktioniert immer.

FillChar ist gefährlich: Wenn man eine falsche Länge übergibt, schreibt diese Funktion über den für die jeweilige Variable reservierten Speicher hinaus und kann dadurch das Programm zum Absturz bringen!

Betrachten wir zum Abschluss ein kleines Beispielprogramm mit diesen beiden Funktionen:

Wir schieben dazu zehn Labels auf ein leeres Formular, so dass sie zwei Spalten zu je fünf Labels untereinander bilden. Oben links sollte Label1 stehen, oben rechts dementsprechend Label6 und unten rechts Label10. Das Ganze krönen wir mit einem Button unter den Labels. Dann definieren wir folgenden Typ und ein paar Variablen (für fett gedruckte Zeilen ist unsere eigene Kreativität und nicht die von Delphi verantwortlich):

```
type
  TTest = Record
            a: Byte;
            b: Integer;
          end;

  TForm1 = class(TForm)
    Label1: TLabel;
    Label2: TLabel;
    Label3: TLabel;
    Label4: TLabel;
    Label5: TLabel;
    Button1: TButton;
    Label6: TLabel;
    Label7: TLabel;
    Label8: TLabel;
    Label9: TLabel;
    Label10: TLabel;
    procedure Button1Click(Sender: TObject);
  private
    { Private-Deklarationen }
    test1, test2: TTest;
    s1, s2: String;
    i: LongInt;
  public
    { Public-Deklarationen }
  end;
```

...und ändern die OnClick-Ereignisroutine des *Button1* folgendermaßen:

```
procedure TForm1.Button1Click(Sender: TObject);
begin
  s2 := '0123456789';
  FillChar(test1, SizeOf(test1),3);
  FillChar(i, SizeOf(i), 1);

  with test1 do
    Label1.Caption := 'Test1: a = ' + IntToStr(a) +
                      ', b = ' + IntToStr(b);

  with test2 do
    Label2.Caption := 'Test2: a = ' + IntToStr(a) +
                      ', b = ' + IntToStr(b);

  Label3.Caption := 's1 = ' + s1;
  Label4.Caption := 's2 = ' + s2;
  Label5.Caption := 'i = ' + IntToStr(i);
  Label6.Caption := IntToStr(SizeOf(test1));
  Label7.Caption := IntToStr(SizeOf(Ttest));
  Label8.Caption := IntToStr(SizeOf(s1));
  Label9.Caption := IntToStr(SizeOf(s2));
  Label10.Caption := IntToStr(SizeOf(i));
end;
```

Nach einem Klick auf den Button liefert das Programm unter Delphi 1 folgendes Ergebnis:

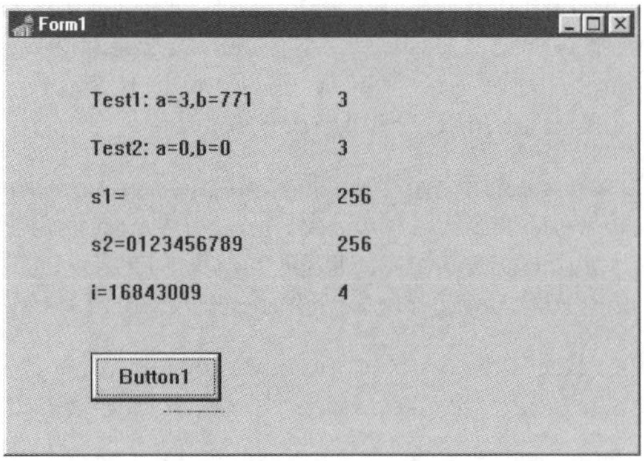

Abb. 11.2: Größe von Datentypen bei Delphi 1

Dabei sieht das Ergebnis unter Delphi 2 geringfügig anders aus:

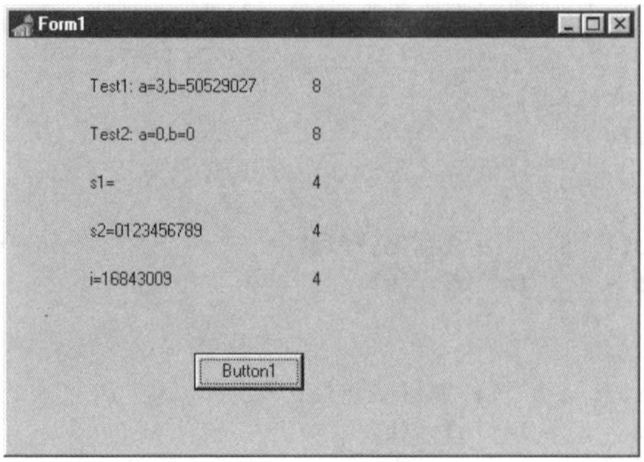

Abb. 11.3: Größe von Datentypen bei Delphi 2

Betrachten wir zunächst einmal das Ergebnis unter Delphi 1 und untersuchen erst dann, warum das Programm unter Delphi 2 andere Ergebnisse liefert.

Wenn der Button angeklickt wird, wird die OnClick-Routine aufgerufen, die zunächst den Inhalt von drei Variablen wie folgt verändert:

```
s2 := '0123456789';
FillChar(test1, SizeOf(test1), 3);
FillChar(i, SizeOf(i), 1);
```

Wir weisen also der zweiten Stringvariable eine zehn Zeichen lange Zeichenkette zu. Die erste Stringvariable lassen wir unverändert.

Anschließend füllen wir jedes einzelne Byte unser Record-Variable *test1* mit dem Wert 3. Dass wir den gesamten Speicherbereich ausfüllen, stellen wir dadurch sicher, dass wir die Größe mittels *SizeOf* ermitteln und als zweites Argument an *FillChar* übergeben.

Dann machen wir dasselbe mit unserer *LongInt*-Variable *i*. Es ist wichtig zu differenzieren, dass wir der Integer-Variable nicht etwa den Wert 1 zuweisen – sondern den Wert in jedes einzelne Byte schreiben, aus dem die Variable besteht. Warum das einen Unterschied macht, werden wir gleich noch sehen.

Der Rest unserer Routine gibt nur den Inhalt der einzelnen Variablen auf der linken, ihre jeweilige Größe in der rechten Spalte aus.

Wir haben den Record *test1* mit '3' »gefüllt«. Dass die Byte-Variable *a* den Wert 3 hat, ist also nicht weiter überraschend. Aber was ist mit *b*? Wo kommt der Wert 771 her? Nun, *b* ist eine Integer-Variable und besteht aus *zwei* Bytes. Das untere nimmt die ersten 8 Bits, das obere die zweiten 8 Bits auf. Daher errechnet sich der Wert so: Byte1+256*Byte2, also 3+256*3 = 771. Nicht klar? Dann lesen Sie noch mal den Abschnitt »Bits und Bytes«!

Die Größe, die auf dem Formular rechts daneben angegeben wird, dürfte nicht weiter überraschen: Unsere Records enthalten ein Byte und einen Integer, der seinerseits aus 2 Bytes besteht: also 3 Bytes!

Da wir *test2* keine Werte zugewiesen haben, sind sowohl a als auch b Null. Interessant: Auch hier ist die Größe 3, obwohl wir diesmal der *SizeOf*-Funktion den Typ, nicht aber die Variable selbst übergeben haben (siehe Zuweisung an Label7).

s1 und *s2* haben die erwarteten Werte, aber auch die gleiche Größe, obwohl doch unterschiedlich viele Zeichen darin stehen (10 im einen, 0 im anderen Fall). Wie kommt das? Wenn Sie sich diese Frage nicht beantworten können, sollten Sie noch einmal das Kapitel über Strings (99) lesen.

Nun sind auch die Größe und der Wert für *i* nicht mehr überraschend: Ein LongInt belegt 4 Bytes und die haben wir jeweils mit 1 gefüllt, also ist der Wert: $256^0*1+256^1*1+256^2*1+256^3*1 = 16843009$.

So weit, so klar. Aber warum liefert nun Delphi 2 so unterschiedliche Ergebnisse? Zum einen sind unsere Records plötzlich 8 Bytes groß. Nun, ein Integer ist unter Delphi 2 nicht zwei, sondern 4 Bytes groß: Denn Delphi 2 ist ein 32-Bit-Compiler, im Gegensatz zu Delphi 1, der normalerweise mit 16 Bits rechnet. Dies erklärt natürlich auch den anderen Wert in *b*.

Aber obwohl wir deklariert haben, wir möchten nur ein Byte für *a*, hat der Compiler deren vier reserviert. Er macht dies aus Geschwindigkeitsgründen: Wenn die einzelnen Variablen an Speicheradressen liegen, die ein Vielfaches der Zahl sind, kann die CPU wesentlich effektiver darauf zugreifen. Da ein Delphi-Programm hinsichtlich Geschwindigkeit und nicht hinsichtlich Speicherplatz optimiert wird, verschenkt der Compiler die drei Bytes lieber, als Geschwindigkeitseinbußen in Kauf zu nehmen.

Bleibt noch die Erklärung, warum die String-Variablen plötzlich nur noch 4 Bytes benötigen sollen. Tun sie natürlich nicht. Die 4 Bytes werden nur von der Referenz auf die Strings belegt. Delphi 2 benutzt standardmäßig die »langen Strings«. Lesen Sie gegebenenfalls im Kapitel über Variablen noch einmal nach, wie Delphi 2 lange Strings speichert.

11.7 Arrays

Records kennen wir bereits. In einem Record kann man mehrere Variablen, die auch unterschiedlichen Typs sein können, zusammenfassen.

Mit einem Datenfeld, oder genauer mit einem *Array*, können wir ebenfalls mehrere Variablen in einer Datenstruktur zusammenfassen. Es gibt jedoch zwei wesentliche Unterschiede:

MERKSATZ

In einem Array müssen alle Einzelvariablen denselben Typ haben. Jede Einzelvariable wird über eine Indexnummer statt über einen Namen angesprochen.

Wofür braucht man Arrays? Wenn man mit mehreren Daten des gleichen Typs arbeitet, kommt man fast nie ohne Arrays aus!

11.7.1 Einfache Arrays

In einem Array speichern wir eine zahlenmäßig beliebig größere Ansammlung von Daten gleichen Typs. Um beispielsweise zehn Integer-Zahlen in einem Array zu speichern, müssten wir das Array (wenn wir es denn einfach »a« nennen) folgendermaßen definieren:

```
VAR a: Array[1..10] OF Integer;
```

Wie Sie sehen, ist auch das Array eine normale Variable. Bei der Deklaration müssen wir aber außer dem gewünschten Namen auch noch den Typ der Daten (hier Integer) und die Anzahl (10) angeben. Schematisch sieht die Deklaration eines Arrays (genauer: eines eindimensionalen Arrays, dazu später mehr) so aus:

```
VAR Name: Array [ von .. bis ] OF Elementtyp;
```

Damit haben wir eine Reihe von gleichartigen Variablen deklariert, auf die wir über den Array-Namen zugreifen können. Wir greifen (beispielsweise) auf die dritte Integer-Variable unseres Beispiel-Arrays »a« mit *a[3]* zu. Also:

MERKSATZ

Die einzelnen Elemente eines Arrays erreicht man, indem man hinter dem Array-Namen den gewünschten Index des Elements (in eckigen Klammern) angibt.

Der Index der Array-Elemente beginnt bei dem mit *von* definierten Wert und endet mit dem mit *bis* definierten Wert in der Array-Deklaration. Die beiden Werte müssen in der Deklaration durch zwei Punkte getrennt werden.

Ein solches Array-Element behandelt man wie jede gewöhnliche andere Variable. Ihr Typ entspricht dem Typ des einzelnen Elements. Man kann alles das machen, was man mit einer normalen Variable des gleichen Typs auch machen kann – Zuweisungen, Vergleiche und alle anderen Operationen.

Möglicherweise leuchtet es Ihnen noch nicht ein, was der Vorteil der Zahlenangaben in eckigen Klammern ist. Das Interessante dabei: In den eckigen Klammern muss ja keine Konstante stehen, sondern dies kann ein beliebiger Ausdruck sein, solange er mit dem Typ des Index übereinstimmt.

Wie einfach ein Array manche Aufgaben machen kann, zeigt das folgende Beispiel. Wir benötigen (warum auch immer, es geht ja nur ums Beispiel) 15 Zufallszahlen. Also brauchen wir 15 Integer-Variablen *z*, wobei jeder einzelnen ein Zufallswert zugewiesen wird.

Die Funktion *Random* ist vordefiniert. Sie liefert einen Zufallswert zwischen 0 und dem angegebenen Argument.

Die konventionelle Möglichkeit:

```
VAR  z1,z2,z3,z4,z5,
     z6,z7,z8,z9,z10,
     z11,12,z13,z14,z15: Integer;
BEGIN
  z1 := Random(100);
  z2 := Random(100);
  z3 := Random(100);
  z4 := Random(100);
  z5 := Random(100);
  z6 := Random(100);
  z7 := Random(100);
  z8 := Random(100);
  z9 := Random(100);
  z10 := Random(100);
  z11 := Random(100);
  z12 := Random(100);
  z13 := Random(100);
  z14 := Random(100);
  z15 := Random(100);
  ...
```

Und nun dieselbe Aufgabe mit einem Array:

```
VAR a: Array[1..15] of Integer;
    i: Byte;
BEGIN
  for i := 1 to 15 do
    z[i] := Random(100);
  ...
```

Noch nicht überzeugt? Dann probieren Sie das mal mit 1000 Zufallszahlen – danach sind sie es.

Wir haben hier den »Trick« benutzt, die einzelnen Zuweisungen in einer Schleife durchführen zu lassen. Dabei benutzen wir die Schleifenvariable *i* als Index für den Zugriff auf die einzelnen Array-Variablen. Wenn Sie mit Arrays arbeiten, werden Sie fast immer auf die eine oder andere Art mit Schleifen arbeiten. Ganz einfach: weil es so ungemein praktisch ist.

HINWEIS

Der Zugriff auf Array-Elemente kann über einen beliebigen Ausdruck erfolgen. Besonders sinnvoll ist der Zugriff über die Laufvariable einer Schleife.

Der Index des Arrays – also der Bereich – muss nicht zwangsläufig bei 1 beginnen.

Bisher haben wir nur Integer-Arrays betrachtet. Aber die Elemente eines Arrays können jeden beliebigen Typ haben, solange es ein ordinaler Typ ist. Lassen Sie mich wieder ein Beispiel konstruieren: Es gibt sieben Mitarbeiter; deren Adresse müssen wir speichern. Jeder ist für einen bestimmten Wochentag zuständig. Wir könnten dieses Problem mit folgenden Datenstrukturen erledigen:

```
TYPE TWochenTag = (Montag, Dienstag, Mittwoch, Donnerstag, Freitag,
Samstag, Sonntag);
     TNachtwaechter = Record
                        Vorname,
                        Nachname,
                        Strasse,
                        PLZ_Ort: String;
                      end;
```

Nun müssen die einzelnen »Mitarbeiter« nur noch in ein Array »gepackt« werden:

```
VAR Nachtwaechter: Array[Montag..Sonntag] of TNachtwaechter;
```

... und schon können wir sehr bequem auf die Daten jedes für einen bestimmten Wochentag zuständigen Mitarbeiters zugreifen:

```
If Nachtwaechter[Dienstag].Name = 'Maier' then ... ;
```

An diesem Beispiel sieht man: Für die Art der Elemente, d.h. für deren Typ, gibt es keinerlei Einschränkungen. Auch Records können Array-Elemente sein.

Außerdem muss der Index des Arrays lediglich ein ordinaler Typ sein. Wie wir wissen, ist jeder Aufzählungstyp ordinal. Genauso wie Integer- und Char-Variablen. Eine Array-Deklaration wie

```
VAR a: Array['A'..'Z'] of Integer;
```

ist also korrekt und liefert ein Array von 26 Integer-Zahlen. Der Zugriff würde in diesem Fall beispielsweise mit *a['U'] := 10* erfolgen.

Wenn Sie unsere bisherigen Beispiele mit denen aus dem vorigen Abschnitt, also den Beispielen für Records, vergleichen, ist Ihnen sicherlich etwas aufgefallen. Wir haben Arrays in den bisherigen Beispielen immer nur direkt als Variablen deklariert. Aber genauso wie bei Records ist es natürlich auch möglich, Array-Typen zu deklarieren:

```
TYPE TZufallszahlen: Array[1..1000] of Byte;
VAR Zufallszahlen: TZufallszahlen;
```

ist von der Funktion gleichbedeutend mit

```
VAR Zufallszahlen: Array[1..1000] of Byte;
```

hat aber den Vorteil, dass wir mehrere Arrays dieses Typs übersichtlich deklarieren können.

Es ist möglich, ein Array einem anderen zuzuweisen (mit dem Zuweisungsoperator »:=«), wenn beide Array-Typen gleich sind. So ist es beispielsweise möglich, zwei Arrays mit

```
type Ta = Array[1..10] of Integer;
var a, b: Ta;
```

zu deklarieren und dann eine Zuweisung wie

```
b := a;
```

durchzuführen. Es ist auch möglich, die zwei Arrays als

```
var c, d: Array[1..10] of Integer;
```

zu deklarieren – auch dann erkennt der Compiler sie als gleich an. Wenn man aber versucht, die Arrays mit der im Grunde identischen Deklaration

```
var c: Array[1..10] of Integer;
    d: Array[1..10] of Integer;
```

festzulegen, stößt man auf eine Eigentümlichkeit des Compilers. Er erlaubt die Zuweisung nicht, da er die beiden Typen nicht mehr als »gleich2« erkennt.

In keinem Fall ist es möglich, ganze Arrays mit =, < oder > zu vergleichen.

11.7.2 Strings

Betrachten Sie einmal folgende Array-Deklaration:

```
VAR s: Array[0..255] of Char;
```

Wir haben damit eine Variable s definiert, die 256 Zeichen vom Typ CHAR enthält. Wir hätten genau dasselbe Resultat mit folgender Deklaration erreichen können:

```
VAR s: String;
```

Tatsächlich besteht zwischen beiden Deklarationen keinerlei Unterschied, bis darauf, dass »String« ein eigens definierter Typ ist. Denn Strings sind nichts anderes als ein Array aus einzelnen Zeichen. (Wenn ich in diesem Abschnitt von Strings rede, so meine ich die normalen Strings von Delphi 1 bzw. die kurzen Strings von Delphi 2. Lange Strings unter Delphi 2 oder Null-terminierte Strings arbeiten anders.)

Das erklärt auch, warum man beim Zugriff auf ein einzelnes Zeichen des Strings dessen Position in eckigen Klammern angeben muss – es handelt sich um nichts anderes als den Index des Zeichens innerhalb des CHAR-Arrays!

11.7.3 Zweidimensionale Arrays

Bisher haben wir nur eindimensionale Arrays kennen gelernt. Mit anderen Worten: Unser Array ist eine lange Liste, jedes einzelne Element der Liste kann mit einem einzigen Indexwert erreicht werden.

Object-Pascal bietet uns jedoch auch die Möglichkeit, mehrdimensionale Arrays zu deklarieren. Der Vorteil einer solchen Einrichtung fällt sofort ins Auge, wenn Sie versuchen, in nur einer einzigen Datenstruktur ein ganzes Kalenderjahr unterzubringen. Dann werden wir den Monat (der Einfachheit halber) als Array von 1 bis 31 definieren, das Jahr als *Array of Monat*, nämlich von 1 bis 12. In einem solchen Fall haben wir zwei Indizes, über die wir jeden einzelnen Tag sofort erreichen können.

Oder ein anderes, naheliegendes Beispiel: Wir möchten innerhalb eines Koordinatensystems beschreiben, ob ein Punkt gesetzt ist oder nicht. Jeder Punkt hat eine X- und eine Y-Koordinate.

Möchte man für jeden Punkt speichern, ob er gesetzt oder nicht gesetzt ist, so benötigt man pro Koordinatenpaar (X, Y) eine boolesche Variable. Folgendermaßen lässt sich dies mit einem zweidimensionalen Array realisieren:

```
VAR matrix: Array[-100..100, -100..100] of Boolean;
```

Nun können wir auf jeden einzelnen Punkt direkt zugreifen. Der Punkt an Position (33, 45) kann also mit *matrix[33, 45] := true* »gesetzt« werden.

> Ein zweidimensionales Array kann man sich als Matrix vorstellen, ein eindimensionales Array als Liste.

Die Matrix setzt sich aus Spalten und Zeilen zusammen. Mit dem ersten Index sprechen wir die jeweilige Spalte (oder X-Koordinate) an, mit dem zweiten Index die gewünschte Zeile (also Y-Koordinate). Wir hätten daher die Matrix auch so deklarieren können:

```
TYPE TZeile = Array[-100..100] of Boolean;
VAR  Matrix: Array[-100..100] of TZeile;
```

Wir haben nun zwar denselben Effekt erzielt, wie mit unserer ersten Definition, aber dieses Beispiel zeigt, wie sich das zweidimensionale Array zusammensetzt. Nun haben wir 200 Elemente, von denen jedes eine Zeile ist und folglich wiederum 200 einzelne Elemente enthält, nämlich vom Typ Boolean.

11.7.4 Drei- und mehrdimensionale Arrays

Warum sollen die Indizes des Arrays auf maximal zwei beschränkt sein? Man könnte sich doch auch vorstellen, dass man für jeden Teilquader eines Würfels ein Array zur Beschreibung benötigt:

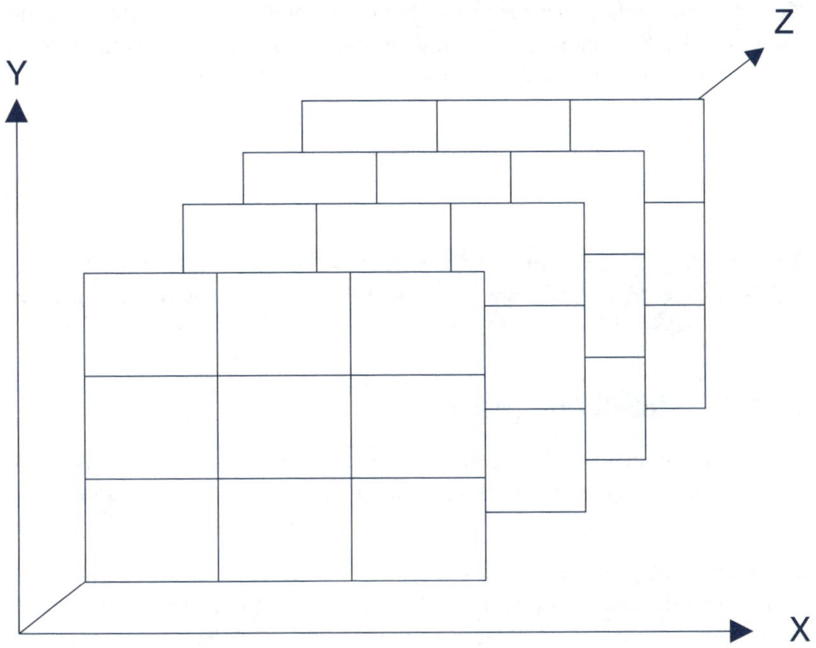

Abb. 11.4: Dreidimensionales Array

In diesem Fall benötigt man offensichtlich drei Indizes, um die Lage jedes Teilquaders korrekt zu beschreiben, nämlich X, Y und Z.

Tatsächlich limitiert Object-Pascal die Anzahl der »Dimensionen« eines Arrays nicht. Wenn Sie möchten, könnten Sie auch ein Array mit zehn Indizes deklarieren (wobei es spätestens nach der vierten Dimension ein wenig unanschaulich wird). Allerdings gibt es in Delphi 1 eine Grenze: Das Array darf nicht mehr als 64 Kilobyte auf einmal belegen (eine Begrenzung, die mit Delphi 2.x entfällt).

Betrachten wir beispielsweise folgende Deklaration:

```
VAR A: Array[1..100, 1..100, 1...100, 1..100] of Integer;
```

So unscheinbar dieses Array aussieht, es wird auf jeden Fall zu einem Compilerfehler führen. Denn wenn man die Größe dieser Struktur in Bytes überschlägt, so erhält man unter Delphi 1 (unter Delphi 2 sind Integer ja sogar 4 Byte groß!): 2∗100∗100∗100∗100 = 200000000 Byte – also ca. 200 Mbyte! Solche Datenvolumen im Arbeitsspeicher zu verwalten, ist natürlich utopisch. (Na ja, jetzt noch. Bald ist das auch kein Thema mehr.).

Der Grund, warum manche Programmierer viel zu große Arrays deklarieren, in denen dann kaum Daten landen, ist oftmals, dass sie sich vor der Verwendung von *Zeigern* scheuen.

Mit *Zeigervariablen*, die wir im nächsten Kapitel kennen lernen werden, kann man den Speicher *dynamisch* verwalten. Das heißt, man nimmt sich gerade so viel, wie man braucht. Wenn man ihn nicht mehr braucht, gibt man ihn wieder zur Verwendung frei.

Demgegenüber sind Arrays *statisch*. Einmal deklariert, lässt sich ihre Größe nicht mehr verändern.

HINWEIS

Ein mehrdimensionales Array ist sozusagen ein »Array von Arrays«. Tatsächlich ist es möglich, die Koordinaten einzeln in eckigen Klammern anzugeben: *matrix[33][45]*.

11.7.5 Konstante Arrays

Sicherlich erinnern Sie sich noch an die »typisierten Konstanten« (siehe 103). Dabei handelt es sich um Variablen, die einen bestimmten Anfangswert haben, der ihnen bereits bei der Deklaration zugewiesen wurde.

Selbstverständlich können auch Arrays so verwendet werden, man muss nur wissen, wie die Syntax dabei aussieht. Die einzelnen zuzuweisenden Werte müssen dazu in runden Klammern eingefasst und durch Komma getrennt angegeben werden.

So würde man eine typisierte Array-Konstante deklarieren:

```
CONST A: Array[1..5] of Integer = (10,11,12,13,14,15);
```

Dabei müssen zwei Dinge beachtet werden: Zum einen müssen innerhalb der runden Klammern die Werte in der korrekten Reihenfolge für die korrespondierenden Werte der Indexvariable aufgeführt werden. Zum anderen muss für jedes Arrayfeld eine Konstante bzw. ein konstanter Ausdruck vorhanden sein. Es nicht möglich, nur für einige Indexwerte einen definierten Wert anzugeben.

Auch mehrdimensionale Arrays können als typisierte Konstante deklariert werden. Dabei gilt: Jede einzelne Dimension muss mit einer Klammerebene eingeschlossen werden:

```
CONST A: Array[1..3, 1..4] of Byte = ( (1,2,3,4), (1,2,3,4), (1,2,3,4)
);
```

Hier sieht man, dass die einzelnen drei Elemente des ersten Index von Klammern eingefasst werden (den äußeren) und jedes der drei Elemente seine Byte-Werte wieder einklammert.

11.8 Array-Parameter

Angenommen, wir möchten ein Array als Parameter an eine Prozedur oder Funktion übergeben. Unser Array hat fünf Elemente des Typs *Byte*. Die erste Idee, wie man so eine Routine deklarieren würde, wäre vielleicht folgende:

```
function summe(var a: Array[0..4] of Byte): Integer;
```

Nur: Das klappt leider nicht. Es ist nicht möglich, innerhalb der formalen Deklaration der Routine einen Array-Typ zu definieren. (Genau das haben wir aber gerade versucht.) Wir versuchten, einen zusammengesetzten Typ zu deklarieren. Aber das versteht der Compiler an dieser Stelle nicht und meldet einen Fehler. Wie können wir trotzdem das Array an die Routine übergeben?

Der Compiler erwartet einen »fertigen« Typ, also geben wir ihm doch, was er will: Zuerst deklarieren wir einen passenden Typ …

```
Type TMyArray = Array[0..4] of Byte;
```

den wir später dann verwenden:

```
function summe(a: TMyArray): Integer;
begin
  summe := a[0] + a[1] + a[2] + a[3] + a[4];
end;
```

So klappt es dann doch. Also: Der Compiler erwartet einen »fertigen« Typ im Kopf der Prozedur oder Funktion, so dass man für Arrays zuvor einen entsprechenden Typ konstruieren muss.

11.9 Dynamische Arrays

ACHTUNG

Ab Delphi 4.0

Eine Neuerung in Delphi 4.0 stellen die *dynamischen Arrays* dar. Wie wir bisher gesehen haben, werden Arrays unter Angabe ihrer Ober- und Untergrenze definiert. Mit dynamischen Arrays kann diese Angabe entfallen, das Array kann also so groß werden, wie es benötigt wird – dynamisch eben.

So wird ein dynamisches Array definiert:

```
DynArray: Array of Integer;
DynArray2: Array of Array of Double;
```

Im ersten Fall wurde ein eindimensionales dynamisches Array aus Integer-Elementen definiert, im zweiten Fall handelt es sich um ein zweidimensionales Array aus Fließkomma-Werten.

Es ist wichtig zu beachten, dass das Array durch die Deklaration (wie im obigen Beispiel) keineswegs tatsächlich erzeugt wird – eine Anweisung wie

```
DynArray[5] := 4;
```

würde zu einem Fehler führen, der aber heimtückischerweise vom Compiler gar nicht bemerkt wird. Erst beim Ablauf des Programms würde diese Zuweisung zu einer »Access Violation« führen. Bevor man ein Element des dynamischen Arrays verwenden kann, muss der notwendige Speicherplatz angefordert werden. Dies geschieht mit der Prozedur *SetLength*:

```
SetLength(DynArray, 20);
```

Dies reserviert den Speicherplatz für das dynamische Array (und zwar mit 20 Elementen), so dass eine Verwendung der einzelnen Array-Elemente möglich wird. Es gibt jedoch noch ein weiteres Detail zu beachten, das leicht zu Programmierfehlern führen kann: Der Index eines dynamischen Arrays beginnt immer bei 0 – wenn wir also mit dem oben angegebenen *SetLength* für 20 Elemente Speicherplatz reservieren, so haben diese den Index 0 bis 19, nicht etwa 1 bis 20! Hier noch einmal zusammengefasst:

Ein dynamisches Array wird ohne Angabe der Array-Dimensionen definiert. Es kann erst nach einem Aufruf von SetLength *verwendet werden. Der Index ist immer vom Typ Integer und läuft bei n Elementen immer von 0 bis n-1.*

Übrigens: Vielleicht ist Ihnen aufgefallen, dass *SetLength* dieselbe Prozedur ist, die zum Verändern der Länge von langen Zeichenketten verwendet wird (siehe Abschnitt »Lange Zeichenketten unter den 32-Bit-Versionen (Delphi 2, 3 und 4)«). Das liegt daran, dass zur Verwaltung von dynamischen Arrays dieselben Mechanismen verwendet werden, die auch bei der Verwaltung von langen Strings Anwendung finden.

Wenn ein dynamisches Array vergrößert werden soll, kann *SetLength* erneut (mit einem größeren Wert) aufgerufen werden. Um das Array zu verkleinern, muss jedoch die *Copy*-Funktion benutzt werden:

```
SetLength(DynArray, 20);
DynArray[19] := 10;
SetLength(DynArray, 40);            (* das Array enthält nun
                                    Elemente 0..39 *)
DynArray[39] := 10;                 (* Element 39 kann nun
                                    verwendet werden *)
DynArray := Copy(DynArray, 0, 10);  (* das Array enthält nun
                                    nur noch Elemente 0 bis 9 *)
```

Auch die *Copy*-Funktion kennen wir bereits vom Arbeiten mit Zeichenketten (siehe Kapitel »Zeichenketten«). Beachten Sie, dass das dritte Argument von *Copy* die Anzahl der Elemente und nicht den End-Index angibt. Bei einem Aufruf von *Copy* wie oben angegeben sind also die Elemente 0 bis 9 verfügbar.

11.9.1 Zuweisung und Vergleich von dynamischen Arrays

Was passiert, wenn man zwei dynamische Arrays vom selben Typ zuweist? Im Gegensatz zu Zeichenketten und statischen Arrays wird bei einer solchen Zuweisung keine Kopie des dynamischen Arrays angelegt, sondern beide Array-Variablen beziehen sich auf dasselbe Array. Hierzu ein Beispiel, bei dem außerdem der Vergleich von dynamischen Arrays demonstriert wird (Sie können dieses Beispiel mit drei Labels und einem Button auf einem leeren Formular selbst ausprobieren):

```
procedure TForm1.Button1Click(Sender: TObject);
var s: String;
    da1, da2, da3: Array of Integer;
begin
  (* was passiert bei Zuweisung da2 := da1 ? *)
  SetLength(da1, 1);
  da1[0] := 1;
  da2 := da1;
  da2[0] := 2;
  Label1.Caption := 'Der Wert von da1[0] ist ' + IntToStr(da1[0]);
  if da1 = da2 then
      Label2.Caption := 'da1 und da2 sind gleich'
    else
      Label2.Caption := 'da1 und da2 sind nicht gleich';
  (* was passiert bei Vergleich da1 = da3 ? *)
  SetLength(da3, 1);
  da3[0] := da1[0];
  if da1 = da3 then
      Label3.Caption := 'da1 und da3 sind gleich'
    else
      Label3.Caption := 'da1 und da3 sind nicht gleich';
end;
```

Diese Prozedur liefert folgendes Ergebnis:

- Der Wert von *da1[0]* ist 2.
- *da1* und *da2* sind gleich.
- *da1* und *da3* sind nicht gleich.

Das heißt, durch eine Zuweisung an die Elemente von *da2* (nach der Zuweisung *da2 := da1*) werden auch die Elemente von *da1* verändert. Beide Variablen »zeigen« auf dasselbe Array. Dem Array *da3* wird durch *SetLength* ein eigener Speicherbereich zugewiesen – so kommt es, dass ein Vergleich von *da1* und *da3* ein negatives Ergebnis liefert, obwohl beide Arrays nicht nur gleich lang sind (1 Element), sondern auch alle Elemente denselben Wert haben. Ein Vergleich der Art *da1[0] = da3[0]* würde selbstverständlich positiv ausfallen.

Folgende Standardfunktionen lassen sich im Zusammenhang mit dynamischen Arrays außerdem verwenden:

- *Length* liefert die Anzahl der Elemente des Arrays.
- *Low* liefert den niedrigsten Index – also immer 0.
- *High* liefert den höchsten Index des Arrays. Für den Fall, dass das Array keine Elemente hat, liefert *High* den Wert –1.

Übrigens: Wir haben gesehen, dass die Zuweisung *da2 := da2* nicht das erwartete Ergebnis (eine Kopie von *da1*) liefert. Dies geht aber ganz einfach mit *d2 := Copy(da1)*.

Sie brauchen sich normalerweise nicht darum kümmern, wann der Speicherplatz für das dynamische Array wieder freigegeben wird. Falls doch der Fall eintritt, dass der Speicher vorzeitig wieder freigegeben werden soll (zum Beispiel weil das Array sehr groß ist), kann es durch eine Zuweisung an *NIL* freigegeben werden:

```
DynArray := NIL;
```

Beachten Sie dabei jedoch, dass der Speicher erst dann freigegeben wird, wenn *alle* Variablen, die sich auf das Array beziehen, den Wert *NIL* haben – im obigen Beispiel also sowohl *da1* als auch *da2*. Übrigens: Der Wert *NIL* ist ein spezieller Wert im Zusammenhang mit *Zeigern* – mehr darüber später im entsprechenden Kapitel.

11.9.2 Mehrdimensionale dynamische Arrays

Wie bereits eingangs erwähnt, lassen sich mehrdimensionale Arrays definieren, indem man ein zusätzliches *array of* für jede Dimension in der Definition anhängt:

```
DynArray2: Array of Array of Double;
```

Für jede zusätzliche Dimension gibt man die entsprechende Größe ebenfalls an die *SetLength*-Prozedur:

```
SetLength(DynArray2, 5, 5);
```

Um ein einzelnes Element anzusprechen, werden wie üblich alle Dimensionen in den eckigen Klammern aufgeführt:

```
DynArray2[2, 3] := 4;
```

11.10 Offene Array-Parameter

Im Abschnitt »Konstante, offene und untypisierte Parameter« haben wir bereits die verschiedenen Arten der Parameterübergabe an Routinen besprochen. Dabei hatte ich bereits erwähnt, dass es noch eine spezielle Art für den Array-Typ gibt: Mit *offenen Array-Parametern* ist es möglich, Arrays an eine Prozedur oder Funktion zu übergeben, ohne sich auf deren Größe festzulegen.

Bitte beachten Sie, dass es sich bei offenen Array-Parametern keinesfalls um dynamische Arrays (wie in den vorigen Abschnitten besprochen) handelt, obwohl sie genauso vereinbart werden! Hier geht es um Parameter, also Werte, die an eine Funktion oder Prozedur übergeben werden. Offene Array-Parameter können sowohl statische als auch dynamische Arrays annehmen, wenn ihr Typ korrekt ist.

Wenn man einen Parameter definieren will, der nur dynamische Arrays akzeptiert, muss man explizit einen neuen Typ vereinbaren (mit *Type*) und diesen Typ in der Funktions- bzw. Prozedurdeklaration verwenden. Offene Array-*Parameter* und dynamische Arrays werden gleich definiert, sind aber trotzdem zwei verschiedene Dinge.

Um ein Array »offen« zu übergeben, lässt man in der formalen Parameterdeklaration einfach die Array-Größe weg:

```
procedure test(a: Array of Byte); (* keine Größe angegeben *)
begin
  a[1] := 3;
end;
```

Innerhalb der Funktion oder Prozedur kann auf das Array so zugegriffen werden, als wäre für die Array-Größe die Größe des tatsächlich übergebenen Arrays angegeben worden. Der »Index« läuft dabei von 0 bis *n-1*, wobei *n* die Größe des übergebenen Arrays ist. Wichtig: Der Index beginnt bei 0, nicht etwa bei 1. Betrachten wir folgendes Beispiel:

```
procedure test1(var a: Array of Byte);
begin
  a[0] := 3;
end;

procedure test2(var a: Array of Byte);
var b: Array[1..3] of Byte;
begin
  b[1] := 1;
  test1(b);
end;
```

Der Index des Arrays *b* beginnt bei 1 und reicht bis 3. Wird dieses Array jedoch »offen« an die Prozedur *test1* übergeben, so reicht der Index des (in ihr *a* genannten) Arrays von 0 bis 2 – also beziehen sich sowohl *a[0]* und *b[1]* auf dasselbe Array-Element.

Dummerweise »weiß« die jeweilige Routine nicht, wie groß das Array tatsächlich ist, das ihr übergeben wurde. Sie kann es aber herausfinden: Die Funktionen *Low* und *High* liefern den niedrigsten respektive den höchsten Index im Array – das heißt natürlich, *Low* liefert immer Null, *High* liefert *n-1*.

Mit diesen beiden Funktionen ist es möglich, sehr flexible Funktionen zu schreiben. So würde zum Beispiel diese Routine das übergebene Array mit Werten in aufsteigender Reihenfolge füllen, unabhängig davon, wie groß dieses wäre:

```
procedure fuelle_array(var a: Array of Integer);
var i: Integer;
begin
  for i := 0 to High(a) do
      a[i] := i;
end;
```

Hier sieht man übrigens auch, dass das Array als variabler Parameter übergeben wurde (durch Verwendung von *var*). Dies ist notwendig, damit es überhaupt verändert werden kann. Wenn das Array mit *var* übergeben wird, muss an die Routine nur ein Verweis auf das tatsächliche Array übergeben werden; ansonsten muss der Compiler eine Kopie des Arrays lokal anlegen – bei einem großen Array kann das sehr viel Platz kosten. Dies wird auch dann vermieden, wenn man das Array *konstant* (mit dem Schlüsselwort *const*) übergibt.

> Offene Arrays sollten möglichst als *var* oder als *const* übergeben werden, um zu vermeiden, dass der Compiler eine Kopie des kompletten Arrays lokal zwischenspeichern muss.

HINWEIS

Um zu bestimmen, wie viel Platz das gesamte Array in Bytes benötigt, kann die Funktion *SizeOf* verwendet werden.

11.11 Zusammenfassung

- Mit dem Schlüsselwort *Type* können eigene Typen deklariert werden.
- Ein *ordinaler* Typ ist ein Typ, dessen einzelne Werte aufsteigend (ohne Lücken) aufzählbar sind.
- Ein Teilbereich kann als eigener Typ deklariert werden.
- Eine *Menge* ist eine Zusammenfassung von Werten desselben Ordinaltyps. In einer Menge wird lediglich gespeichert, ob ein bestimmter Wert vorhanden ist oder nicht.

- Mit *Records* werden Variablen unterschiedlichen Typs in einer Struktur zusammengefasst.
- Bei den *varianten Records* teilen sich mehrere (Teil-)Variablen denselben Speicherplatz.
- Ein *Array* fasst mehrere Variablen des gleichen Typs zusammen. Sie werden über eine *Indexnummer* »angesprochen«.
- *Strings* sind (zumindest unter Delphi 1.0) Arrays aus *Chars*.
- *Arrays* können mehrere *Dimensionen* haben – dann benötigt man mehrere Indizes für den Zugriff auf ein Element. Die einzelnen Indizes werden durch Kommas getrennt angegeben.
- Mit *Aufzählungstypen* kann ein Programm nicht nur übersichtlicher gestaltet werden; durch deren Verwendung werden vielmehr auch Fehler vermieden, da der Compiler eine genaue Typprüfung vornehmen kann.
- Ab Version 4.0 von Delphi ist es möglich, *dynamische Arrays* zu verwenden, deren Größe während der Laufzeit des Programms verändert werden kann.
- Bei *offenen Array-Parametern* muss man keine Array-Größe angeben, wenn ein Array an eine Routine übergeben wird.

11.12 Testaufgaben

11.1 Deklarieren Sie ein Array von Strings mit dem Index 1 bis 50 einmal mit Hilfe eines Typs, einmal direkt die Variable.

11.2 Können Sie ein Array deklarieren, bei dem der Typ des Index Real ist?

11.3 Deklarieren Sie ein Array, das für die drei Wochentage Dienstag, Mittwoch, Donnerstag jeweils einen *booleschen* Wert aufnimmt, wenn der Wochentagstyp als

```
TYPE TWochenTag = (Montag, Dienstag, Mittwoch, Donnerstag, Frei-
tag, Samstag, Sonntag);
```

deklariert ist.

11.4 Deklarieren Sie einen Typ für ein Array, das in der Lage ist, die Anzahl der Tage jedes Monats für ein Jahr aufzunehmen. Verwenden Sie für die Tagesanzahl den kleinsten sinnvollen Typ, für die Monate einen Aufzählungstyp.

11.5 Füllen Sie folgendes Array

```
VAR a: Array[1..500] of Word;
```

so, dass die einzelnen Elemente folgende Werte annehmen:
a[1] = 5000, a[2] = 4999, a[3] = 4998 usw.

11.6 Deklarieren Sie ein Array, mit dem die Farbe eines jeden Teilquaders eines Würfels festgelegt werden kann. Das Array soll insgesamt 5 Würfel zu je 4∗4 Quadern aufnehmen können. Die Farbe ist definiert als TYPE TFarbe = (rot, gruen, blau).

11.7 Welche *zwei* Möglichkeiten fallen Ihnen ein, die Größe in Bytes eines »offen« übergebenen Arrays zu ermitteln?

11.8 Wie müsste die Routine *Summe* aussehen, damit sie die Summe bei einem Aufruf wie

```
a := Summe([4,78,23,67]);
```

liefern kann? Die Anzahl der Argumente soll dabei beliebig sein!

11.9 Ein Aufzählungstyp ist als

```
TYPE MonatsTyp = (Januar, Februar, Maerz, April, Mai, Juni, Ju-
li, August, September, Oktober, November, Dezember)
```

definiert. Schreiben Sie eine Funktion, die den Nachfolge-Monat des als Argument übergebenen Monats zurückliefert; dabei soll als Nachfolger von »Dezember« der Wert »Januar« zurückgegeben werden.

11.10 Schreiben Sie eine Funktion, die den als Argument übergebenen Monat (wie in 11.9) als Zahl zwischen 1 und 12 zurückliefert.

11.11 Ein Record *Quadrat* wird mit

```
WITH Quadrat DO
  obenLinks.x := 5;
  obenLinks.y := 6;
  untenRechts.x := 10;
  untenRechts.y := 11;
```

initialisiert. Fällt Ihnen auf, was der Programmierer möglicherweise *nicht* beabsichtigt hat?

11.12 Ein varianter Record(-Typ) ist wie folgt definiert:

```
type TVarRec2 = Record
             case dummy: Integer of
                    1: (b: Integer);
                    2: (c: Real);
    end;
```

Wie viele Bytes würde eine Variable dieses Recordtyps im Speicher benötigen, wenn das dazugehörige Programm 1) unter Delphi 1.x und 2) unter Delphi 2 bis 6 compiliert worden wäre?

11.13 Betrachten Sie folgenden Ausschnitt aus einem Programm:

```
VAR a: Array[1..15] of Integer;
    i: Byte;
BEGIN
  for i := 1 to 25 do
      z[i] := Random(100);
  ...
```

Wo liegt der Fehler?

11.14 Ist es möglich, ein Array innerhalb eines Records zu deklarieren?

11.15 Ein Array ist als *a: Array[1..5,1..5,1..5] of Integer* deklariert. Weisen Sie der Variablen *b* den Wert des allerersten Elements zu – aber ohne in der Zuweisung ein Komma zu verwenden!

KAPITEL 12

Interessante Funktionen und Prozeduren

In den vorangegangenen Kapiteln haben wir bereits ausgiebig Gebrauch von vordefinierten Funktionen und Prozeduren gemacht, wie zum Beispiel: *FloatToStr, IntToStr, Trunc*.

Dabei ist bereits deutlich geworden, dass man sich mit Hilfe solcher Funktionen/Prozeduren eine Menge Arbeit sparen kann. Wir wollen uns hier einige weitere wichtige Prozeduren/Funktionen ansehen, von denen Delphi uns »von Hause aus« eine ganze Reihe bietet.

Die Routinen, die wir uns ansehen werden, sind in der so genannten »RTL« enthalten – der Run-Time-Library, also einer Bibliothek von Laufzeitroutinen. Es handelt sich dabei also um Routinen, die vom Delphi-Programmierteam für den Anwender kodiert wurden. Je nachdem, welche Version von Delphi Sie besitzen, steht Ihnen sogar der Quelltext dieser Funktionen und Prozeduren zur Verfügung.

Verstehen Sie dieses Kapitel bitte nicht als »Referenz«. Ich picke hier nur einige interessante Routinen heraus – Sie sollten mit der Online-Hilfe von Delphi selber auf »Entdeckungsreise« gehen! Meistens enthält die Online-Hilfe Beispiele und Querverweise zu den jeweiligen Routinen. Dabei sollten Sie insbesondere nach den Units »System« und »SysUtils« suchen – in ihnen sind diese Routinen enthalten.

12.1 Arithmetische Routinen

Mit den Funktionen dieser Gruppe lassen sich die verschiedensten Integer- und Gleitkommaberechnungen und andere arithmetische oder erweiterte mathematische Operationen durchführen.

Funktion	Bedeutung
ABS	Absolutwert des Arguments
ARCTAN	Arcustangens des Arguments
COS	Kosinus des Arguments, das Argument muss dabei im Bogenmaß übergeben werden
EXP	Exponentialwert des Arguments
FRAC	Nicht ganzzahliger Anteil des Arguments
INT	Ganzzahliger Anteil des Arguments
LN	Natürlicher Logarithmus des Arguments
PI	Wert der Konstanten PI
RANDOM	Liefert eine Zufallszahl zurück
RANDOMIZE	Initialisiert den Zufallszahlengenerator
ROUND	Das Real-Argument wird auf einen ganzzahligen Wert gerundet
SIN	Sinus des Arguments
SQR	Quadrat des Arguments
SQRT	Quadratwurzel des Arguments
TRUNC	Wandelt einen Real-Wert in einen Integer-Wert um, indem die Nachkommastellen verworfen werden

Werfen wir einen Blick auf die Funktionen RANDOMIZE und RANDOM. Mit diesen Funktionen ist es möglich, Zufallszahlen zu erzeugen, genauer: mit der Funktion RANDOM. Wozu Zufallszahlen? So etwas brauchen Sie zum Beispiel dann, wenn Sie eine Simulation (oder ein Spiel) schreiben – geht die Person nach links oder rechts? Welche Karten bekommt der Computer? Welchen Kurs schlagen die Aliens ein und so weiter.

Solche Entscheidungen kann man mit Zufallszahlen treffen und diese erzeugt man bei der Programmierung unter Delphi mittels der RANDOM-Funktion. Entweder übergibt man RANDOM kein Argument – dann erhält man eine »zufällige« Zahl zwischen 0 und 1 zurück, oder man übergibt ein Argument und erhält als Ergebnis eine »Zufallszahl« *X* im Bereich *0 <= X < Argument*.

Haben Sie bemerkt, dass ich das »zufällig« in Anführungszeichen gesetzt habe? Der Grund dafür ist, dass eine so logisch aufgebaute Maschine wie ein Computer keine tatsächlich *zufälligen* Zahlen generieren kann. Tatsächlich sind dies nur Ergebnisse einer komplizierten Funktion, die »zufällig« aussehen. Solche Ergebnisse eines »Zufallszahlengenerators« hängen von einem bestimmten Startwert ab. Wenn dieser gleich ist, kommen von RANDOM jedes Mal aufs Neue die gleichen »Zufallszahlen«. Um also den Zufall noch ein wenig mehr »zufällig« zu machen, kann man die Funktion RANDOMIZE aufrufen. Sie initialisiert den Zufallszahlengenerator mit einem Startwert, der vom momentanen Rechnerzustand abhängt (zum Beispiel aktuelle Uhrzeit).

Mit einem kleinen Beispiel lässt sich die Verwendung von Zufallszahlen demonstrieren: Erinnern Sie sich noch an unsere *Timer*-Komponente? Damit können wir eine Aktion in regelmäßigen Abständen durchführen. Für das Beispiel schieben wir eine solche Komponente auf ein leeres Formular und stellen ihr Intervall auf 50 ein – dadurch wird die mit dem Timer verknüpfte Aktion in jeder Sekunde 20 Mal aufgerufen.

Bei jeder Timer-Aktion wollen wir einen Punkt in das Formular zeichnen – und zwar an einer zufälligen Position. Einem Punkt innerhalb des Formulars können wir mit der Zuweisung

```
Canvas.Pixels[X,Y] := Farbe;
```

eine Farbe zuweisen. Es gibt in X-Richtung so viele Punkte im Formular, wie es breit ist – was wiederum in WIDTH steht. Mit RANDOM(WIDTH) erhalten wir also die zufällige X-Position eines Punkts des Formulars. Analog funktioniert das für die vertikale Achse, die Höhe des Formulars steht in HEIGHT.

Die Werte für verschiedene Farben sind in Delphi ebenfalls schon definiert, sie beginnen mit »cl«, also beispielsweise *clRed* für »Rot«. So setzen wir also einen »zufälligen« roten Punkt auf das Formular:

```
Canvas.Pixels[Random(Width), Random(Height)] := clRed;
```

Fügen wir das noch in unsere Timer-Routine ein,

```
procedure TForm1.Timer1Timer(Sender: TObject);
begin
  Canvas.Pixels[Random(Width), Random(Height)] := clRed;
end;
```

und starten das Programm, so ist das Formular nach einige Minuten regelrecht »verschneit«:

Abb. 12.1: Schneefall-Projekt

Dieses Beispiel lässt sich leicht modifizieren, um zwei andere arithmetische Funktionen zu demonstrieren: *SIN* und *COS*. Bekanntlich kann man mit diesen Funktionen die X- und Y-Koordinaten eines Punkts auf dem Kreis ermitteln, also

```
x := COS(winkel);
y := SIN(winkel);
```

Modifizieren wir das Beispiel so, dass statt den Punkt wild in die Gegend zu setzen, ein »zufälliger« Winkel mit *Random* bestimmt und der Punkt mittels der beiden trigonometrischen Funktionen auf einen Kreis gesetzt wird.

Das alleine reicht jedoch noch nicht, um einen Kreis oder eine Ellipse zu zeichnen – denn Sinus und Kosinus liefern Ihre Ergebnisse in Bezug auf den Einheitskreis mit dem Radius 1 und dem Mittelpunkt 0,0 zurück. Unser Kreis soll aber ein wenig größer sein – zum Beispiel ein Drittel der Formularbreite/-höhe. Dies erreicht man, indem man die Funktionswerte mit der gewünschten Breite und Höhe multipliziert:

```
x := x * (Width div 3);
y := y * (Height div 3);
```

Als Nächstes muss der Kreis in die Formularmitte verschoben werden – bisher beziehen sich die Koordinaten auf einen Kreis mit dem Mittelpunkt 0,0. Dazu addieren wir einfach die halbe Breite/Höhe des Formulars zum bisherigen Ergebnis:

```
x := x + (Width div 2);
y := y + (Height div 2);
```

Ein letztes Problem gilt es noch auszuräumen: Die Variablen *x* und *y* sind vom Typ *Real*, denn das ist der Typ, den die Funktionen *Sin* und *Cos* zurückgeben (mit einem Integer ließe sich 0,5 halt sehr schlecht darstellen). Für den Zugriff auf die Bildpunkte des Formulars benötigen wir aber Integer-Werte. So etwas wie

```
Canvas.Pixels[10.6, 7.3] := clRed;
```

erlaubt der Compiler nicht – hier müssen schon Ordinalwerte her. Tatsächlich interessiert es auch uns nicht, ob der Punkt an Position 10.6,7.3 oder an 10,7 steht – einen Unterschied könnte man ohnehin nicht sehen, da es so etwas wie »halbe Bildpunkte« nicht gibt. Wir können die Nachkommastellen der Real-Werte also getrost verwerfen.

Und wie es der Zufall will: Auch andere hatten dieses Problem schon, so dass es die *Trunc*-Funktion gibt: Sie schneidet die Nachkommastellen von Real-Werten ab und liefert den ganzzahligen Anteil, und zwar als Integer. So können wir mit

```
Canvas.Pixels[Trunc(x), Trunc(y)] := clRed;
```

problemlos auf die Bildpunkte zugreifen. So sieht die gesamte Timer-Routine nun aus:

```
procedure TForm1.Timer1Timer(Sender: TObject);
var winkel: Integer;
    x, y: Real;
begin
  winkel := Random(360);
  x := Cos(winkel);
  y := Sin(winkel);

  x := x * (Width div 3);
  y := y * (Height div 3);

  x := x + (Width div 2);
  y := y + (Height div 2);

  Canvas.Pixels[Trunc(x), Trunc(y)] := clRed;
end;
```

Wenn man dem Programm eine Weile Zeit lässt, formen sich die zufällig gesetzten Bildpunkte zu einem roten Kreis – oder genauer: zu einer Ellipse, denn x- und y-Radius hängen ja von der Höhe und Breite des Formulars ab.

Ab Delphi 2 wird zusätzlich eine neue Unit *Math* mitgeliefert, in der viele neue mathematische Hilfsroutinen deklariert sind.

12.2 Behandlung von Ordinalwerten

Eine Reihe von Routinen hilft uns beim Umgang mit Ordinalwerten – also mit aufzählbaren Typen wie Integer-, Zeichen oder auch Aufzählungstypen:

Funktion	**Bedeutung**
DEC	Vermindert eine Variable um einen bestimmten Wert
INC	Erhöht eine Variable um einen bestimmten Wert
ODD	Prüft, ob das Argument eine ungerade Zahl ist
PRED	Liefert den Vorgänger des Arguments
SUCC	Liefert den Nachfolger des Arguments
CHR	Wandelt eine Ordinalzahl in das dazugehörige Zeichen um
HIGH	Ergibt den höchsten Wert im Bereich des Arguments
LOW	Ergibt den niedrigsten Wert im Bereich des Arguments
ORD	Wandelt einen ordinalen Typ in die dazugehörige Ordinalzahl um

Die Funktionen *Inc* und *Dec* habe ich schon mehrfach erwähnt. Damit können ordinale Typen erhöht (*Increment*) bzw. erniedrigt (*Decrement*) werden. Als Argument wird den beiden Funktionen entweder nur die zu verändernde Variable oder zusätzlich noch ein Ordinalwert übergeben, der zum aktuellen Wert addiert bzw. subtrahiert werden soll.

Diese Funktionen können für die verschiedensten ordinalen Typen eingesetzt werden. Dazu einige Beispiele:

X ist vom Typ	**X hat den Wert**	**Anweisung**	**Neuer Wert**
CHAR	'A'	Inc(x);	'B'
CHAR	'c'	Dec(x);	'b'
CHAR	'A'	Inc(x,3);	'D'
INTEGER	10	Dec(x,4);	6
Aufzählungstyp Montag, Dienstag ... Sonntag	Montag	Inc(x,3);	Donnerstag

Ähnlich wie *Inc* und *Dec* arbeiten auch die Funktionen *Succ* und *Pred*. *Succ* liefert den Nachfolger (*Successor*) und *Pred* (*Predecessor*) den Vorgänger eines ordinalen Werts. Im Gegensatz zu *Inc* und *Dec* handelt es sich aber um Funktionen und es ist nicht zwangsläufig notwendig, ihnen einen VAR-Parameter zu übergeben.

Mit der Funktion *Odd* kann man feststellen, ob ein Ordinalwert gerade oder ungerade ist; mit folgender Routine könnte man eine Benutzereingabe daraufhin prüfen:

```
procedure TForm1.Button1Click(Sender: TObject);
var x: Integer;
begin
  x := StrToInt(Edit1.Text);
  if Odd(x) then
              Label1.Caption := 'Ungerade!'
            else
              Label1.Caption := 'Gerade!';
end;
```

Zwei besonders interessante Routinen zur Behandlung von Ordinalwerten sind *CHR* und *ORD* – denn man benötigt sie oft zur Umwandlung von einzelnen Zeichen. *CHR* liefert dabei das zu einem Ordinalwert passende Zeichen. *ORD* geht den umgekehrten Weg und wandelt ein Zeichen in einen Ordinalwert um.

Sie benötigen alle Zeichen des Alphabets in einem String? Mit *Chr* und *Ord* kein Problem:

```
var s: String;
    i: Byte;
...
  s := '';
  for i := ORD('A') to ORD('Z') do
      s := s + chr(i);
```

Wie wir inzwischen wissen, geht es natürlich auch einfacher. Schließlich kann der Typ der Laufvariablen einer *For*-Schleife auch *Char* sein.

Beachten Sie, dass »A« und »a« zwei verschiedene Zeichen mit zwei unterschiedlichen Codes sind. (Wenn Sie neugierig sind: Probieren Sie es doch mit *Ord* einfach mal aus!)

12.3 Routinen für die String-Bearbeitung

Eine ganze Reihe von Routinen stehen zur Stringverwaltung zur Verfügung. Zum einen gibt es Routinen, die es ermöglichen, Strings zu formatieren, zum anderen erleichtern sie das Arbeiten mit nullterminierten Strings.

Die »traditionellen« Routinen zur Bearbeitung von Strings sind:

Funktion	**Bedeutung**
CONCAT	Verbindet mehrere Strings
COPY	Kopiert einen Teil aus einem String
DELETE	Löscht einen Teil innerhalb eines Strings
INSERT	Fügt einen String in einen anderen ein
LENGTH	Ermittelt die Anzahl der Zeichen in einem String
POS	Sucht einen String in einem anderen und gibt die Position des ersten Zeichens der Fundstelle zurück
STR	Wandelt eine Zahl in einen String (eine Folge von Zeichen) um
LOWERCASE	Konvertiert alle Zeichen in einem String in Kleinbuchstaben
UPPERCASE	Konvertiert alle Zeichen in einem String in Großbuchstaben
TRIM	Entfernt Leerzeichen in einem String, die am Anfang oder Ende stehen
TRIMLEFT	Entfernt alle Leerzeichen am Anfang des Strings
TRIMRIGHT	Entfernt alle Leerzeichen am Ende des Strings
VAL	Wandelt einen String in eine Zahl um, falls möglich

Hier einige Beispiele, wie die Stringroutinen arbeiten (Vorgabe: Eine Stringvariable »s« ist mit dem jeweiligen Wert – siehe Tabellenspalte »String« – belegt):

String	**Funktion**	**Ergebnis**
'Dies ist ein Test'	CONCAT('Achtung: ', s)	'Achtung: Dies ist ein Test'
'Dies ist ein Test'	COPY(s, 14, 4)	'Test'
'Dies ist ein Test'	DELETE(s, 10, 4)	'Dies ist Test'
'Dies ist ein Test'	INSERT('einfacher', s, 14)	'Dies ist ein einfacher Test'
'ABCD'	LENGTH(s)	4
''	LENGTH(s)	0

String	**Funktion**	**Ergebnis**
'Dies ist ein Test'	POS('T', s)	14
'Dies ist ein Test'	POS('t', s)	8
'Dies ist ein Test'	DELETE(s, POS('ist', s), 4)	'Dies ein Test'
' ABCD *'	TRIM(s)	'ABCD *'
'Dies ist ein Test'	UPPERCASE(s)	'DIES IST EIN TEST'
'1234'	UPPERCASE(s)	'1234'

Um einige dieser Routinen verwenden zu können, muss explizit die Unit angegeben werden, in der diese sich befinden (Unit »System«). Denn die Namen von Routinen wie *Delete*, *Insert* oder *Copy* stimmen mit Namen von Methodenbezeichnern mancher Objekte überein. Beim Aufruf aus einer Objektmethode würde der Compiler natürlich den gleichlautenden Methoden den Vorzug gegenüber den Library-Routinen geben. Das kann mit einem Aufruf wie *system.delete(...);* vermieden werden.

Die beiden Funktionen *STR* und *VAL* sind die »Original«-Pascalroutinen, um einen Wert in einen String und einen numerischen Wert in eine Zeichenkette umzuwandeln. Die Prozedur *Str* ist formal als

```
procedure Str(X [: Width [: Decimals ]]; var S)
```

definiert. Die Besonderheit bei ihr ist, dass dem numerischen Argument auch eine Angabe für die Breite und (bei Real-Argumenten) für die Nachkommastellen hinzugefügt werden kann:

```
var i: Integer;
    r: Real;
    s: String;
...
 i := 3;
 r := 0.3;
 Str(i, s);   (* Ergebnis in s: '3' *)
 Str(i:3, s);   (* Ergebnis in s: '  3' *)
 Str(r, s);     (* Ergebnis in s: '3.00000000000182E-0001' *)
 Str(r:3, s);   (* Ergebnis in s: '3.0E-0001' *)
 Str(r:3:2, s); (* Ergebnis in s: '0.30' *)
```

Wenn die Zahl nicht genügend Stellen hat, um die angegebene Stellenzahl auszufüllen, werden Leerzeichen an den Anfang gesetzt. Dies macht es beispielsweise in Tabellen einfach, korrekt formatierte Spalten zu erzeugen. Man sieht dies im Beispiel an *Str(i:3, s)* – da der Wert '3' nur aus einer Ziffer besteht, werden vor der Ziffer '3' zwei Leerzeichen eingefügt.

Interessanter wird es bei einer Real-Variable. Wird sie ohne weitere Formatanweisungen mittels *Str* umgewandelt, so wird sie in der wissenschaftlichen (Exponential-)Darstellung ausgegeben.

Interessant dabei: Hier wird auch die Ungenauigkeit der Real-Werte deutlich: Obwohl wir noch keinerlei Rechenoperationen durchgeführt haben, hat der Wert schon eine Ungenauigkeit an der zwölften Stelle hinter dem Komma.

Wird nur die Gesamtlänge angegeben (mit *Str(r:3, s)*), so bezieht sich diese Angabe auf die Ausgabelänge der Zahl in Festkommadarstellung. Zusätzlich wird noch die Exponentialangabe (also der Wert, um den der Dezimalpunkt verschoben werden muss) angegeben.

Erst die Angabe *:3:2* – also »3 Stellen insgesamt, davon 2 Nachkommastellen« – ergibt die gewohnte Darstellung »0.30«.

Mit der Funktion *Val* kann ein String in eine Zahl umgewandelt werden – sie ist also das »Gegenstück« zu *Str*. Diese Funktion ist formal als

```
procedure Val(S; var V; var Code: Integer)
```

definiert. Wenn die Zeichenfolge ein (für die Zahlendarstellung) nicht erlaubtes Zeichen enthält, so wird dessen Position in »Code« gespeichert, ansonsten ist »Code« = 0. Zum Beispiel

```
var i: Integer;
    r: Real;
    s: String;
    code: Integer;
...
s := '3';
Val(s, i, code);      (* i=3, code=0 *)
s := '3A';
Val(s, i, code);      (* i undefiniert, code=2 *)
s := '3.0';
Val(s, i, code);      (* i undefiniert, code=2 *)
Val(s, r, code);      (* r = 3.0, code =0 *)
```

Hier wird deutlich, dass der Inhalt des Strings zum Typ der numerischen Variable passen muss: Es wäre zwar denkbar, dass *Val* auch '3.0' in eine Integer-Variable schreiben könnte, schließlich ist »3.0« ein Integer-Wert ohne Nachkommastellen – tatsächlich funktioniert das aber nicht. Dadurch, dass die Zeichenkette einen Punkt beinhaltet, handelt es sich für den Compiler um einen Fließkommawert. Daher kann *Val* hier auch nur eine Umwandlung in einen Real-Wert vornehmen.

Während *Val* und *Str* schon in den ersten Versionen von Turbo-Pascal zu finden waren, wurden in Delphi einige bequemere Routinen neu eingeführt. Mit den folgenden Routinen lässt sich die Umwandlung zwischen Strings und numerischen Werten einfacher bewerkstelligen:

Funktion	**Bedeutung**
IntToHex	Wandelt einen Integer in einen String um, wobei das Zahlenformat im Hexadezimalsystem benutzt wird.
IntToStr	Wandelt einen Integer in einen String um.
StrToInt	Versucht, eine Zeichenfolge in einen Integerwert umzuwandeln.
StrToIntDef	Wandelt eine Zeichenfolge in eine Ganzzahl um. Lässt sich aus der Zeichenfolge kein Integer-Wert konstruieren, wird stattdessen ein Standardwert zurückgegeben.

IntToStr und *StrToInt* sind ja bereits alte Bekannte. *IntToHex* ist auch nichts umwerfend Neues: Diese Funktion arbeitet im Wesentlichen wie *IntToStr*, nur wird das Ergebnis als *Hexadezimalzahl* abgelegt.

HINWEIS

Bei der *Hexadezimaldarstellung* sind 16 Ziffern vorhanden – nämlich die Ziffern »0« bis »9« und »A« bis »F«. Die hexadezimale Zahl »A« entspricht also der dezimalen Zahl 10, die hexadezimale Zahl »F« der Dezimalzahl 15 und die »10« entspricht der 16. Die Basis dieses Zahlensystems bildet also 16, nicht 10.

Auch *StrToIntDef* ist nur eine Erweiterung von *StrToInt* – wenn sich der String nicht umwandeln lässt, so gibt diese Funktion einen Standardwert zurück, der ihr als Argument übergeben wurde – wenn der Benutzer also etwas ganz anderes als vorgesehen in ein Eingabefeld eintippt, so ergibt das nicht gleich einen Laufzeitfehler, sondern das Programm kann mit einem anderen, sinnvollen Wert weiterarbeiten.

Apropos Laufzeitfehler: Diese Routinen lösen eine so genannte *Exception* aus, wenn die Umwandlung nicht möglich ist. In einem späteren Kapitel werden wir Exceptions noch näher kennen lernen.

Mit den Routinen *Int..* und *Str..* ist der »Werkzeugkasten« aber noch nicht vollständig. Mit den folgenden Routinen lassen sich Strings formatieren:

Funktion	Bedeutung
Format	Formatiert eine Reihe von Argumenten und liefert das Ergebnis als String zurück.
FmtStr	Formatiert eine Reihe von Argumenten; das Ergebnis wird im Argument *Result* zurückgegeben.
FormatBuf	Formatiert eine Reihe von Argumenten.
StrFmt	Formatiert eine Reihe von Argumenten; das Ergebnis ist ein null-terminierter String.
StrLFmt	Formatiert eine Reihe von Argumenten; das Ergebnis enthält einen Zeiger auf den Zielpuffer.

Alle diese Routinen verwenden so genannte Formatstrings, um zu bestimmen, wie das Ergebnis aussehen soll:

```
s := Format('Dies ist ein Integer-Wert: %d, dies ein Real-Wert: %3.2f',
[10, 0.35]);
```

Liefert als Ergebnis für *s*

```
'Dies ist ein Integer-Wert: 10, dies ein Real-Wert: 0,35'
```

Wie an diesem Beispiel zu erkennen ist, benötigt *Format* zum einen den so genannten Formatstring, der bestimmt, wie das Ergebnis aussehen soll, zum anderen ein Array der Werte, die formatiert werden sollen (daher sind 10 und 0.35 auch in eckigen Klammern angegeben worden).

Der Formatstring kann dabei aus Literalen und Formatierungsanweisungen bestehen. Formatierungsanweisungen beginnen mit einem Prozentzeichen.

Literale sind alle Zeichen, die eben keine Formatierungsanweisung sind (alles klar?). Die Formatierungsanweisungen im Formatierungsstring (im Beispiel sind dies %d und %3.2f) werden durch die Werte im Array ersetzt. Wie diese Werte dabei umgewandelt werden, legen die Formatierungsanweisungen fest.

Die Literale werden ohne Veränderung in den Ergebnisstring kopiert – dies ist im Beispiel der Begleittext ('Dies ist ein ...').

Jede Formatierungsanweisung besteht mindestens aus dem Prozentzeichen und einem Buchstaben (Groß-/Kleinschreibung spielt hier keine Rolle), der den Typ des jeweiligen Arguments angibt.

Die Angabe '%d' ist also die Minimalform einer solchen Formatierungsanweisung. Sie bewirkt, dass das erste Argument als Dezimalzahl ausgegeben wird.

Zwischen dem Prozentzeichen und dem Typbezeichner können eine Reihe von weiteren Parametern angegeben werden, die die Darstellung steuern. So geschehen in der zweiten Formatanweisung '%3.2f'. Das 'f' legt fest, dass der zweite Wert ein Real-Wert ist (»Float«, 0.35). Mit '3.2' wird (wie bei *Str*) festgelegt, dass die Ausgabe drei Stellen und davon zwei Nachkommastellen enthalten soll.

Neben 'd' (für Integer-Werte) und 'f' (für Real-Werte) gibt es noch eine ganze Reihe weiterer Typbezeichner, einige davon sind zum Beispiel:

E Für Real-Werte. Das Argument wird in das wissenschaftliche Format (Mantisse und Exponent) umgewandelt: *-d.ddd...E+ddd*

N Für Real-Werte: Das Argument wird in einen String der Form *-d,ddd,ddd.ddd* umgewandelt und entspricht damit dem Format 'f', enthält aber Trennzeichen für Tausender.

M Währung. Das Argument wird so dargestellt, dass ein Geldbetrag bezeichnet wird.

S Das Argument ist ein String und wird statt der Formatierungsanweisung eingesetzt.

Neben den Anweisungen für Länge und (optional) für die Nachkommastellen können Formatierungsanweisungen (zwischen '%' und Typ-Bezeichner) noch weitere Angaben zur Formatierung enthalten, beispielsweise, ob der Wert rechtsbündig ausgerichtet werden soll.

Sie finden ausführliche Informationen und eine Übersicht über alle Typbezeichner in der Delphi Online-Hilfe unter dem Stichwort »Formatstrings«.

Null-terminierte Strings wurden erst später in Object-Pascal eingefügt. Sie haben den Vorteil, dass sie kompatibel mit Strings der Programmiersprache C sind, aber sie sind nicht ganz so bequem zu handhaben. Zudem sind null-terminierte Strings nicht auf eine Maximallänge von 255 Zeichen beschränkt, wie es die normalen Strings waren. Ab Version 2.0 ist diese Grenze aber beseitigt worden, so dass null-terminierte Strings hier nicht mehr so wichtig sind.

Alle String-Routinen, die mit null-terminierten Strings umgehen, beginnen mit »*Str*«. So ist klar, dass zum Beispiel »*StrCopy*« mit null-terminierten, »*Copy*« dagegen mit »normalen« Strings arbeitet.

Delphi bietet unter anderem folgende vordefinierte Funktionen, um mit null-terminierten Strings umzugehen:

Funktion	Bedeutung
StrComp	Vergleich zweier Strings.
StrCopy	Kopieren eines Strings in einen anderen.
StrDispose	Entfernen eines Strings vom Heap.
StrLen	Ermitteln der Anzahl der Zeichen im String.
StrLower	Wandelt Großbuchstaben im String in Kleinbuchstaben um.
StrMove	Kopiert Zeichen aus einem String in einen anderen.
StrNew	Reserviert auf dem Heap Platz für den String.
StrPas	Wandelt einen null-terminierten String in einen Standard-Pascal-String um.
StrPCopy	Umwandlung eines Pascal-Strings in einen null-terminierten String.
StrPos	Ermittelt die Position eines Strings in einem anderen und liefert einen Zeiger auf das erste Zeichen.
StrUpper	Wandelt alle Kleinbuchstaben in einem String in Großbuchstaben um.

Hier ein kleines Beispiel, das die Verwendung dieser Routinen für null-terminierte Strings demonstriert. Zur Ausgabe der Ergebnisse wird eine *Memo*-Komponente verwendet, das Beispiel wird in der *OnClick*-Routine eines Buttons namens »Button1« mit der Caption »Test« ausgeführt:

```
procedure TForm1.Button1Click(Sender: TObject);
var s0 : Array[0..128] of Char;
    s  : String;
    p  : PChar;
begin
  s := 'Pascal-String in einen null-terminierten String
        kopiert...';
  StrPCopy(s0, s);
  Memo1.Lines.Add(StrPas(s0));
  StrCopy(s0, 'Zuweisung eines null-terminierter Strings!');
  Memo1.Lines.Add(StrPas(s0));
  p := StrNew('Dieser String wurde auf dem Heap angelegt!');
  Memo1.Lines.Add(StrPas(p));
  Memo1.Lines.Add('Er enthält ' + IntToStr(StrLen(p)) +
                  ' Zeichen!');
  Memo1.Lines.Add(StrPas(StrUpper(p)));
  StrDispose(p);
end;
```

Beachten Sie dabei, dass die Funktion »Add« der Memo-Komponente einen Pascal-String und nicht etwa einen null-terminierten String benötigt. Daher ist es jeweils notwendig, die Zwischenergebnisse mit *StrPas* zu konvertieren.

Ein Klick auf den Button bewirkt folgende Ausgabe:

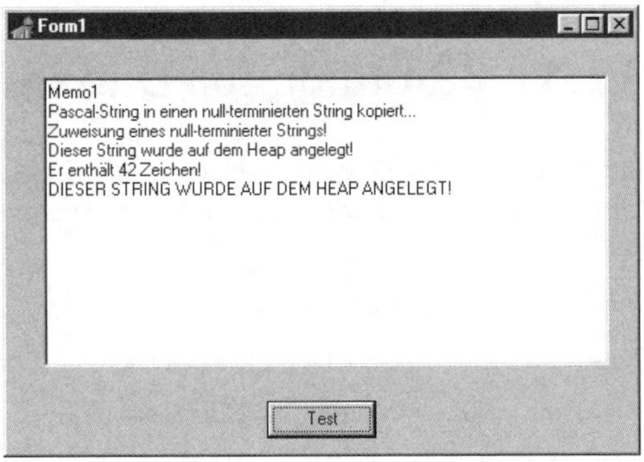

Abb. 12.2: Null-terminierte Strings

Zu diesen Standardroutinen für null-terminierte Strings gesellen sich noch eine Reihe weiterer Routinen, die dem Programmierer ein zusätzliches Plus an Bequemlichkeit geben. Ich will diese Routinen nicht im Einzelnen betrachten, sondern hier nur eine Übersicht geben:

Funktion	**Bedeutung**
StrAlloc	Reserviert auf dem Heap einen Buffer für einen null-terminierten String.
StrBufSize	Liefert die Anzahl Bytes, die in einem durch *StrAlloc* reservierten Buffer gespeichert werden können.
StrCat	Verbindet zwei null-terminierte Strings.
StrECopy	Kopiert einen String in einen anderen. Als Funktionsergebnis wird ein Zeiger auf das Ende des resultierenden Strings geliefert.
StrEnd	Liefert als Funktionsergebnis das Ende eines Strings.
StrIComp	Vergleicht zwei Strings, dabei werden Groß- und Kleinschreibung ignoriert.
StrLCat	Hängt einen Teil eines String an einen anderen an.
StrLComp	Vergleicht eine bestimmte Anzahl von Zeichen zweier Strings.
StrLCopy	Kopiert einen Teilstring in einen anderen.
StrLIComp	Wie *StrLComp*, aber Groß- und Kleinschreibung wird nicht beachtet.
StrPLCopy	Wie *StrPCopy*, es wird jedoch nur die angegebene Maximalanzahl von Zeichen kopiert.
StrRScan	Liefert einen Zeiger auf das letzte Vorkommen eines bestimmten Zeichens innerhalb des null-terminierten Strings.
StrScan	Findet das erste Vorkommen eines Zeichens in einem null-terminierten String.

Auch hier wieder die Anregung: Stöbern Sie in der Online-Hilfe, um sich mit diesen Funktionen vertraut zu machen.

12.4 Routinen für Datum/Uhrzeit

Delphi hat etliche Routinen zu bieten, mit denen wir bequem mit Datum und Uhrzeit arbeiten können. Dies sind im Einzelnen:

Funktion	Bedeutung
Date	Liefert das aktuelle Datum im TDateTime-Format zurück.
DateTimeToStr	Wandelt das TDateTime-Format in einen String um.
DateTimeToString	Wandelt das TDateTime-Format in einen String um, berücksichtigt dabei aber die Formatierungsinformationen, die als Argument übergeben wurden.
DateToStr	Wandelt einen Datumsformat-Wert in einen String um.
DayOfWeek	Liefert den aktuellen Wochentag zurück.
DecodeDate	Dekodiert das angegebene Datum.
DecodeTime	Dekodiert die angegebene Uhrzeit.
EncodeDate	Wandelt die einzeln übergebenen Werte in das Datums-/Zeit-Format um.
FormatDateTime	Wandelt ein TDateTime-Format in einen String um, berücksichtigt dabei die übergebenen Formatinformationen.
Now	Liefert das aktuelle Datum und die Uhrzeit.
StrToDate	Wandelt eine Zeichenkette in das Datumsformat um.
StrToDateTime	Wandelt eine Zeichenkette in das TDateTime-Format um.
StrToTime	Wandelt eine Zeichenkette in das Zeitformat um.
Time	Liefert die aktuelle Uhrzeit zurück.
TimeToStr	Wandelt das Zeitformat in eine Zeichenkette um.

Delphi arbeitet dabei mit einem Typ *TDateTime*, der für die oben aufgeführten Funktionen verwendet wird. Das Datum wird darin als die Anzahl von Tagen, die seit dem 1. Januar 0001 vergangen sind, abgelegt. Die Uhrzeit wird im Gleitkommateil von TDateTime gespeichert. Der Gleitpunktteil repräsentiert den Bruchteil des Tages.

Eine einfache Digitaluhr, die Datum und Zeit anzeigt, lässt sich beispielsweise mit einer einzigen Programmzeile realisieren, wenn man ein Label (für die Anzeige) und eine Timer-Komponente, deren Ereignisroutine die Anzeige aktualisiert, auf ein leeres Formular schiebt:

```
procedure TForm1.Timer1Timer(Sender: TObject);
begin
  Label1.Caption := DateTimeToStr(Now);
end;
```

Eine Analog-Uhr ist zwar schon etwas komplizierter, aber auch schöner. Wir können unser Beispiel vom Kapitelanfang etwas abwandeln: Statt eines Kreises müssen wir zwei Zeiger vom Kreismittelpunkt zur korrekten »Uhrzeit« zeichnen – das heißt, die aktuellen Stunden, Minuten und Sekunden müssen in den korrespondierenden Winkel umgerechnet werden. Die Timer-Komponente ist für die Aktualisierung der Uhrzeit zuständig und ein Label gönnen wir dem Formular auch noch, so dass die Uhrzeit auch noch digital angezeigt wird.

Um uns etwas Schreibarbeit zu sparen, »packen« wir die Umrechnung eines Winkels in die x,y-Koordinaten in eine eigene Prozedur:

```
procedure TForm1.Berechne_xy(winkel: Real;
                             var xi,yi: Integer);
var x,y: Real;
begin
 (* Winkel korrigieren, um einen Viertelkreis zurück: *)
 winkel := winkel - pi / 2;

 (* Koordinaten berechnen : *)
 x := Cos(Winkel);
 y := Sin(Winkel);
 x := x * (Width div 3); (* Radiuskorrektur *)
 y := y * (Height div 3);
 x := x + (Width div 2); (* Auf Mittelpunkt verschieben *)
 y := y + (Height div 2);

 (* In Integer umwandeln *)
  xi := Trunc(x);
  yi := Trunc(y);
end;
```

Achten Sie auf die Korrektur des Winkels: Stunde, Sekunde und Minute 0 müssen oben stehen – daher müssen wir den Winkel etwas »verdrehen«, damit die Uhr auch tatsächlich »senkrecht hängt«.

Mit *Now* können wir die aktuelle Uhrzeit ermitteln, aber da wir für Stunde, Minute und Sekunde jeweils einen separaten Winkel berechnen müssen, müssen wir den erhaltenen TDateTime-Wert in einzelne Integer-Werte aufspalten, was mit *DecodeTime* passiert:

```
DecodeTime(Now, hour, min, sec, msec);
```

Da die Hauptarbeit, nämlich die Berechnung der Koordinaten, in der »*berechne_xy*«-Prozedur verpackt ist, muss nur noch die Linie vom Mittelpunkt aus gezeichnet werden: Dazu werden die *MoveTo*- und *LineTo*-Methoden des Objekts *Canvas* verwendet.

So sieht die gesamte Timeroutine nun aus:

```
procedure TForm1.Timer1Timer(Sender: TObject);
var winkel: Integer;
    hour, min, sec, msec: Word;
    x, y: Integer;
begin
  Refresh;
  Label1.Caption := TimeToStr(Now);
  DecodeTime(Now, hour, min, sec, msec);
  (* Sekundenzeiger zeichnen *)
  Berechne_xy(((2 * pi) / 60) * sec, x, y);
  Canvas.Moveto(Width div 2, Height div 2);
  Canvas.LineTo(x, y);
  (* Minutenzeiger zeichnen *)
  Berechne_xy(((2 * pi) / 60) * min, x, y);
  Canvas.Moveto(Width div 2, Height div 2);
  Canvas.LineTo(x,y);
  (* Stundenzeiger zeichnen *)
  if hour > 12 then
     hour := hour - 12;
  Berechne_xy(((2 * pi) / 12) * hour, x, y);
  Canvas.Moveto(Width div 2, Height div 2);
  Canvas.LineTo(x, y);
end;
```

Dabei gibt es eigentlich nur zwei Dinge zu beachten: Ganz am Anfang löschen wir die bisher gezeichneten Zeiger – sonst würde jeder Zeiger seine »Spuren« hinterlassen, wenn er seine Position ändert. »Refresh« ist eine Methode des Formulars, die das Formular samt aller Kontrollelemente darin neu zeichnet. Von unseren gezeichneten Linien weiß das Formular aber nichts, dadurch sind sie nach einem *Refresh* weg. Der zweite Punkt ist die Darstellung des Stundenzeigers: Der Einfachheit halber wird die Stunde vom 24- in das 12-Stundenformat umgerechnet.

So sieht unsere zwar schmucklose, aber funktionstüchtige Anlog-/Digitaluhr aus:

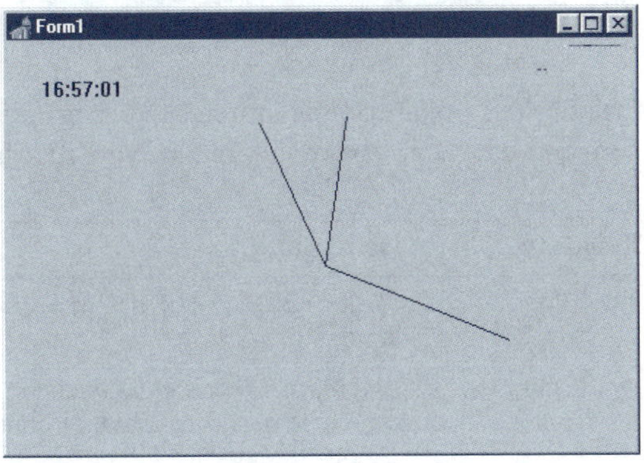

Abb. 12.3: Eine einfache Analoguhr

12.5 Routinen für die Umwandlung von Fließkommawerten

Mit Routinen für die Typkonvertierung kann ein Typ in einen anderen konvertiert werden. Wir haben in den anderen Kategorien bereits einige solcher Funktionen kennen gelernt, zum Beispiel *StrToInt* oder *CHR*. Darüber hinaus gibt es aber noch einige weitere, die sich speziell mit Fließkommawerten beschäftigen, nämlich:

Funktion	**Bedeutung**
FloatToDecimal	Wandelt einen Real-Wert in einen Verbundtyp um, der zur weiteren Formatierung geeignet ist.
FloatToStrF	Wandelt einen Real-Wert in eines von mehreren vordefinierten Zahlenformaten um.
FloatToStr	Wandelt einen Real-Wert in eine Zeichenfolge um.
FloatToText	Ähnlich wie *FloatToStr*, aber das Ergebnis wird in einem Puffer abgelegt.
FormatFloat	Formatiert den übergebenen Real-Wert analog zum ebenfalls übergebenen Formatierungsstring.
StrToFloat	Wandelt eine Zeichenfolge in einen Real-Wert um, falls möglich.
TextToFloat	Wandelt einen null-terminierten String in einen Real-Wert um.

12.6 Praktische Dialoge

Delphi stellt einige vordefinierte Dialoge zur Verfügung, um eine Meldung anzuzeigen oder vom Anwender einen Wert zu erfragen:

Funktion	Bedeutung
InputBox	Stellt eine Dialogbox dar, in der der Benutzer etwas eingeben kann.
InputQuery	Wie *InputBox*, aber die Funktion liefert TRUE oder FALSE zurück, je nachdem, ob der Benutzer den Schalter »OK« oder »Abbruch« angeklickt hat.
MessageDlg	Zeigt ein Meldungsfenster an, wobei der Text, ein Hinweis-Symbol und die Buttons innerhalb des Fensters festgelegt werden können.
MessageDlgPos	Wie *MessageDlg*, aber zusätzlich kann noch die Position des Meldungsfensters angegeben werden.
ShowMessage	Zeigt eine einfache Dialogbox mit der Meldung an.
ShowMessagePos	Wie *ShowMessagePos*, aber zusätzlich kann die Position des Meldungsfensters angegeben werden.

Die Funktion *ShowMessage* ist eine praktische »Abkürzung«, um mal schnell eine Meldung auszugeben. Ein Aufruf wie

```
ShowMessage('Dies ist ein Test');
```

erzeugt ein kleines (modales) Dialogfenster, das der Anwender erst mit »OK« bestätigen muss, bevor er weiterarbeiten kann:

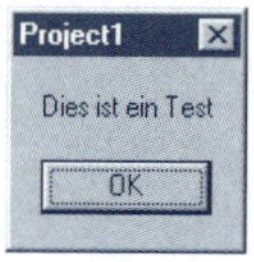

Abb. 12.4: Modales Dialogfenster

MERKSATZ

Ein »modaler« Dialog ist ein Dialog, der erst geschlossen werden muss, bevor man mit anderen Formularen des Programms weiterarbeiten kann. Dies dient dazu, den Anwender zu zwingen, eine Meldung zur Kenntnis zu nehmen, oder eine Eingabe zu erfragen, die für die weitere Arbeit unbedingt notwendig ist.

Ähnlich einfach lässt sich mit den anderen Routinen arbeiten, so lassen sich mit »InputBox« sehr leicht Benutzereingaben abfragen:

```
var s: String;
...
  s := InputBox('Überschrift', 'Bitte Text eingeben:',
                'Default-Eingabe');
  ShowMessage('Die Eingabe lautet: ' + s);
```

Sie erhalten eine ausführliche Beschreibung und auch Anwendungsbeispiele in der Delphi-Online-Hilfe. Wichtig ist nur, dass Sie wissen: Es gibt sie! Denn dadurch kann man es sich oft sparen, ein eigenes Formular für Meldungen oder Eingaben zu designen.

12.7 Andere nützliche Routinen

Nicht zuletzt bieten uns die Systembibliotheken noch einige nützliche Routinen, die sich nicht so ohne weiteres in andere Kategorien einordnen lassen. Dies sind:

Funktion	**Bedeutung**
Exclude	Ausschließen eines Elements aus einer Menge.
FillChar	Füllt einen Speicherbereich mit einem Byte-Wert.
Hi	Liefert das höherwertige Byte des Arguments zurück.
Lo	Liefert das niederwertige Byte des Arguments zurück.
Move	Kopiert eine Anzahl von Bytes von einem Speicherbereich in einen anderen.
ParamCount	Liefert die Anzahl der Kommandozeilen-Parameter.
ParamStr	Liefert einen Kommandozeilen-Parameter.
SizeOf	Liefert die Anzahl Bytes, die eine Variable belegt oder die eine Variable vom angegebenen Typ benötigen würde.
Swap	Vertauscht das niederwertige und das höherwertige Byte des Arguments.
UpCase	Wandelt ein einzelnes Zeichen in Großbuchstaben um.
AllocMem	Reserviert einen Speicherbereich auf dem Heap, wobei jedes Byte im reservierten Bereich auf Null gesetzt wird.
FreeMem	Freigabe eines mit *AllocMem* reservierten Speicherbereichs.
Beep	Gibt einen Warnton aus.

Sie sollten diese Routinen mit Hilfe der Delphi-Online-Hilfe selbst erforschen.

Zwei interessante Routinen sind *ParamCount* und *ParamStr*. Mit ihnen ist es möglich, die Kommandozeilenparameter auszuwerten, die einem Programm übergeben werden können.

Unter DOS war es üblich, hinter dem Programmnamen beim Programmaufruf in der Kommandozeile auch noch weitere Argumente anzugeben.

Denken Sie nur an Kommandos von DOS selbst, wie zum Beispiel COPY – was genau getan werden soll, wird als separates Argument hinter dem Programmnamen, hier »Copy«, angegeben.

Auch Windows-Programme können solche Parameter auswerten. Dies kann man leicht mit einem kleinen Delphi-Programm testen. Dazu benötigt man ein Label und eine Listbox auf dem Formular und dann modifiziert man die *OnActivate*-Methode des Formulars folgendermaßen:

```
procedure TForm1.FormActivate(Sender: TObject);
var i: Byte;
begin
  Label1.Caption := 'Anzahl der Parameter: ' +
                    IntToStr(ParamCount);
  for i := 1 to ParamCount do
     ListBox1.Items.Add(ParamStr(i));
end;
```

So führt ein Aufruf von

```
project1 dies ist ein test
```

in der DOS-Kommandozeile (wobei man sich natürlich in dem Verzeichnis »befinden« muss, in dem auch project1.exe liegt) zu einer Ausgabe wie folgt:

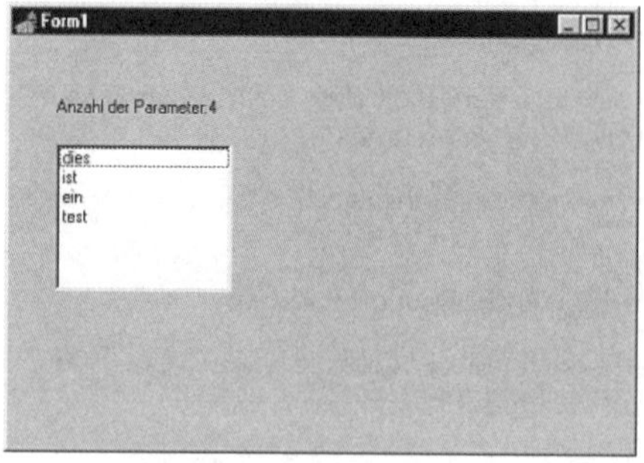

Abb. 12.5: Parametertest

12.8 Zusammenfassung

- Die Run-Time-Library (kurz *RTL*) besteht aus Units, in denen bereits viele nützliche Funktionen vordefiniert sind.
- Mit den arithmetischen Routinen der RTL lassen sich die verschiedensten Integer- und Gleitkommaberechnungen und andere arithmetische oder erweiterte mathematische Operationen durchführen.
- Eine Reihe von Routinen hilft uns beim Umgang mit Ordinalwerten.
- Die RTL bietet mehrere Routinen zum Umgang mit Strings.

12.9 Testaufgaben

12.1 Modifizieren Sie das vorhergehende Beispiel so, dass nur noch der Viertelkreis unten rechts gezeichnet wird. Hinweis: Verwenden Sie dazu die Funktion *abs*.

Kapitel 13

jetzt lerne ich

Zeiger

Im vorletzten Kapitel haben wir uns mit Arrays beschäftigt. Wie wir gesehen haben, eignen sie sich, um mehrfach auftretende Daten des gleichen Typs zu verarbeiten.

Doch Arrays haben neben allen Vorteilen auch einen großen Nachteil: Sie sind *statisch*. Das heißt, wir müssen vor der eigentlichen Programmausführung festlegen, wie viele Daten hineinpassen sollen.

Stellt sich nun während der Ausführung des Programms heraus, dass wir eigentlich gar nicht so viele Daten haben, so haben wir eine Menge Speicherplatz reserviert, der aber nun ungenutzt herumliegt.

Aber viel schlimmer: Wenn zur Programmlaufzeit mehr Daten anfallen, als wir Platz in unserem Array vorgesehen haben, so haben wir keine Möglichkeit mehr, dieses zu vergrößern und die zusätzlichen Daten unterzubringen.

13.1 Was sind Zeiger?

Wir können solche Probleme lösen, indem wir uns nur dann »Häppchen« vom Speicher nehmen, wenn wir diese auch brauchen. Und indem wir diese Speicherblöcke wieder freigeben, wenn wir sie nicht mehr brauchen.

Eine unabdingbare Voraussetzung dafür sind jedoch *Zeiger*.

MERKSATZ

Ein Zeiger (engl. Pointer*) ist eine Variable, die auf ein bestimmtes Stück des Speichers »zeigt«. Eine Zeigervariable enthält selber keine Daten. Sie enthält nur die »Adresse« der Daten.*

Um das zu verstehen, muss man sich ins Gedächtnis rufen, was eine Variable eigentlich ist: nichts anderes als ein Name für einen Speicherbereich. Was passiert denn, wenn wir eine Zuweisung der Art

```
VAR a: Byte;
BEGIN
  a := 1;
   ...
```

durchführen? Der Compiler reserviert an einer ihm genehmen Stelle ein Stück Speicher. Dabei werden so viele Bytes reserviert, wie der Variablentyp erfordert (die Anzahl der Bytes kann mit der Funktion *SizeOf* ermittelt werden). In diesem Beispiel ist dies die kleinste Einheit (also ein Byte). Bei der Zuweisung wird der Wert »1« in dieses reservierte Byte geschrieben.

Die Adresse der Variablen im Speicher kennen wir nicht direkt; wir sprechen sie nur über den Namen an, der die Adresse lediglich repräsentiert. Es ist die Aufgabe des Compilers, die tatsächliche Adresse herauszufinden.

Das heißt aber nicht, dass es nicht möglich wäre, diese Adresse herauszufinden. Wir können sogar »bequem« eine Variable definieren, die eine solche Adresse enthält. Und das geht so:

```
VAR a: Byte;
    zeiger_auf_byte: ^Byte;
BEGIN
  zeiger_auf_byte := Addr(a);
  a := 1;
   ...
```

Nach der Deklaration von *a* haben wir den Zeiger deklariert. Das *Dach* »^« sagt dem Compiler, dass wir nicht etwa eine Variable des Typs Byte deklarieren wollen, sondern einen Zeiger auf eine solche Variable. Die Zeigervariable *zeiger_auf_byte* kann also nur eine Adresse, nicht etwa den Wert, der an dieser Adresse gespeichert wird, enthalten.

So weit, so gut. Nur nützt uns das gar nichts, denn der Zeiger ist noch nicht initialisiert, zeigt also irgendwohin, aber sicherlich nicht auf die Variable *a*.

Wohin zeigt der Zeiger denn nun eigentlich? Noch haben wir ihm die Adresse von *a* nicht zugewiesen. Nun, die Variable wird natürlich mit ihrem Standardwert initialisiert. Für Zeiger gibt es einen bestimmten Wert, der mit dem Schlüsselwort *NIL* gekennzeichnet wird:

MERKSATZ

Ein Zeiger, der »nirgendwo« hinweist, hat den Wert NIL *(engl. Abk. für »Not In List«).*

Dies ändern wir mit der ersten Anweisung. Mit der Funktion *Addr()* ermitteln wir die Adresse der Variablen, die wir dann der Zeigervariable *zeiger_auf_a* zuweisen. So stellt sich die »Lage« nun dar:

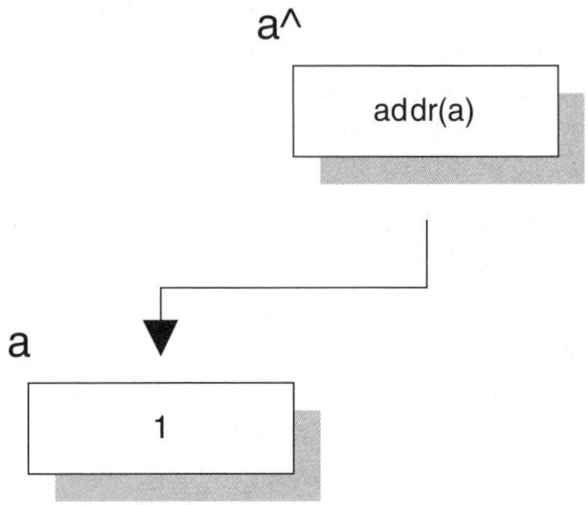

Abb. 13.1: Zeiger zeigt auf Variable

Solange *zeiger_auf_a* aber lediglich auf *a* zeigt, nützt uns das natürlich herzlich wenig. Interessant wird es erst dann, wenn wir über diese *Referenz* auch auf *a* zugreifen können.

Dies ist leicht möglich: Wenn man *hinter* eine Zeigervariable das Dach »^« stellt, bezieht man sich auf die Speicherposition (=Variable), auf die der Zeiger zeigt (bei der Definition eines Zeigers wird das Dach vor den Typ gestellt, beim Zugriff auf eine Speicherposition stellt man das Dach hinter die Zeigervariable).

Daher sind die beiden Zuweisungen

```
a := 5;
zeiger_auf_a^ := 5;
```

vollkommen gleichbedeutend. In beiden Fällen wird der Wert 5 in a geschrieben (immer vorausgesetzt, dass *zeiger_auf_a* vorher auch wirklich auf die Adresse von a gesetzt wurde).

MERKSATZ

Auf den Inhalt der Variable bzw. des Speicherbereichs greift man zu, indem man hinter die Zeigervariable ein Dach »^« schreibt.

Der Typ der Variablen, auf die eine Zeigervariable zeigt, ist der *Basistyp*. In unserem Beispiel ist dies *Byte*, weil *a* vom Typ Byte ist. Dies könnte aber jeder andere Typ sein, den wir bisher kennen gelernt haben, einschließlich Records und Arrays. Es ist sogar gang und gäbe, dass man Zeiger verwendet, um auf Records zu zeigen.

Aber wozu ist das alles gut? Schließlich kann doch durch eine direkte Zuweisung des Variableninhalts sehr viel einfacher und direkter auf die Variable zugegriffen werden? Das ist richtig, wenn wir die Variable normal deklariert haben, wie hier *a*. Dann ist der Zugriff über einen Zeiger darauf – nun ja, ein wenig umständlich.

Die Verwendung von Zeigern ist dann sinnvoll, wenn wir Variablen dynamisch auf dem *Heap* anlegen.

MERKSATZ

Mit »Heap« ist dabei der Arbeitsspeicher gemeint, den unser Programm zur freien Verfügung hat. Innerhalb dieses Speicherbereichs können wir uns einzelne Stücke nehmen, ihren Inhalt zuweisen und verwenden und, wenn wir sie nicht mehr benötigen, wieder freigeben. Wir können den Speicher also dynamisch verwenden, was zum Beispiel dann nützlich ist, wenn man die Anzahl der Daten, die man bearbeiten muss, noch nicht kennt.

Es ist wichtig, dass Sie verstehen, dass wir beim Arbeiten mit Speicherblöcken ein Stück Komfort aufgeben: Man muss mit Speicheradressen arbeiten, die der Compiler bisher vor uns verborgen hat, indem wir bequem über Variablennamen darauf zugegriffen haben. Trotzdem erleichtert uns Object-Pascal die Arbeit, indem der Compiler zumindest noch prüft, ob der Speicherblock, auf den man zugreifen möchte, auch den korrekten Typ hat.

13.2 Speicherplatz reservieren und freigeben

Um mit »Speicherhäppchen« vom Heap zu arbeiten, gibt es vier Funktionen: *New, Dispose, GetMem* und *FreeMem*. Dabei gilt: Entweder man arbeitet mit *New* und *Dispose* oder man arbeitet mit *GetMem* und *FreeMem*. Man sollte die Verwendung der beiden nicht vermischen.

Schauen wir uns zuerst die Funktionen *New* und *Dispose* an. Die Funktion *New* erhält als Argument eine Zeigervariable. Sie reserviert dann den Speicher auf dem Heap, der erforderlich ist, um eine Variable vom Basistyp aufzunehmen.

Wenn es möglich ist, die entsprechende Anzahl Bytes zu reservieren, so enthält die Zeigervariable anschließend die Adresse des ersten Bytes dieses Speicherbereichs. Ist es nicht möglich, den Speicher zu reservieren (ein Fall, der unter Windows selten auftritt), so enthält die Zeigervariable den Wert NIL.

Woher »weiß« *New*, wie groß der Speicherbereich ist, der reserviert werden muss? Die Funktion »kennt« den Basistyp des Zeigers – und weiß daher auch, wie groß die Variable ist, die hineinpassen muss. So wird beispielsweise bei

```
TYPE Ttest = Record
               a,b,c: Byte;
             end;
VAR p1: ^Byte;
    p2: ^Ttest;
BEGIN
  New(p1);
  New(p2);
  ...
```

für p1 ein Byte auf dem Heap reserviert, für p2 werden drei Bytes reserviert. Denn da p1 auf ein Byte zeigt, p2 aber auf einen Record (der in diesem Fall drei Bytes groß ist), kennt *New* automatisch die Größe des zu reservierenden Bereichs. Darum muss sich der Programmierer also nicht kümmern.

> HINWEIS: Den Namen von Zeigern sollte man ein »P« voranstellen. Dies kommt von »Pointer« (engl. Zeiger) und ist allgemein üblich. So wird sofort ersichtlich, dass es sich bei der betreffenden Variable um einen Zeiger handelt.

Was machen wir nun mit einem solcherart reservierten Bereich? Wir verwenden ihn genauso wie eine Variable, um Werte darin zu speichern:

```
p1^ := 5; (* schreibt den Wert 5 ins reservierte Byte *)
p2^.a := 1; (* schreibt 1 in die Record-Variable a *)
p2^.b := 2; (* schreibt 2 in die Record-Variable b *)
p2^.c := 3; (* schreibt 3 in die Record-Variable c *)
```

Wie zu sehen ist, ist der Umgang mit Speicherblöcken auf dem Heap nicht allzu kompliziert.

Aber beim Umgang mit Variablen auf dem Heap darf man etwas Wichtiges nicht vergessen: nämlich den verwendeten Speicher auch wieder freizugeben. Solange wir das nicht machen, bleibt er reserviert und kann nicht erneut zugeteilt werden. Man gibt einen Speicherblock, den man nicht mehr benötigt, mit *Dispose* frei:

```
Dispose(p1);
Dispose(p2);
```

Auch *Dispose* kennt die Größe der Speicherblöcke aufgrund des Basistyps. Beachten Sie, dass *Dispose* keineswegs den Inhalt von p1 und p2 ändert! Diese beiden zeigen immer noch an die alte Speicherposition, aber es ist nicht mehr erlaubt, an diese Position zu schreiben! Der Speicher könnte zwischenzeitlich anders verwendet werden und dadurch, dass man an diese Stelle schreibt, kann man unter Umständen andere Informationen oder sogar Programme zerstören und schlimmstenfalls den Rechner zum Absturz bringen. Auch kann man durch fehlerhafte Zugriffe sehr schwer aufzufindende Fehlfunktionen des Programms produzieren!

HINWEIS

Vorsicht: Man darf nur Speicherblöcke durch Zugriffe mit *Pointern* verändern, die man vorher reserviert hat oder die der Adresse einer Variablen entsprechen! Nach einem *Dispose* zeigt eine Zeigervariable immer noch an die alte Stelle, aber diese darf nicht mehr verwendet werden! Auch darf bei einem Lese- und Schreibzugriff über eine Zeigervariable diese nicht den Wert NIL haben!

Die anderen beiden Funktionen, um Speicher zu reservieren und freizugeben, nämlich *GetMem* und *FreeMem*, sind sozusagen die »Low-Cost«-Versionen von *New* und *Dispose*. Sie stellen nicht selber fest, wie viele Bytes zu reservieren sind, sondern erwarten dies als zweites Argument. Der Aufruf von *GetMem* und *FreeMem* sieht also so aus:

```
GetMem(Zeigervariable, Byteanzahl);
FreeMem(Zeigervariable, Byteanzahl);
```

Ansonsten arbeiten Sie aber genauso wie *New* und *Dispose*. Mit Hilfe der Funktion *SizeOf* können wir das bisherige Beispiel auch mit diesen beiden Funktionen realisieren:

```
TYPE Ttest = Record
               a,b,c: Byte;
             end;
VAR p1: ^Byte;
    p2: ^Ttest;
BEGIN
  GetMem(p1, SizeOf(Byte));
  GetMem(p2, SizeOf(Ttest));
  p1^ := 5; (* schreibt den Wert 5 ins reservierte Byte *)
  p2^.a := 1; (* schreibt 1 in die Record-Variable a *)
  p2^.b := 2; (* schreibt 2 in die Record-Variable b *)
  p2^.c := 3; (* schreibt 3 in die Record-Variable c *)
  FreeMem(p1, SizeOf(Byte));
  FreeMem(p2, SizeOf(Ttest));
  ...
```

GetMem und *FreeMem* kann man beispielsweise dann einsetzen, wenn die Größe des zu reservierenden Speichers erst noch errechnet werden muss.

Übrigens: Wie Sie wissen, kann man auf einen Record mit *WITH* zugreifen. Dies funktioniert auch bei einem Zeiger auf einen Record. So hätten wir in unserem Beispiel auch

```
WITH p2^ DO
BEGIN
  a := 1; (* schreibt 1 in die Record-Variable a *)
  b := 2; (* schreibt 2 in die Record-Variable b *)
  c := 3; (* schreibt 3 in die Record-Variable c *)
END
```

schreiben können.

Eigentlich ist es selbstverständlich, dass man eine Variable eines selbst deklarierten Typs erst dann deklarieren kann, wenn der Typ auch schon mittels TYPE definiert wurde. Eine Deklaration wie

```
VAR Test: MyType;
TYPE MyType = Byte;
```

ist normalerweise nicht möglich. Aber keine Regel ohne Ausnahme: Bei einer Zeigerdefinition macht Pascal hier eine Ausnahme. Der Grund: Zeiger werden oft benutzt, um *verkettete Listen* auf dem Heap anzulegen. Darunter ist eine Reihe von Records zu verstehen, die auf dem Heap gespeichert werden und die außer den Nutzdaten auch noch einen Zeiger auf den nächsten Record in der Liste enthalten.

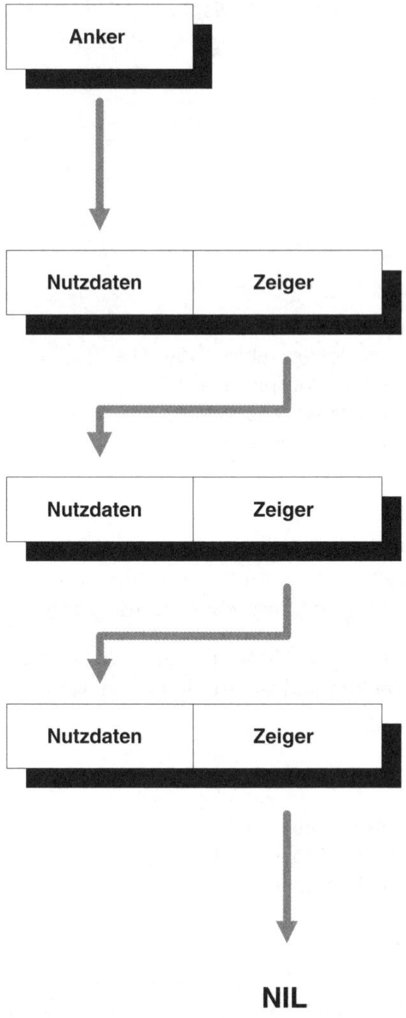

Abb. 13.2: Verkettete Liste

Dabei stellt sich aber ein Problem: Innerhalb des Records soll sich ja wieder ein Zeiger auf den (nächsten) Record befinden. Wie aber macht man das, wenn man die Typdeklaration noch gar nicht beendet hat? Mit einer *Vorwärtsdeklaration*. Und das geht so:

```
TYPE PMyRecord = ^TMyRecord;
     TMyRecord = Record
                   a,b,c: Byte;
                   neachster: PMyRecord;
                 end;
```

Wir haben hier also zwei Typen deklariert: Als Erstes einen Zeiger auf den Typ *TMyRecord*. Nur: Dieser Typ ist noch gar nicht definiert! Was normalerweise nicht möglich wäre, erlaubt uns Pascal hier. Denn erst dann definieren wir den Typ *TMyRecord*. Dieser enthält, neben einigen Nutzdaten, einen Zeiger. Und dieser Zeiger ist wiederum vom zuerst definierten Typ *PMyRecord*, er erlaubt es also, auf einen solchen Record zu zeigen wie der, in dem er sich selbst befindet!

Eine solche Deklaration nennt man Vorwärtsdeklaration.

13.3 Verkettete Listen

Nachdem das Kapitel bisher mehr oder wenig theoretisch verlaufen ist, schreiben wir nun ein kleines Programm, mit dem wir eine verkettete Liste auf dem Heap anlegen, dabei soll jeder Record dieser Liste einen Text enthalten.

Die Benutzeroberfläche unseres Programms ist schnell erzeugt: Auf ein leeres Formular schieben wir ein Edit-Feld, mit dem wir einen Text in einen Record eintragen können. Dazu kommen ein Button »Neu«, mit dem wir einen neuen Record anlegen, ein Button »Löschen«, mit dem wir einen Record löschen können, und zwei Buttons »Vor« und »Zurück», mit denen wir uns innerhalb der Liste bewegen können.

Außerdem wollen wir wissen, wie viele Records in unserer Liste sind. Dazu brauchen wir noch ein Label. So sieht das Formular zunächst aus:

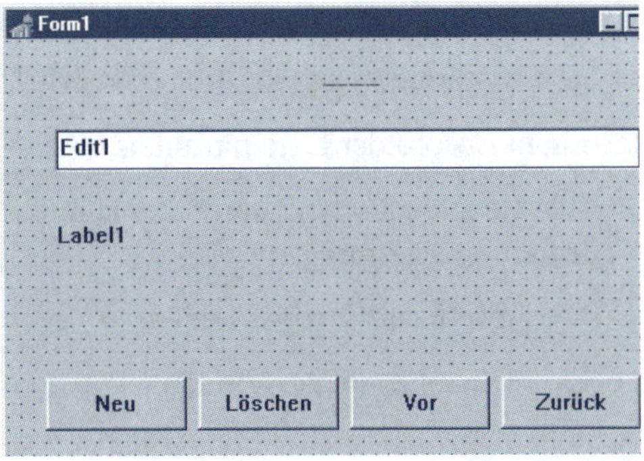

Abb. 13.3: Pointer-Projekt

Nun definieren wir unser Listenelement. Wir wissen, es soll einen String und einen Zeiger auf das nächste Element enthalten. Also fügen wir am Anfang unseres Quelltextes folgende Typendefinitionen ein:

```
...
Forms, Dialogs;
```

```
type
  PElement = ^TElement;
  TElement = Record
    txt:  String;
    next: PElement;
    end;

  TForm1 = class(TForm)
    Edit1: TEdit;
...
```

Irgendwo müssen wir uns merken, wo der *erste* Record der Liste im Speicher steht – wo also die Liste anfängt. Wir »verankern« unsere Liste damit, daher nennt man die dafür benötigte Variable in der Regel auch »Anker«. Wir fügen unseren Anker als *Private*-Deklarationen ein.

Um von einem Element vor- bzw. zurückzugehen, müssen wir uns irgendwo merken, welches Element das *aktuelle* Element ist. Dazu fügen wir unter dem Anker eine weitere Variable »Aktuell« ein:

```
...
     Button4: TButton;
      Label1: TLabel;
  private
     { Private-Deklarationen }
     Anker: PElement;
     Aktuell: PElement;
  public
     { Public-Deklarationen }
...
```

Unser Programm muss vier Aufgaben erfüllen können:

- Einen Record der Liste hinzufügen
- Alle Records löschen (daran denken: am Programmende immer den belegten Speicher freigeben!)
- Die Anzahl der Records zählen
- Ein Element anzeigen können

Beginnen wir damit, dass wir ein neues Element in die Liste einfügen. Dies soll dann passieren, wenn der Benutzer den »Neu«-Button anklickt. Daher müssen wir die *OnClick*-Ereignisroutine dieses Buttons modifizieren.

Was genau müssen wir machen, um ein Element in die Liste aufzunehmen? Nun, zuerst natürlich mit *new()* den entsprechenden Speicherplatz reservieren. Wenn wir so einen Zeiger auf den reservierten Speicherplatz erhalten haben, müssen wir anschließend den Platz, auf den er zeigt, mit Daten füllen.

Diese Daten sind zum einen der Text, der in der Eigenschaft *Text* der Edit-Komponente steht. Zum anderen soll der Zeiger in unserem Record auf das nächste Element der Liste weisen. Da wir einen neuen Record anfügen, der immer am Ende der Liste steht, ist das leicht: Denn nach dem letzten Record kommt kein weiterer, der Zeiger auf den nächsten ist also NIL.

Damit steht dieses Listenelement aber noch etwas allein da. Wir müssen ihn nun in die Liste »einklinken«. Hier gibt es zwei Möglichkeiten: Wenn unser Anker noch keinen Wert hat, ist bisher noch kein Record in der Liste. In diesem Fall ist dieses neue Element das erste und wir müssen nur noch den Anker auf die Adresse unseres neu reservierten Speicherbereichs setzen.

Kompliziert wird es, wenn schon Einträge vorhanden sind: Dann muss die gesamte Liste erst einmal »durchlaufen« werden, um den letzten Record zu finden. Dessen »Next«-Zeiger muss dann auf unseren neuen Record zeigen.

Wie findet man den letzten Record? Man beginnt mit dem Anker und »hangelt« sich dann (in einer Schleife) von Record zu Record, bis es keinen weiteren gibt. Wenn eine Variable *p* die Adresse eines Records enthält, dann enthält *p^.next* die Adresse des nächsten! Also kommt man mit *p := p^.next* zur Adresse des nächsten Listenelements!

Wenn das neue Element erfolgreich in die Liste eingefügt wurde, soll es zum *aktuellen* Element werden (der darin enthaltene Text wird ja ohnehin noch in der Edit-Komponente angezeigt). Dazu müssen wir die »Aktuell«-Variable so verändern, dass sie auf das neue Element zeigt.

So müssen wir die *OnClick*-Routine unseres Buttons modifizieren, um ein neues Element einzufügen:

```
procedure TForm1.Button1Click(Sender: TObject);
var p1,p2: PElement;
begin
  New(p1);
  p1^.txt := Edit1.Text;
  p1^.next := NIL;

  if anker = NIL then
    anker := p1
  else
  begin
    p2 := anker;
    while (p2^.next <> NIL) do
      p2 := p2^.next;
    p2^.next := p1;
  end;
  aktuell := p1;
end;
```

Beachten Sie vor allem den *Else*-Zweig: Hier wird zuerst die Liste »durchlaufen«. Nach Ende der *While*-Schleife steht die Adresse des letzten Records in *p2*. Da das neue Element hinten an die Liste angehängt wird, wird der »Next«-Zeiger des bisher letzten Elements nun auf die Adresse des neuen letzten Elements verändert.

Die beiden Variablen *p* und *p2* wurden benutzt, um die Kette zu »durchlaufen«. Sie werden nach Ausführung der Routine nicht mehr benötigt (daher wurden sie lokal deklariert).

Eine kleine Anmerkung am Rand: Wenn sehr viele Elemente in der Liste stehen, kann es sehr zeitintensiv werden, jedes Mal die Liste zu »durchlaufen«. Es ist dann effektiver, sich das Ende der Liste zu merken. Können Sie sich denken, wie man dies bewerkstelligt?

Als Nächstes wollen wir die Anzeige eines Elements angehen. Wie wir wissen, steht die Adresse des aktuellen Elements in der Variable *Aktuell*. Um das nächste Element anzuzeigen, sind zwei Schritte notwendig: Wir müssen *Aktuell* die Adresse des nächsten Elements in der Liste zuweisen und wir müssen den Text dieses Elements im *Edit*-Feld anzeigen. Beide Schritte sind sehr einfach. So muss die *OnClick*-Routine des »Vor«-Buttons verändert werden:

```
procedure TForm1.Button3Click(Sender: TObject);
begin
  if aktuell^.next <> NIL then
    aktuell := aktuell^.next;
  Edit1.Text := aktuell^.txt;
end;
```

Man gelangt also einfach durch *aktuell := aktuell^.next* zum nächsten Element. Dabei muss man nur beachten, dass man nicht über das Ende der Liste »hinauswandert« (wie wir wissen, dürfen wir nicht versuchen, von einem Zeiger, der den Wert NIL aufweist, zu lesen oder zu schreiben). Daher muss man nur den Sonderfall abfangen, dass man schon am Listenende ist. Das ist der Fall, wenn der Zeiger »Next« den Wert NIL hat.

Für die »Zurück«-Routine stehen wir aber nun vor einem Problem. Wir haben keinen Zeiger für das »vorige« Element! Das liegt daran, dass wir nur eine *einfach-verkettete Liste* aufgebaut haben! Eine Liste, bei der jedes Element auch noch einen Zeiger auf das vorige Element hätte, wäre eine *doppelt-verkettete Liste*:

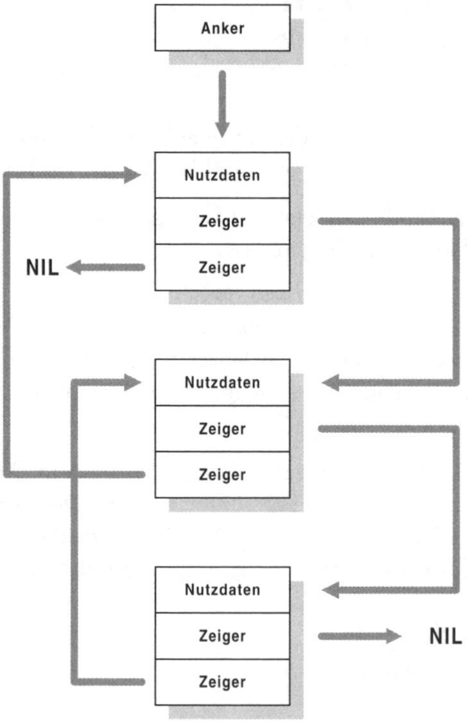

Abb. 13.4: Doppelt verkettete Liste

Da wir keine doppelt-verkettete Liste benutzt haben, müssen wir nach einer anderen Lösungsmöglichkeit suchen. Also: Da wir die Adresse des vorigen Elements nicht kennen, müssen wir sie ermitteln. Wir durchlaufen die Liste so lange, bis der *Next*-Zeiger des Elements auf unser aktuelles Element zeigt.

Dann haben wir den Vorgänger unseres aktuellen Elements bereits gefunden. Dabei ist nur ein Sonderfall zu berücksichtigen: dass das aktuelle Element bereits das erste Element in der Liste ist. Dann werden wir nie ein Element finden, in dessen *Next*-Zeiger die Adresse des aktuellen Elements steht. In diesem Fall tun wir – gar nichts! Denn vor den Anfang der Liste können wir sowieso nicht »gehen«.

So muss die *OnClick*-Routine des »Zurück«-Buttons modifiziert werden:

```
procedure TForm1.Button4Click(Sender: TObject);
var p: PElement;
begin
  p := anker;
  while (p <> NIL) and (p^.next <> aktuell) do
    p := p^.next;
```

```
  if p <> NIL then
    aktuell := p;
  Edit1.Text := aktuell^.txt;
end;
```

Achten Sie auf die Schleife: Sie wird so lange durchlaufen, bis das Listenende erreicht (dann wäre *p=NIL*) oder der nächste Eintrag der aktuelle ist.

Wenn die Schleife dadurch beendet wird, dass *p=NIL* ist, wurde das aktuelle Element nicht gefunden.

Nun wollen wir das Löschen eines Records angehen. Um ein Element zu löschen, müssen wir zwei Dinge tun: es aus der Listenverkettung heraustrennen und den von ihm belegten Speicherplatz freigeben. In unserem Fall kommt noch eine dritte Aufgabe hinzu: Wir müssen ein neues *aktuelles* Element finden!

Beim Löschen eines Elements bzw. beim Aktualisieren der Listenverkettung müssen wir drei Fälle unterscheiden: Das Element ist das erste, das letzte oder es ist in der Mitte der Liste. Wenn es das erste Element ist, aktualisieren wir die Listenverkettung durch Ändern des Wertes des Ankers.

Abb. 13.5: Löschen eines Elements am Anfang

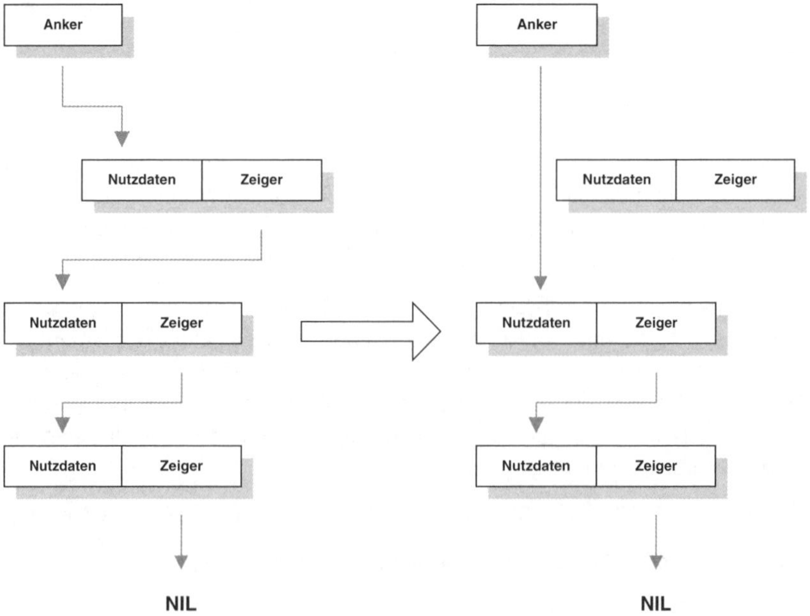

Beim letzten Element müssen wir nur den *Next*-Zeiger des Vorgängers auf NIL setzen:

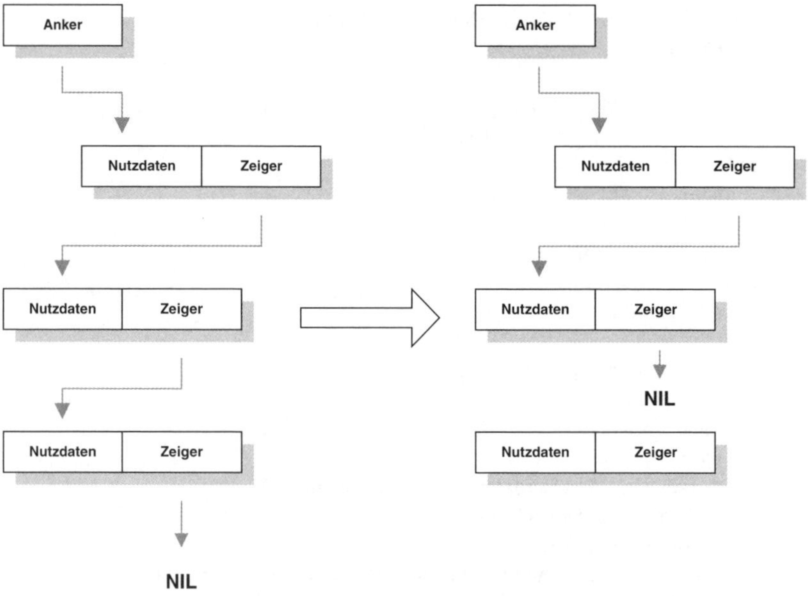

Abb. 13.6: Löschen eines Elements am Ende

In der Mitte der Liste müssen wir den *Next*-Zeiger des Vorgängers auf den Nachfolger setzen:

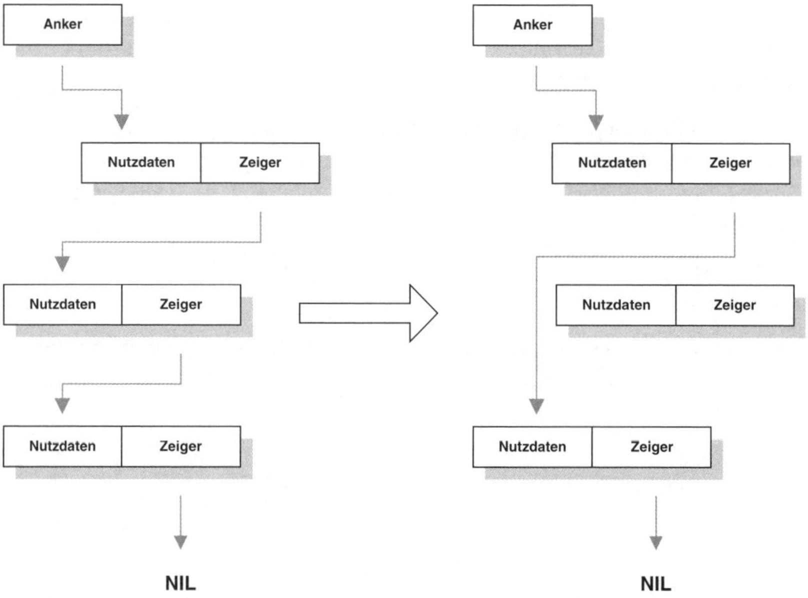

Abb. 13.7: Löschen eines Elements in der Mitte

Dabei kann man die beiden letzten Fälle zusammenfassen: einfach indem man dem *Next*-Zeiger des Vorgängers den Wert des *Next*-Zeigers des aktuellen Elements zuweist. Also:

```
procedure TForm1.Button2Click(Sender: TObject);
var p: PElement;
begin
  if aktuell = anker then (* ist es das erste Element in der
                            Liste? *)
   begin
      anker := aktuell^.next;
      Dispose(aktuell);
      aktuell := anker;
    end
    else (* sonst.. *)
    begin
      (* den Vorgänger finden: *)
      p := anker;
      while (p <> NIL) and (p^.next <> aktuell) do
        p := p^.next;
      (* und die Listenverkettung entfernen: *)
      p^.next := aktuell^.next;
      Dispose(aktuell);
      (* und der Vorgänger wird das aktuelle Element: *)
      aktuell := p;
    end;
end;
```

Das Programm ist nun fast vollständig. Wenn Sie damit herumexperimentieren, werden Sie aber feststellen, dass wir bisher noch etwas ausgelassen haben: Wir wollen zählen, wie viele Einträge in der Liste sind. Dazu könnten wir natürlich eine Variable einführen, die wir bei jedem Neu-Eintrag erhöhen und bei jedem Löschen erniedrigen.

Aber da es in diesem Beispiel um die Listenverwaltung geht, machen wir es anders. Wenn wir einen Record gelöscht oder hinzugefügt haben, »durchlaufen« wir die komplette Liste und zählen die Elemente. Dazu fügen wir noch die Zählvariablen

```
anzahl: Integer;
pzaehl: PElement;
```

als lokale Variable bei den Ereignisroutinen für den Neu- und den Lösch-Button (*Button1* und *Button2*) ein und ganz am Ende der jeweiligen Routine die Zählschleife:

```
anzahl := 0;
       pzaehl := anker;
       while pzaehl <> NIL do
```

```
      begin
        Inc(anzahl);
        pzaehl := pzaehl^.next;
      end;
    Label1.Caption := IntToStr(anzahl);
```

So, sind wir jetzt fertig? Leider immer noch nicht, denn: Wir dürfen niemals vergessen, den Speicher wieder aufzuräumen.

Und außerdem: Welche Werte haben »Anker« und »Aktuell« am Anfang des Programms? Wenn sie vor Eintrag des ersten Elements nicht NIL sind, wird unser Programm nicht funktionieren! Also müssen wir zuerst die beiden Variablen korrekt initialisieren, wenn unser Formular aktiviert wird. Dazu verändern wir die Ereignisroutine *OnActivate* des Formulars:

```
procedure TForm1.FormActivate(Sender: TObject);
begin
  anker := NIL;
  aktuell := NIL;
end;
```

Und nun müssen wir beim Deaktivieren des Formulars noch alle Listenelemente entfernen:

```
procedure TForm1.FormDeactivate(Sender: TObject);
var p, p_n: PElement;
begin
  p := anker;
  while p <> nil do
    begin
      p_n := p^.next;
      Dispose(p);
      p := p_n;
    end;
end;
```

Beachten Sie in diesem Beispiel die Hilfsvariable *p_n*. In ihr wird der Nachfolger des aktuellen Elements gespeichert, *bevor* dieses aus dem Speicher entfernt wird. Denn wenn das Element im »Datennirwana« gelandet ist, können wir nicht mehr auf seinen Inhalt zugreifen. Also wäre es dann auch nicht mehr möglich, den Nachfolger noch zu ermitteln.

Zuletzt wollen wir noch ein kleines Problem lösen, das Ihnen beim Experimentieren mit dem Programm vielleicht aufgefallen ist: Einen einmal eingetragenen Text kann man nicht mehr verändern!

Um dieses Problem zu beseitigen, fügen wir dem Formular einen weiteren Button, nämlich »Ändern«, zu.

Solange kein Eintrag in der Liste ist, darf der Anwender diesen Button aber nicht drücken dürfen (was sollte man ändern?). Daher setzen wir die Eigenschaft *Enabled* des Buttons auf *False* und »aktivieren« ihn beim Eintrag eines Elements. Da es nicht schadet, ihn mehrmals zu aktivieren, fügen wir einfach in die Ereignisroutine des »Neu«-Schalters noch folgende Zeile ein:

```
Button5.Enabled := True;
```

Dadurch wird der »Ändern«-Schalter nach Eintrag eines Elements aktiviert. Die Ereignisroutine des Buttons ist denkbar einfach: Bei einem Klick des Benutzers soll der aktuelle Text der Edit-Komponente den Text des aktuellen Eintrags ersetzen, also:

```
procedure TForm1.Button5Click(Sender: TObject);
begin
  aktuell^.txt := Edit1.Text;
end;
```

Das war es also, unser Beispiel. Sie fanden es nicht unkompliziert? Zugegeben, die Verwaltung von Listen ist nicht ganz trivial, aber gerade bei größeren Datenmengen sehr effektiv. Wie wir später sehen werden, bietet uns Delphi auch hier vorgefertigte Routinen an, um solche Aufgaben zu vereinfachen.

13.4 Zeigeroperatoren

Wie wir in unserem Listenbeispiel bereits gesehen haben, können wir Zeiger mit = vergleichen. Auch der Operator <> kann für Zeiger verwendet werden.

Neben der Funktion *Addr()*, mit der die Adresse einer Variablen ermittelt werden kann, gibt es auch noch den unären Operator @, mit dem eine Adresse ermittelt werden kann. Mit @ kann man auch die Adressen von Prozeduren und Funktionen ermitteln.

So sind zum Beispiel die beiden Anweisungen *pa := Addr(a)* und *pa := @a* gleichbedeutend.

Zeiger sind in gewisser Weise ordinale Typen – sie enthalten einen aufzählbaren, eindeutigen Wert. Man kann daher auch die Funktionen *Inc* und *Dec* auf Zeiger anwenden. Der Wert, um den der Zeiger dann verändert wird, richtet sich nach der Größe des Datentyps, auf den er zeigt.

Es ist nicht möglich, die untypisierten Zeiger, die wir im folgenden Abschnitt ansprechen werden, mit *Inc* oder *Dec* zu bearbeiten.

Wenn Sie beabsichtigen, umfangreichere Programme mit Zeigeroperationen zu erstellen, sollten Sie in der Delphi-Hilfe unter dem Stichwort »*Dynamische Zuweisungs-Routinen*« nachsehen. Sie finden dort eine Aufstellung der in diesem Fall für Sie interessanten Routinen.

13.5 Untypisierte Zeiger

Wie wir bisher wissen, liegt einem Zeigertyp immer ein Basistyp zugrunde – der Zeiger »zeigt« also auf eine Variable eines bestimmten Typs. Diese Zeiger sind *typisiert*. Es ist in Object-Pascal aber auch möglich, untypisierte Zeiger zu definieren. Bei einem solchen Zeiger wird zwar genauso wie bei einem normalen Zeiger eine Adresse gespeichert – es ist aber nicht festgelegt, was an dieser Adresse steht. Ein solcher Zeiger zeigt sozusagen auf irgend etwas, man legt sich da nicht fest. Ein untypisierter Zeiger wird mit dem Typ *POINTER* deklariert, also zum Beispiel mit

```
VAR p: POINTER;
```

Der Typ *Pointer* hat einige Besonderheiten: Er ist mit allen anderen Zeigertypen zuweisungskompatibel:

```
var a: ^Integer;
    b: ^Char;
    c: ^String;
    p: Pointer;
begin
  p := a;
  p := b;
  p := c;
end;
```

Es ist aber nicht möglich, den Zeiger mittels *p^* zu dereferenzieren. Jeder versuchte Zugriff dieser Art führt zu einem Fehler:

```
p^ := 3; (* nicht möglich, führt zu einem Compilerfehler *)
```

Dies ist ja auch einsichtig; schließlich kann der Compiler bei einem untypisierten Zeiger nicht wissen, worauf der Zeiger weist und ob der Wert des gewünschten Werts mit dem Ziel kompatibel ist. Trotzdem ist ein solcher Zugriff möglich: Man muss dem Compiler mittels einer Typumwandlung nur erklären, was denn an der Adresse steht, auf die der Zeiger zeigt:

```
Integer(p^) := 3;
Char(p^) := 'A';
```

Durch die Typumwandlung wird die Typprüfung des Compilers außer Kraft gesetzt. Dies birgt natürlich auch Gefahren:

```
procedure test(var a: Real);
var b: Byte;
    p: Pointer;
begin
  b := 3;
  p := Addr(a); (* p zeigt nun auf a *)
  Byte(p^) := b; (* Byte 3 in a schreiben *)
end;
```

In diesem Beispiel wird der *Byte*-Variablen *b* der Wert 3 zugewiesen; dann wird der Zeiger *p* auf die Adresse von *a* gesetzt. Nun kann mit *p^* auf den Inhalt von *a* zugewiesen werden – so weit ist noch alles in Ordnung. Doch in der nächsten Zeile kommt dann der fatale Fehler: Das *Byte* in *b* wird in *a* geschrieben – syntaktisch ist das völlig korrekt, schließlich haben beide Seiten dieses Ausdrucks den Typ *Byte*. Nur dass *p* nicht auf ein Byte, sondern auf eine Real-Variable zeigt! Ein Real-Wert von 3.0 ist jedoch etwas völlig anderes als ein Integer-Wert 3. Daher wird *a* nach Aufruf dieser Prozedur ein völlig unerwartetes Ergebnis haben.

13.6 Prozedurale Variablen

Zum Abschluss dieses Kapitels möchte ich noch ein Thema ansprechen, das scheinbar nur auf den zweiten Blick hierher passt: die so genannten *prozeduralen Variablen*. Es geht also um einen bestimmten Variablentyp. Sie kennen nun die Konzepte, die Voraussetzung für das Verständnis von prozeduralen Variablen sind: Variablen, Prozeduren und Zeiger.

Kurz gesagt: In einer prozeduralen Variable speichert man die Adresse einer Prozedur oder Funktion. Betrachten wir dazu ein kleines Beispiel:

```
type TProcVar = function(a: Integer): Integer;

function ftest(a: Integer): Integer;
begin
  Result := a * 4;
end;
```

Die Funktion *ftest*, die wir für diesen Test benutzen werden, ist nicht der Rede wert, an ihr ist nichts Besonderes. Interessanter ist da schon die Typvereinbarung. Der Typ *TProcVar* repräsentiert hier nicht etwa eine Datenstruktur, sondern er steht für eine Funktion – genauer: für einen Zeiger auf eine Funktion. Achten Sie darauf, dass die für *TProcVar* verwendete Funktion und *ftest* in Argumenten und Rückgabewert exakt übereinstimmen.

Deklariert man nun eine Variable vom Typ *TProcVar*

```
var procVar: TProcVar;
```

so kann man dieser Variable die Adresse einer Funktion zuweisen, vorausgesetzt, diese stimmt in Argumenten und Rückgabewert mit dem prozeduralen Typ überein (alle diese Ausführungen gelten natürlich auch analog für Prozeduren). Diese Variable lässt sich nach der Zuweisung genauso verwenden, als würde man die Funktion selbst aufrufen:

```
procVar := ftest; (* procVar »zeigt« auf ftest *)
a := procVar(3);  (* diese Anweisung ruft ftest auf *)
```

Ein wichtiger Hinweis bei Verwendung von Delphi 1.x: Alle Routinen, die mit einer prozeduralen Variable Verwendung finden sollen, müssen mit der Anweisung *far;* hinter ihrer Deklaration versehen werden, also zum Beispiel: *function ftest(a: Integer): Integer; far;*

Natürlich kann der Inhalt der prozeduralen Variable auch jederzeit wieder geändert werden, so dass ein nachfolgender Aufruf eine andere Prozedur oder Funktion aufrufen würde. Angenommen, es wären vier Funktionen *ftest1, ftest2, ftest3* und *ftest4* definiert, dann könnte man diese wie folgt aufrufen:

```
procVar := ftest1;
a := procVar(3);  (* ruft ftest1(3) auf *)
procVar := ftest2;
a := procVar(4); (* ruft ftest2(4) auf *)
procVar := ftest3;
a := procVar(5); (* ruft ftest3(5) auf *)
procVar := ftest4;
a := procVar(6); (* ruft ftest4(6) auf *)
```

Obwohl in diesem Aufruf immer derselbe Funktionsaufruf *a := procVar()* verwendet wird, hängt es vom Inhalt der Variablen *procVar* ab, welche Routine tatsächlich aufgerufen wird.

Prozedurale Variablen sind im Grunde Zeiger, die auf eine Prozedur oder Funktion zeigen. Dies regelt der Compiler jedoch intern. Mit einer prozeduralen Variable können verschiedene Routinen in Abhängigkeit vom Inhalt der Variable aufgerufen werden, sofern sie nur in den Argumenten (und bei Funktionen im Rückgabewert) mit dem Typ der prozeduralen Variable übereinstimmen.

13.7 Zusammenfassung

- Ein Zeiger (engl. Pointer) ist eine Variable, die auf ein bestimmtes Stück des Speichers »zeigt«. Eine Zeigervariable enthält selber keine Daten. Sie enthält nur die »Adresse« der Daten.
- Stellt man in einer Variablendeklaration einer Typbezeichnung ein »Dach« (^) voran, so bedeutet dies, dass man nicht eine Variable dieses Typs, sondern einen Zeiger darauf definieren möchte.
- Ein Zeiger, der »nirgendwo« hinweist, hat den Wert *NIL* (engl. Abk. für »Not In List«).
- Folgt nach einer Zeigervariablen ein Dach (^), so ist nicht der Inhalt der Zeigervariablen, sondern der Inhalt der Speicherstelle gemeint, auf die sie zeigt.
- Ein Speicherblock wird mit *New* reserviert und mit *Dispose* wieder freigegeben. Das Freigeben eines Speicherblocks sollte nicht vergessen werden.
- Verkettete Listen sind eine Ansammlung von »Records« auf dem Heap. Sie können einfach (in jedem Element zeigt ein Zeiger auf das nächste Element) oder doppelt verkettet sein (in jedem Element zeigt jeweils ein Zeiger auf den Vorgänger, einer auf den Nachfolger).
- Ein »Anker« ist eine Zeigervariable, die auf das erste Element einer verketteten Liste zeigt.
- Mit den Funktionen *Addr()* und @ kann man die Adresse einer Variable (aber auch einer Prozedur oder Funktion) ermitteln.
- Ein untypisierter Zeiger ist mit allen anderen Zeigertypen kompatibel. Es ist aber nicht möglich, ohne Typumwandlung auf ein Element zuzugreifen, auf das er zeigt.
- In einer *prozeduralen Variable* speichert man die Adresse einer Prozedur oder Funktion.

13.8 Testaufgaben

13.1 Deklarieren Sie einen Record, der zwei Integervariablen beinhaltet, und einen Zeiger auf diesen Recordtyp. Weisen Sie den beiden Integervariablen mit Hilfe des Zeigers einen Wert zu.

13.2 Wie zuvor: Deklarieren Sie einen Record, der zwei Integervariable beinhaltet, und einen Zeiger auf diesen Recordtyp. Weisen Sie den beiden Integer-Variablen mit Hilfe des Zeigers einen Wert zu. Reservieren Sie den Speicher für den Record dynamisch.

13.3 *P* sei eine Zeigervariable, deren Basistyp Integer ist. Was fällt Ihnen an dem folgenden Programmfragment auf?

```
New(p);
p^ := 3;
Dispose(p);
p^ := 10;
```

13.4 Wo liegt der Fehler bei folgendem Code-Abschnitt? Und wie lässt er sich beheben?

```
var p: Pointer;
    i: Double;
begin
  p := @i;
  p^ := 3.5;
 ...
```

13.5 Erweitern Sie das Testbeispiel durch einen dritten Button »Suchen«. Bei einem Klick auf diesen soll die Liste durchlaufen und das Element zum aktuellen werden, dessen »txt« den eingegebenen Textteil *enthält*. Benutzen Sie zum Vergleich die Funktion POS.

Kapitel 14

jetzt lerne ich

Arbeiten mit Units

Erinnern Sie sich noch, dass wir (vor einigen Kapiteln ...) den Aufbau von Object-Pascal-Programmen besprochen haben? Dabei wurde auch klar, dass das *eigentliche Programm* sichtbar wird, wenn man ANSICHT/PROJEKTQUELLTEXT (bzw. PROJEKT/QUELLTEXT ANZEIGEN) im Menü wählt. Der Quelltext, den Delphi einem normalerweise zeigt, ist der einer Unit. In diesem Kapitel werden wir sehen, wozu Units dienen, wie Sie selbst welche entwickeln und wie man Programme damit übersichtlicher gestaltet.

14.1 Was ist eine Unit?

Units sind eine Spezialität von Object-Pascal. Sowohl in früheren Pascal-Versionen als auch in Delphi findet man Units.

Eine Unit ist ein Programmteil, in dem man Funktionen, Prozeduren, Variablen und Datentypen aller Art zusammenfassen und dem restlichen Programm (d.h. auch anderen Units) zur Verfügung stellen kann.

Jede Unit steckt in einer eigenen Datei.

Mit Units werden im Wesentlichen drei Ziele verfolgt:

- Das Programm soll übersichtlicher gestaltet werden können.
- Die Compilierungszeit soll erhöht werden.
- Units ermöglichen ein besseres Kapseln von Daten und Algorithmen.

Wie das? Units ermöglichen es, Prozeduren, Funktionen, Variablen, Konstanten und Typen wie in einem kleinen Programm zusammenzufassen. So ist es möglich, alle Elemente, die für die Lösung eines bestimmten Teilproblems notwendig sind, in einer Unit (sprich: einer Datei) zusammenzufassen. Angenommen, Sie haben ein sehr umfangreiches Programm geschrieben, das viele Informationen berechnen muss, aber auch sehr umfangreiche Druckfunktionen beinhaltet. Dann bietet es sich an, zwei Units, nämlich »Berechnen« und »Drucken«, anzulegen und alles, was zum jeweiligen Thema gehört, in den Units zu sammeln. So wird das Programm sehr viel übersichtlicher.

Wie wir sehen werden, spendiert Delphi jedem Formular eine eigene Unit. So können alle Steuerelemente und vor allem alle Ereignisroutinen eines Formulars in einer Datei zusammengefasst werden.

Dadurch, dass eine Unit eine abgeschlossene Einheit darstellt, kann sie einzeln compiliert werden. Der Compilierungsvorgang wird dadurch sehr viel schneller. Würde man bei einem großen Projekt mit – sagen wir – 20 Formularen auch nur den Text eines einzelnen Labels ändern, so müsste das komplette Programm neu übersetzt werden. Da aber jedes Formular in einer eigenen Unit steckt, muss in einem solchen Fall tatsächlich nur das Formular übersetzt werden, in dem die Änderung stattgefunden hat.

Und durch ihren speziellen Aufbau bieten Units noch einen weiteren Vorteil: Es ist möglich, Datenstrukturen in ihnen zu »verbergen«. Das heißt, wir können Typen, Variablen, Prozeduren usw. definieren und innerhalb der Unit benutzen, aber man sieht sie außerhalb der Unit (also in anderen Units, die diese Unit benutzen oder im Hauptprogramm) nicht. Dadurch »kapselt« man Daten und Algorithmen. Was nach außen gezeigt wird, ist sozusagen nur das Resultat. Stellen Sie sich zum Beispiel vor, Sie realisieren eine Liste, wie wir sie im vorigen Kapitel kennen gelernt haben. Nach außen hin sind nur Funktionen wie »Add« usw. sichtbar. Wie die Liste funktioniert, ist innerhalb der Unit verborgen. So können Sie die interne Funktionsweise bei Bedarf komplett umstellen, ohne dass das restliche Programm »etwas davon erfährt«.

14.2 Units für Formulare

Doch genug der Theorie. Wie bereits erwähnt, steckt Delphi jedes Formular in eine eigene Unit. Dies können wir leicht testen. Dazu öffnen wir ein Projekt mit DATEI/NEUES PROJEKT. Das neue Projekt enthält wie immer ein leeres Formular. Damit geben wir uns aber diesmal nicht zufrieden: Mit DATEI/NEUES FORMULAR legen wir ein zweites Formular an. Nach Auswahl dieses Menübefehls erhalten wir folgenden Dialog (gilt nur für Delphi 1):

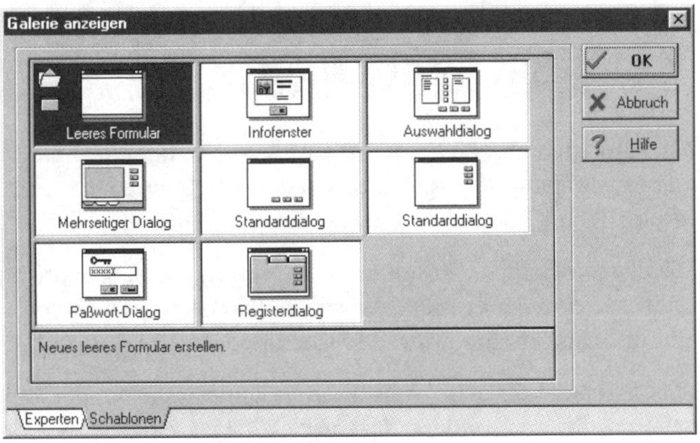

Abb. 14.1: Schablonen

Delphi macht es uns damit bequem, ein bestimmtes Formular anzulegen, indem es Schablonen für das neue Formular anbietet. Diese unterscheiden sich jedoch nur in den Komponenten, die Delphi von Anfang an darauf platziert. Wir wählen nun die erste Schablone, Leeres Formular. Zu unserem »Form1« gesellt sich dadurch ein »Form2«.

Bei einem Druck auf F12 wird der Quellcode des Formulars angezeigt. Dabei fällt auf, dass der Editor zwei Registerzungen anzeigt, nämlich »Unit1« und »Unit2«:

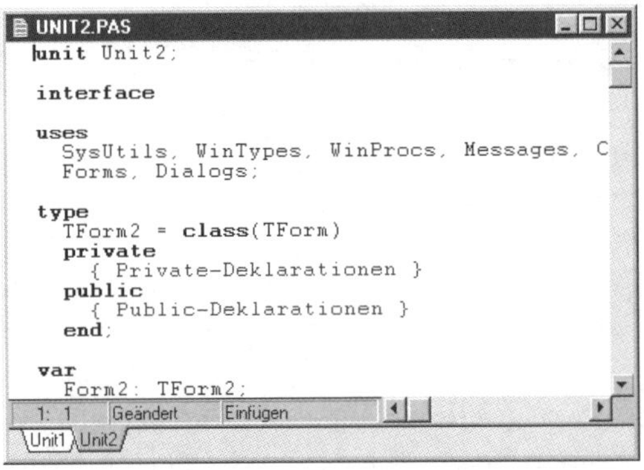

Abb. 14.2: Neue Unit

Durch Anklicken der entsprechenden Registerzunge kann man zwischen der Unit für das erste und der Unit für das zweite Formular hin- und herwechseln. Jede Unit ist eine separate Datei, die wir mit dem Editor unabhängig voneinander verändern können!

14.3 Units in Projekte einfügen bzw. entfernen

Mit dem Menüpunkt DATEI/NEUES FORMULAR generiert Delphi für uns automatisch ein neues Formular, das in einer eigenen Unit steckt. Im Menü DATEI verbirgt sich jedoch noch ein weiterer Eintrag: NEUE UNIT.

Mit diesem Befehl wird eine neue Unit angelegt, jedoch ohne dass Delphi dazu ein Formular erzeugen würde. Führt man diesen Befehl aus, so erscheint im Editor sofort eine dritte Registerzunge »Unit3«.

Wir wissen bereits über Units, dass sie keineswegs nur der Aufnahme von Formularen dienen, sondern dass wir sie allgemeiner verwenden können. Beispielsweise können wir Prozeduren, Variablen usw., die einem bestimmten Zweck dienen, darin zusammenfassen. Genau das ist der Grund für diesen Befehl: In der leeren »Unit3« können wir selbst Programmteile unterbringen, in ihr ist kein auf dem Bildschirm sichtbares Formular enthalten.

Man kann innerhalb kürzester Zeit eine ganze Reihe von Formularen in seinem Projekt generieren und das Ganze wird dann schnell unübersichtlich. Zum Glück bietet uns Delphi die »Projektverwaltung«, die man mit ANSICHT/PROJEKTVERWALTUNG anzeigen lassen kann:

Abb. 14.3: Projektverwaltung

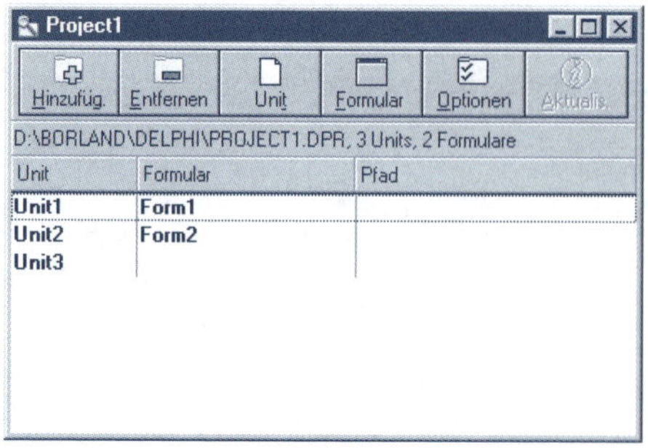

Im Projektverwaltungsfenster werden alle Units mit den dazugehörenden Formularen angezeigt. In unserem Fall fehlt natürlich das Formular für »Unit3«. Man kann einen Eintrag in der Liste anklicken und dann mit der Schaltfläche »Unit« oder »Formular« das entsprechende Element anzeigen lassen.

Bei neueren Delphi-Versionen sieht die Projektverwaltung etwas anders aus:

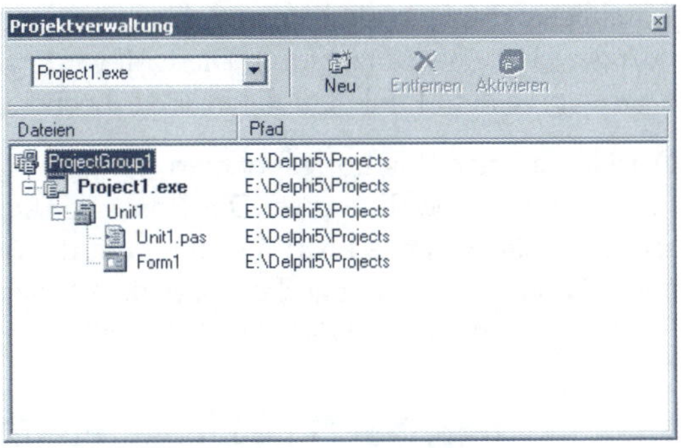

Abb. 14.4: Projektverwaltung (hier Delphi 5.0)

Wie man erkennen kann, wird nun eine hierarchische Darstellung verwendet. In dieser sind nun gegebenenfalls auch mehrere Projekte sichtbar. Zudem kann man direkt auf Units, aber auch auf Formulare zugreifen.

Mit der Projektverwaltung ist es aber auch leicht möglich, neue Formulare oder Units hinzuzufügen – diese müssen dann aber bereits als Datei auf der Platte vorliegen. Auch kann man leicht Dateien aus dem Projekt entfernen, indem man die entsprechenden Einträge in der Liste selektiert und dann die Schaltfläche »Entfernen« benutzt.

14.4 Der Aufbau von Units

Schauen wir uns den Quelltext der »Unit3« einmal näher an. Da sie kein Formular enthält, können wir ohne störende andere Einträge erkennen, was eine »minimale« Unit enthalten muss:

```
unit Unit3;

interface

implementation

end.
```

Was offensichtlich nicht viel ist. Wenig überraschend beginnt die Unit mit dem Schlüsselwort »Unit«, gefolgt vom eigentlichen Namen der Unit.

Nur mit Hilfe dieses Unit-Namens können andere Programmteile auf den Inhalt der Unit zugreifen.

HINWEIS

Anschließend folgen die beiden Schlüsselwörter *Interface* und *Implementation* (jeweils ohne Semikolon!). Die Unit wird, genau wie ein Programm, mit einem von einem Punkt gefolgten »end« beendet.

Der Name einer Unit korrespondiert mit dem Namen, unter dem sie auf der Festplatte abgespeichert wird. Der Name der Quelldatei einer Unit muss (beschnitten auf die ersten acht Zeichen) mit dem Unitbezeichner übereinstimmen. Andernfalls kann der Compiler die Quelldatei beim Kompilieren eines Programms oder einer Unit, die diese Unit nutzt, nicht finden.

14.4.1 Interface, Implementation und Vorwärtsdeklarationen

Was hat es nun mit *Interface* und *Implementation* auf sich? Wie bereits erwähnt, können in einer Unit »Dinge verborgen« werden. Nicht alles, was wir in eine Unit hineinpacken, ist nach außen hin sichtbar. Um zu unterscheiden, was sichtbar ist und was nicht, benutzen wir diese beiden Schlüsselwörter.

Alles das, was hinter *Interface* folgt, ist die Schnittstelle (engl. interface) nach draußen – hier können wir also alles das definieren, was andere Programmteile sehen können. Außerdem definieren wir im *Interface*, was wir von anderen Units benutzen möchten.

Das, was intern bleiben soll, nämlich die genaue »Implementierung« unserer Funktionen, also die Umsetzung, kommt hinter dem Schlüsselwort »Implementation«.

Um ein Gefühl für den Umgang mit Units zu bekommen, erstellen wir nun ein kleines Testprogramm. Mit DATEI/NEUES PROJEKT erstellen wir nun ein leeres Formular in einer Unit »Unit1«. Dann fügen wir dem Projekt eine neue Unit »Unit2« mit DATEI/NEUE UNIT hinzu. Auf dem Formular sollen ein Label und ein Button Platz finden. Wenn man den Button anklickt, soll das Label den Text anzeigen, den eine Funktion aus der Unit 2 zurückliefert.

Zuerst einmal benötigen wir die Funktion *Test*, die eine Zeichenkette zurückgibt. Wir fügen sie hinter dem Schlüsselwort »Implementation« in der Unit 2 ein, denn sie erledigt die eigentliche Arbeit.

Wie wir wissen, ist das, was hinter »Implementation« folgt, aber nach außen hin nicht sichtbar. Das ist natürlich nicht in unserem Sinne, schließlich wollen wir die Funktion *Test* in Unit 1 benutzen. Wir machen diese Funktion sichtbar, indem wir hinter »Interface« eine *Vorwärtsdeklaration* einfügen.

Unter einer Vorwärtsdeklaration versteht man sozusagen die »Ankündigung« der eigentlichen Prozedur oder Funktion. Man schreibt dazu den Prozedur- bzw. Funktionskopf nieder, jedoch ohne die eigentlichen Anweisungen. Das heißt, *begin..end* und alles dazwischen lässt man weg. Der Compiler weiß nun, wie die Prozedur/Funktion heißt und welche Argumente sie erwartet (bzw. natürlich auch, welchen Typ sie zurückliefert). Mehr müssen andere Programmteile über die Prozedur/Funktion ja auch nicht wissen.

Eine Vorwärtsdeklaration ist eine exakte Kopie der »Procedure«- bzw. »Function«-Anweisung.

MERKSATZ

Hinter Interface *können immer nur Vorwärtsdeklarationen eingefügt werden, niemals komplette Prozeduren oder Funktionen. Die eigentliche Prozedur/Funktion muss hinter »Implementation« folgen.*

Wenn wir also die Vorwärtsdeklaration hinter »Interface« eingefügt haben, sieht unsere Unit so aus:

```
unit Unit2;
interface

function test: String;

implementation

function test: String;
begin
  test := 'Text aus Unit2!';
end;

end.
```

Was würde passieren, wenn wir die Vorwärtsdeklaration hinter »Interface« weglassen? Die Funktion *Test* wäre nur innerhalb der Unit sichtbar! Das heißt, andere Prozeduren/Funktionen *nach Implementation* könnten sie aufrufen, aber kein anderes Programmteil außerhalb der Unit! *Test* wäre dann nur »innerhalb« der Unit 2 sichtbar!

Nun können wir durch einen Doppelklick auf den Button in Formular 1 die OnClick-Ereignisroutine wie folgt verändern:

```
procedure TForm1.Button1Click(Sender: TObject);
begin
  Label1.Caption := test;
end;
```

14.5 Aufruf einer Unit

Aber eine wichtige Kleinigkeit fehlt noch: Wenn wir nun versuchen, das Projekt zu compilieren, erhalten wir bei dieser Zeile nämlich die Fehlermeldung »unbekannter« Bezeichner.

Wir müssen die Unit 2 erst noch benutzen! Dazu fügen wir hinter dem »Implementation«-Schlüsselwort von Unit1 ein:

```
...
implementation

{$R *.DFM}
uses unit2;

procedure TForm1.Button1Click(Sender: TObject);
...
```

Und bei einem Klick auf den Button erscheint der Text im Label, den die Test-Funktion aus Unit2 zurückliefert!

HINWEIS

Man »benutzt« (engl. »to use«) eine Unit, indem man die Anweisung USES mit dem gewünschten Unit-Namen in die Unit einfügt, die Gebrauch von der gewünschten Unit macht.

Wenn Sie den Anfang von Unit1 betrachten, werden Sie feststellen, dass Delphi dort schon eine ganze Reihe von Units selbst eingefügt hat, die von dieser Unit benutzt werden. Hier der Unit-Kopf, den Delphi 1 generiert. Ab Delphi 2 sieht die »uses«-Deklaration geringfügig anders aus.

```
...
unit Unit1;
interface
uses
  SysUtils, WinTypes, WinProcs, Messages, Classes,
  Graphics, Controls, Forms, Dialogs, StdCtrls;
type
...
```

Bei diesen Units handelt es sich um Teile der »VCL«, der »Visual Components Library«. Mit anderen Worten: In diesen Units stecken Komponenten, Typen und Variablen, die unser Formular benutzen kann. Das erklärt auch, wo die ganze Funktionalität, die wir in Delphi »einfach so« zur Verfügung haben (Schalter, Labels, Formulare usw.) herkommt: Sie steckt in den mitgelieferten Units!

Uses-Anweisungen können hinter »Interface« oder hinter »Implementation« eingefügt werden.

Man kann zu einer Unit noch zusätzlich angeben, in welcher Datei Delphi danach suchen soll. Dazu muss hinter der Uses-Anweisung noch *in* und der Dateiname folgen.

14.5.1 Initialisierungsteil

Da Units sozusagen eigenständige Programmeinheiten darstellen, kann es sinnvoll sein, bestimmte Datenstrukturen zu initialisieren. So wäre es denkbar, dass sie innerhalb der Unit bestimmte Variablen benutzen, die aber zuerst einmal mit einem korrekten Wert belegt werden müssen, bevor die in der Unit enthaltenen Routinen korrekt arbeiten können. Denken Sie nur an unseren »Anker« der dynamischen Liste aus dem letzten Kapitel. Damit die Routinen zur dynamischen Listenverarbeitung korrekt arbeiten, war es zwingend erforderlich, den Anker vor der ersten Benutzung der Liste auf NIL zu setzen.

Solche Arbeiten können im Initialisierungsteil der Unit erledigt werden.

Der Initialisierungsteil einer Unit wird für jede Unit einmal vor dem eigentlichen Programmbeginn ausgeführt. Er kann beliebige Anweisungen enthalten und wird mit dem Schlüsselwort »Initialization« definiert.

Der Initialisierungsteil ist immer der letzte Teil einer Unit, d.h., er steht unmittelbar vor dem »end.«.

14.5.2 Finalization

In Delphi 2 ist der Initialisierungsteil noch einmal erweitert worden: Dort gibt es auch noch einen »Finalization«-Teil, der dann ausgeführt wird, bevor das Programm beendet wird. Dieser Teil kann benutzt werden, um Datenstrukturen aufzuräumen, die die Unit benutzt hat (denken Sie nur an das Freigeben des Heaps!). Allerdings kann der »Finalization«-Teil nur in Verbindung mit einem Initialisierungsteil erscheinen. So sieht also eine Unit formal aus:

```
unit Unitname;

interface
    Öffentliche Deklarationen

implementation
    Gekapselte Deklarationen
```

```
initialization
    Anweisungen, die beim Programmstart ausgeführt werden

finalization (* Optional, nur in Delphi 2 möglich *)
    Anweisungen, die bei Programmende ausgeführt werden

end.
```

Mit diesem Wissen »bewaffnet«, wollen wir unsere Beispiel-Unit »Unit2« um zwei weitere Elemente erweitern: eine Konstante, die den Text »Konstanter Text aus Unit2« enthält, und eine Variable, die wir mittels des Initialisierungsteils der Unit2 mit einer Zeichenkette belegen. So sieht die Unit dann aus:

```
unit Unit2;
interface

const
      testconstante = 'Text in Konstante! ';
var
      testvariable: String;

function test: String;

implementation

function test: String;
begin
   test := 'Text aus Unit2 !';
end;

initialization
  testVariable := 'Text in Variable!';
end.
```

Dann werden noch zwei zusätzliche Labels auf das Formular Form1 geschoben und die OnClick-Routine des Buttons entsprechend geändert:

```
procedure TForm1.Button1Click(Sender: TObject);
begin
  Label1.Caption := test;
  Label2.Caption := testconstante;
  Label3.Caption := testvariable;
end;
```

Wie man sieht, können auch Variablen und Konstanten problemlos in Units untergebracht werden. Dasselbe gilt natürlich auch für Typen.

14.6 Gültigkeitsbereiche und zirkuläre Referenzen

Was passiert eigentlich, wenn ich zwei Variablen namens *a* sowohl im Interface-Teil einer UNIT1 als auch von UNIT2 deklariere und diese beiden Units dann in UNIT3 mit

```
USES Unit1,Unit2;
```

benutze? Gibt der Compiler dann einen Fehler aus bzw. wenn nicht, welche Variable ist dann gültig? Die Antwort: Der Compiler gibt keinen Fehler aus! Wenn man in Unit3 nun einfach mit *a := 3;* auf die Variable zugreift, so greift man auf die zuletzt deklarierte Variable zu, also auf das *a*, das in Unit2 deklariert wurde! Gültig ist sozusagen der zuletzt deklarierte Bezeichner!

So etwas kann eine schwer erkennbare Fehlerquelle sein.

Um sicherzustellen, dass man auf ein Element (Variable, Konstante, Prozedur usw.) aus einer bestimmten Unit zugreift, kann man den Unitnamen durch einen Punkt getrennt vor den eigentlichen Bezeichner setzen. Daher hätten wir unsere Funktion *Test* auch so aufrufen können:

```
Label1.Caption := Unit2.test;
```

MERKSATZ

Genau wie bei Record-Elementen kann auch bei Elementen aus Units der Unitname durch einen Punkt getrennt vor den eigentlichen Bezeichner gesetzt werden, um den Bezeichner eindeutig zu kennzeichnen.

Was passiert, wenn eine Unit1 etwas aus einer Unit2 benutzt. Aber auch Unit2 etwas aus Unit1? Dies nennt man eine *zirkuläre Referenz*. Delphi kann zirkuläre Unit-Referenzen verarbeiten, sofern eine Unit die andere im *Implementation*-Teil verwendet.

Denn der Compiler ist in der Lage, nur den Interface-Teil einer Unit zu übersetzen – daher können die Interface-Teile vollständig compiliert werden, wenn »Uses« hinter Interface steht. Verwenden zwei Units Routinen aus der anderen, stehen die »Uses«-Anweisungen aber im *Interface*-Teil, so ist die Übersetzung nicht möglich. In diesem Fall erhält man die Fehlermeldung »zirkuläre Unit-Referenz«.

14.7 Bestandteile von Programmen und Dateiextensionen

Wir wissen nun, dass jedes Delphi-Programm sich aus einer Reihe von Units zusammensetzt: Units, in denen Delphi Formulare untergebracht hat, Units, die wir selber dem Projekt hinzugefügt haben, zum Beispiel um bestimmte Funktionen zusammenzufassen, und eine ganze Reihe von Units, die schon von vornherein mitgeliefert werden. In diesen Units sind die Komponenten und die grundsätzliche Funktionalität für Formulare enthalten.

Alle diese einzelnen Units sind aber noch nicht unser Programm. Wir wissen, dass ein Object-Pascal-Programm mit dem Schlüsselwort »Program« beginnt. Wir sehen das eigentliche, das »Haupt«-Programm, wenn wir den Menübefehl ANSICHT/PROJEKT-QUELLTEXT anwählen. Für unser in diesem Kapitel erarbeitetes Beispiel sieht das Programm so aus:

```
program Project1;
uses
  Forms,
  Unit1 in 'UNIT1.PAS' {Form1},
  Unit2 in 'UNIT2.PAS';

{$R *.RES}

begin
  Application.CreateForm(TForm1, Form1);
  Application.Run;
end.
```

Das Erscheinungsbild des Programm-Haupttextes entspricht dem Quellcode, der von Delphi 1 generiert wurde. Unter Delphi 2 (und späteren Versionen) sieht der Quelltext geringfügig anders aus.

Dieses Hauptprogramm müssen wir im Normalfall nicht selbst ändern – Delphi erledigt das für uns. Aber wir sehen auch hier, dass mit einer USES-Anweisung die einzelnen Units erst eingebunden werden müssen, bevor ihre Inhalte – hier im Wesentlichen FORM2 – benutzt werden müssen. Wir werden später noch besprechen, wie das Hauptprogramm funktioniert.

Es ist wichtig zu wissen, welche Dateierweiterungen Delphi für die einzelnen Programmbestandteile vergibt. Dies sind im Einzelnen:

Extension	Bedeutet	Zweck
PAS	»PAScal«	Quelltexte von Units
DCU	»Delphi Compiled Unit«	Compilierte Units
DPR	»Delphi Projekt«	Quelltext des Hauptprogramms

Die DCU-Dateien ermöglichen dabei die bereits angesprochene Beschleunigung des Übersetzungsvorgangs: Jede Unit wird separat übersetzt; das Ergebnis ist in einer DCU-Datei enthalten. Die einzelnen DCU-Dateien können dann später zusammengebunden werden, um die fertige Anwendung zu ergeben. Nur wenn der Quelltext einer Unit geändert wird, muss die dazugehörige DCU-Datei neu kompiliert werden.

Delphi verwaltet auch noch andere Dateien, um das Aussehen von Formularen zu speichern, aber dies ist im Zusammenhang mit Units nur am Rande interessant.

14.8 Zusammenfassung

- Eine Unit ist ein Programmteil, in dem man Funktionen, Prozeduren, Variablen und Datentypen aller Art zusammenfassen und dem restlichen Programm (d.h. auch anderen Units) zur Verfügung stellen kann.
- Mit der »Projektverwaltung« stellt Delphi Units (und Formulare) des aktuellen Projekts übersichtlich dar.
- Der »öffentliche« Teil einer Unit wird in ihrem *Interface*-Teil, der »private« Teil im *Implementation*-Abschnitt festgelegt.
- Man »benutzt« (engl. »to use«) eine Unit, indem man die Anweisung USES mit dem gewünschten Unit-Namen in die Unit (oder das Hauptprogramm) einfügt, die Gebrauch von der gewünschten Unit macht.
- Eine Unit kann einen Initialisierungsteil besitzen.
- In Delphi 2.x kann eine Unit zusätzlich einen *Finalization*-Teil besitzen.

14.9 Testaufgaben

14.1 Schreiben Sie eine Unit, die eine öffentliche Prozedur *oeffentlich* und eine private Funktion *privat* enthält. Die private Funktion soll einen beliebigen Wert liefern und von der »öffentlichen« Prozedur aufgerufen werden. Diese soll den Wert anzeigen. Fügen Sie diese Unit einem Delphi-Projekt hinzu, und rufen Sie aus dem aktuellen Formular die öffentliche Methode auf.

14.2 In einer Unit namens *MyUnit* sind eine Variable *a* und eine Variable *b* vom Typ *TMyRec* definiert. *A* ist im *Interface*-Teil, *b* im *Implementation*-Teil definiert. Der Typ *TMyRec* ist wie folgt definiert:

```
type TMyRec = Record
e1, e2, e3: Integer;
end;
```

Wie sieht der Zugriff auf das *Element* e1 der Variable *a* und auf das Element der Variable *b* aus einer anderen Unit namens *Unit1* aus? Welche Anweisung muss in Unit1 enthalten sein, damit der Zugriff möglich ist.

14.3 Würde es zu einem Namenskonflikt kommen, wenn das Element *e1* den Namen *a* hätte?

Kapitel 15

jetzt lerne ich

Objekte

Ein Schlagwort, das Sie bestimmt schon gehört haben, ist »Objektorientierte Programmierung«. Der Name »Object-Pascal« weist schon darauf hin, dass wir mit Delphi objektorientiert programmieren können. Wie das geht, wollen wir uns in diesem Kapitel näher ansehen. Denn die objektorientierte Programmierung ermöglicht eine logische Zusammenfassung von Daten und Algorithmen. Das gesamte Gerüst von Delphi (alle Komponenten und Formulare) wurde mittels objektorientierter Programmierung erstellt.

15.1 Was sind Objekte?

Was hat man unter Objekten zu verstehen? Mit einem Objekt werden die dazugehörigen Daten und die Operationen, die man auf das Objekt anwenden kann, zusammengefasst.

Stellen Sie sich ein Objekt einfach als einen *Record* vor, der nicht nur Variablen, sondern auch Prozeduren und Funktionen enthalten kann.

Die folgende Definition

```
TYPE TMyRecord = Record
                   a,b: Integer;
                 end;
```

definiert einen Record mit zwei Integer-Variablen. Man könnte diese Definition auch so schreiben:

```
TYPE TMyRecord = class
                   a, b: Integer;
                 end;
```

Diese Definition könnte man, mit einem kleinen Unterschied, fast genauso verwenden wie den Record. Es wäre möglich, eine Variable als

```
myrecord: TMyRecord;
```

zu definieren und dann (und das ist der Unterschied), nachdem man sie mit

```
myrecord := TObject.Create;
```

initialisiert hat, auf ihre Elemente mit

```
myrecord.a := 4;
```

zuzugreifen.

Wir werden später noch sehen, was es mit »create« auf sich hat.

Also wurde durch das Schlüsselwort CLASS ein Objekt und kein Record definiert. Der wesentliche Unterschied: In ein solches Objekt kann man auch Prozeduren und Funktionen aufnehmen, im Unterschied zu einem Record, der nur Variablen aufnehmen kann.

Und ein zweiter Unterschied, den man nur anhand der Definition nicht erkennen kann: Ein Objekt hat einen Vorfahr und kann von diesem Elemente »erben«.

MERKSATZ

Objekte sind Einheiten aus Variablen und Funktionen, die in der Regel Vorfahren haben und einzelne Elemente erben oder vererben können.

Hört sich alles noch ein wenig abstrakt an, nicht wahr? Betrachtet man die Definition des Typs *TMyRecord* und der Variable *myRecord*, so sieht doch alles bisher aus wie ein ganz normaler Record, vom Schlüsselwort CLASS einmal abgesehen. Tatsächlich hat *myRecord* aber wesentlich mehr Funktionalität, als es eine normale Record-Variable hätte. Wir können beispielsweise den Namen des Objekttyps, den *myRecord* hat (also »TMyRecord«), zur Laufzeit des Programms feststellen, und zwar beispielsweise mit einer Zuweisung wie

```
Label1.Caption := myRecord.className;
```

Spätestens hier wird sichtbar, dass *myRecord* keineswegs ein normaler Record ist, denn »className« haben wir nirgendwo definiert! Noch interessanter wird es, wenn man erfährt, dass »className« nicht etwa eine Stringvariable, sondern eine Funktion ist!

Die Antwort auf diese beiden »Rätsel«: Jedes Objekt, das mit dem Schlüsselwort CLASS definiert wird, hat den Vorfahren *TObject*. Und dieser Objekttyp besitzt unter anderem eine Funktion *ClassName*. Objekte erben bestimmte Variablen oder Funktionen, die im Vorfahren definiert wurden, daher ist *ClassName* Bestandteil von *myRecord*, auch wenn wir das nirgendwo definiert haben.

Außerdem kann ein Objekt Prozeduren und Funktionen beinhalten, genauso wie ein Record Variablen beinhaltet.

Es wird Sie nicht weiter überraschen, dass alle Komponenten und Formulare Objekte sind. Wenn wir eine neue Komponente auf ein Formular schieben, so wird diese durch eine eigene Objektvariable repräsentiert. Der Bezeichner dieser Variable setzt sich (bevor der Anwender ihn ändert) aus der Bezeichnung und einer fortlaufenden Nummer zusammen, also zum Beispiel LABEL1, LABEL2 usw. Solche Objekte haben natürlich einen bestimmten Typ: Labels sind beispielsweise vom Typ *TLabel*, Edit-Boxen vom Typ *TEdit* usw.

15.2 Einige Fremdwörter

In Zusammenhang mit der objektorientierten Programmierung müssen wir auch einige Fachbegriffe einführen. Der erste Begriff ist die Objekt-»Klasse«. Unter einer Klasse versteht man den *Objekttyp*. Die Begriffe »Objektklasse« und »Objekttyp« sind austauschbar. Man spricht aber nur in Zusammenhang mit Objekten von einer »Klasse«. Obwohl es eigentlich dasselbe bedeutet, sagt man nicht »Integer-Klasse«, sondern »Integer-Typ«.

Das zweite Fachwort sind »Instanzen«. Als Instanz bezeichnet man ein tatsächlich vorhandenes Objekt – also eigentlich eine Objekt-Variable. Die Bezeichnung kommt daher, dass das Objekt in einer Instanz sozusagen »tatsächlich« auftaucht. Genauso wie es mehrere Variablen des gleichen Typs geben kann, kann es auch mehrere Instanzen einer Objektklasse geben:

```
TYPE TMyObject = class
                   a, b: Integer;
                 end;

VAR a, b, c: myObject;
```

Sie sehen, auch wenn wir hier ein wenig Begriffsverwirrung betreiben: Klassen werden nach wie vor mit TYPE, die entsprechenden Instanzen mit VAR deklariert. Allerdings gibt es noch einen subtilen Unterschied zwischen Variablen und Instanzen: Wie wir noch sehen werden, ist die Instanz erst nach Aufruf einer speziellen Prozedur tatsächlich vorhanden.

Als drittes Fremdwort müssen wir uns »Methoden« merken. Damit bezeichnet man alle Prozeduren und Funktionen, die zu einer Objektklasse gehören. Wir werden im folgenden Teil des Kapitels noch sehen, wie man Prozeduren und Funktionen in ein Objekt einbettet.

Als letztes Fachwort müssen wir uns den Begriff »Felder« merken. Damit meint man nichts anderes als die Variablen, die Teil eines Objekts sind.

15.3 Felder

Wie wir bereits gesehen haben, kann man ein Objekt als Record »zweckentfremden«. Ein Objekt kann also ganz normale Variablen enthalten. Der Zugriff auf solche eingebetteten Variablen erfolgt, indem man den Namen der Objekt-Instanz vor den Variablennamen schreibt und beide durch einen Punkt trennt. So weit nichts Neues. Tatsächlich kann man sogar die WITH-Anweisung verwenden, um auf die Felder zuzugreifen.

Aber Objekte bieten in Bezug auf Variablen (und, wie wir sehen werden, Methoden) einige Möglichkeiten mehr als Records.

Bei einem Record kann man auf alle definierten Variablen von außen zugreifen. Bei Objekten kann man dies steuern – die Felder können »öffentlich« oder »privat« sein.

Auf öffentliche Felder kann man wie gewohnt von außen zugreifen. Auf private Felder können nur Methoden des jeweiligen Objekts zugreifen.

Innerhalb der Objekt-Definition, d.h. nach *CLASS*, können, wie wir wissen, Variablen eingefügt werden. Solcherart deklarierte Variablen sind von Hause aus erst einmal »öffentlich«.

Mit den beiden reservierten Wörtern *PRIVATE* und *PUBLIC* kann man explizit steuern, welchen Zustand Variablen haben sollen.

Schauen wir uns dazu einmal den Typ TFORM1 an, den Delphi in einem neuen Projekt in der ersten Unit automatisch erzeugt. Dies ist der Typ für das erste Formular der Unit:

```
type
  TForm1 = class(TForm)
  private
    { Private-Deklarationen }
  public
    { Public-Deklarationen }
  end;
```

Wir sehen, dass der Typ keinerlei Variablen enthält, aber Delphi hat freundlicherweise bereits die beiden Anweisungen *PRIVATE* und *PUBLIC* eingefügt – wir müssen unsere Felder nur noch an der entsprechenden Stelle einfügen.

MERKSATZ

Innerhalb der aktuellen Unit funktionieren hinter »private« deklarierte Felder wie »öffentliche« Felder. Außerhalb der aktuellen Unit sind private Felder unbekannt. Man kann nicht auf sie zugreifen.

Grundsätzlich gilt: Deklarieren Sie Variablen, die die interne Arbeitsweise des Objekts regeln, als »private«.

15.4 Methoden

Wie bereits erwähnt, kann eine Objektklasse Methoden enthalten. Methoden sind zum einen ganz normale Funktionen und Prozeduren. Zum anderen sind sie jedoch an die jeweilige Objekt-Klasse gebunden.

Mit anderen Worten: Sie werden beim Deklarieren eines Objekt-Typs definiert und sie sind genauso Bestandteil des Objekts wie auch die Felder des Objekts.

Man ruft eine Methode auf, indem man den Bezeichner der Objekt-Instanz (Variable) dem Bezeichner der Methode voranstellt – wie gewohnt durch einen Punkt getrennt. Also zum Beispiel:

```
myobject.testprozedur(3);
```

oder

```
a := myobject.testfunktion(5);
```

Wie deklariert man Methoden? Da Methoden Prozeduren und Funktionen mit der Besonderheit sind, dass sie klassenabhängig sind, werden sie wie normale Prozeduren/Funktionen definiert – alle Regeln bezüglich Parameterübergabe, Funktionsergebnis usw. gelten auch für Methoden.

Aber eine Methode wird in zwei Schritten definiert. Innerhalb der Klassendefinition (also innerhalb der Type-Anweisung) wird eine Vorwärtsdeklaration verwendet. Die eigentliche Methode folgt dann nach Abschluss der Typ-Deklaration, wobei dem Methodenbezeichner aber unbedingt der Name der Objekt-Klasse vorangestellt werden muss. Das hört sich zwar alles sehr theoretisch an, ist aber eigentlich ganz einfach.

So definieren wir eine Funktionsmethode innerhalb einer Objekt-Klasse *My-Object*:

```
TYPE TMyObject = class      (*Klassendefinition*)
                   a: Byte;
                   function test: Byte; (*Vorwärtsdeklaration*)
end;
VAR MyObjekt1,
    MyObject2: TMyObject; (* zwei Instanzen deklarieren *)
```

Nun fehlt uns noch die eigentliche Definition der Funktion *Test*. Nach Abschluss aller Typ- und Variablen-Deklarationen folgen dann im Implementations-Teil (wie von Prozedur- und Funktionsdefinitionen gewohnt) alle Methoden-Definitionen:

```
TMyObject.Test: Byte;
BEGIN
   test := a * 3;
END;
```

Beachten Sie:

MERKSATZ

Bei der Definition der Methoden muss der Klassenname vorangestellt werden, nicht etwa der Name einer einzelnen Instanz.

Denn die Methode ist ja Teil des »Objekt-Typs«.

Außerdem:

MERKSATZ

Die Vorwärtsdeklarationen der Methoden müssen nach allen Feld-Definitionen innerhalb der Klassendefinition des Objekts folgen.

Die hier definierte »Test«-Funktion liefert als Ergebnis den Inhalt der Objekt-Variable *a* multipliziert mit 3 zurück.

Die Methoden eines Objekts sind lokal, das heißt, sie beziehen sich auf die jeweilige Instanz eines Objekts. Oder anders gesprochen: Die Methoden eines Objekts haben Zugriff auf die Variablen der jeweiligen Objekt-Instanz. Also haben *b* und *c* nach Durchführung folgender Anweisungen ...

```
MyObject1 := TMyObject.Create;
MyObject2 := TMyObject.Create;
MyObject1.a := 3;
b := MyObject1.test;
MyObject2.a := 4;
c := MyObject2.test;
```

... die Werte 9 für *b* und 12 für *c*. Die beiden »Create«-Anweisungen sind notwendig, bevor wir eine Zuweisung an die Variable vornehmen oder die Methoden aufrufen können. Selbstverständlich handelt es sich bei *Create* auch um eine Methode; wir werden noch sehen, wozu sie notwendig ist.

Nun wissen Sie auch, was für ein »Gerüst« uns Delphi bei einem Klick auf ein noch leeres »Ereignis«-Feld des Objekt-Inspektors vorgibt: Es handelt sich um Methodenaufrufe der jeweiligen Komponente!

15.5 Vererbung

Eine ganz wesentliche Eigenschaft von Objekten ist, dass sie Felder und Methoden von ihren Vorfahren erben können. Wie hat man sich das vorzustellen? Schauen wir uns dazu einmal folgendes Beispiel an:

```
TYPE
  TVorfahr = class
    a: Integer;
  end;

  TNachkomme = class(TVorfahr)
  end;
```

Scheinbar ist die zweite Klasse »leer«, denn sie enthält keinerlei Felder oder Methoden. Erstaunlicherweise schluckt der Compiler aber folgenden Code

```
VAR MyObject: TNachkomme;
BEGIN
  MyObject := TNachkomme.Create;
  MyObject.a := 10;
```

klaglos! Den bereits bekannten mysteriösen »Create«-Aufruf ignorieren wir für den Augenblick.

Obwohl in *TNachkomme* nicht eine einzige Variable deklariert wurde, können wir problemlos eine Zuweisung an »a« durchführen. Das liegt daran, dass *TNachkomme* keineswegs leer ist, sondern *a* von *TVorfahr* geerbt hat.

TNachkomme hat also das Feld *a* von *TVorfahr* übernommen, auch wenn dieses nicht explizit deklariert wurde.

MERKSATZ

Eine Klasse wird als Nachkomme einer anderen Klasse definiert, indem man den gewünschten Vorfahr in Klammern hinter dem Schlüsselwort CLASS angibt.

Das ist jedoch keineswegs das einzige Erbe, das *TNachkomme* bekommt. Denn auch *TVorfahr* hat Felder und sogar Methoden geerbt – von *TObject*, dem Vorfahr aller Objekte in Delphi.

Eine der geerbten Methoden ist beispielsweise *Create*.

> Alle mit dem Schlüsselwort *CLASS* definierten Objekte stammen vom Vorfahr *TObject* ab.

Auch wenn die Klasse *TObject* nirgendwo als Vorfahr deklariert wurde, ist sie Vorfahr jeder mit *Class* deklarierten Klasse. Daher kennt jede Klasse auch ohne weitere Definition Methoden wie *Create* oder *ClassName*, denn dies sind Methoden von *TObject*.

Weil ohnehin jedes Objekt von *TObject* abstammt, sind die beiden folgenden Definitionen ...

```
TYPE MyObject = class
                end;
```

und

```
TYPE MyObject = class(TObject)
                end;
```

gleichbedeutend.

Ein Objekt erbt alle Felder und Methoden des unmittelbaren Vorfahrens und da dieser seinerseits Felder und Methoden aller Vorfahren erbt, kommen bei jedem Nachkommen neue Felder hinzu.

Bei folgender *Mehrfachvererbung* ...

```
TYPE
  T1 = class
  a: Byte;
end;

     T2 = class(T1)
       b: Byte;
     end;

     T3 = class(T2)
       c: Byte;
     end;
```

enthält die Klasse T3 die Variablen *a*, *b* und *c*. Dabei wurde nur *c* in ihrer eigenen Definition deklariert – die beiden anderen sind von den Vorfahren geerbt.

Genauso, wie ein Nachkomme Felder der Vorfahren erbt, so werden auch Methoden vererbt. Auch die in den Klassen der Vorfahren definierten Prozeduren und Funktionen sind in der Klasse der Nachfahren enthalten, genauso wie die Felder.

15.6 Überschreiben von Feldern und Methoden

Was passiert, wenn man dieselben Feldnamen oder Methodennamen neu definiert, wie sie auch schon in einer Vorgängerklasse verwendet wurden? Dadurch werden Felder und Methoden neu definiert, d.h., eine Klasse kann durchaus Bezeichner verwenden, die schon »mal dagewesen sind«, ohne dass dies zu einer Fehlermeldung des Compilers führt:

```
TYPE TObject1 = class
       procedure test;
       end;

     TObject2 = class(TObject1)
       procedure test;
       end;
...

TObject1.test;
begin
...
end;

TObject2.test;
begin
...
end;
...
VAR o1: TObject1;
    o2: TObject2;
```

In einem solchen Fall ruft *o1.test* die Methode der Vorgänger-Klasse, *o2.test* die der Nachfolger-Klasse auf. Es handelt sich also um zwei verschiedene Methoden, trotz gleichen Namens und obwohl *TObject2* von *TObject1* abstammt. Solche Methoden nennt man *statisch*.

> Definiert man in einem Nachfolgerobjekt eine neue statische Methode, die denselben Namen trägt wie eine bereits vorhandene statische Methode, so ersetzt diese das Original.

Eine andere Art von Methoden sind die *virtuellen* Methoden, die – wenig überraschend – dadurch deklariert werden, dass man an ihre Deklaration das Schlüsselwort *virtual* anhängt:

```
TYPE TObject1 = class
       procedure test; virtual;
       end;
```

Der Unterschied zu einer statischen Methode besteht darin, dass es möglich ist, eine virtuelle Methode zu *überschreiben*, statt sie zu ersetzen.

Dazu deklariert man im Nachfolgerobjekt wiederum eine Methode gleichen Namens, fügt aber das Schlüsselwort *override* hinzu:

```
TObject2 = class(TObject1)
  procedure test; override;
end;
```

Die Methode *TObject2.test* ersetzt zwar auf den ersten Blick in *TObject2* die Methode aus *TObject1* – aber im Gegensatz zu einer statischen Deklaration ist die ursprüngliche Methode nicht verloren; man kann sie auch im Nachfolger noch aufrufen.

Dazu stellt man dem Methodenbezeichner einfach die Klassenbezeichnung der gewünschten Vorgängerklasse voran, zum Beispiel so: *TObject1.test*. Eleganter ist allerdings die Verwendung des Schlüsselworts »inherited«:

Innerhalb der Klasse *TObject2* ruft »inherited test« nicht etwa die Methode *TObject2.test* auf, sondern *TObject1.test*.

MERKSATZ

Indem man das Schlüsselwort INHERITED einem Methodenaufruf voranstellt, ruft man die gleichnamige Methode der Vorgängerklasse auf.

Denn oft ist es sinnvoll, bereits existierende Methoden nur zu ergänzen. Stellen Sie sich zum Beispiel vor, dass mit einer Methode »Farbe_Rot« eines Objekts dessen Darstellungsfarbe geändert würde. Sie arbeiten nun an einem Nachfolger für eine solche Objektklasse, der seinen letzten Zustand auf Festplatte speichern soll.

Es ist aber nur dann notwendig, die Änderungen auf Platte zu speichern, wenn der alte Zustand tatsächlich geändert wurde. Also führen Sie ein *Flag* ein, d.h. eine boolesche Variable *Geaendert*, die auf TRUE gesetzt werden soll, wenn eine Methode wie zum Beispiel *Farbe_Rot* oder eine andere Methode, die den Zustand des Objekts ändert, aufgerufen wird.

Indem man die »alte« Methode aufruft, ist es nicht notwendig, die Methode komplett neu zu schreiben, wie es bei nicht objektorientierter Programmierung notwendig wäre:

```
TYPE TNeues_Objekt = class(TAltes_Objekt)
    geaendert: Boolean;
procedure farbe_rot; override; (* Diese Methode existiert als virtuelle
Methode in TAltes_Objekt *)
end;
```

Nun deklariert man die neue Methode *Farbe_Rot*, die jedoch zuerst einmal die Methode des Vorgängers aufruft, um die Darstellung des Objekts rot einzufärben (wie auch immer sie das macht ...):

```
procedure TNeues_Objekt.Farbe_rot;
begin
   inherited farbe_rot;
   geaendert := true;
end;
```

Wie Sie sehen, ergänzt die neue Methode lediglich die Funktionalität der bereits vorhandenen Methode.

MERKSATZ

Virtuelle Methoden lassen sich überschreiben, statt komplett ersetzt zu werden. Dadurch lassen sie sich auch in Nachfolger-Objekten noch aufrufen. So kann das Verhalten einer Methode in jedem Nachfolger schrittweise verfeinert werden.

Statt des Schlüsselworts *virtual* kann man virtuelle Methoden auch mit dem Schlüsselwort *dynamic* deklarieren – genaugenommen hat man dann eine *dynamische Methode* deklariert. Dynamische Methoden funktionieren genauso wie virtuelle Methoden, aber sie arbeiten intern anders (etwas langsamer). Auch dynamische Methoden werden mit dem Schlüsselwort *override* überschrieben.

MERKSATZ

Es gibt drei Arten von Methoden: statische, virtuelle und dynamische. Die beiden letzten können mit Hilfe des Schlüsselworts override *überschrieben werden.*

15.7 Konstruktoren und Destruktoren

Wir haben nun bereits mehrmals die Methode *Create* verwendet, die jedes Objekt von der Klasse *TObject* erbt. Im Beispiel ...

```
myObject1 := TObject.Create;
myObject2 := TObject.Create;
myObject1.a := 3;
b := myObject1.test;
...
```

fallen diese beiden *Create*-Anweisungen wiederum auf. Sie sind unbedingt erforderlich, wenn man keinen Laufzeitfehler bei Ausführung der Zuweisungen erhalten möchte.

Der Grund dafür ist, dass es sich bei den Variablen *MyObject1* und *MyObject2* nicht etwa um Instanzen von *TObject* handelt, sondern in Wirklichkeit handelt es sich um Zeiger auf die entsprechenden Variablen, die dynamisch auf dem Heap angelegt wurden!

Solange der Speicherbereich nicht reserviert worden ist und die Zeiger die korrekten Werte haben und andere spezielle Tabellen, die für die Verwendung von Objekten notwendig sind, initialisiert worden sind, kann das Objekt nicht verwendet werden. Das ist auch der Grund, warum man vor einem Aufruf von *Create* bei einem Zugriff auf Objekt-Felder einen Laufzeitfehler erhält. Die Methode *Create* »konstruiert« das Objekt, daher nennt man eine solche Methode auch »Konstruktor«.

HINWEIS

Create ist eine spezielle Methode der Objektklasse *TObject* (und aller ihrer Nachfolger). Durch sie wird das Objekt erstmals initialisiert, daher wird sie Konstruktor genannt. Der Konstruktor eines Objekts muss daher vor der ersten Verwendung aufgerufen werden. Erst dann existiert die Instanz eines Objekts tatsächlich und kann verwendet werden.

Beachten Sie, dass erst der Konstruktor-Aufruf der Instanzvariable den Wert zuweist – man ruft einen Konstruktor **nicht** etwa so auf:

```
var myObject: TObject;
begin
  myObject.Create;
```

sondern vor *Create* steht der *Klassenname*; das Ergebnis des Aufrufs ist das Objekt! Also:

```
var myObject: TObject;
begin
  myObject := TObject.Create;
```

Es ist nicht notwendig, vordefinierte *Komponenten* mit *Create* erst zu erzeugen, wie es bei selbst definierten Objekten notwendig ist. Der Grund dafür ist, dass der Aufruf von *Create* der jeweiligen Komponente automatisch durch das Formular durchgeführt wird. Das Formular wird seinerseits wiederum vom Hauptprogramm erzeugt (»unter der Oberfläche« finden diese Aufrufe aber doch statt!).

Wenn es *Konstruktoren* gibt, muss es auch *Destruktoren* geben. Denn der Speicher, der für ein Objekt dynamisch auf dem Heap reserviert wird, muss irgendwie auch wieder freigegeben werden. Daher kennt jedes Objekt, wiederum durch Vererbung vom allgegenwärtigen Vorfahren *TObjekt*, die beiden *Destruktoren* »Destroy« und »Free«. Die beiden geben den durch eine Objektinstanz belegten Speicher wieder frei.

Man sollte die Verwendung von »Free« vorziehen, da »Free« zuerst prüft, ob das Objekt tatsächlich noch existiert, und dann erst »Destroy« aufruft. Dadurch beugt man Laufzeitfehlern vor, die durch nicht initialisierte Objekte entstehen können.

> Bevor das Programm beendet wird, muss man den durch Konstruktoren für Objekte reservierten Speicher durch Aufruf der entsprechenden Destruktoren wieder freigeben.

Die Verwendung von selbst definierten Objekten muss daher immer nach folgendem Schema erfolgen:

1. Objekt mit Konstruktor-Aufruf instanziieren
2. Zugriffe auf das Objekt, Aufruf von Objektmethoden
3. Objektinstanz durch Aufruf des Destruktors freigeben

Ist eine Objektinstanz erst einmal freigegeben worden, sind die Werte aller Felder verloren. Ein erneutes Aufrufen des Konstruktors setzt die Feldvariablen keineswegs auf ihre alten Werte.

15.8 Klassenmethoden

Die Methoden, die wir bisher kennen gelernt haben, können nur aufgerufen werden, wenn eine *Instanz* der jeweiligen Klasse vorhanden ist, wenn also ein konkretes Objekt existiert. Man gibt dazu den Bezeichner der Instanz und den Methodennamen an:

```
myObject.prozedur
```

oder

```
variable := myObject.funktion
```

So weit, so klar. Doch was hat es mit dem *Konstruktor* auf sich? Zu dem Zeitpunkt, zu dem man ihn aufruft, gibt es diese Instanz noch gar nicht. Auch wird ihm nicht der Instanzname, sondern der Klassenname vorangestellt. Das lässt uns vermuten, dass es noch eine andere Art von Methoden gibt.

Und richtig: die so genannten *Klassenmethoden*. Sie gehören nicht zu einer bestimmten Instanz der Klasse, sondern zur Klasse selber, und können aufgerufen werden, ohne dass eine Instanz der Klasse vorhanden ist.

Das heißt, wenn wir eine Objektklasse *TMyClass* definiert haben, können wir deren Klassenmethoden jederzeit aufrufen, ohne eine Instanz zu deklarieren.

Klassenmethoden werden wie normale Methoden innerhalb der Klassendefinition festgelegt, nur muss ihnen das reservierte Wort *Class* vorangestellt werden:

```
type TMyClass = class
     function TestMethod: String;
     class function GetMyClassName: String;
   end;
```

Wobei die Implementierung der beiden Methoden wie folgt aussieht:

```
function TMyClass.TestMethod: String;
begin
  result := 'Methode einer Instanzvariable';
end;

class function TMyClass.GetMyClassName: String;
begin
  result := 'Klassen-Methode';
end;
```

Dieses Beispiel definiert zwei Methoden: die »normale« Methode *Testmethod* und die Klassenmethode *GetMyClassName*, wobei die zweite jederzeit aufgerufen werden kann, auch ohne dass eine Objektinstanz konstruiert wurde; eine Anweisung wie

```
Label1.Caption := TMyClass.GetMyClassName;
```

ist also jederzeit möglich. Genauso kann die Klassenmethode aber auch aufgerufen werden, wenn man ihr den Bezeichner einer Objektinstanz voranstellt:

```
myObject := TMyClass.Create;
Label1.Caption := TMyClass.GetMyClassName;
Label2.Caption := myObject.GetMyClassName;
Label3.Caption := myObject.TestMethod;
myObject.Free;
```

Die beiden ersten Zuweisungen rufen die Klassenmethode, die dritte Zuweisung die normale Methode auf. Der Aufruf einer normalen Methode setzt das Vorhandensein der konkreten Objektinstanz (hier: *myObject*) voraus, bei einer Klassenmethode ist dies nicht unbedingt erforderlich.

Bei Klassenmethoden gibt es eine wichtige Einschränkung: Die Implementierung der Klassenmethode darf nicht von den Werten von irgendwelchen Feldern des Objekts abhängen. Aber das ist auch einsichtig: Schließlich ist möglicherweise gar keine Objektinstanz vorhanden, so dass es keinerlei Objektfelder gibt (sie sind zwar deklariert, aber nicht vorhanden).

Nach diesen Ausführungen fragen Sie sich vielleicht, wozu man Klassenmethoden benötigt, und, noch wichtiger: Wie oft werden Sie sie benötigen? Nun, Sie arbeiten möglicherweise sehr oft damit, denn der Konstruktor ist eine Spezialform der Klassenmethoden. Zudem definiert *TObject* eine Reihe von nützlichen Klassenmethoden (da *TObject* der Vorfahr *aller* Objekte und Komponenten in Delphi ist, besitzen auch alle diese Klassenmethoden). Beispiel für solche von *TObject* geerbten Klassenmethoden sind *ClassName* oder *InstanceSize*.

Sie selbst werden wahrscheinlich selten oder niemals Klassenmethoden entwickeln, wenn Sie mit den vorhandenen Delphi-Komponenten arbeiten.

15.9 Methodenzeiger

Erinnern Sie sich noch an die *prozeduralen Variablen*? Sie nehmen die Adresse einer Prozedur oder Funktion auf und ermöglichen es so, mit Hilfe einer Variablen (also nur einem einzigen Bezeichner) verschiedene Routinen aufzurufen.

Solche prozeduralen Variablen funktionieren nicht mit Methoden. Obwohl diese auch »nur« Prozeduren oder Funktionen sind, so sind sie doch Teil eines Objekts, was die Verwendung von prozeduralen Variablen unmöglich macht.

Der Ersatz für prozedurale Variablen in Zusammenhang mit Methoden sind die Methodenzeiger. Methodenzeiger werden genauso deklariert wie prozedurale Variablen, der einzige Unterschied besteht darin, dass hinter der Typdeklaration zusätzlich noch »of object« angegeben werden muss. So deklariert man einen Methodenzeiger auf eine Funktion ohne Parameter:

```
type TMethodenzeiger = function: Integer of Object;
```

Mit einem solchen Methodenzeiger ist es möglich, aus einem Objekt heraus eine Methode innerhalb eines anderen Objekts aufzurufen:

```
TObject1 = class
              function EineMethode: Integer;
           end;
TObject2 = class
              EinFeld: TMethodenzeiger;
           end;
```

So kann man die Methode von *Object1* an einen Methodenzeiger zuweisen und diesen dann für den Aufruf der Methode *aus dem zweiten Objekt heraus* verwenden:

```
procedure TForm1.Button1Click(Sender: TObject);
var object1: TObject1;
    object2: TObject2;
    i: Integer;
begin
  object1 := TObject1.Create;
  object2 := TObject2.Create;
  object2.einFeld := object1.eineMethode;
  i := object2.einFeld;  (* Aufruf der Methode über den
                            Methodenzeiger *)
  ShowMessage(IntToStr(i));
end;
```

Objekte haben noch eine weitere Fähigkeit, die wir bisher nicht angesprochen haben.

Man kann den Zustand von Objekt-Variablen ändern, um den Status oder das Verhalten eines Objekts zu ändern. Beispielsweise wäre es denkbar, dass ein Formular – das, wie wir inzwischen wissen, ja ein Objekt ist – eine Variable *Color* hat. Diese soll die Farbe enthalten, in der das Formular dargestellt wird. Der Programmierer kann dieser Farbe also einen neuen Farbwert zuweisen. Das Ganze hat nur einen Haken. Hat man den neuen Farbwert in die Variable geschrieben, passiert – gar nichts!

Wünschenswert wäre es doch, dass sich das Formular auch sofort in der neuen Farbe neu zeichnen würde! Selbständig, versteht sich. Es müsste also eine Möglichkeit geben, an den Zugriff auf eine Variable den Aufruf einer Methode zu koppeln. Und genau dies ist mit *Properties* (engl. Eigenschaften) möglich.

Eine *Property* sieht für den Benutzer des Objekts (den Programmierer, der mit dem Objekt arbeitet) aus wie eine gewöhnliche Variable. In Wirklichkeit kann eine Property jedoch aus Variablenzugriffen und/oder Prozedur-/Funktionsaufrufen bestehen. So wird eine Property deklariert:

```
TYPE TObject = class
  FColor: LongInt;
  property Color: LongInt read Fcolor write Fcolor;
end;
```

Eigenschaften werden wie Methodenaufrufe erst nach allen Feldern (hier FColor) deklariert, und zwar mit dem reservierten Wort *Property*. Nach dem Property-Bezeichner (hier Color) folgt der Typ der Property. Er entspricht dem Typ einer Variablen. Nach außen hin »sieht« eine Property aus wie eine Variable, diese hier also wie eine Variable namens »Color« mit dem Typ

»LongInt«. Man kann also in die Property einen LongInt-Wert hineinschreiben und daraus lesen.

Der »Trick« bei einer Property: Sie besteht aus zwei Teilen – dem Lese- (Read) und dem Schreibteil (Write). Für beide Teile kann man entweder eine Variable (das haben wir hier getan) oder auch Funktionen angeben.

In unserem Beispiel verhält sich die Property tatsächlich wie eine ganz normale Variable: Ein Wert, den wir hinschreiben (durch eine Zuweisung wie *object.color := 1*), wird in die Variable *FColor* geschrieben; ein Wert, der ausgelesen wird (zum Beispiel mit *c := object.color*), wird ebenfalls der Variable *FColor* entnommen.

Meistens werden zum Lesen und Schreiben jedoch Methoden verwendet, um zusätzliche Aktionen an den Zugriff auf eine Eigenschaft zu koppeln.

In unserem Beispiel wäre es sinnvoll, wenn sich das Objekt nach Zuweisung der neuen Farbe selber zeichnen würde. Außerdem möchten wir auch, wie im Beispiel aus dem letzten Abschnitt, ein *Geaendert*-Flag führen, um zu wissen, wann eine Neuspeicherung des Objekts sinnvoll ist.

Angenommen, das Objekt hätte vom (imaginären) Vorgänger *TVor* eine Methode »Refresh« geerbt, die es neu zeichnen würde. Dann könnte man die gewünschten Anforderungen wie folgt realisieren:

```
TYPE TObject = class(TVor)
  FColor: LongInt;
  Geaendert: Boolean;
  function readColor: LongInt;
  procedure writeColor(c: LongInt);
  property Color: LongInt read readColor write writeColor;
end;

TObject.readColor: LongInt;
begin
  readColor := FColor;
end;

TObject.writeColor(c:LongInt);
begin
  Geaendert := true;
  FColor := c;
  Refresh;
end;
```

In diesem Beispiel vollbringt die Lese-Funktion *readColor* nichts anderes, als den Wert der Variablen *FColor* zurückzugeben (schließlich verändert sich dadurch an der Farbe des Objekts zunächst nichts). Es ist daher eigentlich unnötig, einen Funktionsaufruf dafür zu deklarieren, wir haben es hier nur zur Verdeutlichung getan. Einfacher wäre an dieser Stelle ein direkter Zugriff auf die Variable gewesen:

```
property Color: LongInt read FColor write writeColor;
```

Die Lese-Funktion bzw. die Schreib-Prozedur einer Property müssen als normale Methoden der Objekt-Klasse deklariert worden sein. Zum Lese-Zugriff auf eine Feldvariable muss eine Funktion benutzt werden, die einen dem Typ der Property entsprechenden Typ zurückliefert. Zum Schreibzugriff benötigt man eine Prozedur, die ein einziges Argument des entsprechenden Typs bekommt.

Bei einer Zuweisung wie *Objekt1.Color := 1;* wird nun nicht mehr nur der Wert 1 in die Variable *FColor* geschrieben, sondern es wird zudem noch das Flag *Geaendert* auf TRUE gesetzt, und das Objekt zeichnet sich neu – es verhält sich damit wesentlich »intelligenter«, als es bei einer Zuweisung an ein normales Feld des Objekts möglich wäre. Mit Properties kann man Objekte wesentlich anwendungsfreundlicher gestalten.

Fast alle Eigenschaften der Komponenten und Formulare in Delphi sind mit Hilfe von Properties realisiert. Erst dadurch ist ihr komfortabler Einsatz und ihr aktives Verhalten möglich.

Selbstverständlich werden auch Properties vererbt. Indem man in einem Nachfolger eine Lese-Funktion oder eine Schreib-Prozedur überschreibt, kann man auch das Verhalten von Properties ändern.

Es ist nicht notwendig, beide Zugriffsmethoden in einer Property zu verwenden: Eine Property kann auch nur den Lese- oder den Schreibzugriff enthalten. Vorausgesetzt, die Variable *ftest* und die beiden Methoden *SetTest* und *GetTest* sind als Teil des Objekts deklariert, dann sind dies

```
property  test1: Integer read ftest;
property  test2: Integer write ftest;
property  test3: Integer read GetTest;
property  test4: Integer write SetTest;
```

gültige Properties. Dabei ermöglichen *test1* und *test3* nur einen lesenden Zugriff, die beiden anderen Properties ermöglichen es nur, Werte zuzuweisen, aber nicht, sie abzurufen. Anweisungen wie

```
o.test1 := 3;
i := o.test2;
```

(klar: *i* soll vom selben Typ sein wie *ftest*, *o* ein Objekt, das die Properties beinhaltet) würden zu einem Fehler bei der Compilierung führen.

Und noch einen Spezialfall gibt es bei Properties: Properties können wie Arrays aussehen, insofern, dass sie einen oder mehrere Indizes haben können. In diesem Fall wird hinter dem Bezeichner der Property der Index angegeben – wobei dieser wiederum als Argument an die Zugriffsmethoden weitergereicht wird. Daraus folgt aber auch:

MERKSATZ

Array-Properties können keinen direkten Zugriff auf die Variable ausführen, sondern müssen *Methoden benutzen.*

So sieht die Deklaration einer *Array-Property* aus (hier mit einer kompletten Objektdefinition):

```
type TTest = class
     fArray: Array[1..10] of String;
     procedure SetTest(idx: Integer; value: String);
     function  GetTest(idx: Integer): String;
     property  test[idx: Integer]: String read GetTest
     write SetTest;
   end;
```

Man erkennt, dass die Property *test* einen Index (der in diesem Fall vom Typ Integer ist) erhält. Ansonsten wird jedoch wie gewohnt eine Methode für den Lese- und Schreibzugriff definiert.

Dieser Index wird an die Lesemethode *GetText* als Argument weitergereicht – die Schreibmethode *SetText* benötigt nun jedoch *zwei* Argumente; schließlich muss sie ja auch noch erfahren, welcher Wert in die *Property* hineingeschrieben wurde.

Damit wir die übergebenen Werte speichern können, haben wir zudem noch ein Array deklariert, auf das die beiden Methoden zugreifen werden. Dies ist aber nicht unbedingt notwendig: Je nach Einsatzzweck der Property könnten die Werte auch errechnet, aus einer dynamischen Liste oder einer Datei gelesen werden (zumindestens beim Lese-Zugriff). So sehen in diesem Beispiel die Zugriffsmethoden aus:

```
procedure TTest.SetTest(idx: Integer; value: String);
begin
  if (idx < 1) or (idx > 10) then
     Exit;
  fArray[idx] := value;
end;
```

```
function TTest.GetTest(idx: Integer): String;
begin
  if (idx < 1) or (idx > 10) then
    Exit;
  GetTest := '#' + IntToStr(idx) + ':' + fArray[idx];
end;
```

Mit *SetTest* wird also der übergebene String *value* in die Variable *fArray* geschrieben; dabei wird vorher aber überprüft, ob überhaupt ein gültiger Index angegeben wurde. Demgegenüber liest *GetTest* den Wert an der gewünschten Indexposition wieder aus – so weit wäre das noch nichts Aufregendes, schließlich hätten wir das auch mit einem direkten Zugriff auf die Array-Variable leisten können. Aber wir fügen dem Array-Inhalt noch das Zeichen '#' und die Indexnummer hinzu, bevor wir das Ergebnis zurückliefern. Der Benutzer der *Property* hat den Eindruck, auf ein Array zuzugreifen, das etwas anderes liefert, als er hineingeschrieben hat. Nach den folgenden Anweisungen

```
o := TTest.Create;
o.test[3] := 'Dies ist ein Test';
Label1.Caption := o.test[3];
o.Free;
```

zeigt *Label1* den Text »#3:Dies ist ein Test«.

Dies zeigt uns die Stärke von indizierten Properties: Sie ermöglichen es effektiv, Daten zu »kapseln«. Sollten wir später entscheiden, dass die Array-Variable nicht effektiv genug ist, könnte man sie beispielsweise auch durch eine dynamische Liste ersetzen, ohne dass der Benutzer einen Unterschied feststellen würde. Außerdem lassen sich Index-Überprüfungen (so wie wir das im Beispiel getan haben) oder Filter implementieren.

Eine Besonderheit von Array-Properties ist, dass man je Objektklasse eine Property als Default erklären kann, sie wird sozusagen zur Standardeigenschaft. Dies bedeutet, dass man beim Zugriff auf eine indizierte Property den Namen der Property weglässt und nur den Index angibt. Hierzu muss man hinter der Property-Deklaration das Schlüsselwort *Default* angeben. Bei einer folgendermaßen deklarierten Klasse

```
TObject1 = class
  function getNum(idx: Integer): Integer;
  property num[idx: Integer]: Integer read getNum; default;
end;
```

kann der Zugriff auf die indizierte Property *num* auf folgende beiden Arten erfolgen:

```
i := o.num[2];
i := o[2];
```

Da *num* die Default-Property ist, kann deren Name bei einem indizierten Zugriff auch weggelassen werden. Nur indizierte Properties können als *Default* deklariert werden, »normale« Properties nicht.

15.10 Private, Public, Published und Protected

Die beiden Schlüsselwörter *PRIVATE* und *PUBLIC* kennen wir bereits. Mit ihnen können wir steuern, ob Felder oder Methoden lediglich innerhalb der aktuellen Unit bekannt sind (*Private*) oder ob – bei Verwendung des Objekts in einer anderen Unit – auch außerhalb der Unit auf sie zugegriffen werden kann.

Zu diesen beiden Steuerungsanweisungen gesellen sich aber noch zwei weitere: *Published* und *Protected*.

Mit *Published* werden Methoden ebenso wie mit *Public* öffentlich gemacht. Der Unterschied: »Veröffentlichte« (*Published*) Methoden erhalten zusätzlich noch Laufzeitinformationen. Diese Laufzeitinformationen ermöglichen es dem Objektinspektor, die Informationen über das betreffende Objekt anzuzeigen.

Damit dies möglich ist, muss die aktuelle Klasse mit dem *Compiler-Befehl $M* kompiliert werden bzw. eine Vorgängerklasse muss mit dieser Einstellung kompiliert worden sein.

HINWEIS

Wir werden *Compiler-Befehle* in einem späteren Kapitel noch ausführlich besprechen.

Die Anweisung *PROTECTED* (»geschützt«) arbeitet ähnlich wie die *PRIVATE*-Deklaration. Der Zugriff auf Methoden, die hinter *PROTECTED* deklariert werden, kann nur über die Methoden der *eigenen Klasse* und über die Methoden der *Nachfolger dieser Klasse* erfolgen. Im Gegensatz zu »privaten« Bestandteilen des Objekts muss der Zugriff jedoch nicht zwangsläufig aus derselben Unit heraus erfolgen.

MERKSATZ

Die vier »Schutzklassen« innerhalb eines Objekts – public, private, published *und* protected *– können sowohl auf Felder, Methoden als auch auf Properties eines Objekts angewendet werden.*

15.11 IS und AS

Zwischen einem Objekttyp und seinen Vorfahren herrscht Zuweisungskompatibilität. Das heißt, Folgendes ist möglich:

```
TYPE T1 = class
end;
     T2 = class(T1)
       a: Byte;
     end;

VAR o1: T1;
    o2: T2;
BEGIN
  o2 := t2.Create;
  o1 := o2;
...
```

Obwohl es sich bei beiden Objekten um unterschiedliche Typen handelt, die zweifellos auch eine unterschiedliche Größe haben (schließlich beinhaltet *T2* ja eine Variable mehr als *T1*), kann die Variable *o1* auf ein Objekt des Nachfolgertyps zeigen. Die Anweisung *o2 := o1* ließe sich jedoch nicht übersetzen.

Die Zuweisungskompatibilität resultiert aus dem *Polymorphismus*, einem wichtigen Konzept der objektorientierten Programmierung. Wir werden Polymorphismus gleich noch detaillierter besprechen.

Mittels des Operators *is* kann sehr leicht geprüft werden, ob ein Objekt zur selben Objektklasse oder zu einem Nachfahren gehört, ob also eine Zuweisung möglich ist. Wurden *o1* und *o2* mit

```
o1 := T1.Create;
o2 := T2.Create;
```

initialisiert, so ergibt zum Beispiel

```
o2 is T1
```

den Wert TRUE; der Ausdruck

```
o1 is T2
```

würde FALSE ergeben. Auf der rechten Seite des IS-Operators muss eine Klassenbezeichnung (mithin ein Typ) stehen, auf der linken Seite steht eine Instanz (Variable) oder ein Typ. Der IS-Operator prüft, ob der Bezeichner auf der linken Seite denselben Typ wie die Klasse auf der rechten Seite hat oder ob sein Typ von dieser Klasse abgeleitet wurde.

Der IS-Operator ist sehr praktisch, wenn man mit den Ereignis-Routinen in Delphi arbeitet. Denn diese übergeben immer ein Argument *SENDER* vom

Typ *TObject*. *SENDER* ist also ein beliebiges Delphi-Objekt (da alle Nachfolger von *TObjekt* sind) und mit dem IS-Operator kann man leicht prüfen, wer das Ereignis ausgelöst hat – denn *SENDER* bezeichnet den *Auslöser* des jeweiligen Ereignisses!

Sehen wir uns dazu folgendes Beispiel an: In unserem aktuellen Formular sind mehrere Labels, aber auch andere Komponenten enthalten. Gesucht ist die schnellste Methode, die Hintergrundfarbe (also die Eigenschaft *Color*) der Labels, jedoch nicht der anderen Komponenten zu ändern.

Dazu muss man wissen, dass jedes Formular eine Liste aller darin enthaltenen Komponenten in der Eigenschaft *Components[]* führt und die Anzahl der Komponenten durch die Eigenschaft *ComponentCount* angegeben wird. Da der Index für *Components* bei Null beginnt, kann man also mit Werten von 0 bis *ComponentCount-1* auf jede Komponente des Formulars zugreifen, nur wissen wir noch nicht, welchen Typ die Komponente hat. Dies lässt sich aber mit *is* prüfen, so dass man alle *TLabel*-Komponenten mit

```
...
var i: Integer;
begin
  for i := 0 to ComponentCount - 1 do
    if Components[i] is TLabel then
       TLabel(Components[i]).Color := clRed;
end;
```

einfärben kann. Praktisch, nicht wahr?

Bei diesem Beispiel haben wir die Typumwandlung benutzt, um auf die *TLabel*-Komponente zugreifen zu können. Nachdem mit *is* überprüft wurde, ob es sich überhaupt um eine handelte. Eine andere Möglichkeit wäre es, das Beispiel so zu schreiben:

```
if Components[i] is TLabel then
   (Components[i] as TLabel).Color := clRed;
```

Nun haben wir die Typumwandlung durch den *as*-Operator ersetzt. Der Vorteil der Verwendung des *as*-Operators im Vergleich zur Verwendung der Typumwandlung ist, dass eine *Exception*, genauer: eine *EInvalidTypeCast*-Exception, ausgelöst wird, wenn die Typumwandlung nicht möglich ist. Doch damit greife ich einem Thema vor, das wir später noch besprechen werden: die *Exceptions*, die eine komfortable Möglichkeit zur Fehlerbehandlung darstellen.

MERKSATZ

Mit dem as-Operator können Objekte in einen kompatiblen Typ umgewandelt werden. Wenn die Typumwandlung nicht möglich ist, wird eine Exception ausgelöst. »as« kann nur mit Objekten verwendet werden, nicht mit anderen Typen.

15.12 Zugriff mit »Self«

Wenn wir aus den Methoden eines Objekts heraus auf die Variablen der jeweiligen Instanz zugreifen, so fügt der Compiler eine »unsichtbare« Variable für den Zugriff auf die Felder des Objekts hinzu. Betrachten wir dazu das folgende Beispiel:

```
TYPE T1 = class
            a: Byte;
            procedure test;
          end;

procedure T1.test;
begin
  a := 1;
end;

VAR o1, o2: T1;
BEGIN
  o1 := T1.Create;
  o2 := T1.Create;
  o1.test;
  o2.test;
  o1.Free;
  o2.Free;
END;
```

Hier »weiß« die Funktion *test*, dass sie in der Zuweisung »a := 1« im ersten Aufruf das Feld o1.a und im zweiten Aufruf das Feld o2.a benutzen muss. Dies erledigt der Compiler mit dem »Trick«, dass es innerhalb jeder Objektinstanz eine lokale Variable *SELF* gibt. Ihr Inhalt ist ein Zeiger auf die jeweilige Instanz des Objekts, also

o1.self = o1 und

o2.self = o2

Die Zuweisung *a := 1* wird nun intern in *self.a := 1* übersetzt.

Warum ich Ihnen das erzähle? Eigentlich braucht man diese Variable nicht, da der Compiler die Fäden hinter den Kulissen zieht, der Programmierer müsste sich also gar nicht um *SELF* kümmern.

Wir *müssen* nicht, aber wir *können*. Zum einen können wir die Zuweisung in der Methode tatsächlich als

```
self.a := 1;
```

schreiben. Zum anderen können wir diesen Parameter aber auch an andere Funktionen weiterreichen, damit diese unser Objekt identifizieren können.

Ein Beispiel, wo genau das gemacht wird, sind die Ereignisroutinen unserer Komponenten. Jede Ereignisroutine enthält den Parameter »Sender«, der vom Typ *TObject* ist.

Angenommen, wir haben zwei Button-Komponenten. Wenn der Benutzer den ersten Button anklickt, möchten wir per Programm den zweiten »anklicken«: Dazu rufen wir in der OnClick-Methode des ersten Buttons die des zweiten auf und übergeben als Parameter für »Sender« ganz einfach *SELF*:

```
procedure TForm1.Button1Click(Sender: TObject);
begin
  Button2Click(Self);
end;
```

15.13 Das »Verbergen« von Zeigern in Delphi

Wie wir wissen, müssen wir zuerst einen Konstruktor aufrufen, bevor wir ein mit *CLASS* definiertes Objekt verwenden können. Erst dadurch wird der notwendige Speicher für das Objekt angefordert und das Objekt initialisiert. Man würde also vermuten, dass eine Objekt-Variable einen Zeiger auf ein Objekt darstellt.

Tatsächlich ist es so, dass die Deklaration

```
VAR o: TObject;
```

zwar nicht so aussieht, denn wie wir wissen, sollte man Zeigertypen mit »P« beginnen. Aber de facto ist *TObject* ein Zeigertyp.

In Vorgänger-Versionen von Delphi (es hieß früher »Borland Pascal«) sah das Deklarieren eines Objekts noch etwas anders aus; zuerst hätte man einen Zeigertyp und die Objektklasse deklariert ...

```
type PNewObject = ^TNewObject;
     TNewObject = object
                    ...
end;
```

um dann das Objekt auf dem Heap zu konstruieren und über einen Zeiger darauf zuzugreifen:

```
var newObject: PNewObject;
begin
  newObject := New(PNewObject, Init);
  newObject^. ...
end;
```

Dies ist in Object-Pascal nicht mehr nötig, da Delphi automatisch davon ausgeht, dass das Objekt auf dem Heap angelegt werden soll. Daher muss kein Zeiger mehr konstruiert werden und es ist nicht mehr notwendig, über den ^-Operator auf die Objekt-Elemente zuzugreifen.

15.14 Polymorphismus und Zuweisungskompatibilität

Ich habe es bereit kurz angesprochen: Leitet man von einer Objektklasse eine andere (neue) Klasse ab, so kann man dieser Klasse Variablen zuweisen, deren Typ der der Vorfahrklasse ist. Bezeichnet man die erste Klasse mit *TVorfahr* und die zweite Klasse mit *TNachfahr*, so ist eine Zuweisung der Form

```
var v: TVorfahr;
    n: TNachfahr;
begin
  ...
  v := n;
  ...
end;
```

möglich. Es aber nicht möglich, einer Variable vom Typ *TNachfahr* einen Wert vom Typ *TVorfahr* zuzuweisen. Es ist nicht ganz einfach, sich das einzuprägen. Es hilft, wenn man es sich folgendermaßen vorstellt: Der Nachfolger ist möglicherweise »größer« als der Vorfahr (neue Felder, Methoden) und »passt« daher nicht in die für den Vorfahr vorgesehene Variable.

Diese Art der Zuweisung macht *Polymorphismus* möglich. Damit ist gemeint, dass ein Objekt anders reagieren kann, je nachdem, welchen Typ es hat, obwohl dieselbe Methode aufgerufen wird. Dazu folgendes Beispiel:

```
type TVorfahr   = class
                    function getName: String; virtual;
                  end;
     TNachfahr1 = class(TVorfahr)
                    function getName: String; override;
                  end;
     TNachfahr2 = class(TVorfahr)
                    function getName: String; override;
                  end;
...

function TVorfahr.getName: String;
begin
  getName := 'Dies ist der Vorfahr';
end;
```

```
function TNachfahr1.getName: String;
begin
  getName := 'Dies ist der eine Nachfolger';
end;

function TNachfahr2.getName: String;
begin
  getName := 'Dies ist der zweite Nachfolger';
end;

procedure TForm1.FormActivate(Sender: TObject);
var v : TVorfahr;
    n1: TNachfahr1;
    n2: TNachfahr2;
begin
  n1 := TNachfahr1.Create;
  n2 := TNachfahr2.Create;

  v := n1;
  Label1.Caption := v.getName;
  v := n2;
  Label2.Caption := v.getName;

  n1.Free;
  n2.Free;
end;
```

In diesem Beispiel wird eine Klasse *TVorfahr* deklariert, die mit der Methode *getName* einen Text zurückliefert. Von dieser Klasse werden zwei Nachfolger abgeleitet – aber diese überschreiben *getName* jeweils, so dass die Objekt-Instanzen bei Aufruf der Methode *getName* eines der Nachfolger jeweils einen anderen Text zurückgeben würden.

So weit ist das alles noch nichts Neues.

In der *FormActivate*-Ereignisroutine (Sie können dieses Beispiel in einem Formular mit zwei Labels ausprobieren) werden nun drei Variablen deklariert: *v* kann einen Vorfahren aufnehmen, *n1* und *n2* sind für Instanzen der Nachfolger vorgesehen. Diese beiden werden mit *Create* dann erzeugt (und später wieder freigegeben).

Nun kommt das Interessante: Das Objekt jedes Nachfolgertyps wird *v* zugewiesen, also an eine Variable des Vorfahrtyps. In beiden Fällen wird *getName* aufgerufen. Interessanterweise aber nicht etwa die Methode des Vorfahren, sondern die beiden Methoden der Nachfolger – obwohl *v* vom Vorfahrtyp ist! Das heißt, die Methode *TVorfahr.getName* wird in diesem Beispiel niemals aufgerufen.

Ein- und derselben Variable werden hier zwei verschiedene Typen zugewiesen, was dazu führt, dass bei Aufruf des jeweils gleichen Methodenbezeichners unterschiedliche Aktionen ausgeführt werden. Das ist *Polymorphismus*.

Möglicherweise ist nicht sofort einsichtig, wozu Polymorphismus gut ist. Aber man kann damit sehr elegant programmieren. Stellen Sie sich vor, Sie haben Objekte wie *TKugel*, *TQuadrat* usw. Sie unterscheiden sich in ihrer *Zeichne*-Methode, stammen aber alle von *TForm* ab. Eine Instanz von *TForm* kann so alle notwendigen Objekte aufnehmen, ohne dass man sich um verschiedene Typen kümmern müsste – jedes Objekt entscheidet selbst, wie es sich zeichnen muss.

Zugegeben – das ist noch kein besonders praxisnahes Beispiel. Aber schauen wir uns doch einmal Delphi selbst an: In den Ereignisroutinen findet sich immer das Argument *Sender*. Da alle Komponenten von *TComponent* abstammen, kann dieses Argument auf jede Komponente zeigen – auch das ist Polymorphismus.

Polymorphismus funktioniert natürlich auch *innerhalb des Objekts*. Machen wir dazu einen kleinen Test. Wird *TVorfahr* um eine zweite (statische) Methode erweitert, die in den Nachfolgern *nicht* überschrieben werden kann:

```
type TVorfahr   = class
                    function getName: String; virtual;
                    function getName2: String;
                  end;
...
function TVorfahr.getName2: String;
begin
  getName2 := getName;
end;
```

und wird diese Methode aufgerufen ...

```
...
  v := n1;
  Label1.Caption := v.getName2;
  v := n2;
  Label2.Caption := v.getName2;
...
```

so ändert sich dadurch am Ergebnis nichts. Also wird auch *innerhalb* von bereits definierten Methoden (hier *getName2*), die in den Nachfolgern nicht neu definiert werden, die abgeleitete Methode des Nachfolgers aufgerufen.

15.15 Überladen von Methoden

ab Delphi 4.0

ACHTUNG

Im Kapitel »Überladen von Prozeduren und Funktionen« haben wir schon überladene Funktionen und Prozeduren kennen gelernt.

Zur Erinnerung: Mehrere Funktionen/Prozeduren können denselben Namen haben, wenn sich ihre Argumente in Anzahl und/oder Typ unterscheiden und die einzelnen Routinen mit dem Schlüsselwort *overload* gekennzeichnet sind. Der Compiler entscheidet dann anhand der Argumente, welche der Routinen Verwendung finden muss.

Derselbe Mechanismus findet auch bei Klassen-Methoden Anwendung. Wenn eine Methode zwar denselben Namen, aber andere Argumente als eine zweite Methode derselben Klasse hat, und wenn sie mit dem Schlüsselwort *Overload* gekennzeichnet ist, wird die ursprüngliche Methode »überladen«, d.h., in Abhängigkeit von ihren Argumenten wird die passende Methode aufgerufen – diese Methode kann entweder in derselben Klasse definiert sein (d.h., in einer Klasse gibt es mehrere Methoden mit gleichem Namen, aber unterschiedlichen Argumenten) oder in einem Nachkommen der Klasse (d.h., in einem Nachkommen existiert eine Methode mit gleichem Namen, aber anderen Argumenten; beide Methoden können – abhängig von den übergebenen Argumenten – aufgerufen werden).

Um den Unterschied zwischen virtuellen und überladenen Methoden deutlich zu machen, hier einige kleine Beispiele:

```
...
type
  TObjA = class(TObject)
    function calc(r: Real): String; virtual;
  end;
  TObjB = class(TObjA)
    function calc: String;
  end;
...
var obj: TObjB;
begin
  obj := TObjB.Create;
  Label1.Caption := obj.calc;      // ruft TObjB.calc auf
  Label2.Caption := obj.calc(4.5); // führt zu Compiler-Fehler
...
```

In diesem Beispiel führt der zweite Aufruf zu einem Fehler – das Programm lässt sich nicht übersetzen, da die *calc*-Methode ohne Argumente die ursprüngliche Methode verdeckt. Außerdem erhalten wir vom Compiler eine Warnung diesbezüglich. Diese Warnung lässt sich unterdrücken, indem wir an die neue Deklaration das Schlüsselwort *Reintroduce* anhängen – trotzdem lässt sich das Programm noch nicht übersetzen.

Nun ändern wir das Beispiel so, dass beide Methoden aufgerufen werden können, indem wir die Methode nicht ersetzen, sondern überladen:

```
...
type
TObjA = class(TObject)
    function calc(r: Real): String; overload; virtual;
  end;
  TObjB = class(TObjA)
    function calc: String; reintroduce; overload;
  end;
...
var obj: TObjB;
begin
  obj := TObjB.Create;
  Label1.Caption := obj.calc;          // ruft TObjB.calc auf
  Label2.Caption := obj.calc(4.5);     // ruft TObjA.calc auf
...
```

In diesem Beispiel wird je nach Parametern (im ersten Fall ein REAL, im zweiten Fall gar keine Parameter) die passende Methode aufgerufen. Auch in diesem Beispiel haben wir *Reintroduce* verwendet, um die Compiler-Warnung zu unterdrücken.

Übrigens: Wegen Beschränkungen der RTL ist es nicht möglich, mehrere überladene Methoden mit demselben Namen innerhalb einer Klasse zu veröffentlichen (hinter dem Schlüsselwort *Published*).

15.16 Zusammenfassung

- Objekte sind Einheiten aus Variablen und Funktionen, die Vorfahren haben und einzelne Elemente erben oder vererben können.
- Variablen in einem Objekt nennt man *Felder*.
- Eine Variable eines bestimmten Objekttyps nennt man *Instanz*.
- Einen Objekttyp nennt man *Klasse*.
- Felder und Methoden können verschiedene Schutzklassen haben. Diese bestimmen, inwieweit diese Felder und Methoden »von außen« sichtbar sind.

- Methoden werden wie ganz normale Prozeduren oder Funktionen aufgerufen, nur muss man ihnen noch den Namen der Objektinstanz voranstellen.
- Nachkommen eines Objekts erben Felder und Methoden vom Vorfahren.
- Virtuelle und dynamische Methoden können überschrieben werden.
- Instanzen von Objekten werden durch Aufruf des *Konstruktors* erzeugt und durch Aufruf des *Destructors* zerstört. Bei den Delphi-Objekten heißt der Konstruktor *create*, der belegte Speicher wird durch *Destroy* und *free* wieder freigegeben.
- *Klassenmethoden* sind Methoden, die auch ohne Vorhandensein einer Instanz aufgerufen werden können.
- Methodenzeiger sind prozedurale Variablen für Objektmethoden.
- Objekte können *Eigenschaften* haben, die mit dem Schlüsselwort *Property* festgelegt werden. Diese ermöglichen es, den Zugriff auf Variablen des Objekts über einen Funktionsaufruf »umzuleiten«.
- Eine indizierte Property je Objektklasse kann zur Default-Property erklärt werden.
- Mittels des Operators *is* kann geprüft werden, ob ein Objekt zur selben Objektklasse oder zu einem Nachfahren gehört, ob also eine Zuweisung möglich ist.
- Mit dem *as*-Operator können Objekte in einen kompatiblen Typ umgewandelt werden. Wenn die Typumwandlung nicht möglich ist, wird eine *Exception* ausgelöst. »as« kann nur mit Objekten verwendet werden.
- *Self* bezeichnet das aktuelle Objekt.
- Mit *Polymorphismus* ist gemeint, dass ein Objekt anders reagieren kann, je nachdem, welchen Typ es hat, obwohl dieselbe Methode aufgerufen wird.
- Auch Methoden können überladen werden.
- Eine Methode kann innerhalb derselben Klasse oder in einem Nachkommen überladen werden.
- Es ist nicht möglich, mehrere überladene Methoden in derselben Klasse zu veröffentlichen.

15.17 Testaufgaben

15.1 Deklarieren Sie ein Objekt mit einer Methode, die eine Nachricht anzeigt. Erzeugen Sie das Objekt und rufen Sie die Methode auf. Probieren Sie Ihre Lösung mit Delphi aus!

15.2 Wo liegt der Fehler in folgendem Programmstück?

```
VAR myObject: TObject;
BEGIN
  myobject.a := 10;
```

15.3 Wie muss man eine Methode in einem Nachfolger vereinbaren, wenn man die Vorgängermethode auch noch aufrufen möchte?

15.4 Was ist der Unterschied zwischen einer *dynamischen* und einer *virtuellen* Methode?

15.5 Alle Komponenten stammen wie alle Objekte von *TObject* ab. Warum muss man für sie den Konstruktor/Destruktor nicht aufrufen?

15.6 Schreiben Sie ein Objekt *TMyObject*, das bei einem Lesezugriff auf sein Feld *FTest* den Wert des Feldes mit einer Dialogbox anzeigt.

15.7 Können Sie ein Objekt *TMyObject* mit *zwei* Properties, die jeweils auf eine Integervariable zugreifen, definieren, und zwar so, dass eine der beiden Properties die Default-Property ist?

Kapitel 16

Formulare und Komponenten

Im letzten Kapitel haben wir Objekte kennen gelernt. Wir wissen nun, dass alle Delphi-Komponenten und Formulare als Object-Pascal-Objekte implementiert wurden.

Delphi ist also nicht nur komponentenbasiert, sondern ein wirklich objektorientiertes System.

Da Sie nun alles über Objekte wissen, könnten wir es eigentlich damit belassen. Schließlich geht es eigentlich um Object-Pascal und in Bezug auf die Sprache ist das Thema damit ausgeschöpft.

Doch ist es sinnvoll, sich auch ein wenig die praktische Umsetzung des Komponenten- und Formular-Konzepts in Delphi anzuschauen, auch wenn dies nicht direkt die Sprache Object-Pascal betrifft. Das wollen wir in diesem Kapitel tun.

16.1 Woher kommen Formulare und Komponenten?

Wenn Sie ein neues Projekt anlegen, so besteht dieses aus einem leeren Formular, das in einer Unit namens »Unit1« abgelegt wurde, und natürlich aus dem Hauptprogramm, das man mit ANSICHT/PROJEKTQUELLTEXT (bzw. PROJEKT/QUELLTEXT ANZEIGEN) ansehen kann.

Ein näherer Blick auf die Unit1 offenbart zweierlei:

- Eine Klassendefinition für TForm1
- Eine Instanz von TForm1 namens Form1

So sieht die Klassendefinition von *TForm* in einem »frischen« Projekt aus:

```
type
  TForm1 = class(TForm)
  private
    { Private-Deklarationen }
  public
    { Public-Deklarationen }
  end;
```

Die Instanz ist mit

```
var
  Form1: TForm1;
```

vereinbart.

An der Definition von TForm1 erkennt man bereits, dass es sich um einen Nachfahren von *TForm* handelt – und dieser Vorfahre aller Delphi-Formulare ist in der so genanten »VCL« definiert – der »Visual Components Library«, in der alle Formulare und Komponenten, mit denen der Programmierer so schnell loslegen kann, ihren Ursprung haben. Diese Vererbung erklärt auch, warum das Formular bereits von Anfang an so viele Eigenschaften und Methoden kennt – sie wurden alle vom Vorfahren geerbt. Die Eigenschaften des Formulars sieht man, wenn man das Formular selbst anklickt und sich die Auflistung im Objekt-Inspektor ansieht: Eigenschaften wie *AutoScroll*, *BorderIcons*, *Color* usw. stehen von Anfang an zur Verfügung.

MERKSATZ

Bei den Eigenschaften von Formularen und Komponenten handelt es sich um Properties, die in den jeweiligen Vorfahren definiert wurden.

Auch die Methoden, in der entsprechenden Seite im Objekt-Inspektor sichtbar, sind ererbte Methoden von *TForm*.

Der Objekt-Inspektor zeigt die Eigenschaften (Properties) des Objekts *TForm* und die »Ereignisse« an. Dies sind speziell definierte Methoden des jeweiligen Objekts. Ereignisse werden vom Objekt bei bestimmten Ereignissen aufgerufen.

Dadurch, dass man einen Nachfolger von *TForm* (nämlich *TForm1*) definiert, kann man diese Methoden überschreiben und mit eigener Funktionalität füllen.

Der Objekt-Inspektor zeigt jedoch nicht alle Methoden eines Objekts an, sondern nur die Methoden, die als *Published* deklariert wurden. Trotzdem kennt jedes Formular, und auch jede Komponente, eine ganze Reihe solcher Methoden.

Wenn Sie wissen wollen, welche Funktionen Sie noch aufrufen können, ist der einfachste Weg ein Blick in die Online-Hilfe. Unter dem Stichwort »TForm« finden Sie eine komplette Auflistung aller Methoden, auch derjenigen, die nicht im Objekt-Inspektor auftauchen.

Solche Methoden werden gewöhnlich zur Laufzeit aufgerufen. Darunter sind so elementare Sachen wie *Show* und *Hide*, die ein Formular sichtbar bzw. unsichtbar machen.

Um dies zu verdeutlichen, schieben wir eine *Timer*-Komponente auf ein leeres Formular. Betrachten wir nun die Definition der Klasse TForm1, so wird eine Modifikation sichtbar, die Delphi selbständig durchgeführt hat:

```
type
  TForm1 = class(TForm)
    Timer1: TTimer;
private
    { Private-Deklarationen }
  public
    { Public-Deklarationen }
  end;
```

Die *Timer*-Komponente wurde als Instanz der Klasse *TTimer* (die – wenig überraschend – ebenfalls in der VCL definiert ist) in die Klassendefinition des Formulars eingefügt! Dasselbe Prinzip würde Delphi bei jeder anderen Komponente, beispielsweise bei einem Button oder Label, anwenden.

Wir stellen das Intervall des Timers im Objekt-Inspektor nun auf den Wert 2000, also auf zwei Sekunden, und fügen durch einen Doppelklick auf das Feld »OnTimer« eine neue Ereignisroutine ein:

```
procedure TForm1.Timer1Timer(Sender: TObject);
begin
  if Visible then
     Hide (* Diese Zeile müssen Sie selbst eingeben *)
     else
     Show;
end;
```

Werfen wir nun erneut einen Blick auf die Klassendefinition, so wird sichtbar, dass Delphi den Quelltext wiederum geändert hat:

```
type
  TForm1 = class(TForm)
    Timer1: TTimer;
    procedure Timer1Timer(Sender: TObject);
  private
    { Private-Deklarationen }
  public
    { Public-Deklarationen }
  end;
```

Auch die neue Ereignisroutine, die für den Timer aufgerufen wird, ist eine Methode unserer Klasse *TForm1*! Damit unterscheidet sie sich nun in zwei Punkten vom Vorfahren *TForm*: Sie besitzt eine lokale Variable »Timer1« (die vom Objekttyp *TTimer* ist) und eine neue Methode (zusätzlich zu allen vom Vorfahren geerbten Methoden).

Im Vorfahrtyp ist der Mechanismus verborgen, der dafür sorgt, dass die Methode »Timer1Timer« automatisch aufgerufen wird, wenn das »OnTimer«-Ereignis auftritt.

Sie wird also alle zwei Sekunden aufgerufen. Mit der Zeile

```
if Visible then Hide else Show;
```

benutzen wir gleich zwei ererbte Methoden und eine ererbte Property des Vorfahren *TForm*:

- Die Property »Visible«, die »TRUE« ergbibt, wenn der Dialog sichtbar ist
- Die Methode »Hide«, die einen Dialog unsichtbar macht
- Die Methode »Show«, die einen Dialog sichtbar macht

So bewirken wir mit einer einzigen Zeile, dass der Dialog im 2-Sekunden-Rhythmus sichtbar/unsichtbar wird.

HINWEIS

Wir können die Bezeichner »Visible«, »Show« und »Hide« direkt benutzen, weil unsere Methode »Timer1Timer« eine Methode des Objekts *TForm1* ist und damit auf die Objekt-Variable direkt zugegriffen werden kann. Einer anderen Prozedur in dieser Unit müssten wir die Bezeichnung der Instanz voranstellen, um die Properties bzw. Methoden verwenden zu können, zum Beispiel: *TForm1.Show;* statt *Show;*.

Wenn Sie Delphi-Projekte erstellen, leiten Sie also permanent neue Objekt-Klassen von »TForm« ab – denn für jedes neue Formular wird eine eigene Klasse generiert. Auch die Komponenten sind als Objekte deklariert; jedes Objekt, das Sie in ein Formular einfügen, wird als Instanz einer bereits bestehenden Klasse aus der VCL realisiert. Werden in ein Formular beispielsweise zwei Buttons eingefügt, so wird in *TForm1* wie folgt modifiziert:

```
type
  TForm1 = class(TForm)
    Button1: TButton;
    Button2: TButton;
  private
    { Private-Deklarationen }
  public
    { Public-Deklarationen }
  end;
```

Es gibt in diesem Fall also zwei Instanzen von *TButton* – *Button1* und *Button2*.

Wenn Sie mit den Delphi-Komponenten (oder vielleicht auch mit Komponenten eines Drittanbieters) arbeiten, werden Sie wahrscheinlich nie eine Komponente »ableiten« – im Gegensatz zu Formularen, wo Sie dies dauernd tun (oder besser: Delphi tut es für Sie).

Aber auch Komponenten sind als abgeleitete Klassen realisiert, es gibt hier sogar eine ganze Hierarchie. Wenn Sie eigene Komponenten entwickeln – denn auch das ist mit Delphi möglich –, werden Sie aber sehr wohl eigene Klassen für Komponenten definieren. Aber damit werden wir uns in einem eigenen Kapitel beschäftigen.

16.2 Wie sieht ein Delphi-Programm aus?

Mit dem Menüpunkt ANSICHT/PROJEKTQUELLTEXT (PROJEKT/QUELLTEXT ANZEIGEN) zeigt Delphi den Quelltext des Hauptprogramms an. Für ein neues Projekt sieht er so aus (Quelltext wurde von Delphi 2 generiert. Sie erinnern sich: Hier gibt es Unterschiede zwischen den Delphi-Versionen!):

```
program Project1;

uses
  Forms,
  Unit1 in 'Unit1.pas' {Form1};

{$R *.RES}
```

```
begin
  Application.Initialize;
  Application.CreateForm(TForm1, Form1);
  Application.Run;
end.
```

Unser Minimalprogramm besteht also aus mindestens zwei Quelltext-Modulen: dem Quelltext für die »Unit1« (Unit1.PAS) und dem Quelltext für das Hauptprogramm »Projekt1.PAS«.

Genauso wie eine Unit von Hause aus andere Units benutzen kann, so wird unsere selbst definierte Unit (zusammen mit einer Standard-Unit der VCL, nämlich »Forms«) vom Hauptprogramm mit »Uses« benutzt.

Der Schlüssel zur Funktionalität des Programms liegt in den drei Anweisungen

```
Application.Initialize;
Application.CreateForm(TForm1, Form1);
Application.Run;
```

HINWEIS

Die Zeile *Application.Initialize;* findet erst ab Delphi-Version 2.0 Verwendung. In Delphi 1 fehlt diese Zeile.

Würde es Sie überraschen, wenn ich Ihnen mitteile, dass auch *Application* ein Objekt der VCL ist? Vermutlich wird es Sie nicht einmal überraschen, dass dieses vom Typ *TApplication* ist.

Dieses Objekt ist in der Unit *Forms* definiert (nicht nur die *Klasse* TApplication, sondern auch die *Instanz* Application). Das ist auch der Grund, warum das Hauptprogramm die Unit *Forms* in der Uses-Anweisung aufführt.

Dieses *Application*-Objekt kapselt den Großteil der Arbeit, der notwendig ist, um ein Windows-Programm zum Laufen zu bringen. Mit der Methode »Initialize« werden sämtliche Arbeiten, die vor dem eigentlichen Programmstart notwendig sind, erledigt.

Die Methode »CreateForm« initialisiert die Instanz »Form1« vom Typ »TForm1« (sicherlich haben Sie bemerkt, dass dies in der Unit1 *nicht* passiert ist!).

Und letztendlich nimmt die Methode »Run« so lange Windows-Botschaften entgegen und verteilt sie an die Formulare der Anwendung, bis die Aufforderung, das Programm zu beenden, eintritt. Innerhalb der Methode »Run« befindet sich also eine Schleife.

16.3 Das Hautpformular

Wenn ein Programm mehrere Formulare enthält, so ist eines davon das Hauptformular. Also das Formular, das nach dem Programmstart als Erstes aktiviert wird. Welchem Formular diese Ehre zuteil wird, wird unter den Projektoptionen eingestellt:

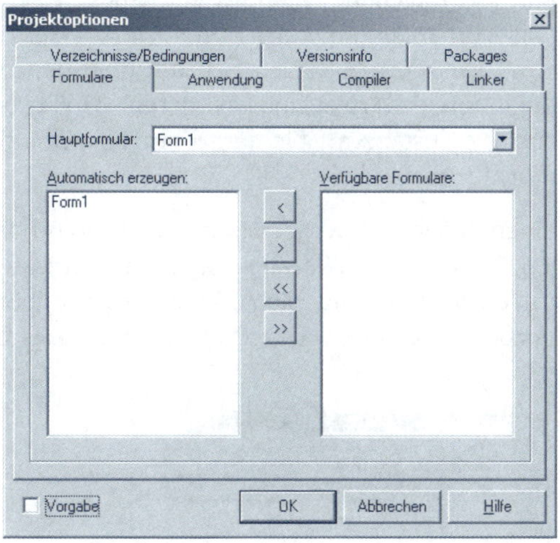

Abb. 16.1: Projektoptionen (hier Delphi 5)

Das Hauptformular ist zuerst einmal das einzige Formular, das sichtbar ist. Bei den anderen Formularen ist »Visible« auf FALSE gesetzt, es sei denn, man hätte dies im Objekt-Inspektor verändert. Das Hauptformular wird im Hauptprogramm immer zuerst »kreiert«. Bei einem Projekt mit zwei Formularen, bei dem Form2 das Hauptformular ist, sehen die entsprechenden Anweisungen im Hauptprogramm also so aus:

```
Application.Initialize;
Application.CreateForm(TForm2, Form2);
Application.CreateForm(TForm1, Form1);
Application.Run;
```

16.4 Gegenseitiges Aktivieren von Formularen

Um auf die Variablen und Methoden einer Unit zugreifen zu können, muss diese mit *Uses* eingebunden werden. So kann man auch leicht auf andere Formulare zugreifen, die in einer eigenen Unit vorhanden sind.

Zur Verdeutlichung legen wir ein neues Projekt an und fügen dem dann bereits vorhandenen »Form1« mit DATEI/NEUES FORMULAR sofort ein zweites Formular »Form2« hinzu. Schaltet man nun mit [F12] in die Editorsicht, so sieht man, dass zwei Units existieren: »Unit1« beinhaltet die Klassendefinition und die Instanzvariable für »Form1«, »Unit2« ist in derselben Weise für »Form2« zuständig.

Einen bequemen Weg, zwischen mehreren Formularen hin- und herzuschalten, stellt die bereits angesprochene Projektverwaltung dar (ANSICHT/PROJEKTVERWALTUNG, hier die Ansicht der Dialogbox in Delphi 2. In den anderen Versionen hat dieser Dialog auch ein anderes Layout!):

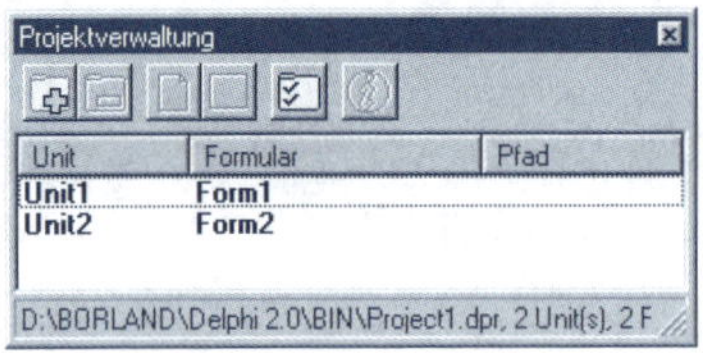

Abb. 16.2: Projektverwaltung

Mit einem Doppelklick auf die entsprechende Zeile in der Projektverwaltung wird das gewünschte Formular in den Vordergrund geholt.

Schiebt man auf jedes der beiden Formulare einen Button, so wird in jeder Unit die korrespondierende Klassendefinition geändert. Ein Klick auf einen der beiden Buttons soll nun jeweils das andere Formular sichtbar machen. Dazu modifizieren wir die *OnClick*-Methode des Buttons auf Form1 nun wie folgt:

```
procedure TForm1.Button1Click(Sender: TObject);
begin
  Form2.Show;
end;
```

und selbstverständlich die OnClick-Methode des Buttons auf »Form2« ebenso:

```
procedure TForm2.Button1Click(Sender: TObject);
begin
  Form1.show;
end;
```

Nun fehlt nur noch die Uses-Anweisung in jeder Unit, damit wir die Instanzvariable der jeweils anderen Unit auch benutzen können. Dazu muss hinter »Implementation« von Unit1 Folgendes eingefügt werden:

```
Uses Unit2;
```

und hinter »Implementation« in Unit2

```
Uses Unit1;
```

Schon lässt sich das Programm übersetzen, ein Klick auf den Button eines Formulars bringt dabei das jeweils andere Formular zum Vorschein. Dabei ist zu beachten:

- Anfangs ist nur Form1 sichtbar, da es das Hauptformular ist.
- Schließt man Form2 (durch das Schließsymbol des Fensters), so kann es durch erneuten Klick auf den Button in Form1 wieder geöffnet werden.
- Wird Form1 geschlossen, so wird das Programm beendet – auch hier ist der Grund, dass Form1 das Hauptformular ist.

HINWEIS

Fügen Sie die Uses-Anweisungen immer hinter »Implementation« und nicht im »Interface«-Teil der Unit ein. Dies wäre zwar auch möglich, würde aber bei einer Anwendung wie der hier beschriebenen die Fehlermeldung »Circular Unit Reference« bringen. Das Programm könnte so nicht übersetzt werden.

Formulare sind, wenn sie von *TForm* abgeleitet werden, nicht modal. (Erinnern Sie sich? »Modal« wurde auf Seite 301 erklärt.) Statt der Methode *Show*, die einen Dialog nicht-modal anzeigt, können Sie auch die Methode *ShowModal* verwenden. In diesem Fall muss der modal angezeigte Dialog erst geschlossen werden, bevor der Benutzer wieder auf das aufrufende Formular zugreifen kann (probieren Sie es aus, indem Sie *Form2.Show* in Unit1 durch *Form2.ShowModal* ersetzen).

Man sollte sich vor Augen halten, dass ein Formular aktiviert wird, auch wenn es nicht sichtbar ist. Man kann das leicht ausprobieren, wenn man ein Projekt mit zwei Formularen erstellt. Form1 ist dabei das Hauptformular, das man unverändert lässt. Auf Form2 schiebt man eine *Timer*-Komponente und fügt in deren *OnTimer*-Methode die Ausgabe eines Signaltons ein:

```
procedure TForm2.Timer1Timer(Sender: TObject);
begin
  Beep;
end;
```

Startet man das Programm, so ist das zweite Formular nicht sichtbar, schließlich ist es nicht das Hauptformular und wird nirgendwo sichtbar gemacht. Trotzdem ist es »aktiv«, was an den regelmäßigen Signaltönen zu hören ist.

16.5 Frames

Ab Delphi 5

Mit der Version 5.0 wurden in Delphi so genannte *Frames* eingeführt. Dabei handelt es sich um eine Mischung aus Formularen und normalen Komponenten. Auf der einen Seite sind Frames, genau wie Formulare, Container für beliebige Komponenten. Im Gegensatz zu Formularen können Frames jedoch in Formulare und sogar in andere Komponenten eingefügt werden – sie können sogar, wie ganz normale Komponenten auch, in der Komponentenpalette platziert werden. Ein Frame ist sozusagen ein »einfügbares« Formular, mit dem sich bequem zusammengehörige Elemente gruppieren lassen.

Um einen Frame zu erstellen, geht man etwas anders vor als mit einer normalen Komponente. Klickt man nämlich das Symbol (in der Komponentenpalette) an, so muss man aus einer Liste den gewünschten Frame auswählen, den man vorher schon erzeugt haben muss.

Frames müssen also zuerst (wie ein Formular) angelegt werden, bevor man sie verwenden kann. Dies geschieht über den Menüpunkt DATEI/NEUER FRAME. Hierbei wird eine neue Unit angelegt (analog zum Erzeugen eines neuen Formulars).

Abb. 16.3: Ein neuer Frame

Auf einem solchen Frame können nun beliebige Komponenten platziert werden. Über die Komponentenpalette lässt sich der Frame nun in andere Formulare oder Komponenten einfügen:

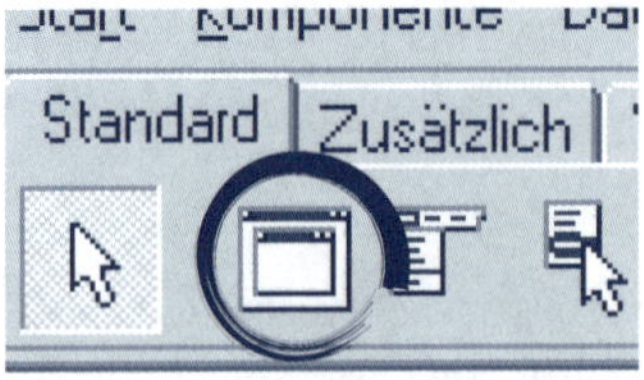

Abb. 16.4: Symbol zum Einfügen von Frames

Frames bieten zwei Vorteile: Zum einen können damit sinngemäß zusammengehörige Komponenten gruppiert werden. Zum anderen erben eingebettete Frames alle Änderungen, die an der ursprünglichen Komponente vorgenommen werden (natürlich auch, wenn sie mehrmals an verschiedenen Stellen eingefügt wurden).

16.6 Zusammenfassung

- Beim Anlegen eines neuen Formulars leitet man (genauer: Delphi macht das alleine) einen Nachfahren von *TForm* ab. Dieser Nachfolger nimmt dann die Komponenten auf dem Formular als Objektfelder auf.
- Komponenten werden als Variablen in die Klasse eines Formulars eingefügt.
- Aus den Methoden eines Formulars (die On...-Ereignisse der Komponenten) kann direkt auf die Variablen und Methoden des Formulars zugegriffen werden.
- Dies gilt auch für Variablen, die in Vorfahren definiert wurden.
- Komponenten sind ebenfalls Objekte.
- Formulare sind auch aktiv, wenn sie nicht sichtbar sind.
- Bei den Eigenschaften von Formularen und Komponenten handelt es sich um Properties, die in den jeweiligen Vorfahren definiert wurden.
- Komponenten, die auf dem Formular abgelegt werden, werden als Felder in den Nachfolger des *TForm*-Objekts eingefügt.
- Die Hauptarbeit in Bezug auf Windows – das Verteilen der Nachrichten und so weiter – ist im Objekt *Application* verborgen.
- Ab Delphi 5.0 lassen sich Frames einsetzen. Diese können (wie Formulare) andere Komponenten aufnehmen, lassen sich jedoch ihrerseits in Formulare oder Komponenten einfügen

Kapitel 17

Exceptions

Möglicherweise ist es Ihnen bei unseren bisherigen Programmbeispielen schon einmal passiert, dass Sie während der Laufzeit des Programms eine Fehlermeldung wie die folgende erhalten haben:

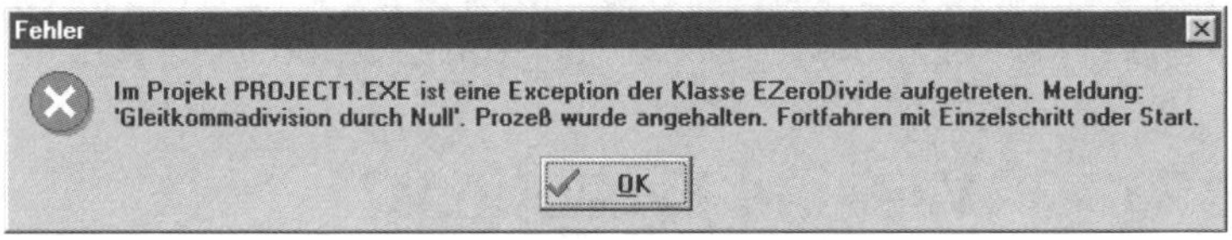

Abb. 17.1: Exception

So etwas tritt immer dann auf, wenn während der Laufzeit des Programms ein Fehler auftritt – also etwas, das der Compiler nicht vorsehen konnte und das erst während der Programmausführung aufgrund der verwendeten Daten eingetreten ist.

Sehen wir uns beispielsweise die folgende Anweisung

```
c := a / b
```

an, wobei einmal vorausgesetzt sei, dass a, b und c Real-Variablen sind. Zweifellos wird Delphi diese Zuweisung völlig klaglos übersetzen.

Trotzdem birgt diese einzige Zeile ein enormes Fehlerpotenzial: In dem Moment, in dem sie ausgeführt wird und b den Wert 0 hat, haben wir ein Problem. Denn eine Division durch 0 ist nicht erlaubt. In einem solchen Fall erhält man einen sogenannten *Laufzeitfehler*, in diesem Fall »Divison durch 0«.

HINWEIS

Laufzeitfehler nennt man Fehler, die in einem syntaktisch korrekten Programm aufgrund äußerer Bedingungen während der Laufzeit des Programms auftreten. Sie werden vom Compiler nicht entdeckt.

Würde beispielsweise das Ergebnis von *c* später benötigt, um einen Gehaltszettel auszudrucken, wäre es sicher nicht ratsam, einfach mit dem falschen Ergebnis weiterzumachen. Ein solcher Fehler ist so schwerwiegend, dass eine Fortführung des Programms in vielen Fällen nicht mehr sinnvoll ist.

Es gibt noch weitere Fehlerquellen dieser Art: So kann der Zugriff auf eine Datei fehlschlagen, generell kann ein Peripheriegerät nicht so funktionieren wie erwartet usw. Genauso kann es aber auch passieren, dass zum Beispiel ein Objekt Daten erhält, mit denen es nicht umgehen kann – zum Beispiel weil ein Index zu groß ist. Auch in einem solchen Fall könnte ein Laufzeitfehler auftreten.

In früheren Versionen von Borland-Pascal gab es nur ganz rudimentäre Möglichkeiten, Laufzeitfehler zu berücksichtigen, obwohl dies eine existenzielle Sache ist. Welcher Anwender schätzt es schon, wenn sein Programm mittendrin mit einer Fehlermeldung »abstürzt« – zumal er in solch einem Fall keine Gelegenheit mehr hat, seine Daten zu sichern.

Laufzeitfehlern muss man als Programmierer schon während der Entwicklung des Programms vorbeugen – und genau das ist bequem mit den Mechanismen möglich, die Delphi uns zur Behandlung von *Exceptions* zur Verfügung stellt.

17.1 Was sind Exceptions?

Wenn so etwas wie eine Division durch Null, ein Fehler bei einem Dateizugriff oder etwas Ähnliches während der Ausführung eines Delphi-Programms passiert, so entsteht eine so genannte *Exception* – also eine Ausnahme vom normalen Programmablauf.

Mit bestimmten Befehlen, die wir uns im Folgenden näher ansehen wollen, ist es möglich, auf solche Exceptions zu reagieren, ohne dass das Programm abgebrochen wird. Die Beherschung der Exception-Behandlung ist unerlässlich für das Schreiben absturzsicherer Programme.

Delphi stellt uns zwei verschiedene Konstrukte zur Verfügung, mit denen wir auf Exceptions reagieren können: TRY...EXCEPT und TRY...FINALLY.

17.2 TRY...EXCEPT

Wenn der Programmierer »vermutet«, dass innerhalb eines Blocks von Anweisungen eine Exception auftreten könnte, so muss er »versuchen«, diese Anweisungen ausführen zu lassen. Dies wird in der Regel gut gehen.

Sollte aber dann doch eine Exception eintreten, so müssen Anweisungen bereitgestellt werden, die mit der Situation fertig werden.

Das heißt, man kann »kritische« Blöcke wie folgt behandeln:

Versuche:

Anweisungen

Wenn Fehler:

Anweisungen zur Fehlerbehandlung

Um dieses Konzept zu realisieren, kennt Delphi die Befehle TRY und EXCEPT.

Man schachtelt einen »kritischen« Block zwischen TRY...EXCEPT:

```
TRY
        Anweisungen
EXCEPT
        Anweisungen zur Fehlerbehandlung
END;
```

Also werden die Anweisungen normal ausgeführt. Passiert nichts, wird die Programmausführung nach END weiterlaufen. Im Falle eines Fehlers werden die Anweisungen nach EXCEPT durchgeführt.

MERKSATZ

Die Anweisungen nach dem Schlüsselwort EXCEPT werden nur dann ausgeführt, wenn ein Laufzeitfehler aufgetreten ist.

Schauen wir uns einmal ein praktisches Beispiel an, nämlich unsere bereits bekannte Division durch Null:

Fügen wir Folgendes in die OnClick-Routine eines Buttons ein:

```
procedure TForm1.Button1Click(Sender: TObject);
var a, b, c: Real;
begin
  a := 1;
  b := 0;
  c := a / b;
end;
```

Ein Klick auf den Button befördert unser Programm in den Rechnerhimmel:

Abb. 17.2: Exception

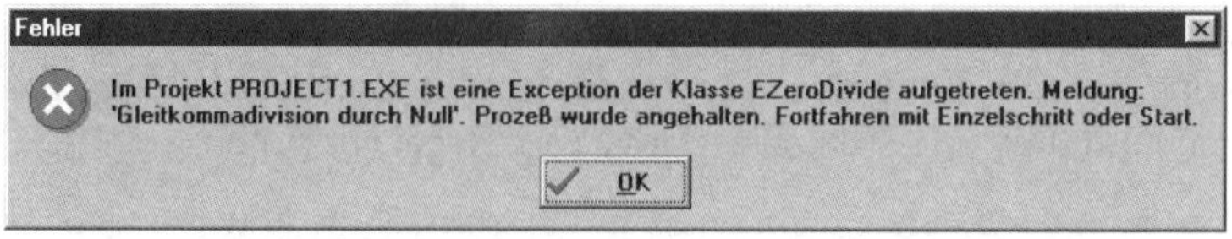

Diese Meldung zeigt uns noch eine weitere wichtige Tatsache: Jede Ausnahmeart bekommt einen bestimmten Namen – in diesem Fall *EZeroDivide*. Genauer gesagt:

HINWEIS

Jede mögliche Exception ist mittels einer Objektklasse realisiert. Verwendet ein Programm die Unit SysUtils, so wird bei einer Ausnahme automatisch eine Instanz der passenden Exception-Klasse erzeugt.

Wie wir an der Meldung sehen können, hat der Delphi-Debugger wieder die Kontrolle über das Programm übernommen. Dies gibt uns die Möglichkeit, es noch weiterlaufen zu lassen, um der Fehlerursache auf die Spur zu kommen.

Um zu sehen, wie sich das Programm im »realen« Benutzereinsatz verhalten würde (d.h., wenn der Delphi-Debugger nicht aktiv ist), schalten wir in den Projektvorgaben die Option »Bei Exception anhalten« aus. (Ab Delphi 4.0 verbergen sich diese Einträge unter TOOLS/DEBUGGEROPTIONEN auf der Seite SPRACH-EXCEPTIONS. Die Checkbox ist mit »Exceptions anhalten« beschriftet.)

Abb. 17.3: Umgebungsoptionen

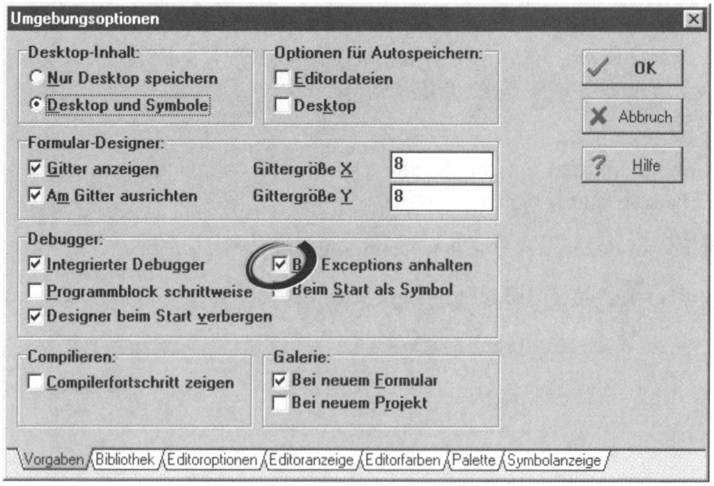

Ein Klick auf den Button bringt nun lediglich die knappe Meldung zum Vorschein.

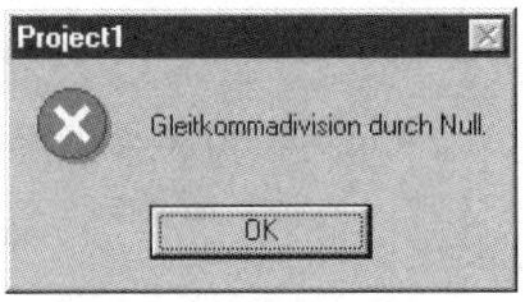

Abb. 17.4: Division durch Null

Diese Meldung wird durch die bereits erwähnte Objektinstanz der Klasse *EZeroDivide* hervorgebracht. Exception-Klassen sind in der Lage, eine Dialogbox mit entsprechender Fehlermeldung anzuzeigen.

Es ist jedoch auch problemlos möglich – genauer gesagt: Dies ist sogar der Sinn der ganzen Aktion –, eigene Routinen zur Behandlung von Exceptions zu schreiben. Dazu verwenden wir die bereits angesprochene TRY... EXCEPT-Konstruktion. »Bauen« wir die Ereignisroutine des Schalters wie folgt um:

```
procedure TForm1.Button1Click(Sender: TObject);
var a, b, c: Real;
begin
  try
    a := 1;
    b := 0;
    c := a / b;
  except
    on EZeroDivide do
       ShowMessage('Exception ausgelöst!');
  end;
end;
```

Bei der Division durch Null wird nun unser eigener Text angezeigt. Hinter der EXCEPT-Anweisung verwenden wir die ON...DO-Anweisung. Man könnte die EXCEPT-Anweisung in Verbindung mit ON..DO als eine besondere CASE-Anweisung betrachten:

```
EXCEPT
      ON Exceptionklasse1 DO Anweisungsblock1;
      ON Exceptionklasse2 DO Anweisungsblock2;
      ...
      ON Exceptionklassen DO Anweisungsblockn;
      ELSE Anweisungsblock;
END;
```

Wie zu erkennen ist, kann die EXCEPT-Anweisung auch einen ELSE-Teil beinhalten. Man sollte diesen aber mit Vorsicht genießen. Wenn man damit einfach alle auftretenden Exceptions »erschlägt«, ist die Gefahr groß, dass der

ELSE-Anweisungsteil die Fehlerbedingung nicht erschöpfend bearbeitet. In diesem Fall ist es besser, den Standard-Exception-Routinen die Arbeit zu überlassen.

Variieren wir unser Beispiel noch ein wenig:

```
procedure TForm1.Button1Click(Sender: TObject);
var a, b, c: Real;
begin
    a := 1;
    b := 0;
  try
    c := a / b;
    c := 1;
  except
    on EZeroDivide do
    begin
      ShowMessage('Erste Anweisung: c = ' + FloatToStr(c));
      ShowMessage('Zweite Anweisung.');
    end;
  end;
end;
```

Dieses Beispiel unterscheidet sich von der Funktionalität her fast nicht vom vorhergehenden. Es verdeutlicht aber noch drei weitere Tatsachen:

- Eine Exception-Behandlung kann einen ganzen Anweisungsblock beinhalten (hier: zweimal ShowMessage).
- Die fehlerauslösende Anweisung ist *c := a/b;*. Daher muss das TRY erst vor dieser stehen.
- Die Anweisung *c := 1* wird niemals ausgeführt, da nach Eintreten des Fehlers sofort in die Exception-Behandlung gesprungen wird.

Eine Exception ist so lange gültig, bis sie durch eine entsprechende Behandlungsroutine »abgefangen« wird. Wenn Sie in Ihrem Programm nicht selbst explizit einen TRY...EXCEPT-Block definieren, wird die Exception durch die standardmäßige Exception-Behandlung von Delphi erledigt.

Dieses System beruht darauf, dass Sie Exception-Behandlungen schachteln können: »Passt« der innerste TRY...EXCEPT-Block nicht auf die tatsächlich aufgetretene Exception, d.h., ist keine ON...DO-Anweisung für diese Exception vorhanden, so wird die Exception an die nächste Ebene weitergereicht.

17.3 Exception-Klassen

Delphis Exceptions sind Objekte mit bestimmten Methoden und Vorfahren. Jede Exception stammt von der (in der Unit *SysUtils*) vereinbarten Vorfahr-Exception ab. Und diese sieht so aus:

```
Exception = class(TObject)
  private
    FMessage: String;
    FHelpContext: Integer;
  public
    constructor Create(const Msg: String);
    constructor CreateFmt(const Msg: String; const Args:
                          Array of const);
    constructor CreateRes(Ident: Integer);
    constructor CreateResFmt(Ident: Integer; const Args:
                             Array of const);
    constructor CreateHelp(const Msg: String;
                           AHelpContext: Integer);
    constructor CreateFmtHelp(const Msg: String; const
                              Args: Array of const;
                              AHelpContext: Integer);
    constructor CreateResHelp(Ident: Integer;
                              AHelpContext: Integer);
    constructor CreateResFmtHelp(Ident: Integer; const
                                 Args: Array of const;
                                 AHelpContext: Integer);
    property HelpContext: Integer read FHelpContext write
                          FHelpContext;
    property Message: String read FMessage write FMessage;
  end;
```

Damit hat jede Exception die Möglichkeit, eine *Message* anzuzeigen, und ihr kann ein Hilfe-Kontext zugeordnet werden. In der Unit *SysUtils* werden die möglichen Exceptions systematisch aufgeteilt – Exceptions aufgrund mathematischer Fehler (wie »Divison durch Null«) stammen von *EMathError* ab, Integer-Exceptions stammen von *EIntError* ab. Die meisten Exceptions stammen aber direkt von *Exception* ab.

In den meisten Fällen werden Sie diese Informationen über die Exception-Klasse nur dann benötigen, wenn Sie eigene Exceptions definieren (dazu später mehr). Trotzdem kann es nützlich sein, auf die Methoden der Exception zuzugreifen. Zu diesem Zweck kann man ein *temporäres Exception-Objekt* benutzen. Dieses deklariert man durch Angabe einer temporären Variable in der ON...DO-Anweisung:

```
ON O: Exceptionklasse DO Anweisungen;
```

Statt O kann man jeden für eine Variable zulässigen Bezeichner wählen. Dann kann man wie gewohnt auf die Eigenschaften der Instanz zugreifen:

```
procedure TForm1.Button1Click(Sender: TObject);
var a, b: Integer;
    s: String;
begin
  b := 0;
  try
    a := 10 div b;
    s := IntToStr(a);
  except
    on O: EDivByZero do
       ShowMessage('DivByZero. Normale Meldung: ' +
                   O.Message);
  end;
end;
```

In diesem Beispiel benutzen wir die Exception-Instanz, um die Standardmeldung ebenfalls anzuzeigen. Falls Sie sich über die Zeile *s := IntToStr(a);* gewundert haben: Wir brauchen den String zwar nicht, aber ohne optimiert Delphi (zumindest 2.x) die Zuweisung *a := 10 div b;* »weg«, da *a* nie wieder gebraucht wird. Wenn Sie dieses Beispiel ohne die String-Zuweisung mit Delphi 2 kompilieren, würde daher nie ein Fehler auftreten.

17.4 Welche Exceptions gibt es?

In der folgenden Tabelle finden Sie eine Übersicht über die vordefinierten Exceptions und ihre Vorfahren.

Exception	Vorfahr	Bedeutung
EOutOfMemory		Heap: Nicht genug Platz auf dem Heap
EInvalidPointer		Heap: Die Anwendung hat einen ungültigen Zeiger verwendet
EDivByZero	EIntError	Versuchte Division durch Null
ERangeError	EIntError	Zahl außerhalb des Wertebereichs
EIntOverflow	EIntError	Überlauf bei Integeroperation
EInvalidOp	EMathError	Nicht definierte Prozessoranweisung
EZeroDivide	EMathError	Versuch der Gleitkommadivision durch Null
EOverflow	EMathError	Überlauf bei Gleitkommaoperation

Exception	Vorfahr	Bedeutung
EUnderflow	EMathError	Unterlauf bei Gleitkommaoperation
EInvalidCast		Nicht mögliche Typumwandlung mit *as*
EConvertError		Nicht mögliche Umwandlung (ausgelöst durch IntToStr, StrToInt usw.)
EGPFault	EFault	Allgemeine Schutzverletzung durch Zugriff auf eine nicht erlaubte Speicherstelle
EStackFault	EFault	Nicht zulässiger Zugriff auf das Stack-Segment
EPageFault	EFfault	Fehler bei der Verwendung der Auslagerungsdatei
EInvalidOpCode	EFault	Nicht definierter Prozessorbefehl
EBreakpoint	EFault	Prozessor ist auf einen Haltepunkt-Interrupt gestoßen
ESingleStep	EFault	Die Anwendung hat einen Einzelschritt-Interrupt ausgelöst

In Delphi 2.0 und späteren Versionen sind noch zusätzliche Exceptions eingeführt worden.

HINWEIS

17.5 TRY...FINALLY

Mit der Exceptions-Behandlung, die wir bisher kennengelernt haben, können wir ganz spezifisch auf einzelne Exceptions reagieren. Wie wir wissen, werden die Anweisungen zwischen der fehlerhaften Anweisung und dem EXCEPT-Teil nicht mehr ausgeführt.

In vielen Fehlerfällen ist ein ganz spezielles Vorgehen erforderlich: Nach einem Fehler müssen bestimmte Anweisungen *auf jeden Fall* ausgeführt werden.

Beim Reservieren eines Speicherblocks auf dem Heap kann eine Exception aufreten, wenn nicht mehr genug Speicher zur Verfügung steht.

Ein Beispiel: Wir reservieren Speicher auf dem Heap mittels *GetMem*. Zwischenzeitlich machen wir etwas »Gefährliches«, zum Beispiel eine Division. Auch wenn hier ein Fehler auftritt, muss der Speicher wieder freigegeben werden. Das heißt, der Speicher muss *auf jeden Fall* wieder freigegeben werden, egal was in in unserem »gefährlichen« Anweisungsblock passiert ist. Und so sieht so etwas aus:

```
procedure TForm1.Button1Click(Sender: TObject);
var a, b: Real;
    p: Pointer;
begin
  b := 0;
  GetMem(p, 100);
  try
    a := 10 / b;
  finally
    FreeMem(p, 100);
  end;
end;
```

Wenn diese Ereignisbehandlungsroutine ausgeführt wird, wird zuerst der Speicher freigegeben, dann erst tritt die Exception auf.

Sollte in dem Anweisungsblock zwischen TRY und FINALLY eine Exception auftreten, so wird dieser Block verlassen und es werden sofort die Anweisungen nach FINALLY (zwischen FINALLY und END) ausgeführt. Damit es kein Missverständnis gibt: Im Gegensatz zu den Exception-Behandlungen hinter EXCEPT werden diese Anweisungen auch dann ausgeführt, wenn keine Exception aufgetreten ist.

Auf diese Weise stellen wir im obigen Beispiel sicher, dass der Speicherblock auch dann freigegeben wird, wenn ein Fehler auftritt.

HINWEIS

Hinter dem Schlüsselwort FINALLY aufgeführte Anweisungen werden auf jeden Fall durchgeführt, auch wenn in dem hinter TRY beginnenden Block eine Ausnahme auftritt.

Selbstverständlich ist es auch möglich, TRY...EXCEPT- und TRY...FINALLY-Blöcke zu mischen:

```
procedure TForm1.Button1Click(Sender: TObject);
var a, b: Real;
    p: Pointer;
begin
  b := 0;
  GetMem(p, 100);
  try
    try
      a := 10 / b;
    except
      on EZeroDivide do
         ShowMessage('Division durch 0!!');
    end;
```

```
  finally
    FreeMem(p, 100);
    ShowMessage('Speicher trotzdem freigegeben!');
  end;
end;
```

In diesem Beispiel wird die Division durch Null behandelt, der Speicher aber unabhängig von der Exception-Behandlung im FINALLY-Block freigegeben.

17.6 RAISE

Mit dem reservierten Wort RAISE können Sie eine Exception auslösen. Dies ist dann sinnvoll, wenn ein Fehler auftritt, der keine Exception auslöst, Sie aber trotzdem eventuelle Fehler »elegant« mit TRY...EXCEPT abfangen möchten:

```
procedure TForm1.Button1Click(Sender: TObject);
var a, b: Integer;
begin
  a := StrToInt(Edit1.Text);
  b := a * 5;
  if b > 20 then
     raise Exception.Create('Eingabe zu groß!');
  (* weitere Anweisungen *)
end;
```

Wie an diesem Beispiel zu erkennen ist, benötigt RAISE eine Instanz der Exception-Klasse oder eines ihrer Nachfolger, den man mit der Methode CREATE erzeugen muss.

Geben Sie niemals eine Exception mit FREE frei – dies geschieht immer automatisch. Würden Sie dies selbst auch versuchen, würde es zu einem Laufzeitfehler kommen.

Es gibt auch noch eine zweite Einsatzmöglichkeit für RAISE: wenn Sie die bereits vorhandene Exception-Behandlung nur ergänzen wollen, ohne sie komplett neu schreiben zu müssen.

In einem solchen Fall behandeln Sie die Exception mit einer eigenen Routine (zum Beispiel durch Ausgabe einer Meldung) und rufen dann mit RAISE – ohne die Angabe eines Exception-Konstruktors – die Original-Exception-Behandlung auf:

```
procedure TForm1.Button1Click(Sender: TObject);
var a, b: Integer;
begin
  a := StrToInt(Edit1.Text);
```

```
  try
    b := 10 div a;
  except
    on EDivByZero do
    begin
      ShowMessage('Zusatzmeldung bei Eingabe von 0!');
      raise;     (* diesmal ohne Argument ! *)
    end;
  end;
end;
```

In diesem Beispiel wird eine eventuelle Division durch Null zwar durch den Except-Block behandelt, die Exception aber erneut ausgelöst, wodurch die Original-Exception-Behandlung zum Zuge kommt.

17.7 Stille Exceptions

Alle von Exception abgeleiteten Exception-Klassen geben eine Meldung aus. Allerdings ist neben der Standardklasse Exception auch noch die Klasse *EAbort* definiert. Mit dieser kann die Ausführung eines Code-Blocks abgebrochen werden, ohne dass eine Meldung ausgegeben wird:

```
procedure TForm1.Button1Click(Sender: TObject);
begin
  ShowMessage('Meldung 1');
  raise EAbort.Create('Diese Meldung erscheint nicht!');
  ShowMessage('Meldung 2 – erscheint auch nicht!');
end;
```

HINWEIS

Sie sehen die der Abort-Exception angezeigte Meldung trotzdem, wenn Sie unter den Umgebungseinstellungen »Bei Exceptions anhalten« aktiviert haben, da in diesem Fall der Debugger die Kontrolle übernimmt und eine Meldung zur Exception ausgibt, die normalerweise nicht erscheinen würde.

Statt der Anweisung

```
raise EAbort.Create('...');
```

können Sie auch die (in der Unit SysUtils definierte) »Abkürzung« *Abort* verwenden, die auch noch den Vorteil hat, dass die richtige Adresse übergeben wird, an der die Exception stattgefunden hat:

```
procedure TForm1.Button1Click(Sender: TObject);
var i: Byte;
```

```
begin
  for i := 1 to 10 do
  begin
    ShowMessage('Diese Meldung erscheint 3 mal!');
    if i=3 then Abort;
  end;
end;
```

17.8 Eigene Exception-Klassen

Um eigene Exceptions zu definieren, muss lediglich eine neue Klasse von *Exception* abgeleitet werden. Mit

```
NewException = class(Exception)
```

definiert man also eine eigene Exception-Klasse. Tatsächlich wäre es sogar möglich, jede beliebige Objekt-Klasse mit RAISE »auszulösen« – nur macht dies wenig Sinn, da die Standard-Exception-Routinen eine solche Klasse nicht behandeln können, im Gegensatz zu Klassen, die von *Exception* abgeleitet wurden.

Betrachten wir hierzu folgendes Beispiel:

```
(* Hinter type TForm1 = ... eingefügt : *)
  NewException = class(exception)
                 end;
...
procedure TForm1.Button1Click(Sender: TObject);
var i: Byte;
begin
  ShowMessage('Meldung 1');
  raise NewException.Create('Eigene Exception ausgelöst1');
  ShowMessage('Diese Meldung wird nicht mehr angezeigt');
end;
```

Da diese Klasse vom Standardvorfahren *Exception* abgeleitet wurde, kann sie durch die Standard-Exception-Behandlung verarbeitet werden, so dass nach Ausgabe von »Meldung 1« das Fenster

Abb. 17.5: Messagebox »Eigene Exception«

erscheint. Genausogut kann man selbst mit einer Exception-Behandlung für den Vorgänger arbeiten:

```
procedure TForm1.Button1Click(Sender: TObject);
begin
  try
    ShowMessage('Meldung 1');
    raise NewException.Create('Eigene Exception ausgelöst!');
    ShowMessage('Diese Meldung wird nicht mehr angezeigt');
  except
    on Exception do
       ShowMessage('Exception ist aufgetreten');
  end;
end;
```

Beim Auslösen einer Exception wird im Normalfall zudem die Variable *ErrorAdr* gesetzt, die die Programmadresse enthält, in der ein Fehler aufgetreten ist.

Um die Fehleradresse einer Exception festzulegen, geben Sie hinter der RAISE-Anweisung zusätzlich noch das reservierte Wort AT an, dem ein Adressbezeichner folgen muss:

```
procedure TForm1.Button1Click(Sender: TObject);
begin
  ShowMessage('Meldung 1');
  raise NewException.Create('Eigene Exception ausgelöst!') at
                           Addr(TForm1.Button1Click);
  ShowMessage('Diese Meldung wird nicht mehr angezeigt');
end;
```

17.9 Zusammenfassung

- Eine Exception ist ein Objekt, das erzeugt wird, wenn der normale Programmablauf durch eine Fehlerbedingung gestört wird.
- Mit dem Befehlspaar *Try* und *Except* können Exceptions abgefangen werden.
- Für die verschiedenen Fehlermöglichkeiten sind Exception-Klassen vordefiniert.
- Der *Finally*-Abschnitt hinter *Try* ermöglicht es, Anweisungen anzugeben, die *in jedem Fall* ausgeführt werden.
- Eigene Exceptions können mit *Raise* ausgelöst werden.

- *Stille Exceptions* brechen zwar die Bearbeitung ab, geben aber keine Meldung aus.
- Durch Ableiten eigener Klassen von *Exception* können eigene Exception-Klassen definiert werden.

Kapitel 18

jetzt lerne ich

Arbeiten mit Dateien

In den vorangegangenen Kapiteln haben Sie einen Teil der Möglichkeiten kennen gelernt, die Ihnen Delphi bietet. Eines der wichtigsten Themen überhaupt beim Programmieren ist der Umgang mit Dateien. Mit Dateien werden Sie mit großer Wahrscheinlichkeit in jedem etwas größeren Programm arbeiten müssen. Daher werden wir uns den Umgang mit Dateien jetzt etwas genauer ansehen.

18.1 Was sind Dateien?

Dateien sind eine Sammlung binärer Daten, die unter einem Namen auf einer Festplatte, Diskette oder einem anderem Datenträger gespeichert werden. Unter MS-DOS bzw. Windows werden sie in einer hierarchischen Struktur organisiert, so dass außer dem Dateinamen auch die Angabe eines Pfads notwendig ist. Das alles ist Ihnen aus der Arbeit mit Ihrem Computer geläufig.

Zwar enthalten alle Dateien nur mehr oder weniger viele Bytes. Aber diese Daten können natürlich für völlig verschiedene Zwecke benutzt werden. Daher gibt die Dateierweiterung des Namens einer Datei Auskunft über den Typ der Daten, die die Datei enthält: »EXE« und »COM« sind Programmdateien. Mit »TXT« werden Dateien bezeichnet, die Textinformation enthalten. »PAS«-Dateien enthalten Pascal-(Delphi-)Quellcode, »DCU«-Dateien sind kompilierte Units usw.

Es gibt unzählige Dateierweiterungen und niemand hindert uns daran, eine neue Erweiterung für eigene Dateien einzuführen (oder auch eine schon existierende zu verwenden!).

18.2 Arbeiten mit Dateien

Wie aber schreibt man Daten in eine Datei und wie kommt man wieder an die Daten einer Datei?

Eine Datei wird bekanntlich durch ihren Namen und die Pfadangabe eindeutig bezeichnet. Das heißt, es kann keine zwei Dateien mit demselben Namen im selben Unterverzeichnis geben. Das Betriebssystem verwaltet die Dateien für uns und Delphi stellt uns eine Reihe von Routinen zur Verfügung, um mit dem Betriebssystem zu kommunizieren.

Beim Arbeiten mit Dateien muss man einige Grundregeln kennen:

- Damit man mit einer Datei arbeiten kann, muss man sie zuerst »öffnen«.
- Beim Öffnen einer Datei erhält man eine »Kenn-Nummer« der Datei zurück. Diese benötigt man, um in eine geöffnete Datei zu schreiben oder um aus ihr zu lesen.
- Wenn man das Lesen/Schreiben einer Datei beendet hat, muss man sie mit einer weiteren Routine »schließen«.

Das Schließen ist aus mehreren Gründen unbedingt notwendig: Erst dann kann man sicher sein, dass alle Daten wirklich auf der Festplatte »gelandet« sind. Zum anderen können erst dann andere Programme wieder auf die Datei zugreifen.

Mit der oben erwähnten Kenn-Nummer kommen wir nicht direkt in Kontakt, da Delphi diese in einer Datenstruktur vor uns verbirgt. Für den Zugriff auf die Datei arbeiten wir stattdessen mit einer »Dateivariable«. Also einer Variable vom Typ »File« oder vom Typ »TextFile«. Welcher der Typen verwendet wird, hängt vom Inhalt der Datei ab: »TextFile« wird für Dateien verwendet, die Text enthalten, »File« für alle anderen Dateien. Textdateien sind Dateien (der Trivialspruch des Tages!), die lediglich Text enthalten. Normalerweise erkennt man sie an der Endung »TXT«, aber auch Dateien wie die Batch-Dateien (AUTOEXEC.BAT) oder Windows-Initialisierungs-Dateien (WIN.INI) enthalten Text.

Dann muss der Name der Datei mit dieser Variable verknüpft werden. Dies geschieht mit dem Befehl »AssignFile«. Noch ist die Datei aber nicht offen. Um sie zu öffnen, verwendet man

- »Reset«, wenn die Datei bereits besteht. Man kann aus ihr Daten lesen und auch Daten hineinschreiben.
- »Rewrite«, um eine Datei neu anzulegen. Wenn eine Datei mit demselben Namen bereits existiert, wird sie vor Anlegen der neuen Datei gelöscht!

- »Append«, wenn die Datei bereits existiert und Daten an das Ende der Datei angehängt werden sollen. Append kann man nur in Verbindung mit Textdateien verwenden.

Nun kann man mit der Datei arbeiten. Wenn man damit fertig ist, muss man die Datei mit »CloseFile« schließen.

Um auf eine Datei zuzugreifen, benutzt man

- »Read« zum Lesen aus einer Datei,
- »Write« zum Schreiben in eine Datei,
- »ReadLN« (Read-Line) und »WriteLN« bei Textdateien. Diese beiden Funktionen lesen/schreiben ein zusätzliches Zeilenende.

Schematisch sieht das so aus:

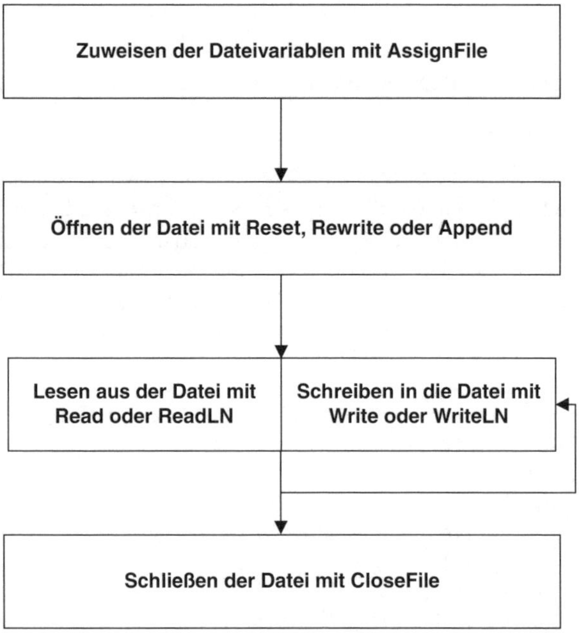

Abb. 18.1: Zugriff auf eine Datei

18.3 Textdateien

Für das Arbeiten mit einer Textdatei benötigen wir eine Variable vom Typ »TextFile«. Dann muss man den Dateinamen mit dieser Variable »verbinden«, also ...

```
...
VAR f: TextFile;
BEGIN
  AssignFile(f, 'C:\TEST.TXT');
```

Damit verbinden wir die Dateivariable »f« mit der Datei TEST.TXT, die im Stammverzeichnis der Festplatte C liegt. Noch ist nicht klar, ob wir die Datei neu anlegen (bzw. überschreiben) möchten oder ob wir aus ihr lesen wollen. Dies entscheidet sich durch die nächste Anweisung:

Mit ...

```
ReWrite(f);
```

legen wir die Datei neu an, mit

```
Reset(f);
```

öffnen wir die bereits existierende Datei. Wir werden uns nun beide Möglichkeiten einmal mit Hilfe eines Beispiels ansehen. In die bereits erwähnte Datei TEST.TXT soll eine Zeile geschrieben werden, wenn der Benutzer auf *Button1* drückt, und die erste Zeile der Datei soll mit *Label1* dargestellt werden, wenn der Benutzer *Button2* aktiviert. Außer den drei Komponenten benötigen wir dazu die folgenden *OnClick*-Ereignisroutinen für die beiden Buttons:

```
procedure TForm1.Button1Click(Sender: TObject);
var f: TextFile;
    s: String;
begin
  AssignFile(f, 'C:\TEST.TXT');
  ReWrite(f);
  s := 'Test';
  Write(f, 'Das Wort "', s);
  WriteLn(f, '" hat ', Length(s), ' Buchstaben!');
  CloseFile(f);
end;

procedure TForm1.Button2Click(Sender: TObject);
var f: TextFile;
    i: Byte;
    c: Char;
    s1, s2: String;
```

```
begin
  AssignFile(f, 'C:\TEST.TXT');
  Reset(f);
  s1 := '';
  for i := 1 to 4 do
  begin
    Read(f, c);
    s1 := s1 + c;
  end;
  ReadLn(f, s2);
  Label1.Caption := s1 + s2;
  CloseFile(f);
end;
```

Da ich noch einige Kleinigkeiten demonstrieren wollte, sind die beiden Routinen etwas komplizierter ausgefallen als eigentlich notwendig. Schauen wir uns zuerst die *Button1Click*-Routine an, die die Datei erzeugt. Mit »AssignFile« und »Rewrite« wird die Datei erzeugt. Sollte sie schon vorhanden sein, so wird die alte Datei zuerst gelöscht. Ein mehrmaliges Drücken von Button1 bewirkt daher keinen Unterschied. Nun wird *ein Teil* der Zeile in die Datei geschrieben – nämlich mit

```
Write(f, 'Das Wort "', s);
```

Die Write-Anweisung benötigt als erstes Argument die Dateivariable der Datei, in die geschrieben werden soll. Danach können mehrere Argumente folgen, die dem Typ der Datei entsprechen müssen. Da wir mit einer Textdatei arbeiten, können wir Strings oder einzelne Zeichen (CHAR) in die Datei schreiben. Die hier benutzte *Write*-Anweisung schreibt also den Text »Das Wort« und unmittelbar dahinter den Inhalt des Strings s in die Datei.

Damit ist die Zeile aber noch nicht beendet, denn ein Zeilenende wird durch zwei Steuerzeichen (nämlich *CR* und *LF* – »Wagenrücklauf« und »neue Zeile«) beendet und die schreibt »Write« nicht selbständig in die Datei. Eine folgende *Write*-Anweisung würde also Informationen an dieselbe Zeile anhängen.

Im Gegensatz zu »Write« hängt »WriteLn« sehr wohl die beiden Zeichen für das Zeilenende an – daher ist die Zeile nach Ausführung von

```
WriteLn(f, '" hat ', Length(s), ' Buchstaben!');
```

komplett. Auch hier sieht man, dass mehrere Argumente übergeben werden können. Dabei sind »Write« und »WriteLn« in der Lage, Integer- und Real-Werte in Strings umzuwandeln, die dann in die Datei geschrieben werden können. Daher können wir den Funktionsaufruf *Length(s)* hier direkt einstreuen, ohne das Ergebnis vorher in einen String konvertieren zu müssen. Bei Real-Werten könnte man auch Länge und gegebenenfalls Nachkommastellen angeben.

Anweisungen wie

```
WriteLn('1 durch 3 ist gleich ', 1 / 3:5);
WriteLn('1 durch 3 ist gleich ', 1 / 3:5:3);
```

wären also möglich. Letztendlich müssen wir die Datei noch schließen, was mit

```
CloseFile(f);
```

geschieht.

Mit *Button2Click* wird die soeben erzeugte Datei geöffnet, wenig überraschend daher die Anweisungen

```
AssignFile(f, 'C:\TEST.TXT');
Reset(f);
```

Die Schleife demonstriert, dass aus der Textdatei auch einzelne Zeichen gelesen werden können, hier einfach die ersten vier. Achten Sie auch hier darauf, dass die Anweisung »Read« und nicht etwa »ReadLN« verwendet wird, denn »ReadLN« würde die ganze Zeile auf einmal einlesen, obwohl nur ein Zeichen in *c* hineinpasst. Der Rest würde sozusagen weggeworfen werden. Bequemer liest man die Zeichen in einen String ein, was für den Rest der Zeile mit

```
ReadLn(f, s2);
```

getan wird. Dann wird die Kombination aus »ersten vier zeichen« und »Rest der Zeile« mittels *Label1* angezeigt. Und auch hier wieder: Schließen der Datei nicht vergessen!

HINWEIS

Würde der Button2 vor dem Button1 angeklickt, so würde es zu einem Laufzeitfehler kommen, da versucht wird, eine Datei zu öffnen, die es noch nicht gibt. Wir werden gleich noch sehen, wie man solche Fehler abfangen kann.

18.4 Datendateien

Im Gegensatz zu den Textdateien können Datendateien jede Art von Daten beinhalten. Natürlich muss der Compiler wissen, welcher Art diese Daten sind, um die in der Datei enthaltenen Bytes (etwas anderes ist es ja letztlich nie) richtig interpretieren zu können. Eine Datendatei wird deklariert, indem hinter »File« der entsprechende Datentyp angegeben wird. Hier einige Beispiele:

```
var f: File of Byte;
var datei: File of Integer;
var ZeichenDatei: File of Char;
```

```
type RecordTyp = Record
  a: Integer; b: Real;
  end;
var recordDatei: File of RecordTyp;
```

Die beiden letzten Zeilen sind dabei besonders interessant: Delphi ermöglicht es uns, auch Verbundtypen in Dateien zu speichern.

In eine mit *FILE OF* definierte Datei können nun Daten desselben Typs geschrieben und gelesen werden.

Auch Datendateien werden mit »Read« und »Write« bearbeitet, ganz genauso wie Textdateien. Es ist aber nicht möglich, die Routinen »ReadLn« und »WriteLn« auf Datendateien anzuwenden, dies würde zu einem Fehler führen. Denn im Gegensatz zu Textdateien ist die Länge jedes Elements in einer Datendatei gleich und eine Ende-Kennzeichnung daher nicht notwendig.

Eine Datendatei kann beliebig viele Elemente des Typs aufnehmen, für den sie definiert wurde (natürlich nur, wenn die Dateigröße in den durch das Betriebssystem und den zur Verfügung stehenden Platz gegebenen Grenzen bleibt).

Ein einzelnes Element ist ein *Datensatz* (engl. *Record*). Jeder Datensatz ist durch seine eindeutige Position innerhalb der Datendatei gekennzeichnet, wobei der erste Datensatz die Nummer 0 erhält und die folgenden Datensätze eine jeweils um 1 höhere Nummer.

18.4.1 Der Dateizeiger

Ein *FILE OF INTEGER*, das zehn Werte enthält, enthält also Datensätze mit den Nummern 0 bis 9. Wenn eine solche Datei mit »ReWrite« erstellt wird, so hängt jeder Aufruf von »Write« einen neuen Datensatz an das Ende der Datei. Dementsprechend liefert ein Aufruf von »Read« bei einer durch »Reset« geöffneten Datei zuerst den Datensatz Nummer 0, dann den zweiten Datensatz und so weiter.

Eine wichtige Eigenschaft von mit *FILE OF* deklarierten Dateien ist aber, dass sie einen *wahlfreien Zugriff* bieten. Das heißt, man kann jederzeit auf jeden beliebigen Datensatz zugreifen. An welche Position ein Aufruf von »Write« schreiben wird bzw. welchen Datensatz »Read« als Nächstes lesen wird, kann mit der Routine »SEEK« bestimmt werden:

```
Seek(f, 8);
Read(f, i);
```

liest den neunten Datensatz (denn der erste hat die Nummer 0!) in die Variable *i*. Die aktuelle Position in der Datei, die zum Lesen/Schreiben benutzt wird, wird im *Dateizeiger* gespeichert. Er kann mit SEEK auf einen anderen Wert gesetzt werden und wird nach jedem Aufruf von READ und WRITE um 1 erhöht.

Hier eine Prozedur, die eine Datendatei C:\TEST.DAT erzeugt, die zehn Integer-Zahlen enthält:

```
procedure TestWrite;
var f: File of Integer;
    i: Integer;
begin
  AssignFile(f, 'C:\TEST.DAT');
  ReWrite(f);
  for i := 1 to 10 do
    Write(f, i);
  Seek(f, 3); (* auf 4ten Datensatz positionieren *)
  i := 11;
  Write(f, i); (* Wert 4 mit Wert 11 überschreiben *)
  CloseFile(f);
end;
```

Nach Ausführen dieser Funktion enthält die Datei C:\TEST.DAT die Werte

1 2 3 11 5 6 7 8 9 10

Um aus dieser Datei den Wert 7 auszulesen, wären folgende Anweisungen notwendig:

```
AssignFile(f, 'C:\TEST.DAT');
  Reset(f);
  Seek(f, 8);
  Read(f, i);
  CloseFile(f);
```

Die augenblickliche Position des Dateizeigers lässt sich übrigens auch feststellen: Dazu dient die Funktion FILEPOS. Sie benötigt als Argument die Dateivariable und liefert die momentane Position des Dateizeigers zurück.

Ein Problem bei Dateien ist, dass man oft gar nicht weiß, wie viele Elemente darin enthalten sind. Um mit Dateien unbekannter Größe zu arbeiten, können zwei weitere Routinen verwendet werden: *FileSize* und *EOF*. Die Funktion *FileSize* liefert die Anzahl der in der Datei momentan enthaltenen Datensätze zurück. Die Funktion EOF wird TRUE, wenn der Dateizeiger auf dem letzten Datensatz der Datei steht.

Um die mit der Prozedur *TestWrite* erzeugte Datei einzulesen, wenn nicht bekannt ist, dass zehn Elemente darin enthalten sind, gibt es also zwei Möglichkeiten:

Man ermittelt die Anzahl der Elemente mit *FileSize* und liest sie dann ein (hier in ein Array of Integer):

```
procedure TestRead1;
var f: File of Integer;
    i, anzahl: Integer;
    (* Feld zum Aufnehmen der Werte; wir wissen nicht wieviele,
       also sicherheitshalber einige mehr definieren : *)
    werte: Array[0..100] of Integer;
begin
  AssignFile(f, 'C:\TEST.DAT');
  Reset(f);
  Anzahl := FileSize(f);
  for i := 1 to anzahl do
    Read(f, werte[i]);
  CloseFile(f);
end;
```

Die zweite Möglichkeit, an alle Werte zu kommen, ist einfach, einmal mit dem Einlesen anzufangen. Und dies dann so lange fortzusetzen, bis wir merken, dass wir am Dateiende angekommen sind (dann darf aber nicht mehr versucht werden, noch mehr Werte zu lesen, sonst kommt es zu einem Laufzeitfehler!). Also:

```
procedure TestRead2;
var f: File of Integer;
    i, anzahl: Integer;
    (* Feld zum Aufnehmen der Werte; wir wissen nicht
       wieviele, also sicherheitshalber einige mehr
       definieren : *)
    werte: Array[0..100] of Integer;
begin
  AssignFile(f, 'C:\TEST.DAT');
  Reset(f);
  i := 1;
  while not EOF(f) do
  begin
    Read(f, werte[i]);
    i := i + 1;
  end;
  anzahl := i - 1;
  CloseFile(f);
end;
```

18.5 Untypisierte Dateien

Unabhängig davon, ob wir mit Text- oder mit Datendateien arbeiten, beide haben eines gemeinsam: Ihr Inhalt ist von einem genau definierten Typ. Doch für den Fall, dass wir vielleicht gar nicht wissen, was in einer Datei steckt, können wir auch mit einem dritten Typ von Dateien arbeiten: den *untypisierten* Dateien. Solche Daten werden dadurch deklariert, dass die Dateivariable lediglich mit dem reservierten Wort FILE deklariert wird, also

```
var f: File;
```

Um auf eine untypisierte Datei zuzugreifen, können wir nicht die gewohnten Funktionen »Read« und »Write« benutzen, da diese nur mit definierten Typen arbeiten. Stattdessen benutzt man bei einer untypisierten Datei die beiden Funktionen *BlockRead* und *BlockWrite*.

Dabei ist *BlockRead* als

```
procedure BlockRead(var F: File; var Buf; Count: Integer [; var Result:
Integer]);
```

definiert, *BlockWrite* als

```
procedure BlockWrite(var f: File; var Buf; Count: Integer [; var Re-
sult: Integer]);
```

Beide Funktionen benötigen (natürlich) die (untypisierte) Dateivariable der Datei, aus der gelesen oder geschrieben werden soll. Dann folgt die (ebenfalls untypisierte) Variable *Buf*. Sie gibt eine beliebige Variable an, die groß genug ist, um die Anzahl von Bytes aufzunehmen, die aus der Datei gelesen werden (im Falle von *BlockRead*), bzw. die die Bytes, die in die untypsierte Datei geschrieben werden sollen (*BlockWrite*) enthält. Die Anzahl Bytes, die gelesen oder geschrieben werden soll, wird mit *Count* festgelegt.

Wenn beim Lesen das Ende der Datei erreicht wird, könnte es vorkommen, dass nicht mehr so viele Bytes gelesen werden können wie in *Count* angegeben. Oder beim Schreiben könnte ein Fehler auftreten (Festplatte voll ...), der verhindert, dass die gewünschte Byteanzahl geschrieben wird. Um herauszufinden, wie viele Bytes tatsächlich gelesen oder geschrieben wurden, kann optional eine weitere Integer-Variable *Result* angegeben werden, in der das Resultat hinterlegt wird.

Beim Argument *Count* ist eine Feinheit zu beachten: Es gibt nur indirekt die Byteanzahl an. Genaugenommen gibt es eine *Recordgröße* – also eine Datensatzgröße – an. Denn auch bei untypisierten Dateien kann festgelegt werden, dass sie aus einzelnen Datensätzen bestehen. Dazu muss bei *Reset* (und gegebenenfalls auch bei *Rewrite*) zusätzlich die gewünschte Größe angegeben werden:

```
Reset(f, 1);
```

definiert also eine Datensatzgröße von einem Byte, so dass Count in Bytes angegeben wird. Lässt man diese Angabe jedoch weg, so ist die Recordgröße 128! Wenn man daran nicht denkt, führt dies zu überraschenden Fehlfunktionen.

Mit diesem Beispiel schreiben und lesen wir den Inhalt eines Arrays mit jeweils einem einzigen Aufruf von *BlockRead* und *BlockWrite*:

```
procedure TForm1.Button1Click(Sender: TObject);
var a: Array[1..100] of Integer;
    f: File;
begin
  AssignFile(f, 'c:\test.dat');
  ReWrite(f, 1);
  BlockWrite(f, a[1], SizeOf(a));
  CloseFile(f);
  (* Und so geht das Einlesen: *)
  AssignFile(f, 'c:\test.dat');
  Reset(f, 1);
  BlockRead(f, a[1], SizeOf(a));
  CloseFile(f);
end;
```

Wozu benötigt man untypisierte Dateien? Ein Anwendungsfall ist das Kopieren von Dateien. Hier interessiert es letztendlich nicht, was die Datei beinhaltet. Trotzdem müssen die Daten in den Arbeitsspeicher gelesen und in eine andere Datei geschrieben werden können. Denkbar ist auch, dass ein Programm erst einmal feststellen muss, welchen Inhalt eine Datei hat, bevor die entsprechende Routine zur Bearbeitung ausgewählt werden kann.

18.6 FindFirst, FindNext und FindClose

Möglicherweise ist nicht nur der Dateiinhalt zum Zeitpunkt der Programmierung unbekannt, sondern auch der Dateiname. Angenommen, Sie wollen ein Programm erstellen, das alle Dateien auf einem Datenträger durchsucht und feststellt, ob eine Datei einen bestimmten Text enthält. In diesem Fall ist dem Programm zu Beginn der Suche nicht bekannt, welche Dateien das Laufwerk enthält und wie sie heißen. Es muss aber eine Möglichkeit geben, dies festzustellen.

Die gibt es natürlich auch: nämlich mit den Routinen *FindFirst*, *FindNext* und *FindClose*.

FindFirst ist so definiert ...

```
function FindFirst(const Path: String; Attr: Integer; var F: TSearch-
Rec): Integer;
```

wobei *Path* ein Muster für einen Dateinamen, *Attr* die für die gesuchte Datei übereinstimmenden Attribute und *TSearchRec* ein Record für das Suchergebnis ist.

Die Routine *FindFirst* sucht nach dem ersten Auftreten einer Datei, bei der

- die Dateiattribute mit denjenigen übereinstimmen, die FindFirst als Argument erhält.
- der Dateiname dem übergebenen Dateinamenmuster entspricht.

Das Muster für den Dateinamen kann dabei ein beliebiger Dateiname inklusive Pfadangabe sein, der jedoch Jokerzeichen enthalten kann (* und ?, wie von DOS gewöhnt). Ein Aufruf wie

```
FindFirst('C:\*.TXT', faAnyFile, SearchRec);
```

findet die erste Datei im Wurzelverzeichnis von Laufwerk C, die die Endung »TXT« besitzt. Der komplette Name dieser Datei kann dann dem Feld »Name« des Record *SearchRec* entnommen werden. Die Konstante *FaAnyFile* ist eine vordefinierte Konstante für die Dateiattribute und bedeutet »jede Datei«. Weitere Konstanten dieser Art finden Sie in der Beschreibung von *FindFirst* in der Online-Hilfe.

FindFirst liefert als Funktionsergebnis einen Integer und gibt Auskunft darüber, ob die Funktion eine passende Datei gefunden hat. Ist das Ergebnis 0, so ist dies der Fall.

TSearchRec dient nicht nur dem Zweck, Informationen über die gefundene Datei zu erfahren (Name und Größe, Datum usw.), sondern kann weiterhin verwendet werden, um mit *FindNext* die nächste passende Datei zu finden. Anhand der Attribute der gefundenen Datei kann übrigens auch festgestellt werden, ob es sich um ein Unterverzeichnis handelt!

Mit einer Schleife der Art

```
r := FindFirst('C:\*.TXT', faAnyFile,SearchRec);
while r = 0 do
begin
  (* Tue etwas mit der gefundenen Datei *)
  r := FindNext(SearchRec);
end;
FindClose(SearchRec);
```

können alle Dateien im Wurzelverzeichnis des Laufwerks C, die die Dateierweiterung »TXT« haben, bearbeitet werden. Die Anweisung *FindClose* ist in den 32-Bit-Versionen erforderlich (also nur bei Versionen größer 1), da dann von *FindFirst* Speicher reserviert wird, der mit dieser Anweisung wieder freigegeben wird.

Klingt Ihnen alles noch zu theoretisch? OK, dann hier ein kleines Beispiel, wie alle Dateien auf einer Festplatte gefunden werden können, die eine bestimmte Dateierweiterung haben. Als kleines Schmankerl wird hier gezeigt, wie man die Möglichkeit der rekursiven Programmierung nutzt, um alle Unterverzeichnisse auf der Platte ansprechen zu können.

Wir benötigen ein Eingabefeld, in dem der Benutzer die gewünschte Dateierweiterung festlegen kann, eine Möglichkeit zur Auswahl des zu durchsuchenden Laufwerks und einen Startbutton. Und selbstverständlich müssen die gefundenen Dateien irgendwie angezeigt werden, hierzu wird eine *ListBox* (Komponentenpalettenseite »Standard«) verwendet. Auch zur Auswahl des zu durchsuchenden Laufwerks benutzen wir eine Delphi-Komponente: nämlich die *DriveComboBox* (die auf der System-Seite der Komponentenpalette gefunden werden kann). Mit ihr kann der Benutzer ein Laufwerk auswählen und unser Programm kann mit ihrer Eigenschaft »Drive« feststellen, welches. Mit drei erläuternden Labels verziert, sieht der Dialog dann so aus:

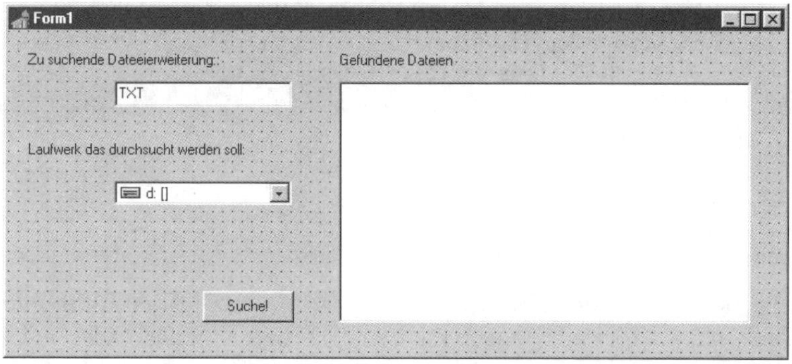

Abb. 18.2: Datei-Suchprojekt

Da die Dateierweiterung maximal drei Buchstaben hat, definieren wir uns zuerst einmal einen Typ hierfür:

```
type Str3 = String[3];
type
  TForm1 = class(TForm)
...
```

Dann fügen wir dem Formular eine eigene Methode hinzu, die für das Durchsuchen eines Verzeichnisses mit allen darin enthaltenen Unterverzeichnissen zuständig sein soll. Dazu muss die Prozedurdeklaration in den Private-Teil der Klassendefinition eingefügt werden:

```
...
private
    { Private-Deklarationen }
    procedure SucheDir(ext: Str3; pfad: String);
  public
    { Public-Deklarationen }
...
```

Nun deklarieren wir die eigentliche Suchprozedur, die die Arbeit erledigt:

```
procedure TForm1.SucheDir(ext: Str3; pfad: String);
var sr: TSearchRec;
    r: Integer;
begin
  r := FindFirst(pfad + '\*.*', faAnyFile, sr);
  while r = 0 do
  begin
    if Copy(sr.name, 1, 1) <> '.' then (* . und .. in
                                        Verzeichnissen ignorieren *)
    begin
      if (sr.attr <> 0) and (faDirectory <> 0) then
                                   (* Verzeichnis gefunden *)
        SucheDir(ext, pfad + '\' + sr.name)
      else (* Datei: ist die Erweiterung ok? dann anzeigen *)
       if System.Copy(sr.name, Pos('.', sr.name), 4) = '.' + ext then
          ListBox1.Items.Add(pfad + '\' + sr.name);
    end;
    Application.ProcessMessages;
    r := FindNext(sr);
  end;
  FindClose(sr);
end;
```

Die Behandlung der Unterverzeichnisse wäre ohne rekursive Programmierung sehr kompliziert. Aber so ruft sich die Prozedur einfach selbst auf, wenn sie auf ein neues Unterverzeichnis trifft!

HINWEIS

Wenn Sie Mühe haben, die Funktionsweise dieser Prozedur nachzuvollziehen, testen Sie das Programm mit dem Debugger und gehen Sie schrittweise die Funktion durch.

Beachten Sie, dass innerhalb der Schleife regelmäßig *Application.processmessages* aufgerufen (siehe auch Seite 223) wird – ansonsten würde das Programm während der Arbeit das gesamte Windows lahmlegen, da andere Programme keinen Anteil an der *Zeitscheibe* erhielten!

Nun müssen wir dem Benutzer nur noch die Möglichkeit geben, die ganze Sache zu starten. Außerdem soll die Listbox zu Beginn der Suche leer sein, was sich mit einem Aufruf ihrer Methode »Clear« erreichen lässt. Während der Suche darf der Benutzer den Startschalter nicht drücken, daher »disablen« wir ihn. Und zu guter Letzt wäre auch eine Plausibilitätsprüfung des eingegebenen Textes angemessen, schließlich gibt es keine Erweiterungen mit mehr als drei Buchstaben. So sieht die OnClick-Routine von Button1 dann aus:

```
procedure TForm1.Button1Click(Sender: TObject);
begin
  if Length(Edit1.Text) > 3 then
  begin
    ShowMessage('Bitte maximal 3 Zeichen für die
                Erweiterung eingeben!');
    Exit;
  end;
  Button1.Enabled := false;
  ListBox1.Clear;
  SucheDir(Edit1.Text, DriveComboBox1.Drive + ':');
  Button1.Enabled := true;
end;
```

Gerade bei der Arbeit mit Dateien können eine ganze Reihe von Laufzeitfehlern auftreten. Hier nur einige der möglichen Gründe:

- Es wurde versucht, auf eine nicht geöffnete Datei zu schreiben.
- Es wurde versucht, über das Dateiende zu lesen.
- Es wurde versucht, eine nicht existierende Datei zu öffnen.
- Beim Lesen von Daten von der Festplatte ist ein Lesefehler aufgetreten.

Ohne besondere Vorkehrungen lösen solche Fehler unter Delphi eine Exception aus, nämlich *EInOutError*. Sicherlich fragen Sie sich, was »ohne besondere Vorkehrungen« bedeutet. Nun, es gibt eine Möglichkeit, Laufzeitfehler durch Ein-/Ausgabe-Operationen zu unterdrücken: indem man einen so genannten *Compiler-Befehl* einfügt (wir werden die Compiler-Anweisungen später in einem eigenen Kapitel besprechen). Hierfür dienen die beiden Befehle *{$I-}* und *{$I+}*. Bei allen nach *{$I-}* folgenden Anweisungen wird keine Exception erzeugt, wenn eine Ein- oder Ausgabe fehlschlägt, so lange, bis dies durch *{$I+}* wieder aktiviert wird:

Bei

```
AssignFile(f, 'c:\test.xxx');
Reset(f);
CloseFile(f);
```

tritt bei Ausführen von *Reset(f)* eine Exception auf, wenn die Datei *c:\test.xxx* nicht existiert, bei

```
{$I-}
  AssignFile(f, 'c:\test.xxx');
  Reset(f);
  CloseFile(f);
{$I-}
```

wird das Auftreten des Fehlers unterdrückt und das Programm läuft unbeeindruckt weiter.

Es ist aber jederzeit möglich, zu überprüfen, ob ein Fehler aufgetreten ist: Hierzu dient die Funktion *IOResult*, die entweder 0 (wenn kein Fehler aufgetreten ist) oder den Fehlercode des Betriebssystems enthält.

Da bei einer fehlgeschlagenen Ein-/Ausgabeoperation möglicherweise auch alle nachfolgenden Ein-/Ausgabeanweisungen keinen Sinn mehr machen (in diesem Fall das *CloseFile*, da die Datei ja gar nicht geöffnet wurde), werden diese kurzerhand nicht mehr ausgeführt.

Und zwar so lange nicht, bis der Programmier auf den Fehler reagiert. Auf den Fehler »reagieren« heißt in diesem Fall: den Zustand von *IOResult* abfragen!

HINWEIS

Ist die Erzeugung von Exceptions bei Auftreten von Ein-/Ausgabefehlern abgeschaltet (mit *{I-}*), so wird nach Auftreten eines Laufzeitfehlers keine Ein-/Ausgabeanweisung mehr ausgeführt, bis *IOResult* abgefragt wurde.

Möglicherweise wundern Sie sich über diese merkwürdige Fehlerbehandlung. Die Gründe hierfür sind historisch bedingt und dass so etwas in Delphi überhaupt noch möglich ist, hat lediglich Kompatibilitätsgründe. Tatsächlich sollte man Ein-/Ausgabefehler im Zeitalter der Exception-Behandlung elegant mit einem TRY...EXCEPT-Block behandeln. Leider sind Exceptions jedoch eine Neuerung von Delphi: In älteren Turbo-Pascal-Versionen gab es sie noch nicht. Dort war die Behandlung von Fehlern nur mit *{I-}*,*{I+}* und *IOResult* möglich, wenn das Programm nicht mit einem Laufzeitfehler abbrechen sollte, wenn eine Dateioperation fehlschlug!

Vergleichen wir die »alte« und die »moderne« Variante der Behandlung von Laufzeitfehlern:

Alte Variante:

```
{$I-}
  AssignFile(f, 'c:\test.xxx');
  Reset(f);
  if IOResult = 0 then
    CloseFile(f)
    else ShowMessage('Öffnen der Datei fehlgeschlagen!');
{$I-}
```

Neue Variante:

```
try
  AssignFile(f, 'c:\test.xxx');
  Reset(f);
  CloseFile(f);
except
  on EInOutError Do
    ShowMessage('Öffnen der Datei fehlgeschlagen!');
end;
```

Wie bereits erwähnt, liefert die Funktion *IOResult* den Fehlercode, den das Betriebssystem an das Programm zurückliefert. Wenn man nach der neuen Variante programmiert, so hat man mittels eines temporären Exception-Objekts Zugriff auf die Eigenschaft *ErrorCode* der Exception, die den Fehlercode ebenfalls bereitstellt. So liefert beispielsweise

```
try
  AssignFile(f, 'c:\test.xxx');
  Reset(f);
  CloseFile(f);
except
  on E: EInOutError Do
  ShowMessage('Fehlernummer: ' + IntToStr(e.ErrorCode));
end;
```

die Ausgabe:

Abb. 18.3: Ausgabe des Fehlercodes

Da es gar nicht so einfach ist, so etwas in der Borland-Online-Hilfe zu finden, hier die wichtigsten Werte, die *ErrorCode* bzw. *IOResult* annehmen können:

Wert	Bedeutung
1	Ungültiger DOS-Funktionscode
2	Datei nicht gefunden
3	Pfad nicht gefunden
4	Zu viele Dateien geöffnet
5	Zugriff auf die Datei verweigert
6	Ungültiges Datei-Handle
12	Ungültiger Zugriffscode
15	Ungültiges Laufwerk
16	Aktuelles Verzeichnis kann nicht gelöscht werden
17	Umbenennen auf verschiedenen Laufwerken nicht erlaubt
18	Keine weiteren Dateien
19	Datenträger ist schreibgeschützt
21	Laufwerk nicht bereit
23	CRC-Fehler in den Daten
25	Seek-Fehler auf Diskette/Platte
27	Sektor nicht gefunden
102	Dateivariable ist keiner Datei zugeordnet
103	Datei nicht geöffnet
104	Datei nicht für Eingabe geöffnet

18.7 Weitere Routinen für die Arbeit mit Dateien

Wie Sie wissen, tritt beim Versuch, auf eine nicht existierende Datei mittels »Reset« zuzugreifen, eine Exception auf. Daher gehört es zur guten Programmierpraxis, erst einmal zu prüfen, ob die Datei überhaupt vorhanden ist. Glücklicherweise macht uns Delphi das sehr einfach, und zwar mit der Funktion *FileExists*. So könnte man diese einsetzen:

```
if not FileExists('C:\TEST.DAT') then
Label1.Caption := 'Datei existiert nicht!';
```

Man muss also nicht einmal eine Dateivariable verwenden, sondern kann der Routine direkt den Dateinamen übergeben.

Einige andere interessante Routinen in Zusammenhang mit der Verwaltung von Dateien (schlagen Sie in der Online-Hilfe nach, um mehr darüber zu erfahren!):

Routine	Bedeutung
DeleteFile	Löschen einer Datei
RenameFile	Umbenennen einer Datei
FileGetAttr	Attribute einer Datei ermitteln
DiskFree	Ermittelt die Anzahl der freien Bytes auf einem Datenträger
DiskSize	Ermittelt die Gesamtkapazität eines Datenträgers in Byte
GetDir	Ermittelt das momentan aktuelle Verzeichnis auf einem Laufwerk
MkDir	Erzeugt ein Unterverzeichnis
RmDir	Entfernt ein Unterverzeichnis
Truncate	Schneidet eine Datei an der aktuellen Dateiposition ab

Bitte beachten Sie: Eine ganze Reihe von Routinen, die mit File.. beginnen, stellen lediglich Schnittstellen zum Betriebssystem auf niedriger Ebene dar – zum Beispiel *FileOpen*. Verwenden Sie stattdessen die anfangs in diesem Kapitel beschriebenen Mechanismen mit *AssignFile*, *Reset* usw.

Auch die Routinen *Erase* und *Rename* sollten Sie nicht mehr verwenden, sondern stattdessen *DeleteFile* und *RenameFile*.

Delphi bietet Ihnen neben den Routinen zur Dateiverwaltung aus der RTL auch vier Komponenten und zwei Dialoge, die Ihnen den Umgang mit Dateien erleichtern. Eine Komponente, nämlich *DriveComboBox*, haben wir bereits kennen gelernt. Hier eine Übersicht:

Name	Palettenseite	Funktion
FileListBox	System	Zeigt alle Dateinamen eines bestimmten Verzeichnisses an
DirectoryListBox	System	Zeigt alle Verzeichnisse eines bestimmten Laufwerks an
DriveComboBox	System	Zeigt alle Laufwerke an
FilterComboBox	System	Auswahl eines bestimmten Dateityps
OpenDialog	Dialoge	Anzeige eines Dialogfensters zur Eingabe eines Dateinamens
SaveDialog	Dialoge	wie zuvor, aber für das Speichern von Dateien

Die Dialoge *OpenDialog* und *SaveDialog* dienen dazu, die bekannten Standarddialoge »Öffnen« bzw. »Schließen« von Windows anzuzeigen. Wenn man sie auf einem Formular ablegt, so erscheint dort – ähnlich wie bei nicht visuellen Komponenten – lediglich das entsprechende Icon. Der eigentliche Dialog erscheint erst durch Aufruf der Methode *Execute*. Um dem Anwender die Möglichkeit zu geben, eine beliebige Textdatei einzulesen, die wir dann in einer Listbox anzeigen, so lässt sich dies mit folgendem Code bewerkstelligen (dazu muss man natürlich noch den *OpenDialog*, eine Listbox und einen Button auf dem Formular platzieren):

```
procedure TForm1.Button1Click(Sender: TObject);
var f: TextFile;
    s: String;
begin
  if not OpenDialog1.Execute then
  Exit; (* Anwender hat Abbruch gewählt *)
  ListBox1.Clear; (* alten Inhalt löschen *)
  try
    AssignFile(f, OpenDialog1.Filename); (* den ausgewählten
                                            Dateinamen verwenden *)
    Reset(f);
    while not EOF(f) do (* solange Dateiende nicht
                          erreicht...*)
    begin
      ReadLn(f, s); (* eine Zeile einlesen *)
      ListBox1.Items.Add(s); (* -> in die Listbox *)
    end;
    CloseFile(f);
  except
    on e: EInOutError do
    ShowMessage('#' + IntToStr(e.errorcode));
  end;
end;
```

So kann mit wenigen Programmzeilen eine ganze Textdatei angezeigt werden. Es geht aber sogar noch bequemer. Das Objekt *TStrings* hat eine Methode *LoadFromFile* (und ihr Gegenstück *SaveToFile*). Diese Methode macht intern nichts anderes als das, was wir gerade mit der »EOF-Schleife« durchgeführt haben. Und zufällig wird *TStrings* für die Zeilen in Listboxen, Memos usw. benutzt. In der Listbox ist das Objekt *Items* vom Typ *TStrings*, in einem Memo gilt dasselbe für *Lines*.

Mit dieser Methode kann man das Programm noch weiter vereinfachen:

```
procedure TForm1.Button1Click(Sender: TObject);
var f: TextFile;
    s: String;
```

```
begin
  if not OpenDialog1.Execute then
  Exit; (* Anwender hat Abbruch gewählt *)
  ListBox1.Clear; (* alten Inhalt löschen *)
  ListBox1.Items.LoadFromFile(OpenDialog1.Filename);
end;
```

Der *OpenDialog* und *SaveDialog* besitzen zudem eine Reihe weiterer nützlicherer Properties. In unserem Beispiel wäre es zum Beispiel sinnvoll, die Auswahl auf Textdateien zu beschränken, was mit

```
OpenDialog1.Filter := 'Textdateien|*.TXT';
```

leicht möglich ist. Schmökern Sie in der Online-Hilfe oder den Handbüchern, um sich mit diesen Komponenten vertraut zu machen.

18.8 Filestreams

Die Möglichkeiten zum Arbeiten mit Dateien, die wir bisher kennen gelernt haben, sind sozusagen der »konservative« Weg. Eine weitere Möglichkeit besteht darin, so genannte *Streams* zu verwenden.

Ein *Stream* ist eine Klasse (*TStream*), die es ermöglicht, auf verschiedene Arten Daten zu lesen oder zu schreiben – für ein bestimmtes »Zielmedium« muss man einen Nachfahren von *TStream* verwenden, zum Beispiel *TMemoryStream*, um Daten in den Speicher zu schreiben (und natürlich von dort zu lesen), oder den *TFileStream*, der für die Arbeit mit Dateien zuständig ist. Übrigens: Die Arbeit mit *TMemoryStream* gestaltet sich ähnlich wie mit *TFileStream* und dieses Objekt ist sehr praktisch, um Informationen temporär im Speicher zu halten. Wir werden uns hier allerdings nur mit *TFileStream* beschäftigen, aber wie wäre es mit einem kleinen Ausflug in die Online-Hilfe ...?

Bei der Arbeit mit Streams arbeiten wir mit Objekten, daher müssen wir erst einmal eine Instanz des Objekts erzeugen – nennen wir unseren Filestream *myStream*, dann sieht das so aus:

```
...
var myStream: TFileStream;
begin
myStream := TFileStream.Create ('C:\MeineDatei.Txt', fmCreate);
...
```

Hier wird ersichtlich, das direkt beim Erzeugen des Streams der gewünschte Dateiname und der Modus, in dem auf die Datei zugegriffen werden soll, angegeben werden müssen. In diesem Fall handelt es sich um die Datei »MeineDatei.txt«, die im Wurzelverzeichnis des Laufwerks C: liegt. Genaugenommen liegt sie dort noch nicht, denn durch die Angabe *fmCreate* wird sie erst einmal erzeugt. Das zweite Argument des Konstruktors ist der *Mode*-Parameter, der darüber entscheidet, wie auf die Datei zugegriffen werden kann. Dabei sind folgende Werte möglich:

Wert	Bedeutung
fmCreate	Die Datei mit dem angegebenen Namen wird erzeugt. Wenn die Datei bereits existiert, wird sie im Schreib-Modus geöffnet.
fmOpenRead	Die Datei wird ausschließlich zum Lesen geöffnet.
fmOpenWrite	Die Datei wird ausschließlich zum Schreiben geöffnet. Beim Schreiben wird der bisherige Inhalt komplett ersetzt.
fmOpenReadWrite	Die Datei wird zum Modifizieren des Inhalts geöffnet, statt ihren Inhalt zu ersetzen.

Dieser Mode-Parameter kann außerdem noch mit einem Wert kombiniert werden, der die Art des gleichzeitigen Zugriffs von anderen Anwendungen auf diese Datei (»Share«) regelt:

Wert	Bedeutung
fmShareCompat	Andere Anwendungen können auf die Datei genauso zugreifen, wie wenn die Datei über FCBs (File Control Blocks) geöffnet worden wäre.
fmShareExclusive	Andere Programme können die Datei auf keinen Fall öffnen, solange sie benutzt wird.
fmShareDenyWrite	Andere Anwendungen können die Datei zum Lesen öffnen, aber sie können nicht schreiben solange die Datei genutzt wird.
fmShareDenyRead	Mit diesem Wert wird anderen Anwendungen der Schreib-Zugriff erlaubt, aber das Lesen untersagt.
fmShareDenyNone	Es werden keinerlei Anstrengungen unternommen, andere Anwendungen am Zugriff auf die Datei zu hindern.

Der Wert für den Dateizugriff muss mit dem *Mode*-Wert durch ein *or* kombiniert werden, also zum Beispiel so:

```
...
var myStream: TFileStream;
begin
   (* Wir wollen die Datei ganz alleine für uns... *)
   myStream := TFileStream.Create ('C:\MeineDatei.Txt',
            fmCreate or fmShareExclusive);
...
```

Um die Datei wieder zu schließen, wird das Objekt ganz einfach wieder freigegeben:

```
...
   myStream.Free;
...
```

Aber was passiert in der Zwischenzeit? Nun, ein FileStream besitzt die Methoden *Read*, *Write* und *Seek*, die für das Lesen, Schreiben und Positionieren innerhalb der Datei zuständig sind. Sie funktionieren ähnlich (aber nicht identisch!) wie die Prozeduren, die wir bereits kennen gelernt haben. Betrachten wir zuerst einmal *Read* und *Write*. Sie sind folgendermaßen definiert (nicht vergessen: es sind Methoden von *TFileStream*!):

```
function Read(var Buffer; Count: LongInt): LongInt; override;

function Write(const Buffer; Count: LongInt): LongInt; override;
```

Sie erhalten also jeweils zwei Argumente: einen Puffer, der die Daten aufnimmt bzw. bereithält, und die Anzahl der Bytes (*Count*), die gelesen/geschrieben werden sollen. Angenommen, wir wollen einen Integer-Wert aus einer Datei lesen/schreiben, dann würde der jeweilige Aufruf so aussehen:

```
...
var i: Integer;
...
  myStream.Read(i, SizeOf(i));
...
  myStream.Write(i, SizeOf(i));
...
```

Um den Dateizeiger zu bewegen (also die Entsprechung zur normalen *Seek*-Prozedur), verwendet man die Methode *Seek*. Sie ist folgendermaßen deklariert:

```
function Seek(Offset: LongInt; Origin: Word): LongInt; override;
```

Diese Funktion gibt die neue Position innerhalb der Datei zurück. Beachten Sie den Parameter *Origin*; er gibt an, von wo aus die neue Position gemessen werden soll, und macht dadurch diese Methode flexibler als die normale *Seek*-Prozedur:

Wert	**Bedeutung**
soFromBeginning	Die Byte-Angabe in Offset bezieht sich auf den Anfang der Datei.
soFromCurrent	Der Offset wird von der aktuellen Position innerhalb der Datei gezählt.
soFromEnd	Der Offset bezieht sich auf den Abstand vom Ende der Datei.

Ein Aufruf von

```
myStream.Seek(10, soFromBeginning);
```

würde den Dateizeiger also auf das zehnte Byte in der Datei bewegen, während

```
myStream.Seek(10, soFromCurrent);
```

den Dateizeiger zehn Byte weiter nach hinten verschieben würde.

Zusätzlich zu diesen drei Methoden besitzt ein *TFileStream* auch noch zwei Eigenschaften, mit denen sich die aktuelle Position des Dateizeigers und die Dateigröße abfragen lassen: *Position* und *Size*. Eine weitere Eigenschaft ist *Handle* – dies ist sozusagen die ID-Nummer der Datei. Sie wird vom Betriebssystem verwendet. Es kann sein, dass man diese Nummer benötigt, wenn man Routinen der Windows-API aufruft. Im Normalfall kommt man ohne diese »Filehandle« aus, im Gegensatz zum »konservativen« Weg, wo wir ja immer eine Dateivariable deklarieren müssen, die die Datei identifiziert.

18.9 Zusammenfassung

- Dateien sind eine Sammlung binärer Daten, die unter einem Namen auf einer Festplatte, Diskette oder einem anderem Datenträger gespeichert werden.
- Damit man mit einer Datei arbeiten kann, muss man sie zuerst »öffnen«. Wenn man das Lesen/Schreiben an einer Datei beendet hat, muss man sie mit einer weiteren Routine »schließen«.
- Dateien müssen mit verschiedenen Routinen geöffnet werden, je nachdem, ob die Datei neu angelegt, Daten angehängt oder nur aus der Datei gelesen werden soll.
- Textdateien sind vom Typ *TextFile*. Solche Dateivariablen ermöglichen den bequemen Zugriff auf Dateien, die Texte enthalten.
- Datendateien können Daten jedes Typs beinhalten. Der Typ von in der Datei enthaltenen Daten muss bei der Deklaration angegeben werden.
- Der Dateizeiger gibt Auskunft über die aktuelle Position in einer Datei. Seine Position kann mit *Seek* verändert und mit *FilePos* festgestellt werden.
- Bei *untypisierten Dateien* liegt der Typ der darin enthaltenen Daten nicht fest. Sie werden mit *BlockRead* und *BlockWrite* bearbeitet.
- Mit *FindFirst*, *FindNext* und *FindClose* können Dateien gefunden werden.

- Wenn eine Dateioperation einen Fehler verursacht, wird eine *EInOutError*-Exception ausgelöst.
- Statt des »konservativen« Wegs der Dateibearbeitung stehen auch *Filestreams* zur Verfügung.

18.10 Testaufgaben

18.1 Es sind zwei Dateivariablen wie folgt deklariert:

```
var f1, f2: TextFile;
```

Nun werden folgende Anweisungen ausgeführt:

```
...
  AssignFile(f1, 'C:\TEST.TXT');
  ReWrite(f1);
  Write(f1, 1);
  Close(f1);
  AssignFile(f2, 'C:\TEST.TXT');
  ReWrite(f2);
  Write(f2, 2);
  Close(f2);
  ...
```

Welchen Inhalt hat die Datei nach Ausführung dieser Anweisungen?

18.2 Wo liegt hier der Fehler?

```
var f: File of Byte;
    s: String;
```

Nun werden folgende Anweisungen ausgeführt:

```
...
  AssignFile(f, 'C:\TEST.TXT');
  Reset(f);
  ReadLn(f, s);
  Close(f);
...
```

18.3 Ist die folgende Anweisungsfolge korrekt?

```
...
var f: TextFile;
begin
  AssignFile(f, 'c:\test');
  AssignFile(f, 'd:\xyz.xyz');
  ...
```

18.4 Schreiben Sie eine Prozedur, die Daten vom wie folgt definierten Recordtyp

```
type TMyRec = Record
  a: Byte;
  b: Byte;
end;
```

auf die Platte schreibt. Dabei soll die Datei 256 Records enthalten, wobei der erste Record das Zahlenpaar 0,255, der zweite 1,254 usw. bis zum letzten mit dem Inhalt 255,0 enthalten soll.

18.5 Schreiben Sie eine Routine, die eine Textdatei (Ihrer Wahl) anlegt, wenn sie noch nicht vorhanden ist. Wenn die Datei vorhanden ist, sollen die Daten am Ende angehängt werden.

18.6 Wo liegt der Fehler?

```
...
var f: TextFile;
    s: String;
begin
  AssignFile(f, 'c:\test');
  Reset(f);
  Seek(f, 3);
  ReadLn(f, s);
...
```

18.7 Mit welcher Anweisung können Sie den Dateizeiger an das Ende einer Datei bewegen (wenn es sich nicht um eine Textdatei handelt)?

18.8 Entwerfen Sie ein Delphi-Programm mit einer Memo-Komponente und zwei Buttons. Beim Anklicken des einen Buttons soll der Inhalt der Memo-Komponente in die Datei *c:\test.txt* geschrieben werden, wobei diese überschrieben werden soll, wenn sie noch nicht vorhanden ist. Beim Anklicken des anderen Buttons soll der Inhalt der Memo-Komponente zuerst gelöscht und dann aus der Datei *c:\test.txt* gelesen werden. Sowohl Lesen als auch Schreiben in die Datei können mit einer Schleife realisiert werden. Es gibt jedoch noch eine zweite, sehr viel einfachere Möglichkeit.

18.9 Wo liegt der Fehler in folgender Prozedur?

```
procedure oeffne;
var f: File;
    a: Array[1..10] of Byte;
begin
  AssignFile(f, 'c:\test.dat');
  Reset(f);
```

```
  BlockRead(f, a[1], 10);
  CloseFile(f);
  ...
end;
```

18.10 Ein Array ist folgendermaßen definiert:

```
a: Array[1..10] of Record
            a, b: Integer;
               end;
```

Schreiben Sie eine Funktion, die als Argument einen Dateinamen erhält und den Inhalt des oben definierten Arrays in diese Datei schreibt. Wenn die Datei schon vorhanden ist, soll sie *nicht* überschrieben werden, und die Funktion soll als Ergebnis *False* zurückgeben. Andernfalls soll die Datei neu angelegt werden und das Funktionsergebnis soll *True* sein.

Kapitel 19

jetzt lerne ich

Arbeiten mit DLLs

Auch wenn Sie bisher noch keine DLLs programmiert haben – begegnet sind sie Ihnen unter Garantie schon. Denn diese »Dynamic Link Libraries« sind ein integraler Bestandteil aller Windows-Versionen (und einiger anderer moderner Betriebssysteme, auch wenn sie dort anders genannt werden).

Eine DLL lässt sich am ehesten mit einer Delphi-Unit vergleichen. DLLs gleichen Units darin, dass sie Prozeduren und Funktionen zur Verfügung stellen können. Es ist aber mit DLLs nicht möglich, beispielsweise Variablen, Objekte oder Klassen zu exportieren.

DLLs sind – im Gegensatz zu Units, die eine Besonderheit von Delphi sind – sprachunabhängig. Eine DLL kann durchaus in C oder C++ geschrieben worden sein und durch ein Delphi-Programm genutzt werden.

Genauso kann man in Delphi eine DLL erstellen, deren exportierte Funktionen dann durch ein C- oder auch Visual-Basic-Programm genutzt werden.

Viele Teile von Windows sind als DLLs realisiert, denn neben der Sprachunabhängigkeit bieten DLLs noch einen weiteren großen Vorteil: Sie sind, wie es ihr Name schon ausdrückt, dynamisch. Das heißt, sie werden erst bei Bedarf in den Arbeitsspeicher des Rechners geladen, wenn also ein Programm eine Funktion daraus benötigt. Zudem können mehrere Programme gleichzeitig auf Funktionen einer DLL zugreifen, die auch dann nur einmal in den Speicher geladen wird.

Units sind im Vergleich dazu statisch – ihre Funktionen sind fest an das Programm gebunden. Auch wenn dieselbe Funktion in verschiedenen Programmen benötigt wird, muss sie in jeder einzelnen ausführbaren Datei vorhanden sein.

19.1 Benutzen von DLLs mit Delphi-Programmen

Eine DLL exportiert eine Reihe von Routinen, die man in einem eigenen Programm benutzen kann. Der Zugriff auf diese Routinen kann auf zwei Arten erfolgen: über den Namen einer Routine oder über ihre Indexnummer (alle Routinen in einer DLL sind durchnummeriert).

Der Zugriff über die Nummer ist geringfügig schneller als der Zugriff über den Namen.

Grundsätzlich gibt es zwei Möglichkeiten, Routinen aus einer DLL in ein Delphi-Programm einzubinden: die *statische* oder die *dynamische* Methode. Bei der statischen Methode wird dem Compiler über ein bestimmtes Schlüsselwort mitgeteilt, dass eine Routine in einer DLL zu finden ist. Eine solche Deklaration ist recht einfach, hat jedoch auch Nachteile: Zum einen kann das Programm nur starten, wenn Windows die DLL beim Programmstart finden kann, sie *muss* also vorhanden sein. Zum anderen ist es nicht möglich, die DLL während des Programmablaufs auszutauschen – dies wäre zum Beispiel dann sinnvoll, wenn man die gleiche Funktion in verschiedenen Varianten (und damit DLLs) benötigt.

19.1.1 Das statische Einbinden von DLLs

Um eine Routine statisch in ein Delphi-Programm einzubinden, muss der Compiler Folgendes wissen:

- wie heißt die Routine,
- wie sehen Argumente und gegebenenfalls Rückgabewert aus,
- in welcher DLL findet sich die Routine,
- wo auf der Festplatte (Laufwerk, Verzeichnis) befindet sich die DLL.

Die beiden ersten Punkte »erschlägt« man, indem man den Prozedur-/Funktionskopf erneut deklariert, genauso, wie man es im Interface-Teil einer Unit machen würde. Für den dritten Punkt ist die Anweisung »*external*« zuständig. In Verbindung mit »*name*« oder »*index*« teilt sie dem Compiler mit, dass die Funktion einer DLL entnommen werden soll.

Bei Delphi 1.0 gilt es jedoch noch eine Besonderheit zu beachten: Die Routine muss als *far* deklariert werden, dadurch wird dem Compiler mitgeteilt, dass der Code so gestaltet werden soll, dass der Aufruf aus einem anderen Modul möglich ist. Dies geschieht durch das Einfügen des Schlüsselwortes *far* vor dem *external*.

Grundsätzlich sieht also die Deklaration einer Routine aus einer DLL so aus:

Delphi 1.0:

Prozedur-/Funktionsdeklaration; **far external** *DLL-Name* **name** *Routinenname;*
oder
Prozedur-/Funktionsdeklaration; **far external** *DLL-Name* **index** *Routinenindex;*

Delphi 2.0 und höher:

Prozedur-/Funktionsdeklaration; **external** *DLL-Name* **name** *Routinenname;*
oder
Prozedur-/Funktionsdeklaration; **external** *DLL-Name* **index** *Routinenindex;*

Ein Großteil der Windows-Betriebssystemaufrufe kann über DLLs erreicht werden. Eine dieser DLLs nennt sich »Kernel« bzw. »Kernel32« bei Windows 95/NT.

Wir werden nun eine Funktion *GetVersion* daraus aufrufen, die die aktuell benutzte Windows-Version zurückliefert. Eigentlich ist es nicht notwendig, diese Funktion selber zu definieren, da Delphi bereits eine Unit (Windows) anbietet, in der ein entsprechender Aufruf vorhanden ist. Aber dieses Beispiel zeigt, wie einfach eine solche Definition ist.

Bei unserem Beispiel müssen wir unterscheiden, ob wir mit Delphi 1.0 oder Delphi 2.0 bis 7.0 arbeiten. Denn für 16-Bit-Programme (Delphi 1.0) befindet sich die Funktion in »Kernel.dll«, während 32-Bit-Programme (Delphi 2.0 und höher) auf die DLL »Kernel32.dll« zugreifen müssen. Unter Windows 3.x gibt es KERNEL32.DLL nur dann, wenn die Betriebssystemerweiterung *Win 32s* installiert worden ist. Zudem ist es bei Delphi 1.0 erforderlich, das *far* in die Deklaration einzufügen.

Die Routine *GetVersion* liefert die Haupt- und die Nebenversionsnummer von Windows in einer 4-Byte-Integer-Zahl zurück. Die beiden höherwertigen Bytes (die man mit der Funktion HI extrahieren kann) geben die Nebenversionnummer, die beiden niederwertigen Bytes (mit LO zu erreichen) die Hauptversionsnummer an.

Wenn auf dem Formular ein Label und ein Button vorhanden sind, kann mit folgenden Programmen die entsprechende Windowsversionsnummer angezeigt werden:

Delphi 1.0:

```
function WindowsVersion: LongInt; far; external 'kernel.dll' name 'Get-
Version';

procedure TForm1.Button1Click(Sender: TObject);
begin
Label1.Caption := IntToStr(Lo(WindowsVersion)) + '.' +
                  IntToStr(Hi(WindowsVersion));
end;
```

Delphi-Versionen ab 2.0:

```
function WindowsVersion: DWord; external 'kernel32.dll' name 'GetVer-
sion';

procedure TForm1.Button1Click(Sender: TObject);
begin
Label1.Caption := IntToStr(Lo(WindowsVersion)) + '.' +
                  IntToStr(Hi(WindowsVersion));
end;
```

Obwohl die Routine *GetVersion* heißt, haben wir sie zur Verwendung in unserem Programm kurzerhand umgetauft: in *WindowsVersion*. Dies zeigt, dass der Routinenname in der DLL und der im Delphi-Programm unabhängig voneinander sind.

Auf die Routine wurde durch Verwendung ihres Namens in der DLL zugegriffen. Genausogut könnte dies aber durch Angabe der Indexnummer geschehen (wenn man sie denn kennt).

Ein interessantes Ergebnis am Rande: Wenn Sie dies mit Delphi 1.0 unter Windows 95 ausprobieren, erhalten Sie als Versionsnummer 3.95. Dies wurde von Microsoft so implementiert, damit auch ältere Programme, die prüfen, ob sie auf Windows 3.x laufen, die Zusammenarbeit mit Windows 95 nicht verweigern.

19.1.2 Das dynamische Einbinden von DLLs

Im vorangegangenen Beispiel wurde die Routine *GetVersion* statisch eingebunden. Dies hat zwar den Vorteil, dass sich der Verwaltungsaufwand für den Programmierer in Grenzen hält, aber den Nachteil, dass die DLL (Kernel.dll bzw. Kernel32.dll) für den Programmstart unbedingt erforderlich ist.

Nun, in diesem speziellen Beispiel ist das kein Nachteil, denn die entsprechende DLL gehört zur Grundausstattung von Windows und Windows würde ohne sie auch gar nicht arbeiten. Aber es gibt ja auch andere Fälle: Zum Beispiel könnte *GetVersion* in einer DLL stecken, die zur Ansteuerung eines Streamers benutzt wird. Je nach Streamer-Typ würde die DLL dann unterschiedlich oder vielleicht auch gar nicht vorhanden sein. Trotzdem sollte unser Programm aber starten und mit der Situation umgehen können.

In einem solchen Fall muss die Routine dynamisch aufgerufen werden.

Um eine Routine dynamisch aufzurufen, müssen wir uns dreier Funktionen bedienen, die Windows zur Verfügung stellt:

- *LoadLibrary* lädt eine DLL in den Speicher und liefert eine ID-Nummer für diese Bibliothek zurück.
- *GetProcAddress* liefert die Adresse einer Funktion in der geladenen DLL.
- *FreeLibrary* entfernt eine DLL aus dem Speicher, falls kein anderes Programm sie benutzt.

Um die Routine wie gewohnt aufrufen zu können, benötigen wir darüber hinaus noch eine prozedurale Variable.

So sieht die »dynamische Variante« (für Delphi 2.x oder höher) des Versions-Beispiels aus:

```
type TProc = function: DWord;

procedure TForm1.Button1Click(Sender: TObject);
var handle: THandle;
    WindowsVersion: TProc;
begin
  handle := LoadLibrary('kernel32.dll');
  if handle = 0 then
  begin
    ShowMessage('LoadLibrary fehlgeschlagen!');
    Exit;
  end;
  WindowsVersion := GetProcAddress(handle, 'GetVersion');
  Label1.Caption := IntToStr(Lo(WindowsVersion)) + '.' +
                    IntToStr(Hi(WindowsVersion));
  FreeLibrary(handle);
end;
```

Bei Delphi 1.x muss das Beispiel aufgrund der unterschiedlichen Typen und des Namens der DLL etwas anders deklariert werden:

```
type TProc = function: LongInt;
...
```

```
procedure TForm1.Button1Click(Sender: TObject);
var handle: THandle;
    WindowsVersion: Pointer;
begin
  handle := LoadLibrary('kernel.dll');
  if handle = 0 then
  begin
    ShowMessage('LoadLibrary fehlgeschlagen!');
    Exit;
  end;
  WindowsVersion := GetProcAddress(handle, 'GetVersion');
  Label1.Caption := IntToStr(Lo(TProc(WindowsVersion))) + '.' +
                    IntToStr(Hi(TProc(WindowsVersion)));
  FreeLibrary(handle);
end;
```

Zweifellos ist dieser Programmcode etwas komplizierter als das vorhergehende Beispiel, aber er ist ungleich flexibler. Da sowohl *LoadLibrary* als auch *GetProcAddress* einen (null-terminierten) String zur Bestimmung der DLL/Routinen benutzen, können diese Daten natürlich jederzeit zur Laufzeit bestimmt werden. Ein Programm könnte so zuerst prüfen, ob eine verwendete DLL auch tatsächlich vorhanden ist.

Möglicherweise haben Sie sich über die Variable vom Typ »THandle« gewundert. Eine solche Variable ist in der Windows-Programmierung nichts Ungewöhnliches – es handelt sich schlicht um eine Integer-Zahl. »Handles« werden von vielen Windows-Funktionen verwendet, um ein Objekt für andere Funktionsaufrufe zu identifizieren. In diesem Fall ist dies die geladene Library, deren Handle an *GetProcAddress* übergeben werden muss, damit diese Funktion weiß, in welcher Library sie zu suchen hat.

Obwohl eine Handle nichts anderes als ein bestimmter Integer-Wert ist, ist sie nicht als Typ »Integer«, sondern eben als THandle vereinbart. Zweck dieser Aktion: Kompatibilität. Auch wenn sich in einer späteren Windows-Version einmal der Typ ändern sollte, müssen die Programme nicht geändert, sondern nur neu compiliert werden. Ein anderer Grund ist natürlich auch die Lesbarkeit von Programmen: Durch den neuen Typ wird klar, dass der Integer eine Handle für etwas beinhalten soll.

HINWEIS

Damit eine DLL verwendet werden kann, muss Windows in der Lage sein, die DLL-Datei zu finden. Das heißt, sie muss im Programm-Verzeichnis, im Windows-Verzeichnis oder im Suchpfad aufzufinden sein.

19.2 Schreiben einer DLL mit Delphi

Genauso wie Delphi-Programme DLLs benutzen können, kann man mit Delphi auch DLLs erstellen, die von anderen mit Delphi geschriebenen Programmen, aber auch von Programmen, die mit anderen Programmiersprachen erstellt wurden, benutzt werden können.

Um eine DLL zu erstellen, sind folgende Schritte notwendig:

- Statt des reservierten Wortes *program* verwendet man *library*. Dadurch erstellt Delphi keine Datei mit der Endung »EXE«, sondern eine »DLL«.
- Funktionen/Prozeduren, die exportiert werden sollen, müssen mit der Anweisung *export* gekennzeichnet werden.
- Zusätzlich müssen sie dann mit einer *exports*-Anweisung tatsächlich nach außen hin bekannt gemacht werden.
- Hinter *exports* muss man den Index (mit dem Schlüsselwort *index*) oder den gewünschten Namen der Funktionen/Prozeduren angeben.

Es ist nicht möglich, Variablen, Objekte oder Klassen zu exportieren. Wenn das Programm, das die DLL benutzt, Zugriff darauf benötigt, so muss dies über Funktionsaufrufe geschehen.

Eine einfache DLL könnte beispielsweise so aussehen:

```
library test;
uses dialogs;
(* Eine Funktion & eine Prozedur definieren *)

procedure Nachricht; export;
begin
  ShowMessage('Ein Gruß aus der Unit Test!');
end;

function TestFunction(a: Integer): Integer; export;
begin
  TestFunction := a * 3;
end;

(*
Erst die folgende 'exports'-Anweisung macht die beiden Funktionen nach
außen hin sichtbar
*)
```

```
exports
  Nachricht index 1,
  TestFunction name 'Test';

begin
end.
```

Wir müssen hier die Unit *Dialogs* benutzen, wenn wir die Routine *ShowMessage* benutzen wollen.

Beim Erstellen einer DLL ist zu beachten, dass der Quelltext des Programms, nicht etwa der einer Unit, modifiziert werden muss. Anwender von Delphi 2.0 und höher haben es etwas leichter als diejenigen unter uns, die mit der 1er-Version arbeiten: Mit dem Menübefehl DATEI/NEU kann man auch »DLL« auswählen und bekommt so den entsprechenden Rahmen für ein DLL-Projekt von Delphi. Alle anderen müssen mit ANSICHT/PROJEKTQUELLTEXT das Hauptprogramm entsprechend modifizieren.

DLLs können auch aus mehreren Units bestehen. In diesem Fall enthält der Quelltext oft nur die »Exports«-Anweisungen.

19.3 Initialisierungscode einer DLL

Die Anweisungen, die zwischen dem *begin...end* des Quellcodes stehen, sind der Initialisierungscode einer DLL. Sie werden dann ausgeführt, wenn die DLL zum ersten Mal in den Speicher geladen wird. Ist die DLL bereits geladen, wenn ein Programm sie benutzen will, so wird der Code nicht noch einmal erneut ausgeführt.

19.4 Aufrufkonventionen CDECL, STDCALL, PASCAL und REGISTER

Wie wir wissen, sind DLLs sprachunabhängig. Trotzdem gibt es von Computersprache zu Computersprache einige Feinheiten, die Probleme verursachen können, wenn die DLL in einer anderen Sprache erstellt wurde als in der, in der sie verwendet wird.

Eine davon ist die Aufrufkonvention, in der geregelt wird, wie eine Routine aufgerufen wird, genauer: wie sie Argumente übergeben bekommt und wie sie ein eventuelles Funktionsresultat zurückgibt.

Die Delphi-Versionen ab 2.0 verwenden standardmäßig eine Aufrufkonvention, die auch durch das Schlüsselwort *register* hinter einer Prozedur- oder Funktionsdeklaration erzwungen werden kann.

Diese Aufrufkonvention legt fest, dass die Parameter von links nach rechts übergeben werden. Die Parameter werden dabei von der Routine selbst vom Stapel entfernt. Außerdem werden bei dieser Aufrufmethode bis zu drei CPU-Register benutzt, um die Argumente zu übergeben, so dass häufig die Erstellung eines Stackframes für die Übergabe der Argumente vermieden werden kann, was die (Codegröße für die) Aufrufe kleiner und schneller macht.

Routinen, die mit der Programmiersprache C oder C++ geschrieben wurden, verwenden oft eine Aufrufkonvention, die mit dem Schlüsselwort *CDECL* erzwungen werden kann. Auch hier werden die Parameter von links nach rechts übergeben, aber die aufrufende Routine entfernt die Parameter vom Stapel. Wenn Routinen aus einer in C/C++ geschriebenen DLL importiert werden sollen, muss man zusätzlich zu *extern* auch noch *cdecl* in der Delphi-Deklaration angeben.

Zusätzlich zu diesen beiden Aufrufkonventionen gibt es auch noch *stdcall*, die für Windows-API-Routinen benutzt wird, und *pascal*, die manchmal auch für DLL-Routinen, die in anderen Sprachen geschrieben wurden, verwendet werden muss.

19.5 Zusammenfassung

- Eine *Dynamic Link Library* ist eine Sammlung von Funktionen, die in einer Datei zusamengefasst werden. Diese *Bibliothek* wird erst dann in den Speicher geladen, wenn sie benötigt wird.
- DLLs sind sprachunabhängig, sie können in einer anderen Sprache erstellt werden als in der, die die darin enthaltenen Routinen nutzt.
- Auch wenn eine DLL mehrmals benutzt wird, muss sie nur einmal in den Arbeitsspeicher geladen werden.
- Routinen aus einer DLL können statisch oder dynamisch angesprochen werden.
- Der Zugriff auf Routinen in einer DLL erfolgt über einen Namen oder über einen Index.
- Der Zugriff kann statisch oder dynamisch erfolgen.
- Das dynamische Einbinden einer DLL ist komplizierter, da es durch Programmanweisungen durchgeführt werden muss (statt durch das Betriebssystem). Er bietet jedoch den Vorteil, dass ein Programm nicht zwingend auf das Vorhandensein einer DLL angewiesen ist.
- Mit dem Schlüsselwort *Library* ist es möglich, mit Delphi DLLs zu erstellen.

Kapitel 20

Die Klassenbibliotheken VCL und CLX

Die *VCL*, die *Visual Components Library*, ist das Herz von Delphi. Denn alle Komponenten und die Vorfahren von Formularen sind in ihr definiert. Sie ist nichts Geheimnisvolles, sondern lediglich eine Reihe von Units, die die entsprechenden Objekte beinhalten, mit denen man so bequem visuell programmieren kann.

Bei manchen Delphi-Versionen wird der Quellcode für die VCL mitgeliefert. Bei den low-end-Versionen lässt Borland sich nicht in die Karten schauen – man bekommt nur die fertig übersetzten DCU-Dateien und hat keinen Zugriff auf den Quelltext.

Mit Delphi 6 wurde die Klassenbibliothek *CLX* neu eingeführt. Diese *Borland Component Library für Cross Platform* hat dieselbe Aufgabe wie die VCL: Sie enthält die visuellen Komponenten, aus denen Delphi aufgebaut ist, mit dem Unterschied, dass sie auch unter Linux verwendet werden kann.

ACHTUNG

Die CLX steht erst ab Delphi 6.0 und auch dort erst ab der Professional-Version, zur Verfügung.

Fast alle Komponenten, die man in der VCL findet, sind auch in der CLX enthalten. Der große Unterschied zwischen den beiden Bibliotheken: Die CLX ist plattformübergreifend, d.h., sie setzt nicht zwingend Windows voraus. Wenn man also ein Programm mit Hilfe der CLX entwickelt, so kann man dieses auch mit *Kylix* (dem Delphi für Linux) übersetzen lassen (und umgekehrt).

HINWEIS

Die beiden Bibliotheken schließen einander aus: Ein Programm kann also nur entweder auf der VCL oder auf der CLX basieren. Die Standardeinstellung ist die Verwendung der VCL; um ein CLX-Programm zu erstellen, muss dieses explizit mit DATEI/NEU/CLX-ANWENDUNG erstellt werden.

Wir werden am Ende dieses Kapitels noch etwas näher auf die CLX eingehen.

20.1 Die Objekt-Hierarchie der VCL

Sämtliche Objekte in der VCL basieren auf einer Hierarchie. Der gemeinsame Vorfahr aller Objekte ist *TObject*. Ihm folgen weitere Klassen, die zusätzliche Funktionalität hinzufügen. So sieht die Objekt-Hierarchie in der VCL aus:

Abb. 20.1: Objekt-Hierarchie der VCL (Teilausschnitt)

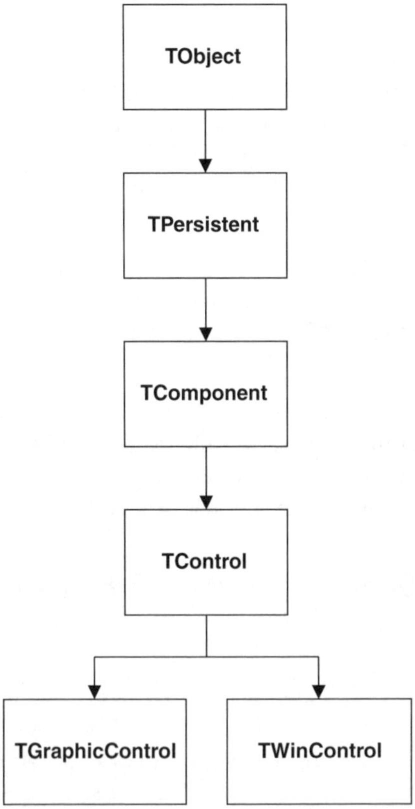

Die Kenntnis über die Beziehung zwischen über- und untergeordneten Objekten kann sehr hilfreich sein. Da eine Komponente nichts anderes ist als eine Objekt-Klasse, erbt jede Komponente selbstverständlich auch alle Methoden, Ereignisse und Eigenschaften der Vorgängerklasse und fügt neue hinzu beziehungsweise modifiziert den vorhandenen Code.

20.2 Die Klassen TObject und TPersistent

Wie aus der Abbildung ersichtlich ist, leiten sich alle weiteren Klassen in der VCL vom Vorfahren *TObject* ab. Dadurch erben alle Objekte, Komponenten usw. der VCL einige Eigenschaften von *TObject*, zum Beispiel den Konstruktor und Destruktor usw. So sieht die Deklaration von *TObject* aus:

```
TObject = class
    constructor Create;
    procedure Free;
    class function InitInstance(Instance: Pointer): TObject;
    procedure CleanupInstance;
    function ClassType: TClass;
    class function ClassName: ShortString;
    class function ClassNameIs(const Name: String): Boolean;
    class function ClassParent: TClass;
    class function ClassInfo: Pointer;
    class function InstanceSize: LongInt;
    class function InheritsFrom(AClass: TClass): Boolean;
    procedure Dispatch(var Message);
    class function MethodAddress(const Name: ShortString):
                             Pointer;
    class function MethodName(Address: Pointer): ShortString;
    function FieldAddress(const Name: ShortString): Pointer;
    procedure DefaultHandler(var Message); virtual;
    class function NewInstance: TObject; virtual;
    procedure FreeInstance; virtual;
    destructor Destroy; virtual;
  end;
```

Die meisten dieser Methoden erfüllen Aufgaben auf einer so niedrigen Ebene, dass nur die wenigsten Routinen interessant sind. Die meisten dieser Routinen sind *Klassenmethoden* – erkennbar an »Class«.

Interessanterweise ist diese Deklaration von *TObject* nur ab der Version 2.0 im Sourcecode der System-Unit sichtbar. Bei Delphi 1.0 war diese Deklaration sozusagen »im Inneren des Compilers« verborgen.

TObject stellt unter anderem Methoden zur Speicherreservierung und -freigabe bereit, aber auch Routinen, die Informationen über das Objekt selbst (Name, übergeordnetes Objekt usw.) zur Verfügung stellen. Informationen über die Bedeutung der einzelnen Methoden von *TObjekt* finden sich in der Online-Hilfe.

Abgesehen von dem Konstruktor und dem Destruktor werden Sie die meisten Methoden von *TObject* nur indirekt benutzen, indem diese automatisch durch andere Routinen der Nachfolgerkomponenten aufgerufen werden. Auch das Objekt *TObject* werden Sie kaum verwenden, meistens werden die Nachfolgerobjekte auf einer höheren Ebene Verwendung finden.

Ein direkter Nachfolger von *TObject* ist *TPersistent*. Der Hauptunterschied zwischen diesen beiden Klassen besteht darin, dass Objekte des Typs *TPersistent* Methoden aufweisen, um sich selbst zu speichern.

20.3 Die Klassen TComponent und TControl

Der nächste Nachfolger in der Objekthierarchie der VCL ist *TComponent*. Sie ist der Vorfahr jeder Komponente und sorgt dafür, dass Komponenten in der Komponentenpalette auftauchen können, mit dem Form-Designer und Objekt-Inspektor bearbeitet werden können und so weiter.

Obwohl *TComponent* der Vorfahre jeder Komponente der VCL ist, werden Sie diese Klasse wahrscheinlich nur benutzen, um von ihr *nicht-visuelle* Komponenten abzuleiten – also so etwas wie *TTimer* und *TTable*. Denn der nächste Nachfolger, *TControl*, bietet die Methoden, die eine bequeme Definition von *Dialogelementen* ermöglichen.

HINWEIS

Dialogelemente sind Komponenten, die während der Programmlaufzeit sichtbar sind.

Mit TControl sind die grundsätzlichen Methoden, Ereignisse und Eigenschaften für Dialogelemente realisiert. Aber man wird diese Klasse selten benötigen, um eigene Komponenten abzuleiten. Besser ist es, *TWinControl* oder *TGraphicControl* zu verwenden.

20.4 Die Klassen TWinControl und TGraphicControl

Die beiden nächsten Nachfolger von *TControl* sind *TWinControl* und *TGraphicControl*. Auch diese beiden sind für Komponenten gedacht, die Dialogelemente anzeigen. Der wichtige Unterschied zwischen beiden:

- *TWinControl* ist der Vorfahre für Dialogelemente, die eine Windows-Handle besitzen. Das heißt, sie werden von Windows gezeichnet und können vom Benutzer ausgewählt werden (den Eingabefokus erhalten).
- *TGraphicControl* ist der Vorfahre für Dialogelemente, die *nicht* von Windows verwaltet werden. Dies spart Systemressourcen (und beschleunigt die Anwendung), hat aber den Nachteil, dass diese Elemente den Eingabefokus nicht erhalten können.

Wie gesagt kennt *TGraphicControl* ebensowenig eine »Handle« wie *TControl*. Trotzdem sollte man beim Ableiten von eigenen Komponenten, die keinen Fokus benötigen, TGraphicControl verwenden, denn hierdurch bekommt man zum einen eine Fläche, die man gestalten kann, zum anderen bearbeitet diese Komponente auch die WMPaint-Botschaften von Windows, so dass die Komponente zur Laufzeit des Programms dargestellt wird.

20.5 Die Komponenten der Komponentenpalette

Die Komponenten, die auf der Komponentenpalette angezeigt werden, stammen also alle samt und sonders von einer der oben beschriebenen Grundklassen ab. Und dadurch natürlich wiederum von *TComponent*. Dies ermöglicht überhaupt erst die Darstellung in der Palette, im Formulardesigner usw.

Hier einige wichtige Tatsachen in Bezug auf die Komponenten:

- Die Komponenten sind in einer Reihe von Units, die als VCL bezeichnet werden, deklariert.
- Komponenten sind Objektklassen, die von *TComponent* abstammen.
- Eine einzelne Komponente ist eine Instanz der entsprechenden Klasse.
- Durch Ableiten eigener Klassen können eigene Komponenten entwickelt werden, die auch in der Komponentenpalette integriert werden können.

20.6 Übersicht über die VCL-Units

Die VCL besteht aus einer Vielzahl von Units, in denen die notwendigen Klassen für die Objekte der VCL definiert sind. Je nachdem, welche Version von Delphi benutzt wird, ist der Quelltext der VCL im Lieferumfang von Delphi enthalten, was sehr nützlich sein kann, wenn man einmal wissen will, was eine Komponente eigentlich »genau« tut oder wie die Delphi-Entwickler ein spezielles Problem gelöst haben. Bei den »kleineren« Delphi-Versionen fehlt dieser Quelltext, hier sind nur die bereits übersetzten DCU-Dateien vorhanden.

Delphi bindet die benötigten Units der VCL selbständig in die USES-Deklaration des Programms ein, wenn eine Komponente mittels des Formulardesigners platziert wird. Wenn man eigene Komponenten entwickelt oder Komponenten nicht grafisch erzeugt (durch expliziten Aufruf des Konstruktors und Destruktors), so sollte man wissen, welche Units man dazu benötigt. Hier eine kleine Zusammenfassung über einige der Units der VCL, etwas übersichtlicher, als man es in der Online-Hilfe findet (einige dieser Units sind nur ab der Delphi-Version 2.0 vorhanden):

Unit	**Funktion**
Button	Enthält die Klassen für Mauspalettenschalter und Bitmap-Schalter sowie die notwendigen Aufzählungstypen.
Classes	Enthält viele Basisklassen wie zum Beispiel *TStrings* und wird neuen Projekten automatisch hinzugefügt.
ClipBrd	Enthält die Klasse für die Unterstützung der Windows-Zwischenablage und erzeugt automatisch ein entsprechendes Objekt.
ComCtrls	Enthält die Windows-95-Komponenten.
Controls	Enthält die Klassen für Basisklassen wie *TControl*, *TWinControl* usw.
DB	Datenbankunterstützung durch *TDataBase* usw.
DBCtrls	Enthält die datensensitiven Komponenten.
DBGrids	Das Datenbankgitter und dazugehörige Typen.
DBLogDlg	Enthält Funktion für ein geschütztes Datenbank-Login.
DBLookup	Enthält die mit Delphi 2.0 eingeführten Komponenten *TDBLookupCombo* und *TDBLookupList*.
DBTables	Enthält unter anderem die Datenbank-Komponenten TTable, TQuery, TBatchMove und TStoredProc.
DDEMan	Enthält Komponenten zur Unterstützung von dynamischem Datenaustausch.

Unit	Funktion
Dialogs	Diese Unit enthält die Standarddialoge, die auf der »Dialoge«-Seite der Komponentenpalette zu finden sind, sowie einige Meldungsfenster.
DsgnIntf	Enthält Eigenschaftseditoren für Komponenten und Klassen, die es ermöglichen, selber solche Editoren zu programmieren.
ExtCtrl	Komponenten der »Standard«- und »Zusätze«-Seiten der Komponentenpalette.
FileCtrl	Komponenten der Seite »System«.
Forms	Enthält die Komponente *TForm* und alles, was dazugehört.
Graphics	Enthält Objekte wie *TBrush* oder *Tbitmap*, ermöglicht also den Zugriff auf die Windows-Zeichenfunktionen (GDI-Schnittstelle).
Grids	Enthält die Gitter-Komponenten.
IniFiles	Ermöglicht das Lesen und Schreiben von eigenen Initialisierungsdateien (INI).
Mask	Eingabefelder mit kontrollierten Eingabemöglichkeiten (Masken).
Menus	Komponenten zum Darstellen von »normalen« und Popup-Menüs.
Messages	Kapselt viele Windows-Botschaften. Für die nicht definierten Botschaften ist der Typ *TMessage* vorhanden.
MPlayer	Enthält die Media-Player-Komponente.
Outline	Enthält *Toutline*, mit der Informationen in einer hierarchischen Baumstruktur angezeigt werden können.
OleAuto	Unterstützung von OLE-Automatisierungs-Controllern und -Servern.
OleCtnrs	Enthält die Komponente *TOleContainer*.
CleCtrls	Enthält die Basisklasse *TOleControl* und deren Objekte.
Printers	Unterstützung der Druckausgabe.
Registry	Zugriff auf die Windows-Registry (enthält Konfigurationsinformationen von Windows 95/98 und Windows NT.
Report	Enthält die Datenbankkomponente *Treport*.
StdCtrls	Komponenten der »Standard«-Seite der Komponentenpalette.
TabNotBk	Definiert die Klasse *TtabbedNotebook* und die dazugehörenden Konstanten usw.
Tabs	Definiert die Komponente für das Seitenregister.

20.7 Library-Objekte in der VCL

Alle Komponenten sind Objekte, klar. Aber die VCL definiert auch einige Objekte, die keine Komponenten sind! Das heißt, man kann solche Objekte nicht über die Komponentenpalette oder den Objekt-Inspektor bearbeiten, und wichtiger: Man kann auf sie nur während der Laufzeit des Programms zugreifen.

Solche Objekte müssen eigens durch Aufruf ihres Konstruktors erzeugt (so wie jedes Objekt) werden.

Beispiele für solche Objekte sind zum Beispiel *TBitmap* oder *TBrush*. Man muss diese Objekte erzeugen und, wenn man sie nicht mehr benötigt, auch wieder freigeben:

```
var brush: TBrush;
begin
  brush := TBrush.Create;
    (* mit dem Objekt arbeiten, dann freigeben: *)
  brush.Free;
end;
```

Delphi kennt eine ganze Menge solcher Objekte. Hier eine Übersicht, die Einzelinformationen über jedes Objekt finden Sie in der Online-Hilfe unter dem jeweiligen Stichwort:

TBitmap	TGraphic	TOutlineNode
TBookmarkList	THeaderSection	TParams
TBrush	THeaderSections	TPen
TCanvas	TIcon	TPicture
TChangeLink	TIconOptions	TPrinter
TClipboard	TIndexDef	TRegistry
TCollection	TIndexDefs	TRegIniFile
TColumn	TList	TStatusPanels
TCollectionItem	TIniFile	TStatusPanell
TColumnTitle	TListColumn	TStringList
TControlScrollBar	TListItem	TStrings
TDragObject	TListItems	TTextAttributesg
TDragControlObject	TMetafile	TThread
TFieldDef	TMetafileCanvas	TTreeNode
TFieldDefs	TParaAttributes	TTreeNodes
TFont		

20.8 Komponenten, die auf der Palette fehlen

Nicht nur die Library-Objekte sind auf der Palette nicht sichtbar. Delphi kennt einige waschechte Komponenten, die trotzdem nicht auf der Komponentenpalette angezeigt werden! Dies sind die folgenden Komponenten:

- *TApplication* und *TScreen*
- Alle *TField*-Komponenten für den Datenbankzugriff
- Die Komponenten *TMenuItem*

In jeder Delphi-Anwendung wird automatisch eine Variable *Application* vom Typ *TApplication* erzeugt. Beim Start der Anwendung wird die Methode *Run* von *Application* aufgerufen. Ein Aufruf der Methode *Terminate* beendet das Programm. Die Eigenschaft »*ExeName*« enthält den Namen der ausführbaren Datei der Anwendung. Die Methodenaufrufe für *Application* können Sie bei jeder Delphi-Anwendung in Projekt-Quelltext sehen.

Ähnlich wie *Application,* so wird auch die Instanz *Screen* der Klasse *TScreen* automatisch deklariert. Mit *Screen* kann man u.a. feststellen, welche Formulare momentan angezeigt werden (Property »Forms«) oder welche Bildschirmauflösung eingestellt ist (Properties »Height« und »Width«).

Die *TField*-Komponenten repräsentieren die einzelnen Felder in einem Datensatz. Entsprechend der unterschiedlichen Typen, die ein solches Feld haben kann, gibt es »Abkömmlinge« von *TField* wie *TIntegerField* oder *TStringField*. Solche Komponenten tauchen zwar nicht in der Komponentenpalette auf, können aber mit dem Felder-Editor bearbeitet werden, wenn man mit der rechten Maustaste auf eine *TTable*-Komponente klickt. Durch Anklicken des entsprechenden Feldes werden die Eigenschaften und Ereignisse des Feldes dann, wie bei jeder anderen Komponente auch, im Objekt-Inspektor dargestellt.

Schließlich: Die Komponenten der Klasse *TMenuItem*, die einen Eintrag in einem Menü repräsentieren, werden über den Menüeditor bearbeitet – ähnlich wie die Felder mittels des Feldeditors.

20.9 Erweiterungen der VCL in den 32-Bit-Versionen

Die VCL wurde in Delphi 2.0 um zwölf neue Komponenten zur Unterstützung von Windows-95-Spezifika erweitert. Diese Komponenten finden sich auf der »Win95«-Seite der Komponentenpalette. Zudem wurden drei neue Datenbankkomponenten, nämlich *TDBCtrlGrid*, *TDBLookupComboBox* und *TDBLookupListBox* eingeführt, wobei die beiden letztgenannten die alten Delphi-1.0-Komponenten *TDBLookupCombo* und *TDBLookupList* ersetzen.

Ebenfalls hinzugekommen sind neue Exceptions:

- EBitsError
- EOLEError
- EThread
- ETreeViewError

Viele bereits vorhandene Komponenten wurden geringfügig modifiziert. Die Online-Hilfe führt diese Veränderungen im VCL-Addendum auf.

Ein wichtiges Objekt ist das neue *TThread*, mit dem sich »Threads«, also parallel ablaufende Programmteile, realisieren lassen. Threads werden in einem separaten Kapitel behandelt.

In den Versionen nach Delphi 2 wurden ebenfalls immer wieder Erweiterungen an der VCL vorgenommen – die wichtigsten werden im Kapitel über die Unterschiede zwischen den einzelnen Versionen erläutert. Dort findet sich auch eine Aufstellung über die neuen Komponenten (siehe Abschnitt »Änderungen bei den Komponenten«).

20.10 Details zur CLX

Kylix (Delphi für Linux) verwendet statt der VCL die *Borland Component Library für Cross Platform* (*CLX*).

Die CLX baut auf der *Qt-Bibliothek* der Firma Trolltech auf; diese grundlegende Bibliothek ist sowohl für Windows als auch für Linux (und eine Reihe weiterer Plattformen) verfügbar. Das heißt, die CLX benutzt nicht direkt Windows- Funktionsaufrufe, um die Steuerelemente zu zeichnen, sondern die Qt-Bibliothek.

Durch Verwendung der CLX ist es möglich, ein und dasselbe Programm sowohl unter Windows (mit Delphi) als auch unter Linux (mit Kylix) zu compilieren.

Ab Delphi 6 ist sowohl die VCL als auch die CLX enthalten; der Benutzer muss sich beim Anlegen eines neuen Programms entscheiden, mit welcher Bibliothek er arbeiten will.

Die Verwendung der CLX ist der der VCL sehr ähnlich. Die meisten Bezeichner sind identisch (zumindest nach außen – intern verwendet die CLX andere Bezeichner), d.h., ein *TForm* heißt *TForm* – egal ob die CLX oder VCL verwendet wird.

Die CLX kann grob in folgende vier Kategorien eingeteilt werden:

Kategorie	**Beschreibung**
VisualCLX	Dies beinhaltet die visuellen Komponenten und die Grafikkomponenten. In diesem Bereich gibt es Unterschiede zwischen Linux und Windows.
DataCLX	Komponenten für den Client-Datenzugriff. Hier gibt es keine Unterschiede zwischen Linux und Windows.
NetCLX	Internet-Komponenten, zum Beispiel zum Erstellen von Server-CGIs. Auch hier gibt es keine Unterschiede.
RTL	Die *Runtime-Library* ist unter Windows und unter Linux gleich.

20.11 Die CLX im Vergleich zur VCL

In der CLX werden keine Windows-Steuerelemente verwendet, sondern die Widgets aus der Qt-Bibliothek. Daher haben die Komponenten in der CLX etwas andere Namen als in der VCL. So übernimmt beispielsweise *TWidgetControl* die Funktion von *TWinControl*.

Es ist nicht notwendig, die neuen Bezeichner der CLX zu verwenden, da in der Unit *QControls* Typdeklarationen aufgeführt sind, die die neuen Namen unter den bekannten Bezeichnern zur Verfügung stellen, zum Beispiel *TWidgetControl* unter dem Namen *TWinControl*.

HINWEIS

Die CLX unterscheidet sich in folgenden Details von der VCL:

Detail	Beschreibung
Komponenten	Einige Komponenten unterscheiden sich geringfügig in Handhabung und Eigenschaften. Es gibt bibliotheksspezifische Komponenten.
Units	Die Namen und Positionen von Units sind unterschiedlich. Es ist also notwendig, die uses-Anweisungen zu ändern. In der Regel beginnen die Units der CLX mit *Q*, also zum Beispiel *QForms* statt *Forms*.
Stile	Die Qt-Bibliothek bietet im Unterschied zu Windows die Möglichkeit, das Aussehen der Steuerelemente anwendungsweit festzulegen. Das Look&Feel kann über die Eigenschaft *TApplication.Style* festgelegt werden.
Registry	Unter Linux steht keine Registry zur Verfügung. Konfigurationsinformationen werden in Textdateien gespeichert.
Varianten	Die Behandlung von Varianten unterscheidet sich in der CLX geringfügig. Details hierzu finden sich in der Online-Hilfe.

20.12 Zusammenfassung

- Die *Visual Components Library* (kurz *VCL*) ist eine Ansammlung von Units, die die Objekte und Komponenten beinhalten, mit denen die visuelle Programmierung mit Delphi möglich wird.
- Der Vorfahr aller Delphi-Objekte ist *TObject*.
- *TComponent* realisiert die Grundfunktionalität für Komponenten.
- *TWinControl* und *TGraphicControl* sind für Komponenten gedacht, die Dialogelemente anzeigen.
- *Library-Objekte* sind Objekte in der VCL. Da es sich nicht um Komponenten handelt, können sie nicht visuell (über den Formulardesigner oder den Objektinspektor) bearbeitet werden.
- Einige wenige Komponenten werden nicht auf der Komponentenpalette angezeigt.
- Die VCL wurde in den einzelnen Versionen erweitert und modifiziert.
- Ab Delphi 6 (Professional und Enterprise Version) ist die neue Bibliothek *Borland Component Library für Cross Platform* (*CLX*) enthalten. Sie kann die VCL ersetzen. Im Gegensatz zur VCL ist die CLX nicht Windowsspezifisch, wodurch die Entwicklung von Anwendungen möglich ist, die sich sowohl unter Windows als auch unter Linux compilieren lassen.

- Eine neue CLX Anwendung wird über den Menüpunkt DATEI/NEU/CLX-ANWENDUNG erstellt.
- Die CLX ist weitgehend kompatibel mit der VCL, d.h. die meisten Komponenten stehen unter demselben Namen auch bei Verwendung der CLX zur Verfügung.
- Die CLX verwendet andere Units als die VCL. Wenn eine VCL-Anwendung zur CLX portiert wird, müssen die *uses*-Anweisungen geändert werden.

Kapitel 21

jetzt lerne ich

Der integrierte Assembler

Detailliertere Informationen zu diesem Thema finden Sie im Bonus-Kapitel 1 auf der Buch-DVD.

HINWEIS

Delphi enthält einen integrierten Assembler, mit dem man Anweisungen im Maschinencode der CPU direkt in den Pascal-Quelltext einfügen kann.

HINWEIS

Der Assembler ermöglicht es sowohl, einzelne Assembleranweisungen inmitten einer Prozedur oder Funktion zu verwenden, als auch, ganze Prozeduren/Funktionen in der Maschinensprache zu codieren; solche Funktionen können verwendet werden, als wären sie in Pascal geschrieben.

Im Normalfall generiert der Delphi-Compiler einen so guten Code, dass es nicht notwendig ist, Assembleranweisungen zu verwenden. Nur in Ausnahmefällen kann dies sinnvoll sein; insbesondere dann, wenn man kleine überschaubare Funktionen kodieren muss, bei denen es auf das letzte Quäntchen Geschwindigkeit ankommt.

Dann bietet sich auch die Nutzung der speziellen Prozessor-Befehle wie zum Beispiel 3dNow! oder MMX an.

Die Unterstützung für MMX, SIMD, Enhanced MMX, SSE und 3DNow! ist erst ab Delphi 6 verfügbar.

ACHTUNG

Der Assembler ist komplett mit dem Compiler »verzahnt«, sogar so weit, dass innerhalb der Assembleranweisungen Object-Pascal-Bezeichner (z.B. Konstanten, Typen, Variablen) verwendet werden können.

Um Assembler-Anweisungen in den Pascal-Quelltext zu mischen, werden die Assembleranweisungen mit dem reservierten Wort *ASM* eingeleitet; dann können beliebig viele Assembleranweisungen folgen, bis der Block durch ein *END* terminiert wird:

```
asm
   Assembleranweisung1
   ..
   Assembleranweisungn
end
```

Das heißt, zwischen *asm* und *end* steht kein Object-Pascal-Quellcode und dieser Abschnitt wird vom Compiler auch nicht wie gewohnt behandelt. Stattdessen stehen hier Anweisungen in der symbolischen Form der Prozessorsprache (in Mnemonics), die anderen syntaktischen Regeln folgen als der Pascal-Quelltext.

Ein Assembleranweisung hat dabei die Form

```
[Label:] <Prefix> [Opcode [Operand <,Operand>]]
```

Im Einzelnen haben die Teile der Assembleranweisung folgende Bedeutung:

- *Label* ist eine Sprungmarke ähnlich wie in Object-Pascal; sie muss mit einem Doppelpunkt enden.
- *Prefix* ist ein Assembler-Präfixopcode, das heißt eine Assembleranweisung, die die Funktion des nachfolgenden Opcodes modifiziert.
- Der *Opcode* ist der eigentliche Maschinensprachebefehl.
- Die *Operanden* sind die Argumente des Maschinensprachebefehls.

Man kann mehrere Assembleranweisungen in einer Zeile unterbringen, muss sie aber durch ein Semikolon trennen (wenn die Anweisungen jeweils in einer einzelnen Zeile stehen, ist im Gegensatz zu Pascal-Anweisungen kein Semikolon nötig). Kommentare müssen wie in Pascal gewohnt mit { und } oder (* und *) geklammert werden (in Delphi 2.0 und höher: auch //). Beispiel:

```
mox ax,3; mov bx,5; (* Kommentar*)
mov ax,3 //Kommentar – nur in Delphi 2.0 möglich!
Ein wenig Maschinensprache
```

Falls Sie noch keine Erfahrungen mit der Maschinensprache der 80x86 CPUs haben, so finden Sie ein kleines Beispiel im Bonuskapitel auf der DVD. Wenn Sie dieses Thema jedoch vertiefen möchten, so werden Sie um Spezialliteratur nicht herumkommen (natürlich finden sich auch viele Informationen im Internet).

21.1 Zusammenfassung

- In Delphi ist es möglich, Assemblercode im Klartext in den Pascal-Quelltext einzubinden.
- Die Befehle der Assembleranweisungen werden zwischen *asm ... end* angegeben.
- Mehrere Assembleranweisungen können, durch Semikolon getrennt, in einer Zeile angegeben werden.
- Kommentare innerhalb von Assembleranweisungen werden wie auch im Pascal-Quelltext eingesetzt.

Kapitel 22

jetzt lerne ich

Eigene Komponenten

ACHTUNG

Detailliertere Informationen und Beispiele für die Entwicklung einer eigenen Komponente finden Sie im Bonus-Kapitel 2 auf der Buch-DVD.

HINWEIS

Im Gegensatz zu anderen Entwicklungsumgebungen ist es mit Delphi problemlos möglich, die Komponenten, die der Programmierer verwendet, ebenfalls mit Delphi zu entwickeln.

Was eine Komponente ist, wissen Sie aus eigener Erfahrung bereits sehr gut. Es gibt visuelle Komponenten wie Buttons, nicht-visuelle wie Timer und auch noch »Zwischendinge« wie Dialoge.

Diese Komponenten wurden allesamt vom Delphi-Entwicklungsteam erstellt und uns in Form der VCL mit auf den Weg gegeben. Kein Wunder also, dass sie sich alle gleich »anfühlen«. Man ist sehr schnell mit ihnen vertraut, Ereignisse und Methoden haben (na ja, meistens) sinnige Namen usw.

Solche Dinge erwarten Sie als *Komponentenanwender*, ohne sich darüber groß Gedanken zu machen. Aber als *Komponentenprogrammierer* muss man sich den Kopf zerbrechen, damit die Anwender (Programmierer) dies später nicht tun müssen.

Mit großer Wahrscheinlichkeit werden Sie niemals in die Lage kommen, eine Komponente selbst schreiben zu müssen. Zum einen bietet Delphi von Haus aus schon eine Vielzahl von Komponenten für alle denkbaren und undenkbaren Aufgabenstellungen; zum anderen sind im Internet eine Vielzahl von Komponenten (oft sogar kostenlos) verfügbar.

Daher werde ich Ihnen hier nur einen groben Überblick über die Vorgehensweise bei der Entwicklung einer eigenen Komponente geben. Ein detailliertes Beispiel hierzu und vertiefende Informationen finden Sie im entsprechenden Bonus-Kapitel auf der Buch-DVD.

22.1 Wie entwickelt man eine Komponente?

Um eine neue Komponente zu entwickeln, müssen Sie wie folgt vorgehen:

1. Für die Komponente wird eine eigene Unit angelegt.
2. Einfügen einer neuen Klasse in diese Unit, diese Klasse kann von einer geeigneten Vorgängerklasse abgeleitet werden.
3. Erweitern dieser neuen Objekt-Klasse um die gewünschte Funktionalität, um *Methoden*, *Ereignisse* und *Properties*.
4. Einfügen einer Registrierungsfunktion in die Unit.

Mittels einer solcherart vorbereiteten Unit kann die Komponente dann der Komponentenpalette von Delphi hinzugefügt werden.

Eine Komponente wird also durch Einführen einer neuen Klasse realisiert, die in einer eigenen Unit untergebracht wird. Also:

MERKSATZ

Komponenten werden durch das Definieren einer eigenen Objektklasse mit all ihren Eigenschaften, Methoden usw. erzeugt.

Jeder Komponententyp ist eine eigene Klasse, jedes Vorkommen einer Komponente eine eigene Instanz – zum Beispiel können beliebig viele Buttons (Klasse *TButton*) in einem Formular untergebracht werden. Ihre Instanzen heißen dann *Button1*, *Button2* usw., solange sie nicht umbenannt werden.

22.2 Ableiten von einer Vorgängerklasse

Die Klasse für eine Komponente leitet man im Normalfall von einer geeigneten Vorgängerklasse ab. Welche hierfür in Frage kommt, entscheidet sich nach dem Einsatzzweck der neuen Komponente:

Ziel	Vorgänger
Ändern des Verhaltens einer existierenden Komponente	Klasse der existierenden Komponente, nur die gewünschten Eigenschaften werden modifiziert.
Nicht-visuelle Komponente	*TComponent*
Viselle Komponente	*TCustomControl*
Visuelle Komponente ohne Windows-Ressourcen	*TGraphicControl*

Der einfachste Weg, eine neue Komponente zu erzeugen, besteht in der Verwendung des Komponenten-Experten. Dieses Delphi-Modul erstellt die entsprechende Unit und ein Gerüst für den Quellcode. Um den Komponenten-Experten zu verwenden, wählen Sie Datei/Neu, dann den Menüpunkt Weitere und aus der angezeigten Auswahl Komponente: (ab Delphi 2).

22.3 Methoden, Ereignisse und Properties

Im Zusammenhang mit Komponenten muss man sich einige Begriffe vergegenwärtigen:

- **Eigenschaften** sind *Properties* der Objektklasse. Über sie kann der Anwender im Eigenschaftseditor Parameter festlegen – zum Beispiel *Top*, *Left*, *Caption* usw.
- **Ereignisse** sind die Methoden, die die Komponente selber aufruft, wenn ein bestimmtes Ereignis eingetreten ist. So kann mit eigenem Code auf bestimmte Situationen reagiert werden – Beispiel: das *OnClick*-Ereignis bei einem Button.
- Die **Methoden** einer Komponente sind die ganz gewöhnlichen Methoden des Objekts, also zur Klasse gehörende *Procedures* und *Functions*. Der Komponentenanwender kann sie wie gewohnt aufrufen: Beispiel *Memo1.Clear*.

22.4 Die Registrierungsfunktion

Damit Delphi die neue Komponente in der Komponentenpalette anzeigen kann, muss es einen formalisierten Mechanismus geben, mit dem die notwendigen Informationen registriert werden (zum Beispiel der Name der Komponente).

Hierzu ist es notwendig, dass die Komponenten-Unit eine Prozedur mit dem Namen *Register* enthält. Diese Prozedur wird beim Einbinden einer Komponente von Delphi ausgeführt und nimmt die notwendige Registrierung vor:

```
procedure Register;
begin
  RegisterComponents('Beispiele', [TComp1, TComp2]);
  RegisterComponents('Beispiele2', [TComp3]);
end;
```

Hier meldet *Register* die beiden Komponenten *TComp1* und *TComp2* auf der Seite »Beispiele« und den Komponententyp *TComp3* auf der Seite »Beispiele2« an. Wenn die Seiten in der Komponentenpalette nicht vorhanden sind, werden sie automatisch erzeugt.

22.5 Weitere Möglichkeiten

Wenn gewünscht, kann die Komponente noch komfortabler gestaltet werden:

- Hinzufügen eines Symbols, mit dem die Komponente auf der Komponentenpalette angezeigt wird.
- Hinzufügen einer Hilfe-Datei für die Komponente.
- Erstellen von speziellen Eigenschaftseditoren.

22.6 Zusammenfassung

- Komponenten sind Objekte.
- Neue Komponenten werden durch die Einführung neuer Klassen erzeugt. Die verwendeten Komponenten sind Instanzen einer Komponentenklasse.
- Ja nach Einsatzzweck wird die neue Klasse von bestimmten Vorgängerklassen abgeleitet.
- Komponentenklassen müssen jeweils in einer eigenen Unit deklariert werden.

- Damit die neue Komponente bei Delphi angemeldet werden kann, muss die Unit eine spezielle Registrierungsprozedur enthalten.
- Es ist möglich, für eine Komponente ein eigenes Symbol und eine eigene Hilfedatei zu definieren.
- Falls die Komponente besondere Eigenschaften aufweist, können spezielle Eigenschaftseditoren zur Bearbeitung dieser Eigenschaften erstellt werden.

Kapitel 23

Threads

Windows ist ein Multitasking-Betriebssystem. Das war es auch schon in der Version 3.x, aber mit einem wichtigen Unterschied im Vergleich zu allen Nachfolgeversionen: Die moderneren 32-Bit-Betriebssysteme (z.B. Windows XP) verwenden *präemptives Multitasking*, während bei Windows 3.x *kooperatives Multitasking* benutzt wurde. Solange alles reibungslos funktioniert, wird der Anwender kaum einen Unterschied bemerken. Erst wenn eine von mehreren laufenden Applikationen abstürzt, wird der Unterschied deutlich: Denn dann reißt diese alle anderen mit in den »Abgrund«, das System stürzt ab. Bei *präemptiven Multitasking* stürzt nur das fehlerhafte Programm ab, die anderen laufen scheinbar unbeeindruckt weiter. Denn beim kooperativen Multitasking ist, wie es der Name schon sagt, Windows auf die Kooperation der einzelnen Applikationen angewiesen. Die Anwendung muss freiwillig die Kontrolle an das Betriebssystem zurückgeben, was sie mittels bestimmter API-Aufrufe tun sollte. Wenn das nicht passiert, erhält das Betriebssystem keine Gelegenheit mehr, Rechenzeit an andere Applikationen zu verteilen.

So weit die Theorie. Warum stürzt Windows 95 dann bei einer »wild gewordenen« Applikation trotzdem ab? Ein 32-Bit-Programm unter Windows 95 kann auf bestimmte für das System reservierte Speicherbereiche zugreifen. Wenn diese durch ein »wild gewordenes« Programm verändert werden, kann es zu einem Absturz kommen. Zudem werden alle 16-Bit-Windows Programme in einer »virtuellen Maschine« ausgeführt – wenn eine 16-Bit-Applikation abstürzt, reißt sie alle anderen mit. In einem solchen Fall kann man das System meistens dann noch retten, indem man *alle* 16-Bit-Applikationen schließt. Bei der Entwicklung von Windows NT wurde weniger Rücksicht auf Kompatibilität zu alten Applikationen genommen; einige ältere Programme arbeiten daher dort nicht korrekt, aber das System arbeitet um einiges stabiler als Windows 95. Beim präemptiven Multitasking erhält jede Applikation für eine definierte kurze Zeit die Kontrolle, dann die nächste Applikation usw. Die gesamte Zeit, bis alle Applikationen einmal bedient wurden, kann man sich durch eine »Zeitscheibe« symbolisiert vorstellen:

Abb. 23.1: Zeitscheibe

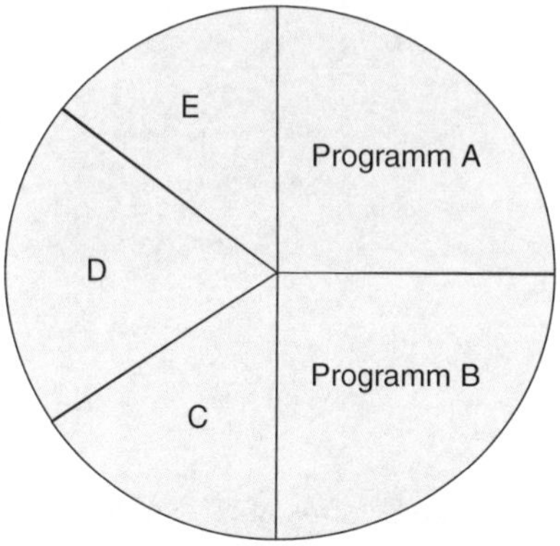

Die Zuteilung eines solchen Zeitanteils wird jedoch nicht nur auf Programmebene, sondern vorwiegend auf Thread-Ebene vorgenommen. Das heißt, ein Programm kann mehrere Routinen enthalten, die jeweils einen eigenen Anteil an der Zeitscheibe erhalten. Dadurch scheinen nicht nur mehrere Programme parallel zu laufen, sondern auch einzelne Routinen innerhalb des Programms (wenn es der Programmierer so eingerichtet hat). Eine solche Routine, die einen eigenen Zeitanteil bekommt, ist ein Thread.

Jedes mit Delphi erzeugte Programm besteht zuerst einmal aus nur einem einzigen Thread. Über spezielle Windows-API-Aufrufe ist es jedoch möglich, zusätzliche Threads zu erzeugen. Außerdem ist in der VCL ein Objekt, *TThread,* enthalten, das nicht nur die API-Aufrufe kapselt, sondern auch die Zusammenarbeit der VCL mit Threads regelt. Beide Möglichkeiten werden wir uns hier ansehen.

Lassen Sie uns mit einem einfachen Beispiel beginnen. Diesmal benötigen wir nur einen Button auf dem Formular, um die Funktion unseres Programms zu starten. Außerdem definieren wir die Funktion *txt*, die aus der Ereignisroutine des Buttons aufgerufen wird:

```
function txt(p: Pointer): Integer;
var i: Integer;
    s: String;
    dc: HDC;
```

```
begin
  dc := GetDC(Form1.Handle);
  for i := 1 to 50000 do
  begin
    s := IntToStr(i);
    TextOut(dc, 10, 10, PChar(s), Length(s));
  end;
  ReleaseDC(Form1.Handle, dc);
end;

procedure TForm1.Button1Click(Sender: TObject);
begin
  Button1.Enabled := false;
  txt(nil);
  Button1.Enabled := true;
end;
```

Die Ereignisroutine *Button1Click* ist einfach zu verstehen – der Button wird deaktiviert, wenn er gedrückt wurde, die Routine *txt* wird aufgerufen, der Button wird wieder aktiviert.

Die Routine *txt* sieht möglicherweise etwas ungewöhnlich aus, wenn Sie sich noch nicht mit der Windows-Programmierung in anderen Programmiersprachen beschäftigt haben. Normalerweise nimmt Delphi uns die ganze »schmutzige« Arbeit in Beziehung mit der Windows-Programmierschnittstelle ab. Aus einem ganz bestimmten Grund (zu dem ich gleich komme) möchte ich unsere bekannten Delphi-Möglichkeiten wie Labels in dieser Routine aber nicht benutzen. Daher verwende ich die Windows-API, um einen Text – in diesem Fall den Inhalt des Strings *s*, der den jeweils aktuellen Zählerstand der Schleifenvariable *i* enthält – auf den Hintergrund des aktuellen Formulars zu zeichnen.

Das Argument *p: Pointer* und das Funktionsresultat benutze ich nirgendwo. Das ist zwar kein guter Programmierstil, aber dadurch hat die Routine die Form, die ich für diese Demonstration brauche – dazu gleich mehr.

Wenn man von der Verwendung der Windows-API-Aufrufe zur Bildschirmausgabe einmal absieht, tut *txt* nichts Ungewöhnliches: Eine Variable wird von 1 bis 50000 gezählt, die einzelnen Werte werden auf dem Hintergrund des Formulars gezeichnet.

Das dauert natürlich eine Weile. Und da ich (absichtlich) nirgendwo ein *Application.ProcessMessages* eingebaut habe, ist das Formular in dieser Zeit »gelähmt«. Es reagiert nicht auf Versuche, es zu verschieben, der Button bleibt so lange deaktiviert, bis alle 50000 Werte durchgezählt wurden. So weit nichts Neues.

Nun ersetze ich den Aufruf der Funktion *txt* durch den Aufruf der Windows-API-Funktion *CreateThread*, so dass die Ereignisroutine nun wie folgt aussieht:

```
procedure TForm1.Button1Click(Sender: TObject);
var id: Integer;
begin
  Button1.Enabled := false;
  CreateThread(nil, 0, addr(txt), nil, 0, id);
  Button1.Enabled := true;
end;
```

Wenn das Programm nun gestartet wird (na ja, den Button muss man schon anklicken), passiert etwas Ungewöhnliches: Der Button ist sofort wieder »enabled« und wenn man versucht, das Formular zu verschieben, so ist dies problemlos möglich, auch während die Schleife ausgeführt wird.

Der Grund für dieses veränderte Verhalten ist, dass die *txt*-Routine nun in einem eigenen *Thread* ausgeführt wird – der Rest des Delphi-Programms, der zum Beispiel auf die Windows-Botschaften zum Verschieben des Fensters reagiert (und der vor uns im *Applikation*-Objekt verborgen ist), läuft im ursprünglichen Thread weiter – daher ist das Programm nicht blockiert.

Durch die Routine *CreateThread*, die zum alten Thread sofort »zurückkehrt«, wenn der neue Thread gestartet wurde, wird natürlich auch die Anweisung *Button1.Enabled := true* sofort wieder ausgeführt. Daher scheint der Button gar nicht deaktiviert zu werden – er wird es tatsächlich schon, aber nur für die kurze Zeitspanne, die notwendig ist, um den neuen Thread zu starten.

Die Routine *CreateThread* ist eine der Windows-Routinen, die für die Verwaltung von Threads zuständig ist. Sie erzeugt einen neuen Thread, wenn man ihr die Adresse einer Funktion übergibt. Außerdem nimmt sie noch einige andere Argumente entgegen, so sieht die genaue Definition aus:

```
HANDLE CreateThread(
    LPSECURITY_ATTRIBUTES  lpThreadAttributes, // address
                           // of thread security attributes
    DWORD  dwStackSize,// initial thread stack size,
                           // in bytes
    LPTHREAD_START_ROUTINE  lpStartAddress,  // address
                           // of thread function
    LPVOID  lpParameter,   // argument for new thread
    DWORD  dwCreationFlags, // creation flags
    LPDWORD  lpThreadId    // address of returned thread
                           // identifier
   );
```

Es würde den Rahmen dieses Buches sprengen, die Parameter alle im Detail zu erklären (denn wir werden uns gleich ansehen, wie man Threads mit Delphi-Objekten programmiert). Hier das Wichtigste in Kürze:

Das wichtigste Argument ist die LPTHREAD_START_ROUTINE. Dabei handelt es sich schlichtweg um einen Zeiger auf die Funktion, die als eigener Thread ausgeführt werden soll. Daher haben wir die Adresse von *txt* mit *Addr(txt)* ermittelt und als Argument übergeben.

Mit den *Security-Attributes* und *Creation-Flags* und der Stackgröße *Stacksize* kann man den neuen Thread »feintunen« – Informationen über diese Parameter enthält die Online-Hilfe. Wichtig ist, dass man, wenn man diesbezüglich keine besonderen Wünsche hat, einfach 0 beziehungsweise *NIL* übergeben kann – so habe ich das auch im Beispiel gemacht.

Außerdem kann der Routine ein Argument – zum Beispiel ein Zeiger auf einen Record – übergeben werden. Dazu dient *lpParameter*.

Die ThreadID ist ein eindeutiger Wert, den das Betriebssystem zur Identifikation dieses Threads zurückliefert. An dieser Stelle sollte man eine Integervariable übergeben, die das Argument aufnehmen kann.

Ein Aufruf von *CreateThread* – und schon arbeitet eine Routine unabhängig vom Hauptprogramm. So einfach ist es also, Threads zu erzeugen. Oder doch nicht? Leider verbergen sich hier noch einige Stolpersteine. Hier der Hauptgrund: Die VCL also die Units, in denen alle Komponenten, Objekte usw. definiert sind, ist nicht Thread-kompatibel. Wenn man versucht, Threads in seinem Programm einzusetzen, und gleichzeitig aber auch Sachen wie Buttons, Labels und andere Komponenten nutzen möchte, kommt es zu merkwürdigen, schwer zu findenden Fehlern. Möglicherweise stürzt das Programm gleich ab, manchmal läuft es auch eine Weile, bevor sich ein Fehler zeigt. Das ist auch der Grund, warum ich den Zähler in der *txt*-Routine nicht einfach mit *Label1.Caption := IntToStr(i);* ausgegeben habe, sondern den umständlichen Weg über die Windows-Funktionen gegangen bin.

Warum ist die VCL nicht Thread-kompatibel? Um das zu verstehen, muss man sich ein Problem vor Augen führen, das beim »gleichzeitigen« Zugriff von mehreren Stellen auf eine einzige Ressource auftritt.

Stellen Sie sich vor, es ist eine globale Variable deklariert. Irgendwo laufen zwei Threads. Beide benötigen den Inhalt der Variable für Berechnungen.

Szenario 1:

Die Variable hat den Anfangswert 100. Thread 1 liest den Wert der Variablen. Thread 1 rechnet, rechnet und rechnet. Thread 1 multipliziert den Anfangswert schließlich mit drei und schreibt 300 als neues Ergebnis wieder in die Variable.

Auch Thread 2 muss mit dem Inhalt der Variablen arbeiten. Er liest den Wert – nun 300 – heraus. Thread 2 benötigt ebenfalls einige Zeit, um den neuen Inhalt zu berechnen. Er subtrahiert zwei – der neue Inhalt der Variablen ist 298.

Alles klar, so weit kein Problem. Aber wir wissen ja, die beiden Threads laufen quasi gleichzeitig. Stellen wir uns nun noch vor, dass Thread 2 etwas schneller rechnet als Thread 1. Dann könnte sich Folgendes abspielen:

Szenario 2:

Die Variable hat den Anfangswert 100. Thread 1 liest den Wert der Variablen. Thread 1 rechnet, rechnet und rechnet. Thread 2 liest den Inhalt der Variablen – nämlich 100. Thread 2 rechnet wie der Blitz, subtrahiert 2 und schreibt das neue Ergebnis in die Variable – 98. Auch Thread 1 ist nun irgendwann fertig geworden. Er schreibt das Ergebnis 300 in die Variable. Tja, Pech für Thread 2.

Mit anderen Worten: Beim gleichzeitigen Zugriff auf Speicherbereiche müssen Threads *synchronisiert* werden. Im zweiten Szenario hätte Thread 2 mit dem Zugriff auf die Variable so lange warten müssen, bis Thread 1 seine Berechnungen beendet hätte.

Wie kann man Threads aufeinander abstimmen? Eine Möglichkeit dazu sind *kritische Bereiche*. Eine Reihenfolge von Anweisungen, die warten muss, bis ein anderer Thread (oder allgemeiner: eine andere Anweisungsfolge) beendet ist, bevor sie selbst ausgeführt werden darf, ist ein kritischer Bereich.

Windows stellt vier Routinen für die Behandlung von »Critical Sections« zur Verfügung:

- InitializeCriticalSection
- DeleteCriticalSection
- EnterCriticalSection
- LeaveCriticalSection

Jede dieser vier Routinen benötigt ein Argument – nämlich eine Variable vom Typ *TRTLCriticalSection*. Diese Variable muss vor der Verwendung mit *InitializeCriticalSection(sect)* (*sect* soll in diesem Fall vom Typ *TRTLCriticalSection* sein) initialisiert, und mit *DeleteCriticalSection(sect)* wieder gelöscht werden, wenn sie nicht mehr benötigt wird.

Nun müssen nur noch alle Anweisungsfolgen (in den verschiedenen Threads), die sich gegenseitig beeinflussen könnten, mit

```
EnterCriticalSection(sect);
// Anweisungen
LeaveCriticalSection(sect);
```

eingeschlossen werden. In dem Moment, in dem eine *EnterCriticalSection*-Anweisung durchgeführt wird, werden alle anderen Threads, bei denen versucht wird, auch eine *EnterCriticalSection*-Anweisung (mit derselben *Sect*-Variable) durchzuführen, so lange angehalten, bis im ersten Thread die *LeaveCriticalSection*-Anweisung durchgeführt worden ist. So können verschiedene Threads miteinander synchronisiert werden.

Da mehrere Variablen des Typs *TRTLCriticalSection* verwendet werden können, können auch verschiedene »kritische Bereiche« innerhalb eines Programms bearbeitet werden.

Zurück zu unserem eigentlichen Problem: Die VCL ist nicht »threadsicher«. Mit Hilfe von kritischen Bereichen wäre es natürlich möglich gewesen, sie threadsicher zu gestalten. Dies hätte allerdings nicht nur ihre Größe erhöht, sondern sie auch langsamer gemacht. Möglicherweise wird es in zukünftigen Versionen von Delphi eine thread-sichere VCL geben, doch momentan gibt es eine andere Lösung für dieses Problem:

23.1 Das TThread-Objekt

Mit der Version 2.0 wird in Delphi ein neues Objekt, *TThread*, eingeführt. Dieses kapselt nicht nur den Aufruf der *CreateThread*-Funktion, sondern viel wichtiger: Es besitzt eine Methode *Synchronize*, mit der es möglich ist, auf die VCL zuzugreifen. Daher kann mit dem Thread-Objekt im Gegensatz zur Thread-Programmierung »per Hand« die VCL verwendet werden.

TThread ist keine Komponente, sondern ein schlichtes Objekt, von dem immer ein eigener Typ abgeleitet werden muss, bevor es verwendet werden kann. Der Grund dafür ist, dass es, sobald es denn einmal erzeugt wurde, seine Methode *Execute* aufruft – *Execute* ist die Routine, die in einem eigenen Thread ausgeführt wird. Um also etwas Sinnvolles damit zu machen, muss man *Execute* überschreiben und mit eigener Funktionalität füllen.

Sehen wir uns dazu einmal ein Beispiel an (da diesmal die VCL verwendet werden kann, verwenden wir neben dem obligatorischen Button auch wieder ein Label auf dem Formular). Zuerst wird ein eigener Thread-Typ abgeleitet:

```
TMyThread = class(TThread)
                count: Integer;
              protected
                procedure Execute; override;
                procedure Display;
            end;
```

Das Feld *Count* wird dabei den Schleifenzähler aufnehmen. Die Methode *Display* soll für die Ausgabe (also den VCL-Zugriff) zuständig sein. So sehen dann die beiden Methoden aus:

```
procedure TMyThread.Display;
begin
  Form1.Label1.Caption := IntToStr(count);
end;

procedure TMyThread.Execute;
begin
  count := 1;
  repeat
    Synchronize(Display);
    Inc(count);
  until count = 50000;
end;
```

Das ist schon alles, was für das neue Thread-Objekt notwendig ist. Die *Execute*-Methode enthält die Schleife, die Methode *Display* gibt den momentanen Wert von *Count* mit Hilfe des Labels aus. Beachten Sie, dass das Label über die Qualifizierung *Form1.Label1.* angesprochen werden muss, da das Thread-Objekt kein Bestandteil von *TForm* ist.

Nun kann man den Thread mit einem Klick auf den Button starten, vorausgesetzt, dessen Ereignisroutine wurde so geändert:

```
procedure TForm1.Button1Click(Sender: TObject);
begin
  MyThread1 := TMyThread.Create(false);
end;
```

In dem Moment, in dem ein Thread-Objekt durch Aufruf des Konstruktors erzeugt wird, wird die Ausführung des Threads gestartet.

Bei diesem Beispiel ist ein Detail besonders wichtig: Die Display-Methode wird nicht direkt aufgerufen, sondern sie wird der Methode *Synchronize* als Argument übergeben. Diese Methode von *TThread* (die unser Objekt natürlich geerbt hat) macht es erst möglich, dass die VCL verwendet wird – alle Zugriffe auf die VCL müssen in einer Methode stattfinden, die durch *Synchronize* aufgerufen wird!

Dabei ist es sehr wichtig, möglichst wenig Zeit in der durch *Synchronize* aufgerufenen Methode zu verbringen – denn die Synchronisation mit der VCL geschieht durch einen Trick: Die durch *Synchronize* aufgerufene Methode arbeitet eigentlich wieder im selben Thread wie das restliche Programm auch – wir stoppen den neuen Thread sozusagen für die Zeit, in der die durch *Synchronize* aufgerufene Methode abgearbeitet wird. Es wäre also völlig verkehrt gewesen, die komplette Schleife in die Display-Routine zu legen, auch wenn dies zuerst der logische Weg gewesen zu sein schien.

Rufen Sie mit Synchronize nur Methoden auf, die die VCL unbedingt benötigen – alles, was länger dauert, gehört nicht in diese Methode.

HINWEIS

23.2 Zusammenfassung

- Bei Threads erhalten einzelne Routinen einen Anteil an der Zeitscheibe, so dass sie scheinbar gleichzeitig ablaufen.
- Threads müssen über geschützte Bereiche auf Daten zugreifen.
- Delphi unterstützt die Thread-Programmierung mit dem TThread-Objekt.

Kapitel 24

jetzt lerne ich

Die Compiler-Befehle

Wir wollen in diesem Kapitel einen Blick auf einige interessante Details des Delphi-Compilers werfen. Wie wir sehen werden, ist es möglich, die Ausgabe des Compilers in bestimmten Grenzen zu beeinflussen. Außerdem bietet Delphi uns Möglichkeiten, verschiedene Versionen eines Programms mit nur einer Projektdatei erzeugen zu lassen.

HINWEIS

Eine vollständige Übersicht der möglichen Compilerbefehle finden Sie im Bonus-Kapitel 3 auf der Buch-DVD.

Die Übersetzung des Quelltextes durch den Compiler lässt sich durch die so genannten »Compiler-Befehle« steuern. Dabei handelt es sich um bestimmte Anweisungen, die in den Quelltext eingefügt werden und durch die bestimmte Einstellungen des Compilers beeinflusst werden. Da diese Anweisungen nicht direkt Teil der Sprache Pascal sind, müssen sie in Kommentaren im Quelltext stehen. Damit der Compiler erkennen kann, dass der spezielle »Kommentar« für ihn bestimmt ist, muss er mit einem »$«-Zeichen beginnen.

HINWEIS

Kommentare, deren erstes Zeichen ein »$« ist, sind Steueranweisungen für den Compiler. Solche Steueranweisungen nennt man »Compiler-Befehle«. Die Kommentare müssen zwischen { ... } oder (* ... *) stehen, es ist nicht möglich den Kommentartyp // (ab Delphi 2.0) zu verwenden.

Es gibt drei verschiedene Arten von Compiler-Befehlen:

- Schalterbefehle – mit ihnen wird ein bestimmtes Verhalten des Compilers an- oder abgeschaltet.
- Parameterbefehle – erfordern einen zusätzlichen Parameter, der die Übersetzung beeinflusst.
- Bedingte Befehle – ermöglichen es, nur bestimmte Teile des Programm-Quelltextes übersetzen zu lassen.

In Delphi 1.0 bestehen alle Schalter- und Parameterbefehle aus nur einem einzigen Buchstaben, dem gegebenenfalls noch Argumente folgen. Ab der Version 2.0 ist jeder Compiler-Befehl auch in »Langversion«, also ausgeschrieben, verfügbar.

24.1 Die Schalterbefehle

Sehen wir uns die einzelnen Arten der Befehle einmal näher an: Die *Schalterbefehle* schalten bestimmte Möglichkeiten des Compilers an oder aus. Ihnen folgt daher – in der Kurzversion – ein Plus (=Ein) oder ein Minus (=Aus). In der Langversion muss dem Schlüsselwort ein »*On*« oder »*Off*« folgen.

Alle Schalterbefehle haben eine Grundeinstellung (»Default«), die von den Delphi-Entwicklern gewählt wurde. Der Compiler verhält sich so, als wäre ein Schalterbefehl mit dem entsprechenden Wert an den Anfang des Programms geschrieben worden.

Ein Beispiel für einen Schalterbefehl ist der Befehl $X. Er schaltet die »Erweiterte Syntax« ein oder aus. Diese ist standardmäßig eingeschaltet, der »Kommentar«

```
(*$X-*)
```

oder

{$X-}

oder, in Delphi 2.0 oder höher, zusätzlich

```
{$EXTENDEDSYNTAX OFF}
```

schaltet also die »Erweiterte Syntax« aus. Diese definiert unter anderem, ob Funktionen so aufgerufen werden dürfen wie Prozeduren, ob also ihr Funktionsergebnis unberücksichtigt bleiben darf. Da die erweiterte Syntax standardmäßig eingeschaltet ist, akzeptiert der Compiler Quelltext wie den folgenden klaglos:

```
function test: Boolean;
begin
  test := true;
end;

procedure test2;
begin
  test;
end;
```

Die Funktion *test* kann also aufgerufen werden, ohne dass ihr Funktionsergebnis einer Variablen zugewiesen wird. Schaltet man aber die erweiterte Syntax mit dem Compiler-Befehl ab, so meldet dieser beim Übersetzen einen Fehler:

```
function test: Boolean;
begin
  test := true;
end;

{$X-}
procedure test2;
begin
  test;(* jetzt erzeugt diese Zeile einen Fehler *)
end;
```

Weitere interessante Schalterbefehle betreffen die Auswertung boolescher Ausdrücke (bzw. die Frage, ob der Rest eines booleschen Ausdrucks vom Compiler auch noch ausgewertet wird, wenn das Ergebnis bereits klar ist), wofür der Schalter {$B} zuständig ist, das Verhalten des fertigen Programms bei Integer- und Bereichsüberschreitungen ({$Q} und {$R}) und auch das Verhalten des Programms bei Ein-/Ausgabefehlern ({$I}). Vertiefende Informationen hierzu finden Sie auch im Bonus-Kapitel auf der DVD.

24.2 Die Parameterbefehle

Parameterbefehle benötigen, wie es ihr Name schon sagt, zusätzliche Parameter und steuern so das Ergebnis des Übersetzungsvorgangs. Ein Beispiel für einen solchen Befehl ist {$D Text} bzw. {$DESCRIPTION Text}. Hiermit ist es möglich, einen Kommentar in der kompilierten Programmdatei abzulegen, zum Beispiel eine Copyright-Information. So fügt zum Beispiel der Eintrag

```
{$D Hello Carline!}
```

im Projekt-Quelltext eines Programms den Text »Hello Carline!« in die Modulbeschreibung des ausführbaren Programms ein.

24.3 Die bedingten Befehle

Die bedingten Compilerbefehle werden immer ausgeschrieben – Kürzel aus einem Buchstaben gibt es auch unter Delphi 1.0 für sie nicht. Mit ihnen ist es möglich, bestimmte Teile des Programms von der Übersetzung auszuschließen bzw. manche Teile des Quelltextes nur in bestimmten Situationen übersetzen zu lassen. Wie funktioniert das?

Der Compiler kann prüfen, ob ein bestimmtes *Symbol* definiert ist. Solche Symbole sind beliebige Bezeichnungen, die mittels des Compilerbefehls *$DEFINE* erstellt oder unter »Projektoptionen« in der Entwicklungsumgebung eingetragen werden. Im Quelltext kann dann mit den Compiler-Befehlen *$IFDEF* und *$ENDIF* festgelegt werden, ob ein bestimmtes Stück vom Compiler übersetzt wird (wenn das entsprechende Symbol definiert ist):

```
procedure test;
var i: Byte;
begin
  i := 3;
  {$IFDEF test}
  diese Zeile ist kein Kommentar- trotzdem führt
  sie nicht zu einem Übersetzungsfehler; der Compiler
  ignoriert alles bis zum ENDIF, da das Symbol 'test'
  nicht deklariert ist
  {$ENDIF}
end;
```

Dieser Quelltext lässt sich völlig problemlos übersetzen, da der Compiler den gesamten Text zwischen $IFDEF und $ENDIF ignoriert. Fügt man jedoch vor dem IFDEF die Zeile

```
{$DEFINE test}
```

ein, so ist das Symbol definiert und der Compiler liefert prompt einen Fehler, weil er mit den Zeilen hinter IFDEF nichts anfangen kann. Diese beiden Compilerbefehle gleichen einer IF...THEN-Konstruktion in Object-Pascal. Aber noch einmal: Sie werden nicht zur Laufzeit ausgeführt, sondern sagen dem

Compiler lediglich, was er übersetzen soll und was nicht. Wie auch bei der Pascal-IF...THEN-Anweisung gibt es auch hier einen optionalen ELSE-Teil, der durch die Compileranweisung $ELSE eingeleitet wird.

Wozu wird die bedingte Compilierung eingesetzt? In erster Linie wird man sie verwenden, um unterschiedliche Versionen eines Programms zu produzieren, ohne mit verschiedenen Quelltexten arbeiten zu müssen; leicht lassen sich so ganze Funktionsgruppen austauschen oder modifizieren, einfach indem derselbe Quelltext neu kompiliert wird. Sie haben eine Finanzbuchhaltung geschrieben und eine eigene Version speziell für die Firma Mayer angepasst? So könnte beispielsweise die Konstante für die Versionsmeldung in Ihrem Programm aussehen:

```
const
{$IFDEF mayer_version}
versionsInfo = 'Finanzbuchhaltung Spezialversion 1.3 für Firma Meyer
GmbH';
{$ELSE}
versionsInfo = 'Finanzbuchhaltung Version 1.0';
{$ENDIF}
```

> Bedingte Compiler-Befehle können verschachtelt werden. Ein $IFDEF-Block kann weitere $IFDEF-Blöcke enthalten, die nur dann ausgewertet werden, wenn für die äußeren Blöcke ein Symbol definiert ist.

Eine vollständige Liste der möglichen bedingten Befehle finden Sie im Bonus-Kapitel auf DVD.

Delphi kennt jedoch nicht nur anwenderdefinierte Symbole, sondern es gibt auch einige Symbole, die bereits standardmäßig vordefiniert sind. Mit diesen Symbolen kann beispielsweise die Version des Compilers abgefragt werden – VER80 ist definiert, falls Delphi 1.0 verwendet wird (eine vollständige Liste finden Sie im Bonus-Kapitel).

So kann das Programm unterschiedlich kompiliert werden, je nachdem, mit welchem Compiler es übersetzt wurde:

```
{$IFDEF VER80}
Label1.Caption := 'Dieses Programm wurde mit Delphi 1.0 compiliert.';
{$ELSE}
Label1.Caption := 'Dieses Programm wurde mit Delphi 2.0 oder einer an-
deren Version compiliert.';
{$ENDIF}
```

ACHTUNG

Erst ab Delphi 6!

Ab Delphi 6 ist das Symbol MSWINDOWS deklariert; dieses kann eingesetzt werden um bei Cross-Platform-Entwicklungen mit *Kylix* Windows-spezifischen Code einzubinden.

Zudem existiert ab Delphi 6 eine neue Direktive {$IF}. Diese arbeitet wie die oben besprochene Direktive {$IFDEF}, mit dem Unterschied, dass sie in der Lage ist, Ausdrücke auszuwerten, zum Beispiel:

```
{$IF Defined(MSWINDOWS) and (Version > 1))
```

Eine {$IF}- Direktive wird (anders als eine $IFDEF-Direktive) durch {$IFEND} abgeschlossen. Die Alternativzweige können durch {$ELSEIF} eingeleitet werden.

Das heißt, mit diesem bedingten Befehl ist es erstmals möglich, den Wert von Pascal-Konstanten in der bedingten Kompilierung zu berücksichtigen; im Beispiel oben ist die Version, das zum Beispiel durch

```
Const Version =2;
```

definiert sein könnte.

ACHTUNG

Im Gegensatz zur {$IFDEF} Direktive wird die Existenz eines Symbols durch den Ausdruck *Defined(Symbol)* geprüft. Mit *Declared(Bezeichner)* kann geprüft werden, ob der angegebene Pascal-Bezeichner im aktuellen Gültigkeitsbereich sichtbar ist.

24.4 Einstellungen in der »IDE«

Einen Großteil der Compiler-Schalter können Sie auch in der Delphi-Benutzeroberfläche einstellen, und zwar bei Delphi 1.0 unter OPTIONEN/PROJEKT, ab Delphi 2.0 unter PROJEKT/OPTIONEN und dort unter dem »Blatt« Compiler. Unter dem Eintrag VERZEICHNISSE/BEDINGUNGEN können auch Symbole eingetragen werden, genauso, als wären sie mit $DEFINE im Programmtext festgelegt worden.

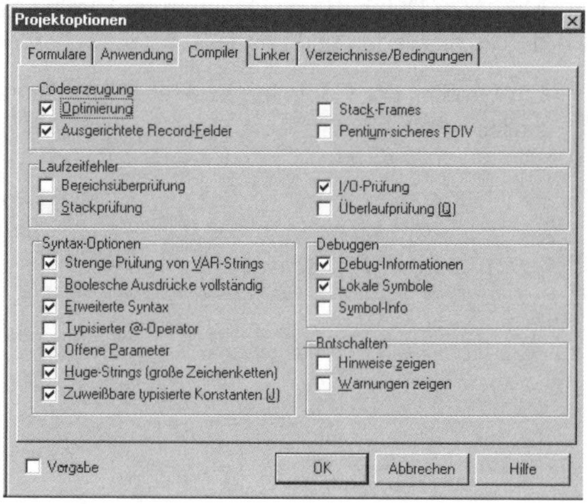

Abb. 24.1: Projektoptionen

24.5 Zusammenfassung

- Kommentare, deren erstes Zeichen ein »$« ist, sind Steueranweisungen für den Compiler. Solche Steueranweisungen nennt man »Compiler-Befehle«.
- Mit Compiler-Befehlen kann das Verhalten des Compilers beeinflusst werden.
- Bei Delphi 1.x bestehen fast alle Compilerbefehle aus einem einzigen Buchstaben. Ab der Version 2.0 gibt es von allen Befehlen zusätzlich noch eine »ausgeschriebene« Fassung.
- Es gibt drei verschiedene Arten von Compilerbefehlen: Schalterbefehle, Parameterbefehle und bedingte Befehle.
- Die *Schalterbefehle* schalten bestimmte Features des Compilers an oder aus.
- Parameterbefehle steuern das Ergebnis des Compiliervorgangs durch zusätzliche Parameter.
- Bedingte Compilerbefehle können verwendet werden, um verschiedene Programmversionen aus einem Quelltext zu erzeugen.
- Mit dem Befehl *Define* kann ein Symbol definiert werden. Es gibt aber auch standardmäßig definierte Symbole, zum Beispiel, um die Version des Compilers zu prüfen.

- Mit der in Delphi 6 neu eingeführten Direktive $IF lassen sich auch Ausdrücke auswerten und Pascal-Konstanten berücksichtigen.
- Ein Großteil der Compiler-Schalter lässt sich auch in der Delphi-IDE einstellen.

Kapitel 25

jetzt lerne ich

Unterschiede zwischen den Delphi-Versionen

Borland hat bei den inzwischen zehn (wenn man die Patches nicht mitrechnet) Delphi-Versionen eine Fülle von Detailverbesserungen an der Komponentenbibliothek, am Compiler und auch an der Entwicklungsumgebung vorgenommen. Die meisten dieser Dinge, so praktisch und gut sie auch sind, müssen hier nicht besonders besprochen werden. Änderungen an der Entwicklungsumgebung und der VCL sind so intuitiv, dass man auch ohne Erklärung schon nach kurzer Zeit wie selbstverständlich damit arbeitet. Uns interessieren hier mehr die Dinge, die nicht so ohne weiteres ersichtlich sind. Mit anderen Worten: Änderungen, die sich auf Object-Pascal selbst auswirken. Die anderen Änderungen spreche ich hier nur der Vollständigkeit halber kurz an.

25.1 Ein Überblick über die Versionen Delphi 1 bis Delphi 2006

Delphi 1.0 war das erste RAD-Tool für Windows überhaupt, das einen echten Compiler bot. Es war die Antwort auf Visual Basic.

Mit **Delphi 2.0** wurde der Schritt von 16 auf 32 Bit vollzogen. Das ermöglichte es, echte 32-Bit-Programme für Windows 95 und NT zu entwickeln (und deren Möglichkeiten, wie zum Beispiel Threads – vergleiche Kapitel 25.3.6 –, zu nutzen). Mit dieser Version wurden zeitgleich mit dem 32-Bit-Compiler verschiedene neue Datentypen eingeführt und auch die VCL wurde erweitert, zum Beispiel um die Windows-95-spezifischen Komponenten. Zusätzliche Erweiterungen waren eine bessere Handhabung von Strings, OLE-Unterstützung und Vererbung von *Forms*.

Delphi 3.0 stellt keinen so dramatischen Unterschied dar wie der Wechsel der Versionen 1.0 zu 2.0. Im Wesentlichen wurde die VCL, der »Werkzeugkasten«, weiter ausgebaut, außerdem vereinfachte man den Umgang mit Technologien wie *COM* und *ActiveX*. In dieser Version erfolgte zudem die Einführung von *Packages* (diese werden weiter unten in diesem Kapitel besprochen). Weiterhin gab es neue Komponenten für die Entwicklung von Internetanwendungen und Komponenten, um *Thin Client*- und *Multitier*-Datenbankanwendungen zu entwickeln. Außerdem feierte in dieser Version die *Code-Insight*-Technologie ihr Debüt.

Mit **Delphi 4.0** erfuhr der Debugger essenzielle Verbesserungen. Mit dem *Module Explorer* ist es nun möglich, bequem im Quelltext zu navigieren, die IDE wurde um andockbare Toolbars und Fenster erweitert.

Bei **Delphi 5.0** wurden keine Änderungen am Sprachumfang vorgenommen. Vielmehr betrieb man mehr Detailpflege und überarbeitete die Benutzeroberfläche und die VCL. Zudem gewann der Debugger an Leistungsfähigkeit. Als wesentliche Neuerung sind die *Frames* zu nennen, die in Kapitel 16.5 besprochen wurden.

Der Großteil der Neuerungen in **Delphi 6.0** betrifft die Professional- und die Enterprise-Version. Bei diesen beiden Versionen wurden umfangreiche Erweiterungen eingebaut, um beispielsweise die Entwicklung von verteilten Anwendungen zu erleichtern. Die Änderungen an der VCL und am Compiler waren moderat. Kurz vor Einführung dieser Version brachte Borland das »Delphi für Linux«, *Kylix*, auf den Markt. Daher enthält Delphi 6.0 auch erstmals Cross-Platform-Unterstützung in Form der Komponentenbibliothek *NetCLX* – aber auch dieses Feature ist nur in der Professional-Version enthalten. Mit dieser Version wurde ein Objekt-Hierarchie-Fenster in die Entwicklungsumgebung integriert. Es handelt sich dabei um ein Baumdiagramm, das die logischen Beziehungen zwischen den Komponenten in einem Formular, Datenmodul oder Frame anzeigt und so eine schnelle Navigation ermöglicht. Natürlich gab es auch die üblichen »kleinen« Verbesserungen in anderen Bereichen der Benutzeroberfläche.

Auch bei **Delphi 7.0** wurde im wesentlichen Produktpflege betrieben, es gab keine wesentlichen Neuerungen am Sprachumfang. Lediglich neue Warnmeldungen, falls Code nicht .NET-konform ist, kann der Compiler nun ausgeben. Einige Verbesserungen wurden in der Komponentenbibliothek – zum Beispiel für die Unterstützung von Windows XP – und in der Laufzeitbibliothek vorgenommen. Delphi 7 umfasst zwei weitere »Zugaben«: Kylix bekommt der Käufer nun »automatisch« dazu und außerdem ist ein Compiler für die Microsoft .NET-Architektur enthalten – dieser allerdings nur als »Preview«, also als Beta-Version, und nur zum Aufruf von der Kommandozeile. Weiterhin gehört nun »Rave Reports«, ein visuelles Werkzeug zur Entwicklung von Berichten, zum Lieferumfang. Nur in der Enterprise-Ausgabe von Delphi findet sich zusätzlich noch »Model Maker«, ein Werkzeug zur Erstellung von Diagrammen.

Delphi 8 war eine Besonderheit: Alle bisherigen Delphi-Compiler hatten Intel-Maschinencode erzeugt, Delphi 8 dagegen bot zusätzlich die Möglichkeit, Code für die virtuelle Maschine von .NET zu erzeugen. Diese Version umfasste also zwei Compiler – einen, der Intel-Maschinencode erzeugt, und einen für .NET-Instruktionen. Die Sprache selbst, Object-Pascal, blieb jedoch bis auf marginale Unterschiede unverändert. Die nachfolgenden Versionen (mit der neuen Namensgebung **Delphi 2005** und **Delphi 2006**) beherrschen diese neuen Fähigkeiten der Codeerzeugung ebenfalls.

Für Informationen über Delphi und .NET lesen Sie bitte Kapitel 26.

Die Version **Delphi 2005** führte als wesentliche Neuerung in Bezug auf Object-Pascal die vereinfachte FOR-Schleife ein. In der Version **Delphi 2006** kam die Möglichkeit hinzu, Record-Typen um Eigenschaften und Methoden zu erweitern. Im Rahmen dessen führte man auch das Überladen von Operatoren (für Record-Typen) ein.

25.2 Änderungen an den Datentypen

Im Laufe des Wechsels zu 32 Bit wurden eine Reihe von Änderungen bei den Wertebereichen der Datentypen vorgenommen, mit den neuen Delphi-Versionen wurden auch zusätzliche Datentypen eingeführt.

25.2.1 Generische Datentypen

»Generische Datentypen« können sich in Abhängigkeit von der Delphi-Version bzw. dem eingesetzten Betriebssystem ändern. Die beiden generischen Integer-Datentypen *Integer* und *Cardinal* sind ab Delphi 2.0 32-Bit-Datentypen, während sie in der ersten Delphi-Version noch mit 16 Bit realisiert waren. Der Typ *Cardinal* ist als *0..MaxInt* definiert, er hängt also vom höchsten darstellbaren Integer-Wert ab.

In der folgenden Tabelle sind die Wertebereiche der angesprochenen Datentypen dargestellt. In der Spalte »Bits« bedeutet eine Angabe wie 15+1, dass 15 Bits zur Darstellung des Zahlenwerts benutzt werden und ein Bit über das Vorzeichen entscheidet.

Datentyp	Version	Bits	Wert – von	Wert – bis
Integer	1.0	15 + 1	-32.768	32.767
Integer	2.0–6.0	31 + 1	-2.147.483.648	2.147.483.647

Datentyp	Version	Bits	Wert - von	Wert - bis
Cardinal	1.0	16	0	65.535
Cardinal	2.0,3.0	32	0	2.147.483.647
Cardinal	4.0-6.0	32	0	4.294.967.294
LongWord	4.0-6.0	32	0	4.294.967.294
Int64	4.0-6.0	63 + 1	-9.223.372.036.854.775.808	9.223.372.036.854.775.807

Wie man sieht, gibt es ab Delphi 4.0 zwei neue Datentypen: *LongWord* und *Int64*. *Int64* wird in der VCL und der RTL benutzt, wo es sinnvoll ist – so gibt die *Trunc()*-Funktion beispielsweise ihr Ergebnis mit diesem Typ zurück. Der neue Datentyp *LongWord* ist ein vorzeichenloser 32-Bit-Wert – in allen vorherigen Versionen war der größte mögliche Wert ein vorzeichenbehafteter 32-Bit-Wert, es wurden also nur 31 Bit für die Zahlendarstellung genutzt.

25.2.2 Unterschiede bei den Fließkommadatentypen

Ab Delphi 4.0 ist der *Real*-Datentyp nun derselbe wie der *Double*-Datentyp. In den vorherigen Versionen war Real ein 6-Byte-Fließkommawert. Dieser alte Datentyp ist weiterhin als *Real48* verfügbar. Wenn Sie Programme, die Sie unter einer Vorgängerversion erstellt haben, unter Delphi 4.0 neu kompilieren, kann dies zum Problem werden, wenn *Real*-Werte binär in einer Datei gespeichert sind – für solche Fälle lässt sich über den Compilerschalter *{$REALCOMPATIBILITY ON}* das alte Verhalten wiederherstellen.

25.2.3 Neue Character-Datentypen

In den Pascal-Versionen vor Delphi und unter Delphi 1.0 war ein CHAR noch zwangsläufig ein Byte groß. Die 32-Bit-Versionen bieten nun jedoch auch Unterstützung für den in Windows 95, 98, NT und 2000 vorhandenen Unicode-Zeichensatz, bei dem jedes Zeichen aus zwei Bytes besteht. Die ersten 256 Zeichen des Unicode-Zeichensatzes entsprechen dabei dem ANSI-Zeichensatz. Die übrigen Zeichen im Unicode-Zeichensatz sind nationale, technische, drucktechnische und Zeichen für bestimmte Einsatzgebiete.

Ab Delphi 2.0 sind folgende drei Datentypen für Zeichensätze implementiert:

1. ANSIChar – ein Byte je Zeichen, Codierung gemäß ANSI-Standard
2. WideChar – zwei Bytes, Codierung gemäß Unicode
3. Char – generischer Datentyp, ab Delphi 2.0 nach dem ANSIChar-Datentyp

Der Datentyp *Char* ist ein generischer Datentyp. Man sollte sich also nicht darauf verlassen, dass auch in späteren Versionen von Delphi ein *Char* genau ein Byte belegt.

Die beiden anderen Zeichendatentypen sind fundamentale Datentypen, ihre Implementierung wird sich also nicht ändern.

25.2.4 Neue String-Datentypen

Ab Delphi 2.0 ist eine wesentliche Begrenzung für Strings aufgehoben, die es bisher in Object-Pascal gab: die Begrenzung von Strings auf 256 Zeichen. Wenn eine Variable vom Typ *String* deklariert wird, so wird nicht mehr ein Array von 256 Zeichen angelegt, das an der Position 0 die Anzahl der darin gespeicherten Zeichen enthält. Stattdessen wird ein 32-Bit-Zeiger definiert, der auf einen Speicherblock zur Aufnahme der Zeichen verweist. Am Anfang dieses Speicherblocks legt Delphi zwei 32-Bit-Werte ab: die Anzahl der Zeichen, die im String gespeichert werden, und einen »Referenzzähler«.

Dadurch, dass die Anzahl der Zeichen durch einen 32-Bit-Wert repräsentiert wird, sind theoretisch 2 Gigabyte Zeichen möglich – es existiert also in der Praxis keinerlei Beschränkung mehr für die Stringlänge!

> Durch diese Änderungen ist es nicht mehr möglich, die Länge eines Strings s mit *Ord(s[0])* zu ermitteln! Man muss die Standardroutine *Length()* verwenden.

Der Referenzzähler wird zur internen Verwaltung der Strings benötigt und ermöglicht es Delphi in vielen Fällen, lange Strings schneller zu bearbeiten als die alten Zeichenarrays.

Der Zugriff auf einzelne Zeichen in einem langen String kann jedoch wie gewohnt über die Indizierung der Form *s[n]* stattfinden, es gibt nur kein Element 0.

Wenn man bei der Variablendeklaration eine Länge angibt, also etwa

```
var s: String[80];
```

so deklariert man dadurch einen »kurzen« String, also ein Zeichenarray, das in gewohnter Weise an Position 0 die Stringlänge enthält.

> Nur bei der Deklaration einer Variablen mit »String« ohne Längenangabe wird der neue Stringtyp verwendet.

Zusätzlich lässt sich die Verwendung von langen oder kurzen Strings in diesem Fall noch mit der Compilerdirektive {$H+} bzw. {$H-} beeinflussen. Nach {$H-} werden auch bei »String« wieder kurze Strings erzeugt, was aber nur aus Kompatibilitätsgründen sinnvoll sein dürfte. Der Standardwert ist {H+}.

Zur Verwaltung des neuen Stringtyps stehen in der Unit *System* zusätzlich die beiden Routinen

```
procedure SetLength(var S: String; NewLength: Integer);
procedure SetString(var S: String; buffer: PChar; len: Integer);
```

zur Verfügung. Mit *SetLength* kann die Länge eines Strings geändert werden. Wenn der String verlängert wird, so ist der Inhalt der zusätzlich angefügten Zeichen nicht definiert.

Mit *SetString* ist es möglich, eine beliebige Variable (entsprechende Typumwandlung vorausgesetzt) in den String zu kopieren; hier bietet sich ein null-terminierter String an.

Obwohl der lange Stringtyp bereits eine 32-Bit-Längenangabe enthält, wird trotzdem hinter dem letzten Zeichen ein Null-Zeichen eingefügt, mit dem Ergebnis, dass Typkonvertierungen zwischen langen und null-terminierten Strings problemlos möglich sind: Eine mit *s: String* deklarierte Zeichenkette kann problemlos mit *PChar(s)* in eine null-terminierte Zeichenkette umgewandelt werden; *PChar()* erzeugt also einen Zeiger auf das erste Zeichen des langen Strings. Da dieser zusätzlich mit Null terminiert ist, ergeben sich keinerlei Kompatibilitätsprobleme. Es ist auch möglich, die Adresse des ersten Zeichens in einen untypisierten Zeiger umzuwandeln, dabei gibt es jedoch einen wichtigen Unterschied zu einer Umwandlung mit *PChar*:

1. Eine Typumwandlung der Form *PChar(s)* liefert bei einem leeren String s die Adresse des Nullzeichens, also einen leeren String.
2. Eine Typumwandlung der Form *Pointer(s)* liefert bei einem leeren String den Wert NIL.

Obwohl Delphi nun »breite« Zeichen mittels *WideChar* und lange Strings anbietet, so gibt es keinen »breiten String«. Es ist jedoch möglich, ein Zeichensatzformat in das andere zu konvertieren, wozu folgende Routinen zur Verfügung stehen:

Routine	**Zweck**
WideCharToString	Der angegebene String wird von Unicode- in ANSI-Darstellung umgewandelt.
StringToWideChar	Der Inhalt des angegebenen Strings wird in Unicode-Darstellung umgewandelt und in einem (anderen) Zielstring gespeichert.

Routine	Zweck
WideCharLenToString	Umwandlung von Unicode in ANSI-Zeichen, mit Längenangabe.
WideCharLenToStrVar	Wie WideCharLenToStr, nur wird das Resultat nicht als Funktionsergebnis, sondern als Var-Parameter zurückgegeben.
WideCharToStrVar	Wie WideCharToStr, nur wird das Resultat nicht als Funktionsergebnis, sondern als Var-Parameter zurückgegeben.

25.2.5 Varianten-Datentyp

In der Version 2.0 wurde der neue Datentyp *Variant* eingeführt. Eine Variante ist eine Struktur, die nicht nur einen Wert, sondern auch die entsprechenden Typinformationen enthält. Damit ist eine Variante in der Lage, sowohl ganzzahlige und Fließkomma- als auch String-Werte aufzunehmen. Wie sieht dies in der Praxis aus? Wenn eine Variante mit

```
var test: Variant;
```

vereinbart wurde, so übersetzt der Compiler folgende Anweisungen (vorausgesetzt natürlich, die Komponenten Label1, Label2 und Label3 existieren) völlig klaglos:

```
test := 1.5;
Label1.Caption := test;
test := 3;
Label2.Caption := IntToStr(test);
test := 'abcd';
Label3.Caption := test;
```

Wie hier zu erkennen ist, sind Zuweisungen von Varianten völlig transparent. Nicht nur, dass der Variante jeder beliebige Typ zugewiesen werden kann – sogar die Konvertierung von einem Gleitkomma- in einen Stringwert wird problemlos durchgeführt.

Hinter einer Variante steckt ein *Record*, der groß genug ist, um den größten Datentyp aufzunehmen, den eine Variante repräsentieren kann, und der außerdem noch Platz für die Typinformationen bietet.

Eine Variante hat eigentlich keinen eigenen Typ, sondern sie nimmt den Typ an, den sie repräsentiert. Mit der Funktion *VarType* kann man feststellen, welchen Typ der Inhalt einer Variante hat. Sie ist als

```
function VarType(const V: Variant): Integer;
```

definiert und liefert einen Integerwert, der Auskunft über den Inhalt der Variante gibt. Die Rückgabewerte sind als Konstanten bereits vordefiniert; einige davon sind *varEmpty* – die Variante enthält keine Werte; *varSmallInt* – die

Variante enthält einen 16-Bit-Integer-Wert; *varSingle* – die Variante enthält einen Gleitkommawert. Eine vollständige Liste der möglichen Werte finden Sie in der Online-Hilfe unter dem Stichwort *VarType*.

HINWEIS

Ab Delphi 6.0 befinden sich die Funktionen zur Bearbeitung von Varianten in der Unit *Variants*. Diese muss daher in der *uses*-Liste aufgeführt werden, wenn Funktionen zur Bearbeitung von Varianten verwendet werden.

Die Runtime-Library von Delphi bietet noch eine ganze Reihe weiterer Routinen für das Arbeiten mit Varianten, zum Beispiel

```
procedure VarClear(var V: Variant);
function VarAsType(const V: Variant; VarType: Integer): Variant;
procedure VarCast(var Dest: Variant; const Source: Variant; VarType:
Integer);
procedure VarCopy(var Dest: Variant; const Source: Variant);
function VarIsEmpty(const V: Variant): Boolean;
function VarIsNull(const V: Variant): Boolean;
```

Ausführliche Informationen über diese und noch einige weitere Routinen zum Arbeiten mit Varianten finden Sie in der Online-Hilfe.

HINWEIS

Varianten sind zwar bequem. Aber die Delphi-Entwickler haben sie sicher nicht eingeführt, damit man sie nun als »Allzweckvariablen« statt der anderen Datentypen einsetzt. Varianten bringen einen gewissen Speicher-Overhead mit sich (eine Variante benötigt 16 Bytes) und können aufgrund der notwendigen Typumwandlungen auch nicht so schnell arbeiten wie die »normalen« Typen wie Integer, Real usw.

Varianten wurden im Wesentlichen deshalb eingeführt, weil sie eine Rolle bei der OLE-Programmierung spielen (dies geht aber über das Thema dieses Buchs hinaus). Sie sollten auf jeden Fall der Versuchung widerstehen, Varianten nun statt anderer Grundtypen in Ihren Programmen einzusetzen.

25.2.6 Currency-Datentyp

In Delphi 2.0 wurde ein neuer Datentyp eingeführt, der speziell zur Speicherung von Währungsangaben vorgesehen ist: *Currency*. Dabei handelt es sich scheinbar um einen Gleitkommawert, der dadurch auch zu allen anderen Gleitkommawerten zuweisungskompatibel ist. Tatsächlich wird der Wert jedoch durch einen 64-Bit-Integer-Wert repräsentiert. Der *Currency*-Datentyp besitzt eine Genauigkeit von vier Dezimalstellen. Intern wird der Wert als Integer gespeichert, die niedrigsten vier Ziffern werden als Nachkommastellen betrachtet.

Der *Currency*-Datentyp vermeidet die Probleme, die bei der Verwendung von Real-Werten durch Rundungsfehler auftreten können.

Dieser Datentyp hat einen Wertebereich von 922337203685477.5808 bis 922337203685477.5807, also eine Genauigkeit von 19 bis 20 signifikanten Stellen. Er benötigt 8 Bytes.

25.2.7 Aufzählungsdatentyp

Ab Delphi 6.0 ist es möglich, Elementen einer Aufzählung einen bestimmten Wert zuzuweisen. Ist beispielsweise ein Aufzählungstyp wie folgt definiert:

```
type TFarbe = (farbe_rot,farbe_gruen,farbe_gelb);
```

so liefert der Ausdruck *ord(farbe_gruen)* den Wert 1. Ab Delphi 6.0 kann einem oder mehreren Elementen ein neuer Ordinalwert zugewiesen werden, zum Beispiel so:

```
type TFarbe = (farbe_rot,farbe_gruen=10,farbe_gelb);
```

Daraufhin würde *ord(farbe_gruen)* den Wert 10 liefern.

25.3 Weitere Unterschiede

Außer den bereits besprochenen Änderungen an den Datentypen wurde natürlich jede Version an einer Vielzahl von Stellen verbessert. Wir lassen die Änderungen an der Benutzeroberfläche hier außen vor und betrachten nur die in Bezug auf die Programmierung wichtigen Aspekte.

25.3.1 Änderungen am Compiler

Die Versionen ab 2.0 verwenden einen völlig anderen Compiler als Delphi 1.0. Hier wurde nicht einfach der alte Compiler auf 32 Bit umgestellt, sondern es wurde der Compiler verwendet, der auch beim C++ Builder Verwendung findet. Dadurch ergeben sich wesentliche Vorteile:

Die Programme können besser optimiert werden, wodurch die mit den neueren Delphi-Versionen erstellten Programme oft erheblich schneller sind als die mit Delphi 1.0 kompilierten.

1. Der Compiler bricht den Übersetzungsvorgang nicht beim ersten gefundenen Fehler ab, sondern kann gleich mehrere fehlerhafte Zeilen aufzeigen.
2. Der Compiler kann Hinweise und Warnungen während des Übersetzungsvorgangs generieren.

Zudem wurde auch der Linker insofern verbessert, als dass sich ungenutzte Routinen nun exakter entfernen lassen. Dadurch sind die 32-Bit-Programme (trotz des eigentlich umfangreicheren Codes und der größeren Datentypen) oftmals kleiner als die mit Delphi 1.0 kompilierten Programme.

Der neue Delphi-Compiler kennt einige zusätzliche Compiler-Direktiven, unter anderem die bereits besprochene Direktive *{$H +/-}*, die den Einsatz der langen Strings regelt, und zusätzlich die Anweisung *{$J +/-}*. Mit ihr wird festgelegt, wie der Compiler den Einsatz von typisierten Konstanten handhabt. In früheren Versionen war es immer möglich, den Inhalt von typisierten Konstanten zu verändern; dies entspricht dem Modus *{$J+}*. Schaltet man dies ab, so ist eine Veränderung von typisierten Konstanten nicht mehr möglich. Man sollte dann stattdessen initialisierte Variablen verwenden.

Eine zusätzliche Neuerung, die die Compiler-Direktiven betrifft: Die Ein-Buchstabencodes haben nun jeweils eine Klartextentsprechung. Es steht dem Programmierer frei, ob er *{H+}* in seinen Quelltext einfügt oder lieber *{$LONGSTRINGS+}*. Eine komplette Übersicht über alle möglichen Compiler-Befehle in Kurz- und Langform finden Sie in der Online-Hilfe.

Der 32-Bit-Compiler verwendet zudem standardmäßig eine andere Aufrufkonvention beim Anspringen von Prozeduren und Funktionen als Delphi 1.0. Die neue Aufrufkonvention kann (analog zu *pascal*, *cdecl* und *stdcall*) mit dem Schlüsselwort *register* erzwungen werden. Bei dieser Aufrufmethode werden die ersten drei Argumente in den Registern EAX, EBX und EDX übergeben; die weiteren Parameter werden entsprechend der Pascal-Konvention an die Routine weitergereicht. Durch die Vermeidung eines Stack-Rahmens kann diese Methode um einiges schneller sein als die bisher verwendete Aufrufkonvention.

Eine weitere Änderung am Compiler wurde im Kapitel über Units bereits besprochen: Erstmals ist die Verwendung des *Finalization*-Teils möglich.

25.3.2 Schlüsselwörter zur Kennzeichnung

Mit Delphi 6.0 wurden drei neue Schlüsselwörter eingeführt, mit denen bestimmte Bezeichner gekennzeichnet werden können:

Mit *platform* lassen sich Bezeichner kennzeichnen, die plattformspezifisch (also zum Beispiel nur für Windows oder nur für Linux geeignet) sind. Mit *deprecated* werden veraltete Bezeichner gekennzeichnet. Und *library* steht für Bezeichner, die eine bestimmte Bibliothek voraussetzen (zum Beispiel die VCL).

Die Kennzeichnung mit diesen Bezeichnern führt lediglich dazu, dass der Compiler bei der Übersetzung entsprechende Hinweise ausgibt, falls die gekennzeichneten Elemente Verwendung finden. Zum Beispiel würden Aufrufe von

```
procedure WindowsAPIAufruf; stdcall; platform;
```

im Hinweisfenster beim Kompilieren gemeldet.

25.3.3 Änderungen bei den Komponenten

In jeder Version wurden diverse Änderungen an der Komponentenbibliothek vorgenommen.

In der Version 2.0 ging es hauptsächlich darum, den in Windows 95 (und Windows NT 4.0) neu eingeführten Windows-Dialog-Elementen Rechnung zu tragen.

Folgende Komponenten wurden in Delphi 2.0 neu eingeführt:

Komponente	**Zweck**
TTabControl	Komponente zum Erstellen eines »notizbuchartigen« Dialogfelds.
TPageControl	Komponente für eine einzelne Seite in einem »Notizbuch«-Dialogelement.
TTrackBar	Ein Schieberegler, der mit der Maus oder den Cursortasten verschoben werden kann, um einen Wert zu repräsentieren. Der *TrackBar* kann einen ausgewählten Wertebereich anzeigen. Hierzu erscheinen am Anfang und am Ende des Bereichs kleine Dreiecke.
THeaderControl	Mehrere Schaltflächen, die am oberen Rand eines Fensters platziert werden. Die einzelnen Flächen können in ihrer Breite verändert werden.
TProgressBar	Statusbalken, der benutzt werden kann, um den Fortschritt bei einem länger andauernden Vorgang anzuzeigen.
TRichEdit	Arbeitet ähnlich wie ein TMemo, aber der Text ist komplett formatierbar und kann mit Attributen wie kursiv, fett, Farbe usw. versehen werden. Es ist möglich, solcherart formatierte Texte im Rich-Text-Format zu speichern, so dass die Formatierungen erhalten bleiben.
TUpDown	Zwei Schalter, mit denen ein numerischer Wert erhöht bzw. erniedrigt werden kann. Diese Komponente kann ihre Position automatisch an die Position einer Begleitkomponente anpassen.
TTreeView	Anzeige einer hierarchischen Liste von beliebigen Elementen.
TListView	Anzeige einer Ansammlung von Elementen.
TStatusBar	Eine Fläche, die normalerweise am unteren Fensterrand angebracht wird. Hiermit werden Informationen über den aktuellen Zustand der Anwendung angezeigt.

Zudem wurde in Delphi eine neue Datenbankkomponente eingeführt: *TDBCtrlGrid*. Hiermit lassen sich mehrere einzelne Datenbank-Steuerkomponenten zusammenfassen und so flexiblere Listen als bisher erzeugen. Die Datenbankfunktionalität wurde in Delphi 2.0 überhaupt deutlich verbessert; u.a. können in Tabellen nun wesentlich leichter Filter definiert werden. Wenn Sie

Datenbankanwendungen entwickeln, sollten Sie möglichst versuchen, die aktuellste Delphi-Version einzusetzen.

Last but not least: Statt VBX-Controls (also Komponenten von Visual-Basic) können Sie nun auch OCX-Komponenten von Drittanbietern in Delphi importieren und wie in Object-Pascal geschriebene Komponenten verwenden.

In Delphi 3.0 wurden wiederum neue Komponenten hinzugefügt. Hier ein Überblick:

Komponente	**Zweck**
TToolBar	Dies ist eine erweiterte Schaltfläche, die verschiedene Buttons oder Steuerelemente aufnehmen kann.
TCoolBar	Dies ist eine Steuerfläche, bei der die einzelnen Elemente verschoben und in ihrer Größe eingestellt werden können (wie beim Internet Explorer oder den neuesten Word-Versionen).
TDateTimePicker	Eine Komponente zur Auswahl von Datum und Zeit.
TAnimate	Mit dieser Komponente lassen sich kleine Animationen abspielen, wie sie zum Beispiel beim Kopieren von Dateien angezeigt werden. Sie ist allerdings auf unkomprimierte oder nach dem RLE-Verfahren komprimierte AVI-Dateien beschränkt.
TSplitter	Mit dieser Komponente (in der Registerkarte »Zusätzlich«) kann das Formular in Bereiche unterteilt werden, deren Größe vom Benutzer verändert werden können.
TOpenPictureDialog TSavePictureDialog	Diese beiden Dialoge enthalten im Gegensatz zu den anderen Dialogen zur Dateiauswahl einen Vorschaubereich, in dem eine ausgewählte Grafik dargestellt wird.
TThreadList	Dies ist keine visuelle Komponente, sondern eine Liste, die Thread-sicher ist. Dadurch können Elemente ohne explizites Sperren entfernt oder hinzugefügt werden.
TStaticText	Entspricht in etwa einem TLabel, mit dem Unterschied, dass diese Komponente ein eigenes Fenster-Handle hat, was für manche Anwendungen notwendig ist.

Die *Graphics*-Unit erfuhr verschiedene Veränderungen – weitere Informationen finden sich in der Online-Dokumentation.

Bei Delphi 4.0 wurden mehr subtile Änderungen vorgenommen – es gibt neue Komponenten, um Services unter Windows NT zu unterstützen; die Komponenten wurden erweitert, um Drag&Drop besser zu unterstützen; durch neue Eigenschaften hat der Programmierer mehr Kontrolle über das Windows-Layout; es gibt nun eine Komponente für andockbare Werkzeugleisten; usw.

In der Version 5.0 wurden wiederum Detailverbesserungen an der VCL vorgenommen. Bei einigen Komponenten wurden neue Ereignisse bzw. Properties hinzugefügt. Mit der neuen Komponente *TWebBrowser* kann nun (unter Verwendung des Internet Explorers) eine HTML-Vorschau in das Programm eingebunden werden. Die wichtigste Neuerung (in Bezug auf Komponenten und VCL) sind die *Frames*, die in Kapitel 16.5 besprochen wurden.

Folgende Komponenten wurden (in allen Versionen) von Delphi 6.0 neu eingeführt:

Komponente	**Zweck**
TLabeledEdit	Hierbei handelt es sich um ein Steuerelement mit einer Beschriftung, die eine Eigenschaft dieses Steuerelements ist.
TValueListEditor	Dies ist eine Gitterkomponente, mit der Schlüssel/Wert-Paare bearbeitet werden können.
TComboBoxEx	Dies ist ein Kombinationsfeld, mit dem Listeneinträge mit Grafiken angezeigt werden können.
TColorBox	Eine Komponente zur Auswahl einer Farbe.

Ab Delphi 6.0 können Komponenten ihrerseits Unterkomponenten beinhalten. Viele existierende Komponenten wurden durch neue Eigenschaften erweitert.

In Delphi 2006 wurden drei wichtige neue Komponenten neu in die VCL aufgenommen:

Komponente	**Zweck**
TGridPanel	Ermöglicht es, Komponenten so anzuordnen, wie dies zum Beispiel in einer HTML-Tabelle geschieht (also durch Festlegen von Zeilen und Spalten). Falls notwendig, findet eine Anpassung von Position und Größe der enthaltenen Komponenten statt.
TFlowPanel	Diese Komponente ordnet darin enthaltene Unterkomponenten in der Art und Weise an, wie man es vom Textumbruch einer Textverarbeitung kennt.
TTrayIcon	Ermöglicht die Anzeige eines Symbols in der Taskleiste und die Steuerung der Anwendung hierdurch.

25.3.4 Die Contnrs-Unit

Diese Unit wurde in Delphi 5.0 neu eingeführt. Sie beinhaltet verschiedene Objekte, mit denen sich Listen und Stacks verwalten lassen. So kann z.B. mit *TObjectList* eine Liste von Objekten erstellt werden, mit *TStack* wird eine Liste von Zeigern verwaltet, wobei das Objekt nach dem LIFO-Prinzip (»zuletzt rein – zuerst raus«) arbeitet, wogegen *TQueue* eine Liste von Zeigern nach dem FIFO-Prinzip (»zuerst rein – zuerst raus«) verwaltet. Weiterführende Informationen hierzu finden sich in der Online-Hilfe.

25.3.5 Die Math-Unit

In Delphi 2 wurde eine neue Unit mit mathematischen Funktionen eingeführt. Auf eine genaue Beschreibung dieser Unit verzichte ich hier jedoch; sie ist in der Online-Hilfe ausführlich erklärt. Zudem finden sich darin außer den Routinen selbst keine besonderen Konzepte. Eine detaillierte Erklärung der Math-Routinen wäre also nur ein Abschreiben der Online-Hilfe.

25.3.6 Threads

Da Windows 95/98/NT/2000 als echte Multitasking-Betriebssysteme auch Threads unterstützen, wurden entsprechende Konzepte in Delphi integriert – natürlich erst ab der Version 2.0. Threads sind scheinbar selbständig ablaufende Programmteile. Da sie im Kapitel »Threads« detailliert erklärt sind, gehe ich hier nicht weiter darauf ein.

25.3.7 Packages

Packages stellen eine Neuerung in Delphi 3.0 dar. Dabei handelt es sich um Bibliotheken (genauer: DLLs), die mehrere Units zusammenfassen. Im Gegensatz zu früheren Versionen muss man nun nicht mehr zwangsweise die gesamte Delphi-Komponenten-Bibliothek einbinden, sondern man kann sich auf Teilbereiche (Packages) beschränken.

Diese Packages haben in Version 3.0 die Dateierweiterung ».DPL« (DPL – Delphi Package Library) bzw. ab Version 4.0 die Erweiterung ».BPL« (Borland Package Library). Die meisten wichtigen Delphi-Komponenten der Version 3.0 befinden sich zum Beispiel in einem Package namens VCL30.DPL.

Bei Packages wird zwischen Laufzeit-Packages (Runtime Packages) und Entwurfszeit-Packages (Designtime Packages) unterschieden. Laufzeit-Packages enthalten den Code für Komponenten und werden von Anwendungen und auch der Delphi-IDE genutzt.

Man kann Anwendungen mit oder ohne Benutzung von Packages kompilieren (die entsprechende Einstellung findet sich unter den Projektoptionen). Eine Programmdatei, die Packages verwendet, wird kleiner, da ein Teil des Programmcodes sich in dem/den Package(s) befindet. Außerdem können sich mehrere Programme (und auch die Delphi-IDE) Packages teilen, so dass insgesamt weniger Platz auf der Festplatte benötigt wird.

Auch für Packages gibt es Quelltextdateien (mit der Endung ».DPK«) – diese werden mit einem separaten Tool, dem Package-Editor, erstellt.

In diesen Dateien werden folgende Informationen angegeben:

1. In einer *Requires*-Klausel eine Liste der notwendigen anderen Packages
2. In einer *Contains*-Klausel die Liste der Units, die beim Kompilieren in das Package eingebunden werden sollen

Es handelt sich dabei also um eine Art »Hülle« für die eigentlichen Units.

Um ein neues Package zu erstellen, wählen Sie unter DATEI den Menüpunkt NEU... und dann das Symbol für »Package«. Fügen Sie anschließend die gewünschten Units in den Requires- und Contains-Ordner hinzu.

Sie können auch mehrere Packages (und weitere Dateien, z.B. ».PAS«-Dateien) zu einer Package-Sammlung zusammenfassen. Diese Möglichkeit dient vor allem der bequemen Weitergabe von Packages an Dritte. Hierzu wählen Sie unter dem Menüpunkt TOOLS den Eintrag EDITOR FÜR PACKAGE-SAMMLUNGEN aus. Weitere Informationen hierzu finden sich in der Online-Hilfe.

25.3.8 Die vereinfachte FOR-Schleife (FOR ... IN)

Erst ab Delphi 2005

HINWEIS

In den neueren Delphi-Versionen ab Delphi 2005 kennt Object-Pascal eine weitere Variante der FOR-Schleifen, die beim Zugriff auf Elemente aus einer Sammlung eine etwas natürlichere Schreibweise ermöglicht. Bei dieser vereinfachten FOR-Schleife kann die Indexvariable entfallen, so dass man zum Beispiel Folgendes schreiben kann:

```
...
var
  s:string;
  c:char;
begin
  s:='ABCD';
  for c in s do showMessage(c);
...
```

Hierdurch wird also der Variablen c in jedem Schleifendurchlauf jedes einzelne Zeichen im String s, also 'A', 'B', 'C' und schließlich 'D' zugewiesen. Es fällt natürlich auf, dass keine Indexvariable angegeben wurde, sondern nur die Variable, die den jeweils aktuellen Wert aufnehmen soll. Mit anderen Worten: Statt zu zählen, wird in dieser Schleife auf ein Element aus einer Sammlung gleicher Elemente zugegriffen (im obigen Beispiel ist dies jedes Zeichen aus allen Zeichen im String).

Was auf den ersten Blick so logisch aussieht, wirft bei genauerer Betrachtung Fragen auf: Woher »weiß« Object-Pascal, an welcher Stelle die Schleife im letzten Schleifendurchlauf war? Schließlich gibt es keine Schleifenvariable, die die Position speichert. Und woher »weiß« der Compiler überhaupt, was der nächste Wert ist, also im Falle des Beispiels von oben, dass jeweils auf das nächste Zeichen im String zugegriffen werden soll?

Die Antwort liegt in einem gewissen »Zauber hinter den Kulissen«, den der Compiler betreibt. Der Compiler erzeugt richtigen Schleifencode abhängig von den verwendeten Typen. Dies kann einer der folgenden Typen sein: ARRAY, SET oder STRING. Aber auch für Klassen kann der richtige Code erzeugt werden (solche Klassen wie TList, TCollection, TStrings usw.). Voraussetzung ist, dass die Klasse eine öffentliche Funktion GetEnumerator implementiert. Mit Hilfe dieser Funktion ermittelt der erzeugte Schleifencode dann das jeweils nächste Element.

25.3.9 Erweiterter Record-Datentyp

HINWEIS

Erst ab Delphi 2006

In Delphi 2006 wurden Record-Datentypen dahingehend erweitert, dass sie nicht nur Variablen, sondern auch Properties und Methoden enthalten können.

Hier ein Beispiel für einen Record-Typ, der einen Property und eine Prozedur enthält:

```
type TTest = record
private
  Data:Integer;
public
  property Value:Integer read Data write Data;
  procedure startWert;
end;

procedure TTest.startWert;
begin
  Data:=9;
end;
```

Diesen Typ könnte man nun wie folgt verwenden:

```
procedure Test;
var a:TTest;
begin
  a.startWert;
  showMessage(IntToStr(a.Value));
end;
```

Auf den ersten Blick scheinen Records damit nun die gleichen Fähigkeiten wie Klassen zu haben, aber es gibt wichtige Unterschiede: Vor allem unterstützen Records auch weiterhin keine Vererbung – dies leisten nur Objekte. Außerdem sind Records Wertetypen, die auf dem Stack angelegt werden, während Objekte Referenztypen sind, die auf dem Heap angelegt werden. Außerdem müssen Objekte explizit konstruiert werden (mit einem Konstruktor), während dies bei Records nicht notwendig ist.

25.3.10 Operatorüberladung in Record-Typen

Erst ab Delphi 2006

HINWEIS

Die Möglichkeit, einem Record Methoden zuzuordnen, schafft die Voraussetzung für eine weitere Neuerung: das Überladen von Operatoren.

Ein Beispiel für das Überladen des Additionsoperators (+) sieht beispielsweise wie folgt aus:

```
type TTest = record
private
  Data:Integer;
public
  property Value:Integer read Data Write Data;
  class operator Add(a,b:TTest):TTest;
end;

class operator TTest.Add(a,b:TTest):TTest;
begin
  result.value:=a.value+b.value;
end;
```

Der Operator wird also durch die Schlüsselwörter »class operator« eingeleitet und dann im Anschluss ähnlich wie eine Methode definiert. Wie man sieht, muss man für einen Operator das entsprechende Schlüsselwort (hier »Add«) verwenden, nicht etwa das jeweilige Symbol (dies wäre hier das »+«). Die Zuordnung der möglichen Schlüsselwörter ergibt sich aus der weiter unten folgenden Tabelle.
Nun könnte man den neu definierten Typ zum Beispiel wie folgt verwenden:

```
procedure TForm1.Button1Click(Sender: TObject);
var a,b,c:TTest;
begin
  a.Value:=3;
  b.Value:=7;
  c:=a+b;
  showMessage(IntToStr(c.value));
end;
```

Interessant ist hierbei die Zeile »c:=a+b;« – diese Zeile führt zum Aufruf des neu definierten Operators. Nun ist es natürlich noch nicht so schön, dass keine implizite Typumwandlung stattfindet wie zum Beispiel bei der Zuweisung zwischen Integer- und Real-Typen. Aber diesen Schönheitsfehler kann man korrigieren, indem man den »Implicit«-Operator definiert, der für die implizite Typumwandlung zuständig ist:

```
type TTest = record
private
  Data:Integer;
public
  class operator Implicit(i:integer):TTest;
  class operator Implicit(tt:TTest):integer;
  class operator Add(a,b:TTest):TTest;
end;

class operator TTest.Implicit(i:integer):TTest;
begin
  Result.Data:=i;
end;
class operator TTest.Implicit(tt:TTest):integer;
begin
  Result:=tt.Data;
end;
class operator TTest.Add(a,b:TTest):TTest;
begin
  result.Data:=a.Data+b.Data;
end;
```

Die beiden definierten »Implicit«-Operatoren sorgen dafür, dass der Record-Typ »Ttest« durch Zuweisung eines Integer-Werts bzw. ein Integer-Wert durch Zuweisung eines TTest-Typs erzeugt werden können (die Eigenschaft haben wir in diesem Beispiel entfernt). Nun kann man den Testcode wie folgt schreiben:

```
...
var a,b,c:TTest;
begin
  a:=3;
  b:=7;
  c:=a+b;
  showMessage(IntToStr(c));
...
```

Es gibt die folgenden fünf Arten von Operatoren, die überladen werden können:

- Implizite Typumwandlung (wie wir sie im Beispiel oben verwendet haben)
- Explizite Typumwandlung

- Unäre Operatoren (der Operator hat ein Argument, zum Beispiel die Negation)
- Binäre Operatoren (der Operator hat zwei Argumente, zum Beispiel die Addition)
- Vergleichsoperatoren

In der Delphi-Hilfe findet sich eine komplette Liste der möglichen Operatoren, jeweils mit dem zu verwendenden Schlüsselwort und der Klassifizierung, um welche Kategorie von Operator es sich handelt.

25.3.11 Geschachtelte Klassentypen, Klassenkonstanten und Klassenvariablen

Ab Delphi 2005 können verschachtelte Klassendeklarationen verwendet werden. Also lassen sich in einer Klasse weitere Klassen deklarieren. Dies hat aber keine Auswirkung auf die Größe der äußeren Klasse, sondern legt lediglich fest, wie die Bezeichner der inneren Klasse erreicht werden – indem man die äußeren Bezeichner durch Punkt getrennt voranstellt). Dies kann man zum Beispiel nutzen, um eine statische Konstante in einer Klasse zu definieren.

Ab Delphi 2006 ist es zudem möglich, auch statische Klassenvariablen zu definieren. Eine solche Klassenvariable teilen sich alle Mitglieder der Klasse und alle Nachfahren der Klasse. Eine Änderung in einer Instanz der Klasse oder in einer Nachfahreninstanz ändert den Wert der Variable auch in allen anderen Instanzen.

25.4 Zusammenfassung

- Bei den einzelnen Delphi-Versionen wurden Änderungen an der Komponentenbibliothek, am Compiler und auch an der Entwicklungsumgebung durchgeführt.
- Der generische *Integer*- und der *Cardinal*-Datentyp haben je nach Version eine veränderte Größe und einen unterschiedlich großen Wertebereich.
- Unicode-Zeichen werden mit *WideChar* unterstützt.
- Die Längenbeschränkung für Strings entfällt.
- Der Datentyp *Variant* wurde ab Version 2.0 eingeführt.
- Mit dem Datentyp *Currency* sind finanzielle Berechnungen ohne Rundungsfehler ab Version 2.0 möglich.

- Unicode-Zeichenketten werden nicht mittels eines bestimmtes Typs, sondern mit Hilfsroutinen wie *WideCharToString* unterstützt.
- Delphi verwendet ab Version 2.0 eine neue Aufrufmethode für Prozedur- und Funktionsaufrufe, die mit dem Schlüsselwort »Register« erzwungen werden kann.
- Units können ab Version 2.0 einen »Finalization«-Teil enthalten.
- Ab Version 2.0 können OCX-Komponenten verwendet werden.
- Auf der Komponentenpalettenseite »Win95« finden sich neue Komponenten speziell für die neuen Dialogelemente in Windows 95.
- Mit Delphi lassen sich ab Version 2.0 Anwendungen erstellen, die *Threads* benutzen.
- Ab der Version 3.0 werden Packages unterstützt, bei denen mehrere Units in einer Datei zusammengefasst werden.
- In Delphi 5.0 wurden *Frames* neu eingeführt. Dabei handelt es sich um eine »Kreuzung« aus einer Komponente und einer Form.
- Ab Delphi 6.0 ist es möglich, dass Komponenten *Unterkomponenten* enthalten bzw. auf solche verweisen.
- Ab Delphi 6.0 können Bezeichner als veraltet, plattformspezifisch oder Bestandteil einer Bibliothek gekennzeichnet werden.
- Die Versionen ab Delphi 8 enthalten zusätzlich einen neuen Compiler, der .NET-Code erzeugen kann.
- Die Versionen 2005 und 2006 führten kleinere Erweiterungen des ursprünglichen Sprachumfangs ein.

Kapitel 26

jetzt lerne ich

Delphi und .NET (Delphi 8, Delphi 2005, Delphi 2006)

Borland hatte sich bereits mit der Veröffentlichung von Delphi 7 voll zur Unterstützung von Microsoft .NET bekannt. Allerdings kann der Delphi-7-Compiler nur einige Warnungen mehr ausgeben, welche auf Probleme hinweisen, die beim Einsatz von Code unter .NET auftreten könnten. Außerdem wurde eine unfertige Beta-Version des .NET-Compilers mitgeliefert. Erst Delphi 8 war die erste »echte« Version, mit der sich .NET-Anwendungen entwickeln ließen. .NET-Entwicklung wird in Zukunft auch für Delphi-Programmierer interessant sein, denn in Windows »Vista« wird .NET eine zentrale Rolle spielen. Grund genug also für uns, hier einen Blick auf .NET und die Besonderheiten der Delphi-Versionen ab Delphi 8 zu werfen, auch wenn diese nicht in erster Linie die Sprache Object-Pascal betreffen (denn mit Delphi 8, Delphi 2005 oder Delphi 2006 können Sie mit Ihrem erlernten Object-Pascal-Wissen sofort Programme unter .NET erstellen).

26.1 Was ist .NET?

.NET ist eine Software-Plattform. Es handelt sich dabei um eine sprachunabhängige Umgebung für Programme, die einfach und sicher miteinander kommunizieren können. .NET ersetzt die klassische Betriebssystem/Prozessor-Kombination, für die Programme entwickelt werden. Statt für ein bestimmtes Betriebssystem und einen bestimmten Prozessor kompiliert zu werden, werden sie bei .NET für eine »virtuelle Maschine« übersetzt. Damit arbeiten Sie auf jedem Computer unter jedem Betriebssystem, auf dem diese Umgebung verfügbar ist.

Microsoft fasst unter der Bezeichnung .NET noch eine Reihe weiterer Punkte zusammen. Für Programmierer besonders interessant sind aber die folgenden .NET-Komponenten:

- Die neue Sprache C#
- Die CLR (Common Language Runtime)
- Die .NET Framework-Klassenbibliothek

Die *Sprache C#* wurde von Microsoft zusammen mit dem .NET-Konzept entworfen. Man könnte sie auch als Microsofts Antwort auf Java bezeichnen. C# ist Java in vielen Belangen sehr ähnlich und wie Java auch mit C++ verwandt. Interessanterweise sind jedoch fast alle Konzepte von C# auch in Object-Pascal zu finden und Details wie zum Beispiel Properties sind identisch. Ein Grund dafür ist vielleicht, dass C# maßgeblich von Anders Heijlsberg entwickelt wurde, der bei Borland für die Entwicklung von Object-Pascal verantwortlich war, bevor er zu Microsoft wechselte.

Die *CLR* ist die Laufzeitumgebung für .NET-Programme. Bei .NET werden Programme vom Hochsprachen-Compiler nicht mehr direkt in Maschinensprache (also die »Sprache des Prozessors«) übersetzt, sondern in eine Zwischenstufe, die CIL (Common Intermediate Language) genannt wird. Dies ist eine Art abstrakter Prozessorcode, der von der CLR interpretiert wird. Dadurch sind .NET-Programme auf jeder Plattform lauffähig, auf der auch eine CLR zur Verfügung steht.

Das macht .NET auch für Delphi-Programmierer sehr interessant: Wenn Delphi .NET-Programme erzeugen kann, können die so erstellten Anwendungen zum Beispiel auch auf PDAs oder Telefonen ausgeführt werden (sofern eine CLR vorhanden ist).

Ein weiterer Baustein im .NET-Konzept ist die *.NET Framework-Klassenbibliothek*. Man kann sie sich als eine Art VCL für .NET-Anwendungen vorstellen. So wie Delphi-Anwendungen von der Funktionalität der VCL profitieren, so nutzen .NET-Anwendungen die von Microsoft erstellte .NET Framework-Bibliothek.

26.1.1 Die CLR und die CIL

Wie bereits erwähnt, ist die CLR (Common Language Runtime) die Komponente, die den CIL (Common Intermediate Language)-Code ausführt. Man kann dieses Konzept mit der Java Virtual Machine (JVM) vergleichen, die den Java-Bytecode ausführt. Im Gegensatz zur JVM ist die CLR jedoch von vorneherein im Hinblick auf verschiedene Hochsprachen entwickelt worden. Es ist also denkbar, dass C, C++, Fortran oder eben auch Delphi und viele weitere Sprachen CIL-Code erzeugen, der dann durch die CLR ausgeführt werden kann.

Dieses Konzept ist übrigens nicht unbedingt etwas Neues: Die Idee, eine vom tatsächlichen Prozessor unabhängige »Zwischensprache« zu schaffen, gibt es schon seit 1950 – also nicht erst seit Java.

Die CLR beschränkt sich jedoch nicht nur auf das Interpretieren der CIL, sondern kompiliert diese auch noch in kleinen Stücken, wenn benötigt – just in time sozusagen. Man nennt ein solches Vorgehen daher auch »Just-In-Time«-Kompilierung.

26.2 Delphi for .NET

Delphi 8 ist tatsächlich das erste »Delphi für .NET«, denn es erzeugt, im Gegensatz zu den Vorgängerversionen, mit Hilfe eines neuen Compilers den Code in der CIL (siehe oben). Delphi 7 und die Vorgängerversionen erzeugen reinen Maschinencode als Ergebnis der Übersetzung (aber auch alle aktuellen Versionen sind weiterhin dazu in der Lage!). Die Sprache Objekt-Pascal ist, bis auf bestimmte Erweiterungen, auch in den .NET-Versionen gleich geblieben. Alles das, was Sie in den bisherigen Kapiteln gelernt haben, können Sie auch mit Delphi 8 und den Nachfolgeversionen 2005 und 2006 anwenden. Abgesehen von der Plattform (.NET) unterstützen die Versionen ab Delphi 8 nun auch das .NET Framework direkt, mit dem sich die VCL ersetzen lässt. Auch können Sie mit Delphi nun zum Beispiel problemlos ASP-NET-Webanwendungen entwickeln. Mehr dazu unten.

26.2.1 Die überarbeitete Benutzeroberfläche (IDE)

Ab Version 8 hat Borland die Benutzeroberfläche erneut überarbeitet, sie erinnert nun ein wenig an Visual Studio von Microsoft und ist fast identisch mit dem C# Builder. Delphi-Kennern fällt sofort auf, dass die Komponentenpalette nun vom oberen Arbeitsbereich in ein separates Fenster unten rechts gewandert ist:

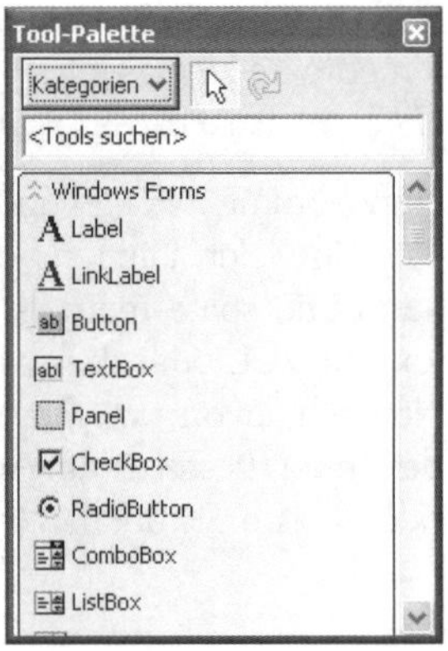

Abb. 26.1: Die Tools-Palette

Der Editor speichert die Informationen über die verwendeten Komponenten und deren Eigenschaften direkt im Code und der Designer entnimmt sie von dort, statt auf separate Layoutdateien zuzugreifen. Neu ist auch, dass nichtvisuelle Komponenten nun nicht mehr innerhalb des Formulars, sondern in einer Liste unterhalb angezeigt werden. Ein angenehmes Feature: Im Code-Editor kann man Bereiche auf- und zuklappen (Code-Folding):

Abb. 26.2: Code-Folding im Editor

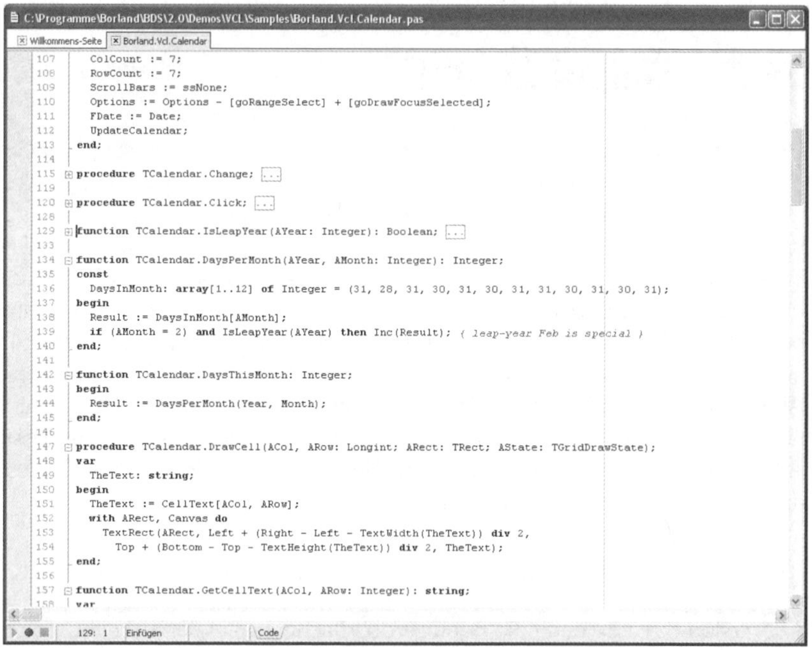

26.2.2 VCL for .NET und Winforms

Jeder Delphi-Programmierer hat sich mehr oder weniger intensiv mit der VCL auseinander gesetzt. Sie kapselt die Windows-Fenster, Dialoge, Steuerelemente und viele Betriebssystemaufrufe, so dass man mit bequemen Klassen (*TForm*) arbeiten kann.

Nun kommt .NET – und bringt eine eigene Klassenbibliothek mit, die der VCL in vielen Dingen verblüffend ähnelt, allerdings umfangreicher ist. Was kann und sollte man als Delphi-Programmierer nun verwenden? Die altbekannte VCL oder das .NET Framework? Die Antwort: Das hängt davon ab. Nämlich davon, was Sie bezwecken – wollen Sie Ihr erlerntes Wissen anwenden oder bestehende Anwendungen auf Delphi 8/2005/2006 portieren oder wollen Sie auf den (neuen) Zug aufspringen? Die .NET-Delphi-Versionen erlauben sowohl die Verwendung einer (neuen) VCL als auch die Erstellung von Anwendungen, die direkt auf dem .NET Framework aufsetzen:

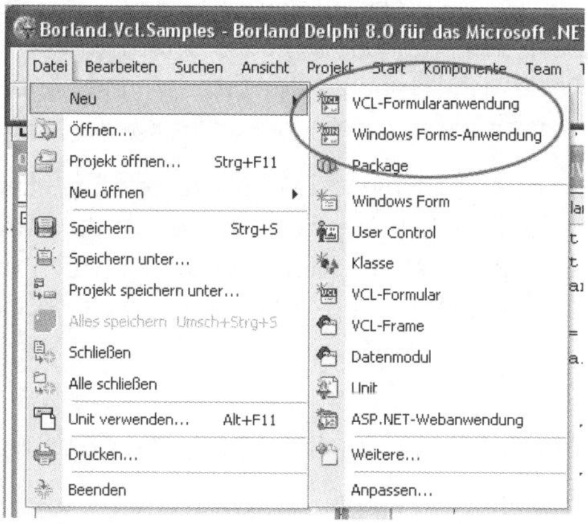

Abb. 26.3: Auswahl des Anwendungstyps

VCL-Anwendungen verwenden die bekannten Klassen, so dass man als Delphi-Programmierer einen leichten Einstieg hat und sich kaum umgewöhnen muss. Wie ging das noch … aus einem Integer einen String machen? »IntToStr«? Ja, so ist es immer noch. Alle vertrauten Komponenten wie *TForm* usw. sind nach wie vor vorhanden. Eine VCL-Anwendung bietet sich also an, wenn man bestehende Anwendungen auf die Version portieren möchte oder wenn man sich den Lernaufwand für das .NET Framework sparen möchte. Übrigens gibt es ab Delphi 8 ebenfalls eine neue Version der RTL (mit RTL.NET), so dass auch die gewohnten Funktionen der Runtime Library verwendet werden können.

Winforms-Anwendungen verwenden direkt die Komponenten, die im .NET Framework enthalten sind, und daher sieht in diesen einiges am Source-Code anders aus. Betrachten Sie einmal folgenden Code-Abschnitt:

```
procedure TWinForm.Button1_Click(sender: System.Object; e: System.Event-
Args);
var i:integer;
begin
  i:=3;
  label1.Text:=i.ToString;
end;
```

An dieser auf den ersten Blick so harmlosen Prozedur zum Bearbeiten eines Klicks auf den Button1 fällt bei näherem Hinsehen so einiges auf: Der Absender der Nachricht ist kein `TObject`, sondern `System.Object`. Auch das Argument `e: System.EventArgs` sieht ungewohnt aus. Und die kurze Zeile …

```
  label1.Text:=i.ToString;
```

... enthält gleich zwei ungewöhnliche Dinge: Der Text wird dem Label nicht mehr über die Eigenschaft `Caption`, sondern über die Eigenschaft `Text` zugewiesen. Und was ist überhaupt `i.ToString`? `ToString` ist nun eine Methode von i, von einer Integer-Variablen! An diesem Punkt treibt .NET die Objektorientierung noch einen Schritt weiter als dies in Delphi bisher möglich war: Auch Variablen sind Objekte und können Methoden haben. `ToString` ist sozusagen eine Methode der Klasse Integer!

Diese Unterschiede zeigen, dass die Erstellung von Winforms-Anwendungen mehr Einarbeitungszeit benötigt als die Verwendung der VCL. Objekte und Methoden haben unterschiedliche Namen und müssen erst einmal gefunden und erlernt werden. Allerdings arbeitet man sich so ganz nebenbei in das .NET Framework ein.

26.2.3 ASP.NET-Webanwendungen

Die .NET-Architektur war von Anfang an auch darauf ausgelegt, sich für die Entwicklung von Webanwendungen zu eignen. Dabei wurde ein neuartiger Ansatz realisiert, der zwar die Hürde für Einsteiger etwas höher legt, sich aber in Bezug auf Performance und Möglichkeiten auszahlt.

Auch die Versionen ab Delphi 8 unterstützen die Erstellung von Webanwendungen, einfach indem man den entsprechenden Anwendungstyp bei einer neuen Anwendung auswählt.

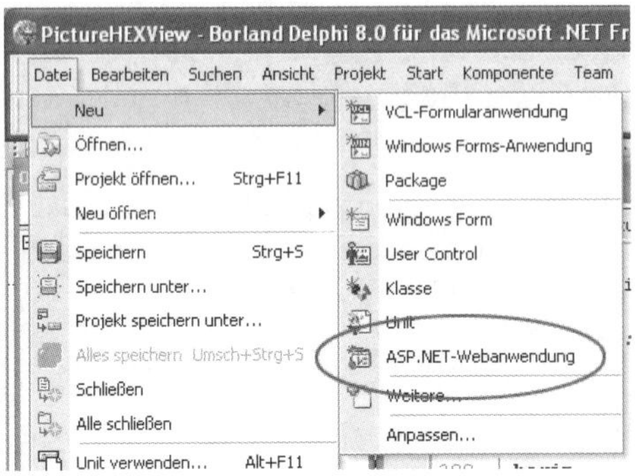

Abb. 26.4: Neue APS.Net-Webanwendung

Was überhaupt ist eine Webanwendung und wie wurden Webanwendungen bisher (vor .NET) entwickelt? Vereinfacht gesagt: Eine Webanwendung ist eine Anwendung, die Sie in Ihrem Webbrowser ausführen. Sicherlich haben Sie schon unzählige davon benutzt: Ein Buch auf Amazon.de bestellt? Aktuelle Börsenkurse angesehen? Egal, was Sie im Internet ansehen, sofern es sich nicht um eine statische (unveränderlich feste) Seite handelt, sondern diese aktiv auf Ihre Eingaben reagiert, ist es eine Webanwendung. Meistens bezieht diese Anwendung ihre Daten aus einer Datenbank. (Welche Bücher gibt es? Welche Artikel liegen in Ihrem Warenkorb?) Allen Webanwendungen gemeinsam ist, dass Sie den Inhalt der HTML-Seite, die Sie als Anwender im Browser sehen, dynamisch erstellen. Eine verbreitete Möglichkeit, dies zu realisieren, war der Einbau von Programmanweisungen in die HTML-Seite. Ein Interpreter untersucht die Seiten, bevor er sie zum Anwender schickt, bearbeitet den Code und ersetzt ihn gegebenenfalls durch Ergebnisse. Ein Beispiel hierfür ist die Sprache *PHP*. ASP.NET tut im Prinzip dasselbe – mit einem kleinen Unterschied: Aus den HTML-Seiten entsteht kompilierter Code, der die Seite an den Anwender liefert. Als Programmiersprache, die man in den HTML-Code mischen kann, lässt sich jede Programmiersprache verwenden, die .NET unterstützt – also auch Object-Pascal. So kann man vollwertige dynamische Webanwendungen (beispielsweise mit Datenbankanbindung) in Delphi programmieren.

Erstellt man in einer Version ab Delphi 8 eine Webanwendung, so arbeitet man nicht mehr mit dem klassischen Form-Designer, sondern mit einem HTML-Designer. Die Komponenten werden in klassischer Delphi-Manier auf dem Form arrangiert, welcher allerdings eine HTML-Datei ist. Der Delphi-Code landet nach wie vor in einer .PAS-Datei – dies ist die so genannte Code-Behind-Datei. Bevor der Anwender der Webanwendung die Seite vom Webserver anfordert, werden HTML- und Pascal-Code in eine einzige DLL-Datei kompiliert. Diese kompilierte Datei erzeugt den endgültigen HTML-Code für die Seite, der zum Anwender geschickt wird.

Ich würde Ihnen dazu gerne mehr erzählen, aber eine genauere Beschreibung würde locker einige Kapitel füllen und somit den Rahmen dieses Buchs sprengen ... leider.

26.2.4 Änderungen am Compiler

Der Compiler hat in den Versionen ab Delphi 8 einige grundlegende Änderungen erfahren. Logisch, denn er muss (zusätzlich) Code für eine ganz andere Plattform, für die CLR, erzeugen. Unter anderem sind der Code-Generator, der Linker und die Laufzeitbibliothek neu.

Die folgende Tabelle gibt einen Überblick über die Änderungen am Compiler in Delphi 8:

Tabelle 26.1: Änderungen am Compiler in Delphi 8

Warnungen vor unsicherem Code

Unsicherer Code ist beispielsweise solcher, der Zeigeroperationen verwendet, oder solcher, bei dem Datentypen nicht von vorneherein bekannt sind. Auch der @-Operator, Assemblercode usw. sind unsicher.

Nicht mehr unterstützte Sprachelemente

Der .NET-Compiler unterstützt einige Sprachelemente nicht mehr. Dies sind hauptsächlich solche, die zu unsicherem Code (s.o.) führen würden.

Tabelle 26.1: Änderungen am Compiler in Delphi 8 (Forts.)

Zugriff auf die CLR

Der Compiler bietet Zugriff auf die CLR und die .NET Framework-Bibliothek.

Unterstützung von Assemblies

Die CLR kann mehrere Dateien zu einer einzigen zusammenfassen, so dass alle benötigten Dateien zusammen als Einheit distributiert werden können – dies wird von Delphi auf das Unit- und Packages-Konzept abgebildet.

Namensräume

Delphi 8 unterstützt hierarchische Namensräume in Form von Unit-Namen und Bezeichnern.

Geschachtelte Typen

Typen können geschachtelt (»nested«) werden. Dies ergibt sich aus der neuen Philosophie der hierarchischen Namensräume. Beispielsweise kann man eine Klasse innerhalb einer anderen deklarieren, ohne dass diese physisch Platz in der anderen verbraucht – lediglich der »Zugang zum Namen« erfolgt über die äußere Klasse.

Attribute

Die .NET CLR unterstützt zusätzliche Attribute innerhalb des Codes, die Informationen über den Code liefern. Delphi 8 unterstützt vordefinierte Attribute sowie die Definition eigener Attribute.

Statische Klassen innerhalb von Objekten

Innerhalb von Objekten können nun auch Klassen statisch deklariert werden.

»Boxing« von primitiven Datentypen

Mit Delphi 8 können »primitive Datentypen«, also zum Beispiel Integer, in Objekte umgewandelt werden: `TObject(1)` liefert die Zahl 1 als Objekt, dessen Methoden wie gewohnt benutzt werden können, z.B. `TObject(1).AsString`. Diese Art der Umwandlung wird mit »Boxing« bezeichnet.

Records sind vererbbar

Records können wie Objekte voneinander abgeleitet werden.

Weiterhin gibt es noch folgende Erweiterungen:

- Multicast Events – im Gegensatz zum bisherigen Ereignismodell von Windows können hier mehrere Empfänger dieselbe Nachricht erhalten.
- Vereinfachter Zugriff auf Interface-Methoden
- Array Properties können überladen werden.
- Die neue FOR-Schleife, die erweiterten Record-Typen und weitere Erweiterungen (aus Delphi 2005 und 2006). Diese Änderungen wurden bereits in Kapitel 25 erläutert.

Anhang A

jetzt lerne ich

Testlösungen

Lösung zu 3.1

Beispiel *a* ist korrekt, da White-Spaces ignoriert werden. Das Semikolon kann also auch in der nächsten Zeile folgen. Beispiel *b* ist falsch. Das Wort *program* ist keine eigenständige Anweisung, darf also nicht mit einem Semikolon abgeschlossen werden. Beispiel *c* ist nicht korrekt. Vor der *program*-Anweisung kann nichts anderes stehen, also kann vorher auch keine Anweisung mit einem Semikolon abgeschlossen werden. Beispiel *d* ist korrekt, da ein Kommentar wie White-Spaces behandelt wird. Aus diesem Grund ist auch Beispiel *e* korrekt. In Beispiel *f* steht das Semikolon innerhalb des Kommentars. Der Inhalt des Kommentars wird vom Compiler vollständig ignoriert, insofern sucht er vergeblich nach einem abschließenden Semikolon.

Lösung zu 3.2

Bei der zweiten Anweisung wurde kein Semikolon angegeben, so dass die Anweisung nicht korrekt abgeschlossen wird. Bei der darauffolgenden Anweisung wurde als Unitname wieder das (reservierte) Wort »Unit« verwendet.

Die letzte Anweisung ist über zwei Zeilen verteilt, dies ist jedoch nur ein »White-Space«.

Die erste und die letzte Anweisung sind korrekt, da Groß-/Kleinschreibung und White-Spaces keine Rolle spielen.

Lösung zu 3.3

Der Befehl *program* muss nicht zwangsläufig angegeben werden.

Lösung zu 3.4

Beide Zeilen sind fehlerhaft. In der ersten Zeile ist der Name der Datei nicht in Anführungszeichen gesetzt worden. In der zweiten Zeile ist der Kommentar fehlerhaft. Die Position des Semikolons ist gleichgültig.

Lösung zu 3.5

Das »Programm« ist korrekt, auch wenn es nicht viel tut – genaugenommen gar nichts. Hinter dem letzten End muss aber ein Punkt folgen.

Lösung zu 3.6

Nur der erste Bezeichner ist korrekt. Der zweite beginnt mit einer Ziffer, der dritte beinhaltet einen Leeraum. Beim letzten Bezeichner wurde ein Umlaut verwendet.

Lösung zu 4.1

Da die Aufzugstüre nur zwei Zustände kennt, wählt man sinnvollerweise einen booleschen Typ.

Lösung zu 4.2

Um die Etage zu speichern, sind zwei Typen denkbar: Mit einem Aufzählungstyp könnte man die Etagen »benennen« – zum Beispiel »Spielwaren«, »Elektro« usw. In diesem Fall würde man einen Aufzählungstyp definieren. Dieser Ansatz wäre bei einem Gebäude mit 99 Etagen aber nicht mehr praktikabel – hier würde man einen numerischen Wert wählen.

Lösung zu 5.1

Es muss eine Ereignisroutine erstellt werden. Dies geschieht, wenn man auf das noch leere Feld im Objekt-Inspektor klickt. Dann gibt Delphi den Rahmen für die Ereignisroutine vor. Zwischen dem so erzeugten *begin* und *end* müssen die Anweisungen eingefügt werden, die beim Auftreten des Ereignisses ausgeführt werden sollen.

Lösung zu 5.2

Auf der linken Seite einer Zuweisung kann kein konstanter Wert stehen – denn diesen kann man nicht verändern. Daher ist die Zuweisung nicht möglich.

Auf der rechten Seite steht hier eine Eigenschaft – dies ist möglich, da auf der rechten Seite der Zuweisung ein konstanter oder ein veränderbarer Wert stehen kann.

Lösung zu 5.3

Der Eigenschaft *Text* kann auch ein Text zugewiesen werden, zum Beispiel mit

```
Edit1.Text := 'Testtext';
```

Die meisten Eigenschaften können sowohl gelesen als auch beschrieben werden. Nur einige wenige Eigenschaften können nur gelesen werden; welche dies sind, wird in der Online-Hilfe zur jeweiligen Komponente erklärt.

Lösung zu 5.4

Bei der Anweisung *Edit1.Clear;* ist »Clear« eine *Methode* der Komponente »Edit1«.

Lösung zu 7.1

Die Variable *s1* ist nicht deklariert. Es wäre zwar möglich, dass es sich um eine globale Variable handelt, aber es wäre kein guter Programmierstil, aus einer Prozedur oder Funktion auf eine globale Variable zuzugreifen. Denn dies macht die Routine wieder von der Unit oder dem Programm abhängig, in der/dem sie definiert ist.

Lösung zu 7.2

Die Variable *i* ist ein Integer, kann also keinen Fließkommawert (3,4) aufnehmen.

Lösung zu 7.3

Die Zuweisung muss lauten: *j := (i + j) * 3;*. Hier ist es wichtig, die Klammern nicht zu vergessen, denn sonst würde (Punktrechnung vor Strichrechnung!) zuerst *j* mit 3 multipliziert und dann zu *i* addiert werden.

Lösung zu 7.4

Der Wert 2.147.483.648 ist zwar ganzzahlig, aber selbst für einen *LongInt* zu groß. Daher muss ein Real-Typ mit einer ausreichenden Ziffernanzahl gewählt werden, also mindestens *Double*.

Lösung zu 7.5

Wenn einer der beiden Operanden von *or* den Wert *True* hat, so ist das Ergebnis *True*. So lässt sich der Ausdruck zu *not(true)* und dies wiederum zu *False* vereinfachen.

Lösung zu 7.6

Eine Abfrage auf den Wert 2.0 kann fehlschlagen, falls in der Berechnung Rundungsfehler aufgetreten sind.

Lösung zu 7.7

Nein, für einen Zeichencode sind keine negativen Werte zulässig.

Lösung zu 7.8

Nein, der größte Code für ein Zeichen ist 255.

Lösung zu 7.9

Die Zuweisung ist zulässig, da ein String auch aus einem einzelnen Zeichen bestehen kann (die Länge, hier 1, wird trotzdem gespeichert).

Lösung zu 7.10

Die Zuweisung ist zulässig, da ein String auch »leer« sein kann.

Lösung zu 7.11

Der Zugriff ist nicht definiert, da der String nur fünf Zeichen beinhaltet. Unter Delphi ab Version 2.0 oder höher tritt ein Fehler auf, unter Delphi 1.0 ist der Inhalt von *c* zufällig.

Lösung zu 7.12

Es werden 12 Bytes für die Zeichen und ein zusätzliches Byte für das Null-Zeichen benötigt. Genaugenommen benötigt man auch noch eine Zeigervariable, die 4 Bytes belegt.

Lösung zu 7.13

In dem Beispiel wurde vergessen, den mit *GetMem* angeforderten Speicher mit *FreeMem* wieder freizugeben.

Lösung zu 7.14

Die erste Anweisung ist erlaubt, da der *Typ* der Konstanten *Real*, der Typ der Variablen jedoch *Integer* ist. Die zweite Zuweisung ist erlaubt.

Lösung zu 7.15

Boolean ist ein fundamentaler Typ, da sich sein Wertebereich auch in zukünftigen Versionen von Delphi nicht ändern wird.

Lösung zu 7.16

Beide Typumwandlungen sind nicht möglich. Real- und Integer-Typ sind verschieden groß. Die zweite Typumwandlung lässt sich jedoch durch

```
r := i;
```

ersetzen – der Compiler generiert dann entsprechenden Umwandlungscode. Die erste Zuweisung lässt sich mit Hilfe der Funktion *Trunc* realisieren (schlagen Sie in der Online-Hilfe nach).

Lösung zu 8.1

Bedingt durch den Vorrang der Multiplikation wird zuerst 3 mit 10 multipliziert, erst dann wird das Ergebnis (30) zu *j* addiert. Der Ausdruck hätte *i := (j + 3) * 10;* lauten müssen.

Lösung zu 8.2

Ja, ein Vergleich zwischen Integer- und Real-Werten ist möglich.

Lösung zu 8.3

Nein, da ein *Integer*- und ein *boolescher* Wert nicht miteinander kompatibel sind.

Lösung zu 8.4

Da die beiden Werte *a* und *b* zuerst verknüpft werden sollen, müssen sie geklammert werden: *not(a and b)*. Bei *not a and b* bezieht sich das *not* nur auf *a*.

Lösung zu 8.5

Die Ausdrücke lassen sich wie folgt vereinfachen:

```
not(a xor false)    -> not(a)

not(not(a))         -> a
```

Lösung zu 8.6

Das Ergebnis ist 3. Der Rest (1) wird bei der Ganzzahl-Division ignoriert.

Lösung zu 8.7

Da der »/« eine Gleitkommadivision durchführt, ist das Ergebnis wiederum ein Gleitkommawert, also 3.33333.... Es ist daher nicht möglich, das Ergebnis einer Integer-Variable zuzuweisen.

Lösung zu 8.8

Die Zuweisung lautet *name := 'Herr ' + name;*

Lösung zu 8.9

Hierzu verwendet man die Funktion *Trunc()*, die einen Real-Wert durch Abschneiden der Nachkommastellen in einen Integer-Wert umwandelt. Die Zuweisung an *vor* lautet

```
vor := Trunc(r);
```

An die gewünschten letzten drei Nachkommastellen kommt man mit einem Trick: Zuerst zieht man den ganzzahligen Anteil ab, so dass nur die Nachkommastellen übrig bleiben. Diesen Wert multipliziert man mit 1000, um die

Nachkommastellen vor das Komma zu schieben. Dann schneidet man die restlichen Nachkommastellen mit *Trunc()* ab und dividiert wieder durch 1000, um die Nachkommastellen an die entsprechende Position zu schieben:

```
nach := nach - Trunc(nach); (* Teil vor dem Komma weg *)
nach := nach * 1000;        (* drei Stellen vor das Komma *)
nach := Trunc(nach) / 1000; (* Stellen hinter dem Komma weg und wieder
nach hinten schieben *)
```

HINWEIS

Schlagen Sie einmal die Erklärung der Funktion *Frac()* in der Online-Hilfe nach.

Lösung zu 9.1

Aufgrund dieses Beispiels kann nicht gesagt werden, welchen Wert *c* nach dem Funktionsaufruf hat. Eine Veränderung der lokalen Variable *b* hat keinen Einfluss auf die Variable *a*, mit der der Wert an die Funktion übergeben wurde. Welchen Wert *c* also nach Ausführung der Anweisungen hat, hängt davon ab, welchen Wert *a* vor dem Aufruf (und danach immer noch!) hatte.

Lösung zu 9.2

```
function f1: Integer;
begin
  f1 := 50;
end;

function f2(a: Integer): Integer;
begin
  f2 := a * 10;
end;
```

Der Aufruf der beiden Funktionen ist *ohne Hilfsvariable* möglich, indem man sie verschachtel aufruft (hier wird das Ergebnis einer Variablen *i* zugewiesen): *i := f2(f1);*

Lösung zu 9.3

Da das Argument mit *var* deklariert wurde, *muss* eine Variable übergeben werden, damit diese in der Prozedur verändert werden kann. Die Übergabe eines konstanten Wertes ist hier nicht möglich.

Lösung zu 9.4

Einer Prozedur kann kein Ergebnis zugewiesen werden.

Lösung zu 9.5

Eine Aussage über den Wert der *globalen* Variable *i* kann aufgrund des Beispiels nicht gemacht werden, da innerhalb der Prozedur die *lokale* Variable *i* verändert wird – und das sind zwei unterschiedliche Variablen.

Lösung zu 9.6

In dieser Prozedur wird versucht, ein Argument zu ändern, das mit *Const* als konstant deklariert wurde. Dies ist nicht möglich.

Lösung zu 10.1

Bei der IF-Anweisung wird die Zuweisung unter Umständen gar nicht ausgeführt, d.h., es kann vorkommen, dass der Wert von *test* nicht verändert wird. Im zweiten Fall wird *test* immer ein Wert zugewiesen.

Lösung zu 10.2

Die Bedingung *(a and false)* kann zu *(true and false)* <=> *false* vereinfacht werden, d.h., bereits die erste Bedingung schlägt fehl. Also wird statt der zweiten IF-Anweisung die äußere ELSE-Anweisung ausgeführt, so dass c den Wert 3 erhält.

Lösung zu 10.3

Die Schleife wird endlos ausgeführt, da der Schleifenzähler immer wieder auf den konstanten Wert 3 gesetzt wird und so niemals den Endwert 10000 erreichen kann.

Lösung zu 10.4

Nein, als Schleifenzähler können nur ordinale Datentypen verwendet werden.

Lösung zu 10.5

Der Signalton wird 25 Mal ausgegeben.

Lösung zu 10.6

Eine Schleife kann beliebige andere Anweisungsblöcke enthalten, natürlich auch andere Schleifen.

Lösung zu 10.7

```
Function rueckwarts: String;
var c: Char;
    s: String;
```

```
begin
  s := '';
  for c := 'Z' downto 'A' do
    s := s + c;
  rueckwarts := s;
end;
```

Lösung zu 10.8

Die Repeat-Anweisung wird nicht durch END abgeschlossen, sondern durch UNTIL. Das Schlüsselwort END ist überflüssig.

Lösung zu 10.9

Eine Repeat-Schleife wird mindestens einmal ausgeführt, da die Bedingung erst nach dem Durchlaufen der Schleifenanweisungen geprüft wird. Bei einer While-Schleife wird die Bedingung geprüft, bevor die Anweisungen ausgeführt werden, so dass es vorkommen kann, dass die Schleife überhaupt nicht ausgeführt wird.

Lösung zu 10.10

Wenn *i* der Schleifenzähler ist, kann man durch eine Abfrage wie

```
if i mod 10 = 0 then ...
```

die gewünschte Anweisung nur bei jedem zehnten Schleifendurchlauf ausführen, durch andere (höhere) Werte der Konstanten 10 entsprechend seltener.

Lösung zu 11.1

Deklaration des Arrays als Typ:

```
type testArray = Array [2..50] of String;
```

Deklaration des Arrays als Variable:

```
var testArray: Array [2..50] of String;
```

Lösung zu 11.2

Es ist nicht möglich, einen Array-Index mit dem Typ *Real* zu deklarieren, da ein Index ordinal sein muss, *Real* aber nicht ordinal ist.

Lösung zu 11.3

Das Array wird mit

```
var testarray: Array[Dienstag..Donnerstag] of Boolean;
```

deklariert.

Lösung zu 11.4

Für die Monate muss ein Aufzählungstyp deklariert werden, der im Array-Index verwendet werden kann. Für die Tage des Monats wählt man ein Byte – damit sind zwar immer noch zu viele (nämlich 255) Tage pro Monat möglich. Aber das ist nun einmal die kleinste Einheit, die zur Verfügung steht:

```
type
   TMonat = (Januar, Februar, Maerz, April, Mai, Juni, Juli,
             August, September, Oktober, November, Dezember);
   TArray = Array[Januar..Dezember] of Byte;
```

Lösung zu 11.5

Das Array kann mit der Schleife

```
for i := 1 to 5000 do
  a[5001-i] := i;
```

gefüllt werden. Durch die Berechnung *5000 – i* läuft der Index sozusagen »rückwärts«.

Lösung zu 11.6

Der Typ für das Array lässt sich folgendermaßen definieren:

```
type TFarbe = (rot, gruen, blau);
     TQuader = Array[5,4,4,4] of TFarbe;
```

Das Array muss vier Dimensionen haben, da drei Dimensionen je Würfel und eine weitere Dimension für die Anzahl der Würfel benötigt werden. Da fünf Würfel definiert werden sollen, muss die erste Dimension fünf Werte aufnehmen können.

Lösung zu 11.7

Die einfache Möglichkeit ist die Verwendung der Funktion *SizeOf*, die sich auf das Array anwenden lässt:

```
function arrayGroesse(a: Array of Byte): Integer;
begin
  arrayGroesse = SizeOf(a);
end;
```

Die zweite Möglichkeit ist, die Größe eines einzelnen Elements mit der Anzahl der Elemente im übergebenen Array zu multiplizieren:

```
function arrayGroesse(a: Array of Byte): Integer;
begin
  arrayGroesse := SizeOf(Byte) * Succ(High(a));
end;
```

Wichtig: Da *High* von einem Index beginnend mit 0 ausgeht, muss der Nachfolgewert (hier mit *Succ* ermittelt) verwendet werden. Erst dieser Wert gibt die tatsächliche Anzahl an.

Lösung zu 11.8

```
function Summe(a: Array of Byte): Integer;
var i, j: Integer;
begin
  j := 0;
  for i := 0 to High(a) do
    j := j + a[i];
  summe := j;
end;
```

Um die einzelnen Werte aufzuaddieren, wird eine Hilfsvariable *j* verwendet. Auf den ersten Blick ist man versucht, die Variable *Summe* dafür zu verwenden. Dies ist aber nicht möglich, da die Anweisung *Summe := Summe + a[i];* nicht möglich wäre, da der zweite Aufruf als (rekursiver) Aufruf von der Funktion *Summe* interpretiert würde.

Lösung zu 11.9

Diese Funktion liefert den Nachfolger eines Monats. Sie kann dann in einer Zuweisung wie *monat := nachfolger(maerz);* verwendet werden. Da Aufzählungstypen ordinal sind, kann die Funktion *Succ* verwendet werden, um den Nachfolger zu ermitteln. Da es für *Dezember* keinen Nachfolger gibt, muss dieser Fall separat behandelt werden.

```
function nachfolger(monat: MonatsTyp): MonatsTyp;
begin
   if monat = Dezember then
     nachfolger := Januar
   else
     nachfolger := Succ(monat);
end;
```

Lösung zu 11.10

Die Indexnummer eines ordinalen Wertes lässt sich mit *Ord* ermitteln, also:

```
function nummer(monat: MonatsTyp): Byte;
begin
  nummer := Ord(monat) + 1;
end;
```

Da der erste ordinale Wert die Indexnummer 0 hat, muss zu der Indexnummer noch eins hinzuaddiert werden, damit die Werte zwischen 1 und 12 liegen.

Übrigens: Da auch der durch *Ord* ermittelte Integer-Wert *ordinal* ist, wäre auch folgende Schreibweise möglich: *nummer := Succ(Ord(monat));*.

Lösung zu 11.11

Die *With*-Anweisung bezieht sich nur auf die erste Anweisung *obenlinks. x := 5;* da die anderen Anweisungen nicht mit einem *begin...end* ebenfalls der *With*-Anweisung zugeordnet wurden.

Lösung zu 11.12

Unter Delphi 1.x benötigt ein Integer 2 Bytes, unter Delphi 2.x werden vier Bytes benötigt. Die Real-Variable benötigt 6 Bytes. Da die Integer- und Real-Variable am selben Platz stehen, wird nur so viel Platz benötigt wie für das größte Element: nämlich *c*. Daher benötigt der Record sowohl unter Delphi 1.x als auch unter Delphi 2.x 6 Bytes.

Lösung zu 11.13

Das Array ist von 1 bis 15 definiert – der größte mögliche Index ist also 15. In der Schleife wird jedoch versucht, auf Elemente von 16 bis 25 zuzugreifen. Dies führt zu einem Fehler.

Lösung zu 11.14

Eine Deklaration eines Arrays innerhalb eines Records, also zum Beispiel

```
type TTestRec = Record
                   a: Integer;
                   b: Array[1..10] of Real;
                end;
```

ist problemlos möglich.

Lösung zu 11.15

Die Zuweisung *mit Hilfe* von Kommas ist trivial: *b := a[1,1,1]*. Wir wissen, dass ein mehrdimensionales Array sich sozusagen aus einzelnen Arrays zusammensetzt. Daher ist auch *b := a[1][1][1];* möglich.

Lösung zu 12

Die Routine *OnTimer* des Beispiels muss nur in zwei Zeilen geändert werden. Dazu muss dafür gesorgt werden, dass die beiden trigonometrischen Funktionen *sin* und *cos* nur noch positive Ergebnisse zurückliefern:

```
procedure TForm1.Timer1Timer(Sender: TObject);
var winkel: Integer;
    x, y: Real;
begin
  winkel := Random(360);
  x := Abs(Cos(winkel));
  y := Abs(Sin(winkel));
```

```
  x := x * (Width div 3);
  y := y * (Height div 3);

  x := x + (Width div 2);
  y := y + (Height div 2);

  Canvas.Pixels[Trunc(x), Trunc(y)] := clRed;
end;
```

Lösung zu 13.1

Eine Möglichkeit, diese Aufgabe zu lösen, ist, eine Pointer-Variable und eine Variable des Record-Typs zu deklarieren. Der Pointer-Variable wird dann die Adresse der Record-Variablen zugewiesen, so dass die Zuweisung über den Zeiger erfolgen kann:

```
...
type PMyRec = ^TMyRec;
     TMyRec = Record
       a, b: Integer;
     end;
var p: PMyRec;
    r: TMyRec;
begin
  p := Addr(r);
  p^.a := 1;
  p^.b := 2;
  ...
```

Lösung zu 13.2

Im Gegensatz zur Aufgabe 14.1 wird der Speicher mit der Funktion *New* dynamisch angefordert:

```
...
type PMyRec = ^TMyRec;
     TMyRec = Record
       a, b: Integer;
     end;
var p: PMyRec;
begin
  New(p);
  p^.a := 1;
  p^.b := 2;
  ...
  Dispose(p);
  ...
```

Wenn der Inhalt des Records nicht mehr benötigt wird, sollte der mit *New* angeforderte Speicher wieder freigegeben werden.

Lösung zu 13.3

Es wird versucht, dem Speicherblock einen Wert zuzuweisen (10), *nachdem* dieser schon freigegeben wurde. Der Zeiger ist daher nicht mehr gültig.

Lösung zu 13.4

Der Zeiger *p* wurde als untypisierter Zeiger deklariert. Mit untypisierten Zeigern können keine Zuweisungen an den Inhalt durchgeführt werden. Um das Problem zu lösen, muss *p* als Zeiger auf einen Double-Wert, also als *p: ^Double;* deklariert werden. Oder bei der Zuweisung muss eine Typkonvertierung vorgenommen werden: *Double(p^) := 3.4;*

Lösung zu 13.5

Die Ereignisroutine des neuen Buttons könnte zum Beispiel so aussehen:

```
procedure TForm1.Button6Click(Sender: TObject);
var p: PElement;
begin
  p := anker;
  while (p <> NIL) and (Pos(Edit1.Text, p^.txt) = 0) do
    p := p^.next;
  if p <> nil then
  begin
    aktuell := p;
    Edit1.Text := p^.txt;
  end;
end;
```

Damit der Zeiger auf das erste Element der Liste zeigt, wird ihm der Wert von *anker* zugewiesen. Nun wird die Liste so lange durchlaufen, wie der Zeiger nicht *nil* ist (d.h. das Listenende noch nicht erreicht wurde) und der gesuchte Text nicht in der *txt*-Variable des Elements steht.

Wenn nach diesem Durchlauf *p <> nil* ist, wurde der Durchlauf vor Erreichen des Listenendes abgebrochen. Der einzige mögliche Grund dafür ist das Auffinden des Textes, daher wird der Wert von *aktuell* auf das Listenelement gesetzt, das den Text enthält.

Lösung zu 14.1

Bei der neuen Unit müssen zwei Stolpersteine beachtet werden: Zum einen muss auch die neue Unit eine Unit »benutzen«, da die Funktion *ShowMessage,* die die Meldung ausgeben soll, in der Unit *Dialogs* enthalten ist. In welcher Unit eine vordefinierte Funktion enthalten ist, erfährt man aus der Online-Hilfe.

Das zweite Problem ist die Reihenfolge der Routinen *privat* und *oeffentlich* in der neuen Unit. Denn die Funktion *privat* muss vor der Prozedur *oeffentlich* stehen, damit sie von dieser aufgerufen werden kann.

So sieht die neue Unit aus:

```
unit Unit2;

interface

procedure oeffentlich;

implementation
uses dialogs;

function privat: String;
begin
  privat := 'Dies ist die in der Unit verborgene Funktion.';
end;

procedure oeffentlich;
begin
  ShowMessage(privat);
end;

end.
```

So muss die Unit eines Formulars mit einem Button aussehen, um die neue Unit benutzen zu können:

```
unit Unit1;

interface

uses
  Windows, Messages, SysUtils, Classes, Graphics,
  Controls, Forms, Dialogs, StdCtrls;

type
  TForm1 = class(TForm)
    Button1: TButton;
    procedure Button1Click(Sender: TObject);
  private
    { Private-Deklarationen }
  public
    { Public-Deklarationen }
  end;

var
  Form1: TForm1;
```

```
implementation
uses unit2;
{$R *.DFM}

procedure TForm1.Button1Click(Sender: TObject);
begin
  oeffentlich;
end;

end.
```

Bei dieser Unit ist lediglich zu beachten, dass die neue Unit mit *uses unit2;* eingebunden werden muss. Der Aufruf der Funktion *oeffentlich* hätte auch mit dem vollständigen Bezeichner, also mit *unit2.oeffentlich;* erfolgen können.

Lösung zu 14.2

Der Zugriff auf die Variable *a* müsste so aussehen, wenn der Wert an eine Variable *c* vom Typ Integer zugewiesen werden soll:

```
c := myUnit.a.e1;
```

Damit die Variable überhaupt gefunden werden kann, muss der Name der Unit vorangestellt werden – denn diese Zuweisung steht ja in einer anderen als der »MyUnit«. Da *e1* Teil des Records *a* ist, muss auch der Bezeichner *e1 hinter* a angegeben werden. Der vollständige »Name« von *e1* lautet also *myUnit.a.e1*.

Der Zugriff auf die Variable *b* würde analog erfolgen. »Würde«, weil die Variable tatsächlich nicht von außen zu erreichen ist. Denn sie ist ja im Implementation-Teil der Unit deklariert.

Lösung zu 14.3

Ein Namenskonflikt würde nicht auftreten. Es ist zulässig, dass eine Variable in einem Record denselben Namen hat wie die Recordvariable selbst.

Lösung zu 15.1

Die Deklaration des Objekttyps könnte zum Beispiel so aussehen:

```
type TEinObjekt = class
                   procedure ZeigeNachricht;
                  end;
```

wobei die Methode *Zeigenachricht* hinter *Implementation* wie folgt definiert werden würde:

```
procedure TEinObjekt.ZeigeNachricht;
begin
  ShowMessage('Dies ist die Methode ZeigeNachricht!');
end;
```

Um das Objekt zu testen, muss man eine Instanz erzeugen, die Methode aufrufen und das Objekt durch Aufruf des Destruktors wieder zerstören:

```
procedure TForm1.Button1Click(Sender: TObject);
var o: TEinObjekt;
begin
  o := TEinObjekt.Create;
  o.ZeigeNachricht;
  o.Free;
end;
```

Lösung zu 15.2

Auf das Objekt wird zugegriffen, ohne dass vorher der Konstruktor *Create* aufgerufen wurde.

Lösung zu 15.3

Die Methode muss mit *override* deklariert werden. Im Vorgänger muss die Methode als *dynamic* oder *virtual* deklariert worden sein.

Lösung zu 15.4

Eine dynamische Methode wird intern anders bearbeitet. Sie benötigt weniger Platz (im Objekt), ist aber etwas langsamer als eine virtuelle Methode. Von der Funktionalität her ergibt sich kein Unterschied.

Lösung zu 15.5

Der Aufruf des Konstruktors/Destruktors erfolgt durch das jeweilige *TForm*-Objekt bzw. durch das *TApplication*-Objekt. Es ist daher nicht notwendig, diese Methoden selber aufzurufen.

Lösung zu 15.6

Die Typdeklaration für das Objekt sieht wie folgt aus:

```
type TMyObject = class
                   FTest: Integer;
                   function readTest: Integer;
                   property test: Integer read readTest
                   write FTest;
                 end;
```

Eine Property, die eine Messagebox ausgibt, wenn bei einem Lesezugriff auf ein Feld *FTest* zugegriffen wird, sieht so aus:

```
function TMyObject.ReadTest: Integer;
begin
  ShowMessage(IntToStr(FTest));
  readTest := FTest;
end;
```

Man kann dieses Objekt zum Beispiel mit der folgenden Ereignisroutine eines Buttons testen:

```
procedure TForm1.Button1Click(Sender: TObject);
var o: TMyObject;
    i: Integer;
begin
  o := TMyObject.Create;
  o.test := 3;
  ShowMessage('Nun erfolgt der Lesezugriff...');
  i := o.test;
  o.Free;
end;
```

Lösung zu 15.7

Es ist nicht möglich, eine Property, die auf eine Integer-Variable zugreift, zur Default-Property zu erklären. Nur indizierte Properties können Default-Property werden.

Lösung zu 18.1

Die Datei hat den Inhalt 2, da *f2* derselbe Dateiname zugewiesen wurde wie schon *f1*. Dadurch wird der alte Inhalt der Datei bei *ReWrite* überschrieben. Die Datei enthält eine ASCII »2«, nicht etwa den binären Wert 2, da es sich um eine Textdatei handelt.

Lösung zu 18.2

Es wird versucht, den String in *s* aus einer Datei vom Typ *Byte* zu lesen. Der Dateityp und der Typ der Variablen, die die gelesenen Daten aufnehmen soll, sind nicht kompatibel.

Lösung zu 18.3

Hier wird der Dateivariablen *f* zweimal hintereinander ein Dateiname zugewiesen. Da die Datei noch nicht geöffnet wurde, ist das in Ordnung. Die Dateivariable zeigt dann auf die zweite Datei. Auch der Dateiname bei der ersten *AssignFile*-Anweisung ist korrekt, denn eine Dateierweiterung ist nicht zwingend notwendig.

Lösung zu 18.4

Hier eine Möglichkeit, eine solche Prozedur zu realisieren. Der Einfachheit wegen wurden keinerlei mögliche Fehler abgefangen. Der Record-Typ wird hier lokal deklariert:

```
procedure schreibe;
type TMyRec = Record
      a: Byte;
      b: Byte;
```

```
    end;
var f: File of TMyRec;
    t: TMyRec;
    i: Byte;
begin
  AssignFile(f, 'c:\test.dat');
  ReWrite(f);
  for i := 0 to 255 do
  begin
    t.a := i;
    t.b := 255 - i;
    Write(f, t);
  end;
  CloseFile(f);
end;
```

Lösung zu 18.5

Dies Lösung versucht zuerst, die Datei so zu öffnen, dass Daten angehängt werden sollen (mit Append). Wenn dabei ein Fehler auftritt, ist die Datei offensichtlich nicht vorhanden und wird neu angelegt:

```
procedure DateiSchreiben;
var f: TextFile;
begin
  Assign(f, 'c:\test.txt');
  try
    Append(f);
  except
    on EInOutError do
      ReWrite(f);
  end;
  WriteLn(f, 'Diese Zeile wird in die Datei geschrieben.');
  CloseFile(f);
end;
```

Genaugenommen müsste man bei diesem Beispiel auch noch andere Fehlermöglichkeiten berücksichtigen. Zum Beispiel, dass nicht mehr ausreichend Speicherplatz vorhanden ist.

Lösung zu 18.6

Die Datei *f* ist eine Textdatei. Textdateien können nur sequentiell gelesen bzw. beschrieben werden. Hier wird aber versucht, mit *Seek* den Dateizeiger zu verändern.

Lösung zu 18.7

Mit *Seek(F, FileSize(F))* wird der Dateizeiger auf das Dateiende gesetzt.

Lösung zu 18.8

Auf dem Formular werden eine Memo-Komponente und zwei Buttons benötigt (*Memo1, Button1, Button2*).

Dies ist die erste Möglichkeit, die beiden Ereignisroutinen der Buttons zu realisieren. Hier die Ereignisroutine für den Button, der den Inhalt der Memokomponente in die Datei schreibt:

```
procedure TForm1.Button1Click(Sender: TObject);
var f: TextFile;
    i: Integer;
begin
  AssignFile(f, 'c:\test.txt');
  ReWrite(f);
  for i := 0 to Memo1.Lines.Count - 1 do
    WriteLn(f, Memo1.Lines[i]);
  CloseFile(f);
end;
```

Die Anzahl der Zeilen in der Memo-Komponente können über die Eigenschaft *Lines.Count* ermittelt werden. Der Inhalt der einzelnen Zeilen über die Eigenschaft *Lines*. Der Index für *Lines* läuft von 0 bis count-1. Hier ist wichtig, dass die einzelnen Zeilen mit *ReadLn* und nicht etwa mit *Read* in die Datei geschrieben werden, damit sie durch einen Zeilenumbruch getrennt werden.

Die Routine zum Einlesen der Datei, also die Ereignisroutine des zweiten Buttons, könnte dann wie folgt aussehen:

```
procedure TForm1.Button2Click(Sender: TObject);
var f: TextFile;
    s: String;
begin
  Memo1.Clear;
  AssignFile(f, 'c:\test.txt');
  Reset(f);
  while not EOF(f) do
  begin
    ReadLn(f, s);
    Memo1.Lines.Add(s);
  end;
  CloseFile(f);
end;
```

Hier wird zuerst der Inhalt des Memo-Feldes gelöscht. Dann wird so lange aus der Datei gelesen, bis das Dateiende erreicht ist. Dabei wird jede einzelne Zeile in die Hilfsvariable *s* gelesen und anschließend mit der Methode *Lines.Add* in das Memo-Feld eingefügt.

Die zweite Möglichkeit ist wesentlich kürzer: Die Memo-Komponente verwendet ein Objekt vom Typ *TStrings*, um die Zeilen zu verwalten. Die Entwickler von *TStrings* haben Methoden zum Lesen und Speichern vorgesehen, *LoadFromFile* und *SaveToFile*. So können die Ereignisroutinen auch geschrieben werden:

```
procedure TForm1.Button1Click(Sender: TObject);
begin
  Memo1.Lines.SaveToFile('c:\test.txt');
end;

procedure TForm1.Button2Click(Sender: TObject);
begin
  Memo1.Clear;
  Memo1.Lines.LoadFromFile('c:\test.txt');
end;
```

Lösung zu 18.9

In dieser Prozedur wird eine untypisierte Datei geöffnet und mit *Blockread* sollen 10 Bytes eingelesen werden, die das Array füllen sollen. Der Fehler ist jedoch, dass bei *Reset* keine Blockgröße angegeben wurde. Daher werden nicht 10, sondern 10 mal 128, also 1280 Bytes aus der Datei gelesen. Dadurch können im schlimmsten Fall Speicherbereiche überschrieben werden. Die Datei hätte mit *Reset(f, 1);* geöffnet werden müssen.

Lösung zu 18.10

Diese Aufgabe kann auf zwei Arten gelöst werden: Die einzelnen Elemente können mit einer Schleife hintereinander in eine Datei geschrieben werden oder das gesamte Array kann mit *Blockwrite* in eine untypisierte Datei geschrieben werden. Hier die zweite Lösung:

```
function dateiSchreiben(name: String): Boolean;
var a: Array[1..10] of Record
                        a, b: Integer;
                      end;
    f: File;
begin
  if FileExists(name) then
  begin
    DateiSchreiben := false;
    Exit;
  end;
  dateiSchreiben := true;
  try
    AssignFile(f, name);
    Reset(f, 1);
```

```
    BlockWrite(f, a[1], 10);
    CloseFile(f);
  except
    on EInOutError do
      dateiSchreiben := false;
  end;
end;
```

Auf der Buch-DVD

Die Buch-DVD besitzt folgende Struktur:

\Buchdaten

Damit Ihnen Tipparbeit erspart bleibt, finden Sie hier die umfangreicheren Beispiele nach Kapiteln geordnet in der Struktur \Buchdaten\Kapitel\Beispielname bzw. -nummer. Alle Beispiele sind im Delphi 1-Format gespeichert und können auch mit späteren Delphi-Versionen verwendet werden.

\Bonus

Noch mehr Lesestoff finden Sie in diesem Verzeichnis (im PDF-Format, Sie benötigen also das Programm Adobe Acrobat oder einen anderen Reader). Zum einen sind dies Bonuskapitel zu den Themen »Der integrierte Assembler«, »Schreiben von eigenen Komponenten« und »Compiler-Befehle: Vertiefung« – jeweils mit weiteren Testaufgaben und Lösungen. Zum anderen erhalten Sie mit »Jetzt lerne ich Kylix« ein zusätzliches komplettes E-book aus dieser Buchreihe.

\Borland Developer Studio 2006 Architect Trial

Hier finden Sie eine aktuelle Trialversion von Delphi 2006 Architect zum Ausprobieren.

Stichwortverzeichnis

Dieses Symbol bezieht sich auf Textstellen in den Bonuskapiteln auf der Buch-DVD

R

S